Phyllis Chesler

Frauen – das verrückte Geschlecht?

Mit einem Vorwort
von Alice Schwarzer

Deutsch von Brigitte Stein

Rowohlt

Die Originalausgabe erschien unter dem Titel
Women and Madness
im Verlag Doubleday & Company, Inc., New York, 1972

Umschlagentwurf von Werner Rebhuhn

1.–6. Tausend August 1974

Gesamtherstellung Clausen & Bosse, Leck/Schleswig
Gesetzt aus der Garamond-Antiqua auf Linotron 505 C
Printed in Germany
ISBN 3 498 00841 2

Inhalt

Vorwort
zur deutschen Ausgabe von Alice Schwarzer

Wahnsinn als Verweigerung der Frauenrolle. Psychotherapie und Psychiatrie als letzte und infernale Stationen zur Versklavung ausbrechender Frauen.

Ein solches Buch hätte *jetzt* in der Bundesrepublik nicht geschrieben werden können. Nicht daß Psychologie und Psychiatrie fundamental anders wären. Nein. Das *Frauenbewußtsein* ist ein anderes, ein zagend erwachendes. Sexistische Psychiatrie? Die wenigen Frauen bei uns, die sich heute diese Frage stellen, tun das mit noch ganz leiser Stimme. Würden sie lauter, liefen sie Gefahr, verlacht oder selbst als verrückt abgetan zu werden.

Sicher, spätestens seit Simone de Beauvoirs Buch ‹*Das andere Geschlecht*› hätte klar sein müssen, daß die Psychologen – Erfinder des Penisneides und des Mutterinstinktes – der Männergesellschaft liebste Einpeitscher bei der Dressur zur Frauenrolle sind. Wie zuvor schon andere beschrieb zum Beispiel Betty Friedan Anfang der sechziger Jahre in ihrem Buch ‹*Weiblichkeitswahn*› eindringlich, wie flexibel sich die Psychologie den jeweiligen Bedürfnissen der Männergesellschaft anpaßt: Wurde während des Zweiten Weltkrieges, als die Männer im Krieg und die Frauen im Produktionsprozeß gebraucht wurden, die Frühentwöhnung des Kleinkindes proklamiert, so war bei Rückkehr der Männer plötzlich das lange Stillen und die permanente Präsenz der Mutter das einzig Richtige und «Natürliche» . . .

Unbekannt jedoch war mir bis zur Lektüre dieses Buches, bis in welche Tiefen die «wissenschaftlichen» Kriterien für Wahnsinn geschlechtsspezifisch sind! Unbekannt auch, wie perfekt diese patriarchalisch strukturierte Psychiatrie in Zielen und Methoden die Nachfolge der Inquisition und Hexenverfolgung antritt, ergänzt durch neue Techniken. So mehren sich nach Informationen medizinischer Fachzeitschriften aus den USA chirurgische Eingriffe ins Gehirn, besonders bei «schwierigen» Frauen. Ein kleiner Schnitt an der richtigen Stelle, und aus der aufmüpfigen Hausfrau wird wieder eine gefügige. Auf Bewußtseinsprozesse der Frauen antwortet die Männergesellschaft mit dem Messer!

Unbekannt war mir auch die Systematik, mit der Psychiater und Ehemänner zu Komplicen werden. Wenn Frauen die Sklavinnendienste in Küche und Kinderzimmer oder die Unterwerfungsrituale in Bett und Büro verweigern, sind sie eben verrückt. Das ist in Deutschland nicht anders als in Amerika. So riet zum Beispiel ein Arzt der Psychiatrischen West-Berliner Klinik Waldhaus einer Patientin vor der Entlassung, nicht wieder «soviel zu lachen und den Haushalt ordentlich zu machen, sonst bringt Ihr Mann Sie gleich wieder zurück!»

Eine der Vorstufen zum psychiatrischen Gefängnis ist das weitverbreitete sogenannte Hausfrauen-Syndrom, das sich in Nervosität, Schlafstörungen, Alpträumen, Kopfschmerzen, Depressionen und Hysterie äußert. Seine Ursachen sind auch nach Meinung der Mediziner Leere, Rollenkonflikt, Abhängigkeit und Überarbeitung. Das Hausfrauen-Syndrom ist in den letzten Jahren so massiv aufgetreten, daß es inzwischen zum festen medizinischen Begriffsinstrumentarium gehört. Allein in der Bundesrepublik sind nach Schätzung des Müttergenesungswerkes mindestens eine Million Hausfrauen kurz vor dem seelischen und körperlichen Zusammenbruch. Nur sechzigtausend von ihnen können jährlich verschickt und wieder «fit» gemacht werden – bis zum nächsten Zusammenbruch.

In den psychiatrischen Kliniken selbst überwiegen auch in der Bundesrepublik die Frauen bei den Schizophrenen und Manisch-Depressiven. Das zumindest läßt sich aus den nur manchmal zufällig und fragmentarisch nach Geschlechtern aufgeschlüsselten Statistiken ablesen. In der deutschen Psychologie und Psychiatrie gibt es zwar klassenspezifische, aber keine geschlechtsspezifischen Studien. Schon die Frage nach Frauenstatistiken wird entweder als hoffnungsloser Dilettantismus oder als dumme Provokation verstanden. Die vorliegenden Tabellen tun so, als gäbe es keine sexistischen Kriterien für einen «männlichen» und «weiblichen» Wahnsinn.

Immer wieder aufs neue war ich betroffen, wie bei all dem Leid und Unrecht, das Frauen zugefügt wird, sie auch noch glauben, sie selbst seien schuld daran, sie seien eben verrückt und litten zu Recht. In den Interviews von Phyllis Chesler drückt sich das Ausmaß anerzogener Unterwerfung und Selbstzerstörung am tragischsten aus. In diesen Gesprächen vor allem auch zeigt sich die Ehrlichkeit und Betroffenheit der Autorin am stärksten. Für sie sind die interviewten Frauen keine Objekte, sondern Schwestern.

Konsequent setzt sich daher Phyllis Chesler mit der Frage nach der Konditionierung der Geschlechter auseinander und demonstriert, daß Männlichkeit und Weiblichkeit nicht etwa Natur sind, sondern Kultur, das heißt die in jeder Generation neu erzwungene Identifizierung mit Herrschaft und Unterwerfung!

Lebten wir heute in einem Matriarchat, würde eine matriarchalisch strukturierte Psychologie Vaginaneid und Vaterinstinkt proklamieren. Ehrgeizige Männer wären verrückt und passive Frauen reif für den Psychotherapeuten. *Determinierend sind nicht Uterus und Penis, sondern Konditionierung und Macht.*

Vor derlei Erkenntnissen aber verschließt die Mehrheit der Psychologen noch immer die Augen. Sie beließ es bei der Beschreibung der *Folgen* der Frauenunterdrückung, analysiert aber nicht die *Gründe.* Phyllis Chesler erinnert zu Recht daran, daß Freud, Reich und Laing oder Cooper sich in ihrem Sexismus letztlich in nichts nachstehen – sie werden nur immer subtiler. Oder auch nicht. So wagt zum Beispiel Alexander Mitscherlich zu einer Zeit, in der die Notwendigkeit einer Bezugsperson für das Kleinkind ebenso klar ist wie die Nebensächlichkeit des Geschlechts dieser Bezugsperson, nicht nur zu behaupten, diese Bezugsperson müsse *weiblich* sein, sondern darüber hinaus, es müsse sich um die *biologische Mutter* handeln: «So sehr sich durch die Entwicklungen in der spezialisierten Großgesellschaft die Berufsrollen von Mann und Frau angleichen mögen, so bleibt ein *natürlicher, biologisch bedingter Unterschied.* Soweit Nützlichkeitserwägungen diesen Unterschied verwischen wollen, bedingen sie unweigerlich eine pathologische Entwicklung des einzelnen. Andere gesellschaftliche Einrichtungen können die Intimsphäre zwischen *Mutter und Kind* niemals gleichwertig ersetzen; *Urvertrauen* erwirbt das Kind nur im Umgang mit ihr und sonst niemandem.»

Patriarchalische Glaubensbekenntnisse, die – und das ist das Schwerwiegende – als wissenschaftliche Dogmen präsentiert, den Frauen mahnend vorgehalten werden. Wehe der, die sie nicht befolgt! Kein Wunder also, daß nach einer solchen Gehirnwäsche die Frauen selbst von ihrer «Mütterlichkeit» überzeugt sind und es für weibliches Schicksal halten, Kinder nicht nur zu gebären, sondern auch allein die Windeln zu waschen, Teller zu spülen, weniger zu verdienen, unten zu liegen oder aber – wahnsinnig zu werden.

Doch Wahnsinn ist keine Lösung, ja noch nicht einmal eine Flucht. Wahnsinn – und das macht dieses Buch überdeutlich! – ist nicht die zur Veränderung gesellschaftlicher Machtverhältnisse notwendige Macht, sondern ist Ohnmacht. Denn: *Wahnsinn ist hoffnungsloser Einzelkampf.*

Als Alternative bietet die Autorin zwei sich gegenseitig bedingende Möglichkeiten des Kampfes. Als erstes sollte die einzelne Frau die Stärke ihres eigenen Ichs erkennen und entwickeln, um dann gemeinsam mit anderen Frauen einen wirksamen kollektiven Frauenkampf aufbauen zu können. Nur darin, in der Bewußtwerdung der Frauen und im aktiven Engagement in der Frauenbewegung liegt die Chance, die «Institution der Ehe, der Liebe und der Psychotherapie» abzulehnen und zu ersetzen. Und genau darin liegt die Stärke und Provokation dieses Buches. Es schreit das Frauenelend hinaus, ohne zu resignieren!

Und dieses Nicht-Resignieren ist es, was Frauen heute in der Bundesrepublik so bitter nötig haben! Denn aus bisher noch nicht analysierten Gründen – unter denen ganz sicher die verschüttete Tradition und der Rückschlag durch den Faschismus zu nennen wären – hapert es im Vergleich zu den Ausländerinnen bei den deutschen Frauen am nötigen Selbstbewußtsein. Frauenprobleme werden hierzulande lächerlich gemacht, als «kleinbürgerlich» diffamiert und auf den berüchtigten «Nebenwiderspruch» reduziert – das waren bisher die stärksten Waffen der Patriarchen aller Couleur und aller Länder. In der Bundesrepublik aber halten sie die Frauen noch länger als in anderen westlichen Ländern in Schach.

Erst sieben Jahre nach den Amerikanerinnen und etwa drei Jahre nach den meisten Westeuropäerinnen bekam die deutsche Frauenbewegung 1971 eine erste Massenbasis im Protest gegen das Abtreibungsverbot. Heute haben sie ihren bisher größten Sieg erkämpft. Frauen vor allem waren es, die die um Wählerinnenstimmen bangenden Abgeordneten zur Reform des Paragraphen 218 zwangen – zumindest für die ersten drei Schwangerschaftsmonate. Diese Liberalisierung ist nicht der Einsicht der Politiker zu verdanken – die hätten sie schon lange haben können, denn an Fakten und Argumenten fehlt es seit Jahrzehnten nicht –, sondern sie ist eine reine Machtfrage. Frauen verstanden es innerhalb kürzester Zeit, zum glaubhaften Machtfaktor im politischen Raum zu werden.

Damit ist eine der elementaren Voraussetzungen zum Kampf für eine Emanzipation, nämlich die Aufhebung des gesetzlichen Mutterschaftszwanges und die Möglichkeit der Selbstbestimmung in dieser Frage, gegeben. Aber der *ideologische* Mutterschafts- und Weiblichkeitszwang, und alles, was mit der 218-Problematik aufbrach – die Verlassenheit und Abhängigkeit der Frauen, der Rollenkonflikt, die sexuelle Verstümmelung und die Entfremdung der Geschlechter – ist immer noch geblieben. Vor den Frauen liegt ein langer und sicherlich oft schmerzlicher Weg.

Heute zählt die autonome Frauenbefreiungsbewegung in der BRD ungefähr hundert Gruppen und mehrere tausend Frauen. Die Stärke des Frauenkampfes jedoch so zu messen, wäre falsch, denn die Existenz der Bewegung spielt eine entscheidende Rolle bei der Rückenstärkung der in Parteien, Gewerkschaften und Institutionen bisher isolierten Frauen. Und sie gibt Hausfrauen ebenso wie Sekretärinnen und Alibifrauen die Möglichkeit zu der Erkenntnis, daß sie mit ihrem Unbehagen und Unglück nicht allein, daß sie nicht als Individuen, sondern als *Frauen* betroffen sind.

Doch das in Amerika so fruchtbare Klima von Dringlichkeit und Wut gibt es in der Bundesrepublik noch nicht. Noch stecken Bewußtsein, Solidarität und Revolte der Frauen in den Anfängen. Darum ist Phyllis Cheslers Streitschrift jetzt ein so wichtiger Text. Sie schärft den Blick für die Frauenverzweiflung und stärkt die Argumentation für den Frauenprotest. Sie wird hoffentlich auch deutsche Psychologinnen zu parallelen, sicherlich nicht minder revolutionären Studien anregen.

«Warum», so müssen wir uns mit Phyllis Chesler fragen, «erzählten uns unsere Mütter und Großmütter und Urgroßmütter nicht, welche Schlacht das war, die wir verloren oder nie geschlagen haben? Dann hätten wir begriffen, wie vollkommen unsere Niederlage ist, und daß Religiosität und Wahnsinn und Frigidität die Antwort unserer Trauer ist.»

Paris, Juni 1974 — Alice Schwarzer

Literaturhinweise

FIRESTONE, SHULAMITH: The Dialectic of Sex. New York 1971. Erscheint als deutsche Übersetzung im Herbst 1974 im S. Fischer Verlag, Frankfurt a. M.

BEAUVOIR, SIMONE DE: Das andere Geschlecht. Sitte und Sexus der Frau. Reinbek bei Hamburg 1968 (rororo sachbuch 6621)

FRIEDAN, BETTY: Der Weiblichkeitswahn oder Die Selbstbefreiung der Frau. Ein Emanzipationskonzept. Reinbek bei Hamburg 1970 (rororo sachbuch 6721)

VAERTING, MATHILDE und MATTHIAS: Neubegründung der Psychologie von Mann und Frau. Bd. 1 (Die weibliche Eigenart im Männerstaat. Die männliche Eigenart im Frauenstaat.) Karlsruhe 1921. Bd. 2 (Wahrheit und Irrtum in der Geschlechtspsychologie) Karlsruhe 1923. – Neuaufgelegt u. d. T.: Neubegründung der Geschlechterpsychologie – Männerstaat / Frauenstaat. Berlin: Frauenzentrum 1974. Darin Analyse matriarchalisch strukturierter Gesellschaften, bei denen die totale Umkehrung der Geschlechtsrollen praktiziert wurde.

MITCHERLICH, ALEXANDER: Auf dem Weg zur vaterlosen Gesellschaft. Ideen zur Sozialpsychologie. 65.–80. Tsd. München 1971

Sie alle erschienen ihr, als wenn sie im Drogenrausch oder im Halbschlaf lebten, dumpf und gefühllos, als hätte man sie hypnotisiert oder narkotisiert, denn sie trieben dahin durch ihre beschmutzten und ekelerregenden Straßen voller Abfall, Unrat und Papierfetzen, als seien sie sich ihrer Existenz gar nicht bewußt, als seien sie ganz woanders: und sie waren woanders ... Jeder dachte nur daran, wie er den Hausbesitzer, den Kaufmann oder den Kollegen kleinkriegen konnte, oder wie es ist, mit jemandem zu schlafen ... Das war ihr so schmerzhaft, wie sie Schmerz nie gekannt hatte, und Scham und Trauer überwältigten sie, als sie so unter ihren Artgenossen dahinging, sie sah, wie sie wirklich waren, sie, uns, die Spezies Mensch ansah, wie Besucher von einem anderen Stern sie ansehen würden ...

Das aber erschreckte sie am meisten an ihnen: daß sie wie Schlafwandler durch ihr Leben gingen – ohne Bewußtsein von sich selbst, den anderen Menschen, von dem, was um sie herum war ... Sie waren vollkommen isoliert, verschlossen, gefangen in ihren abstoßend gebrechlichen Körpern, verborgen hinter ihren verträumten, abwesenden Blicken, verflochten in ein Netz von Wünschen und Bedürfnissen, die sie an nichts anderes denken ließen.

Doris Lessing,
The Four-Gated City

Danksagungen

Ich danke Lilian, meiner Mutter, daß sie mich geboren hat und daß sie für mich gesorgt hat, lange bevor ich dieses Buch schreiben konnte – und ich danke ihr und Leon, meinem Vater, für alle Träume und für alle Weisheiten, die sie mir zugeflüstert oder vorgesungen haben, während ich schlief.

Ich danke meinen Freunden für ihre Liebe und Unterstützung, für die Abende, Wochenenden und Gespräche: besonders Vivian Gornick, Ruth Jody, Judy Kuppersmith, Jim Pelletier, Michael Pessah und Marjorie Portnow.

Ich danke den Frauen, die ich interviewt habe, daß sie durchgehalten haben – und daß sie mir ihre Erfahrungen mitgeteilt haben.

Ich danke den Mitgliedern der Association for Women in Psychology, besonders den Mitgliedern des Chicago Collektive und allen Feministinnen, ohne deren Existenz, deren Mut und deren Beispiel dieses Buch nicht hätte geschrieben werden können.

Ich danke Natalie Braverman, Louise Brown, Lillian Chesler, Catherine Clowery, Bici Forbes, Mary Shartle, Martha Hicks und Angie Waltermath für alle Schreibarbeiten.

Ich danke meinen Studenten für ihr Interesse und ihre Hilfe bei der Datensammlung und statistischen Analyse: Elizabeth Friedman, Doris Fielding, Delsinea Jamison, George Sideris, Marina Rivas und Roland Watts. Insbesondere danke ich meinen Kollegen im Department of Psychology am Richmond College und George Fischer und Larry Mitchell für ihre loyale Unterstützung im Winter 1971.

Ich danke Betty Prashker und Diane Matthews im Verlag Doubleday, New York, für ihre unschätzbare Hilfe bei der Betreuung dieses Buches bis zum Erscheinen.

Besonders habe ich der MacDowell Colony zu danken, die mich während des größten Teils des Sommers 1971 aufgenommen und versorgt hat: Shirley Willner von der Biometrics Branch of the National Institute of Mental Health für die prompte und stets freundliche Beantwortung meiner vielen Fragen und die Zusendung aller notwendigen Daten; Laura Murra von der Women's History Research Library in Berkeley, Kalifornien, für den Einblick in ihr Material; Sylvia Price von der New School für Social Research für alle Bücher, die ich benötigte und die sie mir stets besorgt hat – und für ihren Beistand, wenn ich sie noch länger gebrauchte; Stuart Kahan von dem Downstate Medical Center in Brooklyn für die Überprüfung der statistischen Analysen und Sara Whitworth vom Whitney Museum für ihre Hinweise über Amazonen und Göttinnen in der Griechischen Kunst.

Demeter und ihre vier Töchter. Eine Einführung

Am Anfang, wenn es je einen gab, gebar Demeter, die Göttin des Lebens, vier Töchter, die sie Persephone, Psyche, Athene und Artemis nannte. Diese ersten Kinder der Welt waren unbeschreiblich glücklich. Um ihre Mutter zu erfreuen, die sie alle leidenschaftlich liebten, erfanden sie die Sprache, die Musik, das Lachen – und viele andere nützliche und unnütze Dinge.

Eines Morgens menstruierte Persephone. Am Nachmittag pflückten Demeters Töchter Blumen, um das Wunderbare dieses Ereignisses zu feiern. Da donnerte ein Triumphwagen durch die Lüfte. Es war Hades, der Todesgott in mittlerem Alter, der ihn lenkte und gekommen war, um Persephone zu rauben, der gekommen war, um sie als seine Königin heimzuführen in sein Reich des Nichtseins unter der Erde, wo sie an seiner Seite sitzen sollte; es war Hades, der gekommen war, um die erste Gewalttat zu begehen, die den Kindern der Erde je widerfuhr.

Später waren sich die drei Schwestern einig, daß er alt genug war, um Persephones Vater zu sein. Vielleicht war er es tatsächlich: Wer konnte er sonst sein? Männliche Elternteile waren nicht bekannt ... Und so entdeckte jede für sich, daß die Kindheit in Scham und Trauer endet und nichts so bleibt, wie es war.

Die Schwestern kamen ohne Persephone nach Hause. Demeter schrie und weinte. Ihr Körper schien klein zu werden, ihr Gesicht wurde faltig. Sie band ihr Haar hoch und begann, die Welt zu durchstreifen, aber sie konnte ihre älteste Tochter nirgends finden. Schließlich sprach die Sonne und erzählte Demeter, was geschehen war, daß ihre Tochter verheiratet und nun eine Königin sei. Und die Sonne sagte:

«Was klagst du über die natürliche Bestimmung von Töchtern – das Mutterhaus zu verlassen, ihre Jungfräulichkeit zu verlieren, zu heiraten und Kinder zu bekommen?»

In ihrem Schmerz aber wollte Demeter nichts davon wissen. Sie erinnerte sich an einen Orakelspruch, in dem von Trennung, Zerstreuung und Verbannung die Rede war, und sie fuhr die Sonne an:

«Ha, wenn das die natürliche Bestimmung von Töchtern ist, dann soll die ganze Menschheit zugrunde gehen. Es soll keine Ernten geben, keinen Weizen, keinen Mais, wenn ich dieses Mädchen nicht zurückbekomme.»

Da Demeter eine mächtige Göttin war, waren ihre Wünsche Befehle, und Persephone kehrte zurück. Sie besuchte ihren Mann einmal im Jahr (im Winter, wenn keine Feldfrüchte wuchsen), aber ihre Verbindung mit ihm blieb unfruchtbar. Persephone war kinderlos. Weder Mann noch Kind – *kein Fremder* würde sie je sein eigen nennen, denn Persephone gehörte ihrer Mutter. Sie war Demeters Geschenk an sich selbst. (Zu jener Zeit konnten Göttinnen noch das Wunder des «Nichtwählens» vollbringen: Sie waren sowohl Jungfrau wie Mutter, sterblich wie unsterblich, ewig dieselbe wie ständig sich ändernd.)

Aber Persephones Schwestern seufzten «ach» und «oh», nachdem sie alles mit angesehen hatten: die Hilflosigkeit des Mädchens bei seiner Entführung, die Kinderlosigkeit der jungen Frau, die Leiden der Mutter – jene erschreckende Einfachheit und ständige Wiederkehr der Dinge.

«Ja», urteilten sie über die Beziehung von Mutter und Tochter, «ja, sie regiert unter und über der Erde, aber sie kann uns nicht länger hier halten.»

Psyche sprach als erste. «Ich bin schön – manche sagen, schöner als alle meine Schwestern, und dennoch begehrt mich kein Mann zur Frau.» (In Wirklichkeit glichen Psyche und Persephone einander vollkommen: Man konnte sie nicht auseinanderhalten.) «Schwestern! Ich sehne mich nach Liebe. Ich bin einsam und fürchte mich im Haus unserer Mutter. Ich wünsche mir einen Mann – mit scharfen, schönen Augen –, und ich möchte ein Kind haben.»

Athene sprach als nächste: «Ich bin nicht schön – und mache mir nichts aus diesen Dingen.» (Sie war in Wahrheit sehr schön, aber sehr groß – sogar als Tochter einer Göttin.) «Schwestern! Meine Kindheit ist zwar vorüber, aber ich möchte sie noch einmal durchleben. Ich wünsche mir, ein zweites Mal geboren zu werden – von einem Mann. Ich möchte von fern die Pläne von Helden schmieden, die den schönsten Harnisch tragen, deren Schritte Weisheit lenkt. Ich wünsche, mir selbst genug zu sein und weder Kinder noch eines Mannes zu bedürfen.»

Artemis sprach als letzte. (Auch sie war groß, ihre Hautfarbe dunkler als die ihrer Schwestern.) «Schwestern! Vielleicht wünsche ich mir Unmögliches und werde auf der Suche danach noch weiter wandern müssen als unsere Mutter. Auch ich wünsche mir heldischen Kampf und große Taten. Aber ich möchte auch Liebe und Kinder haben. Bilder von Schwertern und Altären, gewaltigen Städten und schönen Mädchen verfolgen mich. In meinem Ohr erklingt Musik, die fremd ist in meiner Mutter Haus.»

Nun, da jedes Schulmädchen dieses Gespräch kennt, wissen wir, wie es jeder der drei Schwestern erging.

Psyche kehrte heim, um einen Gatten zu erflehen. Demeter und Persephone waren erstaunt über diesen ungewöhnlichen Wunsch, doch sie wußten, daß er erfüllt werden mußte. Heimlich, denn so etwas war nie zuvor geschehen, wurde Psyche mit Eros vermählt, dem Liebesgott selbst, mit Amor, Aphrodites Sohn. Und Psyche lebte allein mit ihrem Mann in einem herrlichen Palast hoch auf einem namenlosen Berg. Lautlose, unsichtbare Diener brachten ihr, was immer sie wünschte. Nachts, nur nachts besuchte sie der Liebesgott: Psyches Gemahl – aber sie wußte nicht, wer er war oder wie er aussah. Er hatte sie gewarnt, ihn niemals sehen zu wollen, sondern ihn nur in der Dunkelheit zu lieben. Eines Nachts entzündete Psyche, nachdem er eingeschlafen war, eine kleine Öllampe, um einen einzigen heimlichen Blick auf ihn zu werfen – und der Gott erwachte und floh aus dem Palast. Verschreckt und traurig zog Psyche aus, um ihn zu suchen. Erst nachdem sie viele gefahrvolle Abenteuer überstanden hatte, rettete der Liebesgott schließlich seine unglückliche Frau. Er holte sie in den Himmel, wo sie in einem noch herrlicheren Palast wohnten. Dort lebten Psyche, Amor und ihre Tochter Voluptas zusammen mit den Unsterblichen, für immer glücklich – die erste Heilige Familie.

Athene kehrte nie in das Haus ihrer Mutter zurück. Statt dessen ging sie geradewegs zu Zeus, dem mächtigsten aller Götter, und bat ihn um etwas, was seiner Eitelkeit und Klugheit nicht wenig schmeichelte: von ihm wiedergeboren zu werden. Sie bat ihn, ihre Mutter zu werden. Und so wurde Athene zweimal geboren, das zweite Mal von einem Mann. Sie entsprang völlig erwachsen Jupiters Haupt, mit der Rüstung bekleidet, die sie sich so sehnlich gewünscht hatte. Wie Persephone blieb auch Athene kinderlos und ihrem Schöpfer in unerschütterlicher Treue ergeben. Anders als Persephone wurde Athene nie vergewaltigt, entführt oder gegen ihren Willen von einem König zu seiner Frau gemacht. Sie brauchte keinen Retter. Wenn aber jemand anders Hilfe brauchte, so war Athene stets zur Stelle. Sie rettete so manchen Helden, half ihm, gräßliche Ungeheuer zu töten, unerhörten Ruhm zu erlangen, große Kriege zu gewinnen und unbezwingbare Städte zu zerstören. Demeters stattliche Tochter schien ihre irdische und weibliche Herkunft vergessen zu haben. Sie konnte nicht verstehen, warum manche Menschen ihr vor der Aussaat und nach der Ernte immer noch opferten. Sie lächelte darüber. Wußten sie nicht, daß sie einem Geschöpf Tribut zahlten, das sich seinen Schöpfer selbst gewählt hatte und damit aus dem ewigen Kreislauf ausgebrochen war?

Artemis, Demeters jüngste Tochter, kehrte in das Haus ihrer Mutter zurück. Zuerst ließ sie sich von Demeter dem Mond weihen, damit sie ihre Herkunft nie vergessen, nie verraten würde, so weit sie auch wandern mußte. Danach vervollkommnete sich Artemis rasch in den Künsten der Jagd, des Reitens und Kämpfens, sie lernte Pflanzenheilkunde und Geburtshilfe. Dann machte sie sich mit dem Mond als Führer auf, um eine Stadt zu gründen, besser einen Stamm oder noch besser eine Kultur, wie sie bisher nicht bekannt war. Darin war jede Frau Soldat und Mutter zugleich, Tränen gab es genauso wie physischen Mut, die Ehe wurde verachtet. Vergewaltigung war undenkbar, und die Liebe junger Mädchen wurde in Gedichten gerühmt, geschrieben oft von den härtesten Kämpferinnen. Artemis selbst hatte viele Frauen als Geliebte und viele Töchter, von denen jede neue Amazonenstädte in Afrika, Südamerika und Asien gründete.

Göttinnen sterben nie. Sie tauchen in den Städten der Welt auf und verschwinden wieder, sie gehen durch unsere Träume, Jahrhundert um Jahrhundert, auf verschiedene Namen hörend, anders angezogen, vielleicht sogar verkleidet, vielleicht faul und arbeitslos, ihre Altäre sind verlassen, ihre Tempel gefürchtet oder einfach vergessen. Was wurde aus Demeter und ihren vier Töchtern?

Demeter, der Göttin des Lebens, und Persephone, der geisterhaften, kindlichen Jungfrau-Tochter, wurde in der Antike lange Zeit hindurch von der Oberschicht in genau festgelegten Geheimritualen gehuldigt, von den anderen in aller Öffentlichkeit. Aber irgendwie – niemand weiß mit Sicherheit, warum – fanden diese Feiern zu Ehren der Mütter und Töchter ein Ende. Das, was man früher verehrt hatte, durfte nicht mehr verehrt werden. Mächtige Propheten verhängten Kriegsrecht über die Vergangenheit. Noch Mächtigere verhängten Kriegsrecht über die Gegenwart. Der Monotheismus veränderte das Schicksal der Sterblichen wie der Unsterblichen.

Dennoch änderte sich nicht alles. Die Mutterverehrung wandte sich zunächst kaum merklich, dann um so leidenschaftlicher von Demeter ab und Psyche zu. Die sanfte Psyche, verliebt in Amor, verliebt in die Ehe, wandelte sich bald zur gütigen Jungfrau, Mutter Maria, aus ihrer Tochter Voluptas wurde ein Sohn namens Jesus. Und es geschah, was geschehen mußte. Demeter wurde ihrer Macht beraubt, ihrer Jungfräulichkeit entkleidet und als elende, verängstigte Wanderin in die Geschichte verstoßen. Sie war nicht länger die Mutter-Göttin. Sie erschien jetzt als grausame Stiefmutter oder als böse Hexe, die die Kinder im Märchen und Nachtmahr schreckte. Die Kinder weinten bei ihrem Anblick. Die Väter folterten und verbrannten sie zu Hunderten auf dem Scheiterhaufen.

Und was wurde aus Persephone und Psyche und der Jungfrau Maria? Nun, sie wurden zu Aschenbrödel, Schneewittchen und Dornröschen, und die zur Stiefmutter verwandelte Demeter machte aus ihnen dumme Hausmütterchen. Sie alle hofften auf Prinzen und weißgekleidete Ritter, um von ihnen aus diesen unerträglichen Verhältnissen gerettet zu werden.

Heute hat Psyche drei Kinder und leidet unter Depressionen. In letzter Zeit steht sie nie vor Mittag auf. Die Jungfrau Maria ist Alkoholikerin, die sich hinter geschlossenen Gardinen verbirgt.

Persephone ist frigid – und macht sich Sorgen darüber. Aschenbrödel hat Angstzustände, geht ruhelos auf und ab und hat zwei Selbstmordversuche hinter sich.

Die Stiefmütter sind heute immer noch auf der Wanderschaft – Vertriebene ohne Erinnerung an das Gewesene. Man hat Demeter auf vorbeifliegende Flugzeuge schimpfen hören, man hat sie in unförmigen Trauerkleidern gesehen, mit sich selbst redend, Unsinn redend ... Oft kommt es heute vor, daß sich Demeter nach der Entbindung von ihrem Kind abwendet und ihr Gesicht zur Wand des Krankenzimmers dreht. Manchmal wie in Trance versucht Demeter, ihre Tochter bei sich zu Hause festzuhalten, wieder für alle Zeiten.

Was wurde aus Artemis und Athene? Manche sagen, Artemis und ihre Töchter seien bei einer Sturmflut umgekommen, oder sie hätten die Erde in Trauer verlassen wie Engel, bevor ihr Werk vollendet war. Andere behaupten, sie hätten sich getötet nach der Niederlage in einer großen Schlacht. Wieder andere meinen gehört zu haben, wie sie beschlossen, sich zurückzuziehen, sich zu trennen und auf bessere Zeiten zu warten. Selbst Athene, diese außergewöhnliche Frau, hat schließlich Schild und Helm abgelegt und sich Büchern, Rosenkränzen, Stricknadeln und dem Klatsch zugewendet – manchmal auch eine Königskrone oder einen Doktorhut errungen.

Heute werden Artemis und Athene immer häufiger bei Gewalttaten überrascht – bei Verbrechen aus Leidenschaft, Habgier oder auch aus Keuschheit. Meistens tun sie jedoch, was man von ihnen verlangt: Diese beiden Stolzen und Einsamen tun ihre Arbeit gut, zu gut. Manchmal wird Athene, manchmal Artemis durch eine besondere Leistung weithin bekannt – beneidet, bewundert, mißverstanden –, bis sie den Gashahn aufdreht, Tabletten nimmt oder ins Wasser geht – und es wieder einmal überstanden hat.

Dies ist ein Buch über die Psychologie der Frau – oder, wenn man will, über die vielen Gesichter Demeters und ihrer vier Töchter, über das, was ihnen im 20. Jahrhundert zugestoßen ist, und wie es von Psychiatern gedeutet und behandelt wurde: Bestimmte Mythen sagen eine Menge über Ursprünge und Modelle der heutigen Persönlichkeitsstruktur der Frau. Ich werde oft auf sie zurückgreifen, um den Zusammenhang zwischen der Situation der Frau und dem, was wir «Wahnsinn» nennen, aufzuzeigen – jenes göttliche, bedrohliche Verhalten, vor dessen Beredsamkeit und lästigem Anspruch sich die Gesellschaft durch «Vernunft» und Gewalt schützt.

Dies ist ein Buch über die rapide zunehmende Zahl amerikanischer Frauen aller Schichten (1)* und Rassen, die für «neurotisch» oder «psychotisch» gehalten werden oder sich selbst dafür halten und die in psychotherapeutischer Behandlung sind und/oder in psychiatrischen Krankenhäusern leben. Dieses Buch will zeigen, warum Frauen Hilfe suchen, was sie in ihrer Hilfsbedürftigkeit erleben und wie sie dabei von anderen erlebt werden, und schließlich, wie diesen Frauen geholfen oder nicht geholfen wird.

In Kapitel 1 und 10 werden die psychologischen Grundlagen der Persönlichkeitsstruktur der Frau in unserer Kultur erörtert. In Kapitel 1 werden die Lebens- und «Kranken»geschichten von vier Frauen an Hand von autobiographischem, biographischem und anamnestischem Material dargestellt. Diese vier Frauen, wie die heutigen Frauen überhaupt, werden unter dem Aspekt betrachtet, was es heute bedeutet, als Mädchen in einer Familie heranzuwachsen. Dabei wird die Mutter–Tochter-Beziehung ebenso analysiert wie die Rolle, die mythologische oder historische Heldinnen wie die Jungfrau Maria oder die Heilige Johanna in der weiblichen Erfahrung von «Normalität» oder «Abnormalität» spielen. In Kapitel 1 wird weiter dargestellt, wie das Zusammenspiel von weiblichen Fortpflanzungsaufgaben, patriarchalischer Kultur und moderner Eltern–Tochter-Beziehung den Fortbestand «typisch weiblicher» Verhaltensmuster – und Ideale, wie Selbstaufopferung, Masochismus, reproduzierter Narzißmus, mitfühlende «Mütterlichkeit», Abhängigkeit, sexuelle Gehemmtheit und Not, Vaterverehrung – und unüberwindliche Abneigung Frauen gegenüber und ihre Geringschätzung, garantiert.

(1) Die Begriffe ‹class› und ‹middle-class› der englischen Ausgabe werden im folgenden mit den soziologischen Termini ‹Schicht› und ‹Mittelschicht› wiedergegeben, da der Begriff ‹class› im amerikanischen Sprachgebrauch nicht mit dem marxistischem Klassenbegriff identisch ist. (Anm. z. dt. Übers.)

* Alle in Klammern eingefügten Ziffern verweisen auf Fußnoten jeweils am Ende der betreffenden Seite; alle hochgestellten Ziffern verweisen auf die Anmerkungen im Anhang, S. 324.

Kapitel 2 und 3 zeigen die Nervenheilanstalt und private Psychotherapie als Neuauflage und Spiegelbild der Stellung der Frau in der Familie. Psychiater, vorwiegend Männer, neigen allzu oft dazu, in ihren Patienten, vorwiegend Frauen, primär «Ehefrauen» und «Töchter» und nicht einfach Menschen zu sehen: Sie behandeln sie, als sei das Leiden der Frau biologisch als etwas definiert, das außerhalb des menschlichen oder erwachsenen Erfahrungsbereiches liegt. In den meisten Theorien und Behandlungsmethoden wird gutgläubig und unkritisch von einem Doppelstandard seelischer Gesundheit (2) – und Humanität ausgegangen: einer für Männer, ein anderer für Frauen. In Kapitel 3 wird über die traditionelle und heutige klinische Theorie und Praxis referiert. Eine neue Definition oder besser eine unterschiedliche Deutung weiblicher «psychiatrischer» Symptome (wie Depression oder Frigidität), männlicher «psychiatrischer» Symptome (wie Alkohol- und Drogenabhängigkeit oder soziopathische Persönlichkeit) und dessen, was als «Wahnsinn» (oder Schizophrenie) bezeichnet wird, versuche ich in Kapitel 2 zu geben, denn die Verhaltensweisen, die zur *Hospitalisierung* führen, stehen in den USA in enger Beziehung zu Kaste (Geschlecht und Rasse), Alter, Schicht und Familienstand.

Kapitel 4 und der Anhang enthalten eine Analyse der Statistiken über «Geisteskrankheiten» in den USA für die Jahre 1950–1969. Diese Kapitel dokumentieren, in welchem Ausmaß Frauen mehr als Männer und in höherem Prozentsatz, als ihr Anteil an der Gesamtbevölkerung erwarten läßt, «Karrieren» als psychiatrische Patientinnen durchlaufen: Frauen, die unter «Nervenzusammenbrüchen», Weinkrämpfen, Wutanfällen und paranoiden Wahnvorstellungen leiden; Frauen, die Selbstmordversuche unternehmen, die Überdosen an Tabletten nehmen, um ihre Ängste, ihre Aggressionen, ihren Ehrgeiz, ihre Panik, ihre sexuelle Not – und ihre Visionen zu ersticken. Im Jahre 1968 waren 62 Prozent der erwachsenen Patienten im Alter von 18–64 Jahren in amerikanischen Ambulanzen (‹outpatient clinics›), 61 Prozent der Erwachsenen in privaten Ner-

(2) Der Begriff ‹mental health› wird im folgenden mit dem Ausdruck ‹seelische Gesundheit› wiedergegeben, da dieser Terminus in der Psychiatrie zunehmend statt des alten Begriffs der ‹geistigen Gesundheit› verwendet wird.

venkliniken (‹private hospitals›) und 60 Prozent der Erwachsenen in psychiatrischen Abteilungen an Allgemeinkrankenhäusern (‹general psychiatric wards›) Frauen. Die Landes- und Bezirkskrankenhäuser (‹state and county hospitals›) waren zu 50 Prozent von Frauen belegt, die häufiger dahin zurückkehrten und sich länger dort aufhielten als die männlichen Patienten. Erwachsene Frauen stellen gegenwärtig zwei Drittel der Patienten in den Community Mental Health Center (3) und in der privaten psychotherapeutischen Behandlung. Und das Gros der «Patienten» über 65 in Heilanstalten oder Altersheimen sind natürlich ebenfalls Frauen. (Unsere Gesellschaft liebt weder das Alter sonderlich – noch die Frauen.)

Kapitel 4–9 schildern die «Karriere» als Patientin bei 60 Frauen, die ich über ihre Erfahrungen in psychiatrischen Heilanstalten und privater oder ambulanter Behandlung befragte – Erfahrungen, die sie im Zeitraum von 1945 bis 1971 in den USA und England gemacht haben. Die interviewten Frauen waren europäischer, lateinamerikanischer und afrikanischer Herkunft. Sie waren zwischen 17 und 70 Jahre alt. Ihre Erfahrungen mit Sexualität, Ehe, Mutterschaft und «Politik» variierten entsprechend. Nur eine Minderheit dieser Frauen hatte meines Erachtens Perioden echter Geisteskrankheit durchgemacht. Die meisten von ihnen fühlten sich einfach unglücklich und verhielten sich selbstzerstörerisch, wie es für Frauen charakteristisch ist und bei ihnen akzeptiert wird. Ihre Erfahrungen machten mir sehr deutlich, daß hilfesuchendes oder hilfsbedürftiges Verhalten in unserer Kultur nicht gerade geschätzt oder verstanden wird. Hilfesuchende werden bemitleidet, beargwöhnt, beruhigt, geschlagen, mit Elektroschocks behandelt, belogen, angeschrien und schließlich vernachlässigt – und alles «zu ihrem eigenen Besten». In den amerikanischen Landesnervenheilanstalten (‹state mental asylum›) wurden viele Patientinnen zu geschlechtsrollenspezifischer Sklavenarbeit gezwungen, das heißt, sie arbeiteten ohne oder gegen nominelle Bezahlung als Hausangestellte. Viele wurden medizinisch mißbraucht – oder vernachlässigt; sexuell unterdrückt – oder ausgebeutet, verspottet und im Stich gelassen – vom professionellen

(3) «Community Mental Health Center» = Psychiatrisches Gemeindezentrum in den USA zur Versorgung seelisch Kranker im regionalen Einzugsbereich einer Kommune (Anm. z. dt. Übers.)

Establishment ebenso wie von der Familie, und nur sehr wenige erhielten eine verbale oder sonstige «Therapie». Zahlreiche Patientinnen, die sich finanziell die beste verbale Behandlung leisten konnten, die Therapeuten bieten, wurden trotzdem nicht immer verstanden oder geheilt.

Ich will Geisteskrankheiten weder romantisieren noch mit politischer oder kultureller Revolution verwechseln: nicht allein um der Leiden willen, die wir den Betroffenen durch falsche Behandlung zufügen, sondern auch um der Leiden der Leidenden selbst. (Solches Leiden muß verstanden und respektiert, aber es sollte nicht romantisiert werden.) Die meisten dieser weinenden und deprimierten, angsterfüllten und verschreckten Frauen können sich weder der Produktions- und Reproduktionsmittel bemächtigen, noch kennen sie bessere Lösungen für die Probleme kosmischer Machtlosigkeit, des Bösen und der Liebe als die übrigen Menschen.

Ich spreche in diesem Buch mit vielen Stimmen: als Forscherin, Theoretikerin und Klinikerin auf dem Gebiet der Psychologie – *und* als literarisch und philosophisch Interessierte, als Liebhaberin von Poesie und Mythos.

Beim Schreiben dieses Buches fühlte ich mich wie ein Wanderer zwischen den Zeiten, der zum Boten, zum Überbringer schlechter Nachrichten geworden ist. Ich frage mich, wie IHR sie aufnehmen, ich frage mich, was IHR tun werdet.

Wahnsinn

Kapitel 1

Warum Wahnsinn?

ATHENE:
Denn keine Mutter wurde mir, die mich gebar;
Nein, vollen Herzens lob' ich alles Männliche ...

Aischylos, *Die Eumeniden*, V. 736f.

Seufzt nicht mehr, ihr Damen,
die Zeit ist ein Mann,
der seinen Becher auf das schöne Geschlecht leert.
Von Komplimenten verwirrt, hören wir
unsere Alltäglichkeit über Gebühr gelobt,
unsere Trägheit als Entsagung,
unsere Denkfaulheit als Intuition gedeutet,
jeder Fehler wird uns verziehn. Ein Verbrechen
ist nur, einen zu kühnen Schatten zu werfen
oder die Form gleich ganz zu sprengen.

Dafür gibt's Einzelhaft,
Tränengas, Flächenbombardement.
Wenige bewerben sich um diese Ehre.

Adrienne Rich [1]

CHARLOTTE CORDEY:
Jetzt weiß ich wie dieser Augenblick ist
in dem der Kopf vom Leib getrennt wird ...
In meinem Zimmer in Caen
auf dem Tisch unterm offenen Fenster
liegt Judiths aufgeschlagenes Buch

Judith brach auf um nie zurückzukehren
Angetan mit wunderbarer Schönheit
trat sie vor das Lager
des Tyrannen
und mit einem einzigen Hieb
vernichtete sie ihn

Peter Weiss [2]

«Als mir zum ersten Mal ein Junge wehtat», sagte Lillian zu Djuna, «das war in der Schule. Ich weiß nicht mehr, was er machte. Aber ich weinte. Und er lachte mich aus. Weißt du, was ich tat? Ich ging nach Hause und zog mir den Anzug meines Bruders an. Ich versuchte zu empfinden, was ein Junge empfand. Als ich in die Kleider schlüpfte, hatte ich natürlich das Gefühl, mich mit einer Hülle von Kraft zu umgeben ... Ein Junge zu sein, bedeutete für mich, nicht leiden zu müssen. Daß ich ein Mädchen war, das war schuld daran, daß ich litt ... Da war aber noch etwas ... Ich entdeckte eine Erlösung, und das war der Kampf ... Wenn ich nur am Krieg teilnehmen könnte, dabeisein, würde ich keine Angst, keine Furcht empfinden ... Wenn sie mich nur die Jungfrau von Orléans sein ließen. Jeanne d'Arc trug eine Rüstung, sie ritt ein Pferd, sie kämpfte Seite an Seite mit den Männern. Sie mußte deren Kraft erworben haben.»

Anaïs Nin [3]

Das Überraschende in den Mythen von Demeter ... ist ihre unruhige Suche nach der [vergewaltigten und entführten] Tochter [Persephone] ... Die Gestalt einer großen Göttin konnte eben das zusammenfassen: das Gemeinsame, das in *allen* Müttern und Töchtern Wiederkehrende, in einer einzigen Person, die Mutter und Tochter *zugleich* war.

K. Kerényi [4]

Vielleicht sind die tobenden und weinenden Frauen in den Irrenanstalten Amazonen, die viele Jahrhunderte später zur Erde zurückgekehrt sind, jede für sich auf der Suche nach dem halbvergessenen Mutterland – eine Suche, die wir Wahnsinn nennen. Oder vielleicht sind sie gescheiterte Mutter-Göttinnen, Demeter allesamt, ewig und bedauernswert außerstande, ihre Töchter oder ihre Macht wiederzufinden ...

(Ein romantischer Gedanke von mir)

Mir fehlt nichts – außer daß ich mindestens zweitausend Jahre zu spät geboren wurde. Frauen mit dem Körperbau von Amazonen und mit berserkerhaften Ambitionen sind nicht mehr en vogue und haben keinen Platz mehr auf dieser verflucht zivilisierten Erde ... Hier sitze ich – total übergeschnappt – und habe nur die Wahl, entweder immer verrückter und verrückter zu werden oder soweit zur «Vernunft» zu kommen, daß man mir erlaubt, in das Leben zurückzukehren, das mich verrückt gemacht hat.

Lara Jefferson[5]

Frauen in Heilanstalten: Vier Lebensläufe

Elizabeth Packard	(1816–ca. 1890)
Ellen West	(ca. 1890–ca. 1926)
Zelda Fitzgerald	(1900– 1948)
Sylvia Plath Hughes	(1932– 1963)

Diese vier Frauen wurden im 19. und 20. Jahrhundert wegen verschiedener psychiatrischer «Symptome» in eine Heilanstalt eingewiesen. Alle vier waren ungewöhnlich eigensinnig, begabt und aggressiv. Einige zogen sich aus der Gesellschaft zurück: Es wurde ihnen gleichgültig, wie sie «aussahen», sie weigerten sich zu essen, sie verloren das sexuelle Interesse an ihren Ehemännern. Eine der Frauen «hörte» Stimmen. Zwei andere unternahmen mehrere Selbstmordversuche. Ellen West und Sylvia Plath gingen in ihren frühen dreißiger Jahren in den Freitod. Zelda Fitzgerald verbrannte, als in einer Heilanstalt Feuer ausbrach. Elizabeth Packard gelang es, nach drei Jahren, die sie in einer Anstalt in Illinois verbracht hatte, auszubrechen. Sie veröffentlichte einen Bericht über ihre Erfahrungen im Irrenhaus und kämpfte für die Rechte der Geisteskranken und verheirateten Frauen.

Gemeinsam ist diesen vier Frauen, daß sie sich selbst treu blieben, was aber verheerende Folgen für sie hatte. Jahrelang lehnten sie die Pflichten und Privilegien ihrer Begabung und Überlegenheit ab oder wurden gezwungen, sie abzulehnen. Wie viele Frauen begruben sie zunächst ihr Schicksal in romantisch extravaganten Heiraten, in der Mutterschaft und in den üblichen weiblichen Vergnügungen. Aber ihren unterdrückten Kräften gelang es schließlich, sich zu befreien, und nun forderten sie den lange fälligen und daher um so größeren Tribut: eheliche und mütterliche «Untreue», gesellschaftliche Ächtung, Inhaftierung, Wahnsinn und Tod.

Zwischen Elizabeth Packard und den übrigen drei Frauen gibt es allerdings einen wichtigen Unterschied. Frau Packard war fromm und glaubte fest an das Christentum und an die Mutterschaft. Erotische Leidenschaft, Zweifel, Egoismus und Angst waren entweder lückenlos verdrängt oder hatten nie zu ihrer wunderbar praktischen Sensibilität gehört. Die Sünden des Individualismus, die sie beging, betrafen die religiöse Freiheit. Packards Ehemann verbot ihr buchstäblich, ihre eigene Meinung zu theologischen Fragen zu äußern, doch ihr Gewissen gestattete ihr nicht, ihm zu gehorchen. Im Gegensatz zu Packard waren Fitzgerald, West und Plath keine Kirchgängerinnen. Sie waren unpraktisch und romantisch. Und im Gegensatz zu Packard führten diese drei Frauen ebenso gefährliche Ehen mit Eros – dem Liebesgott – wie seine erste, mythologische Frau Psyche.(1) Wie Psyches Ehe wurden auch ihre Ehen in Dunkelheit geschlossen. Aber anders als Psyche konnten oder wollten sie die Pilgerfahrt der Jungfrau zu göttlicher Heirat und Mutterschaft nicht vollenden. Esther Greenwood, die Heldin von Plaths autobiographischem Roman *Die Glasglocke* sagt:

... Das ist einer der Gründe, warum ich niemals heiraten wollte. Keinesfalls wollte ich unendliche Sicherheit und ein Ort sein, von dem aus ein Pfeil fortfliegt. Ich wollte Veränderung, Aufregung und selbst in alle Richtungen fliegen, wie die farbigen Strahlen einer Rakete am 4. Juli ... Ich haßte es einfach, Männern auf

(1) Nach dem Mythos bleibt Psyche trotz (oder wegen) ihrer großen Schönheit unverheiratet. Schließlich befragen ihre verzweifelten Eltern ein Orakel. Es rät ihnen, ihre Tochter auf einer Felsenklippe auszusetzen, was als Symbol dafür gelten kann, daß sie sie dem unvermeidlichen Jungfrauentod (in der Ehe) und einem unbekannten, möglicherweise viehischen Ehemann überlassen. Aber Psyches Mann ist niemand anderer als Eros (Amor), Aphrodites Sohn. Psyche ist außer sich vor Glück, aber sie ist auch sehr einsam, denn ihr Mann besucht sie nur nachts unter dem Schutz der Dunkelheit und verbietet ihr, ihn anzuschauen. Als Psyche schließlich das Tabu bricht, flieht Eros. Psyche muß erst eine Reihe von «Helden»taten vollbringen, um mit Eros wiedervereinigt zu werden, ein Kind zu bekommen und mit ihm im Himmel als Heilige Familie zu leben.[6]

irgendeine Weise zu dienen. Ich wollte selbst aufregende Briefe diktieren ... Deshalb glaubte ich, es sei vielleicht wirklich wie Gehirnwäsche, wenn man verheiratet war und Kinder hatte, und man lief dann nur noch dumpf wie ein Sklave in einem privaten, totalitären Staat herum ...[7]

Ellen West war eine wohlhabende, sensible, zum Selbstmord neigende junge Ehefrau, die sich so sehr vor dem Essen fürchtete, daß sie schließlich jede Nahrungsaufnahme verweigerte.(2) Sie soll bis zu ihrem sechzehnten Lebensjahr «Hosen» und «ausgelassene, jungenhafte Spiele» bevorzugt haben. Ihr Kindheitsmotto war «Entweder Cäsar oder gar nichts». In einem Gedicht, das sie mit siebzehn schrieb, wünschte sie sich, «ein Soldat zu sein, keinen Feind zu fürchten und freudig mit dem Schwert in der Hand zu sterben». Sie war eine leidenschaftliche Reiterin, Tagebuchschreiberin und Dichterin. Nachdem sie sich fieberhaft und erfolgreich in all das gestürzt hatte, was man Frauen gemeinhin zugesteht (freiwillige Arbeit mit Kindern, Universitätsvorlesungen als außerordentliche Hörerin, ernste Liebesgeschichten), entwickelte sie Selbstmordneigungen und hörte auf zu essen. Sie erklärte:

... Etwas in mir wehrt sich dagegen, dick zu werden, wehrt sich dagegen, gesund zu werden, runde rote Backen zu bekommen, eine einfache, robuste Frau zu werden, wie es meiner wahren Natur entspräche ... Wozu hat mir die Natur Gesundheit und Ehrgeiz gegeben? ... Es ist so deprimierend, daß ich all meine Kraft und all meinen Tatendrang in ungehörte Worte [in ihrem Tagebuch] statt in wirkungsvolle Taten umsetzen muß ... Ich bin einundzwanzig Jahre alt, und man verlangt von mir, daß ich den Mund halte und wie eine Marionette grinse. Ich bin keine Marionette. Ich bin ein Mensch mit rotem Blut und eine Frau mit bebendem Herzen ... O was soll ich tun, was soll ich anfangen? ... Ich denke nicht an die Befreiung der Seele; ich meine die wirkliche, greifbare Befreiung der Menschen von den Ketten ihrer Unterdrücker ... Ich möchte, daß sich eine Revolution, ein großer Aufstand in der ganzen Welt ausbreitet und die ganze gesellschaftliche Ordnung umstürzt. Ich möchte wie ein russischer Nihilist mein Zuhause und meine Eltern verlassen, um unter den Ärmsten der Armen zu leben und für die große Sache zu werben. Nicht aus Abenteuerlust! Nein, nein! Nennt es ungestillten Tatendrang ...[9]

Zelda Fitzgerald war die Frau eines berühmten Schriftstellers, der

(2) Dieses Symptom wird psychiatrisch als Angst vor Schwangerschaft gedeutet. Ludwig Binswanger, ihr «anthropologischer Fall-Historiker», hat ihre Lebens- und Krankengeschichte aufgezeichnet.[8]

(deshalb) die Begabung seiner Frau nicht verstehen oder fördern wollte. Scott Fitzgerald fand Zeldas Tanzstunden dumm und lächerlich. Nancy Milford zitiert in ihrer ausgezeichneten Biographie über Zelda Fitzgerald[10] einen Brief ihres Mannes an Dr. Forel, einen ihrer Psychiater, worin Scott sich beklagt, daß Zelda seit einem halben Jahr kein Interesse mehr für ihr Kind gezeigt habe.(3) Er weist darauf hin, daß Zelda, bevor sie sich dem Ballett zu widmen begann, ihren Aufgaben als Frau und Mutter sich gewidmet habe. Er schildert ihre zunehmende Beschäftigung mit dem Tanz, mit Tänzern und mit *sich selbst* als schrecklich egoistisch und lästig und erklärt seinen eigenen Hang zum Alkohol mit Zeldas wachsender Individualität und «Verrücktheit». Er müsse sich mit Wein stärken, um eine Frau ertragen zu können, deren Interessen so verschieden von den seinen seien und sich zunehmend von diesen entfernten. Zwar nennt er ihr Benehmen – oder die Wirkung auf ihn – peinlich und verrückt, erkennt aber doch in Zeldas Handlungen eine gewisse Kühnheit und Ehrlichkeit. Aus seinen Worten klingen Selbstmitleid und Ungeduld mit Zeldas kindischem Eigensinn wie auch das Gefühl eines echten Verlusts und der Sorge um sie.

Scott war auf Zeldas literarisches Talent eindeutig eifersüchtig und fühlte sich dadurch bedroht. So reagierte er wütend, als Zelda einen autobiographischen Roman, die «Geschichte» ihres Lebens und ihres Anstaltsaufenthalts, vollendet hatte, bevor sein eigener Roman fertig war. In einem Brief an Dr. Meyer, einen anderen ihrer zahlreichen Psychiater, gab Scott zu, daß sich Zelda vielleicht zu einer genialen Schriftstellerin entwickelt hätte, wenn sie einander nie begegnet wären. Aber Tatsache sei, daß sie sich nun einmal getroffen und geheiratet hätten und ihr Beharren auf einer Karriere als Schriftstellerin ihm und ihrer Tochter schade. Zelda träume von Erfolg und Anerkennung, ja sie sei wie «besessen» von solchen Hoffnungen, die den seinen gefährlich ähnlich seien. Zeldas «Genie», im Grunde nichts als eine pubertäre und lästige Besessenheit, verletze ihn und ihre Ehe. Ohne Zweifel litt Zelda unter genau diesem Konflikt und zerbrach schließlich daran. Milford zitiert aus dem Stenogramm

(3) Leider erhielt ich keine Erlaubnis, aus Scott und Zelda Fitzgeralds Briefen und ihren Gesprächen miteinander und mit Zeldas verschiedenen Psychiatern zu zitieren. Das Material liegt jedoch in Nancy Milfords Buch vollständig vor.

eines Gesprächs zwischen Zelda, Scott und Dr. Rennie, Zeldas Psychiater im Jahre 1933. Darin wirft Scott Zelda in hysterischem Ton vor, nur eine «Schriftstellerin von begrenztem Talent» zu sein, und erinnert sie an sein eigenes weltweites literarisches Renommee. Milford merkt an, daß «Scott sehr feste Vorstellungen davon besaß, welchen Platz eine Frau in der Ehe einzunehmen habe». Er allein war derjenige, der zu bestimmen hatte, etwa wie ein Pilot, der den Kurs festlegt. Sein Entschluß stand fest, daß Zelda ihre schriftstellerischen Versuche einstellen sollte.(4) Zelda aber erklärt, daß sie nicht von Scott «abhängig» sein möchte, weder finanziell noch psychisch. Sie möchte eine «Künstlerin» sein: Sie möchte «arbeiten». Nur wenn sie «Gutes leiste», könne sie sich vor Scotts abfälligen Bemerkungen schützen. Sie sagt, sie sei es leid, sich Scotts Urteil und Entscheidungen in allen Dingen beugen zu müssen. Sie werde es einfach nicht mehr tun und ziehe sogar den Anstaltsaufenthalt vor. Ihre Ehe sei von Anfang an nichts als ein Kampf gewesen. Scotts Antwort darauf ist, daß sie als Paar von der Welt beneidet würden, worauf sie meint, sie hätten eben gut Theater gespielt.(5)

1860 ließ Elizabeth Packards Mann seine Frau in eine geschlossene Anstalt bringen, weil sie eine eigene «freie religiöse Meinung» zu äußern gewagt hatte.[12] Sie bestand nämlich darauf, ihre Bibelschüler lehren zu dürfen, der Mensch werde «gut» und «nicht böse» geboren.(6) Ihr Mann, ein Geistlicher, entführte sie gegen ihren Willen – obwohl er juristisch das Recht dazu besaß – und brachte sie in eine Irrenanstalt in Jacksonville, Illinois. Er verbot seinen Kindern, die zwischen achtzehn Monaten und achtzehn Jahren alt waren, mit ihr Kontakt aufzunehmen oder über sie zu sprechen, enthielt ihr ihr

(4) Wenn Affen und Serviermädchen zu schreiben beginnen, können dann die Eumeniden lange ausbleiben?

(5) Jessie Bernard berichtet in ihrer Untersuchung *The Paradox of the Happy Marriage*, daß Männer im allgemeinen ihre Ehen anders (besser) beurteilen als Frauen. Viele Männer erwarten weniger von der Ehe als ihre Frauen und haben mehr von den häuslichen und sexuellen Vorteilen und dem emotionalen Rückhalt.[11]

(6) In den christlichen Epochen der Geschichte wurden Frauen systematisch nicht nur als «Hexen» ermordet, sondern auch als «religiöse Ketzer», deren Ansichten über Sexualität und Nächstenliebe kühner als die ihrer männlichen Gegenspieler waren. Im 16. Jahrhundert unter der Herrschaft Heinrichs VIII., des königlichen Blaubarts, wurde beispielsweise Anne Askew der Ketzerei angeklagt und zum Tode verurteilt. Sie erinnerte den Lordkanzler

eigenes (ererbtes) Vermögen vor, nahm ihr ihre Kleider, Bücher und persönlichen Papiere und schilderte ihren Zustand ihren Eltern gegenüber falsch. Dr. MacFarland, der Direktor der Anstalt, hielt ihre Post zurück und beschlagnahmte ihre wenigen Bücher und das eingeschmuggelte Schreibpapier. Trotzdem verlor Mrs. Packard nicht ihren «Verstand». Sie nannte die Anstalt stets ein «Gefängnis», nie ein «Krankenhaus». Sie begann heimlich, ein Tagebuch über die Ereignisse in der Anstalt zu führen, und leistete den anderen Insassinnen, in denen sie Schwestern und Opfer des Patriarchats sah, geistigen Beistand. Dennoch glaubte sie weiterhin an die Ehe und an männliche Ritterlichkeit und wünschte nie die Scheidung. Ihre ganze Liebe gehörte den Kindern und der (männlichen) Gottheit. Sie «vergab» Dr. MacFarland seine «Sünden» – bis er in einem Wutanfall ihre sonst stets fügsame Zimmergenossin Bridget fast erwürgte. (Bridget hatte sich geweigert, irgendeine schmutzige Hausarbeit für ihn zu verrichten, woraufhin der Doktor in Wut geriet.) Danach war Mrs. Packard

> von dem theologischen Irrtum des stellvertretenden Leidens bekehrt. Ich habe seither meinen Beichtvater nie wieder gebeten, die Strafe eines Bruders oder einer Schwester, die ihnen auf Grund ihrer Sünden zukommt, auf mich nehmen zu dürfen; noch habe ich ein anderes Wesen gebeten, die Strafe für meine Sünden auf sich zu nehmen.[14]

Ihr Bericht über die Mißstände in der Anstalt ist einleuchtend und ergreifend. Der Selbstmord vieler Patientinnen war ihrer Ansicht nach auf die ständigen Schikanen, die Einsamkeit und Verzweiflung zurückzuführen. Sie verurteilt die «Quälerei» von Frauen, die *ihrer* Meinung nach wirklich den Verstand verloren hatten. Elizabeth

daran, daß nach der Bibel weder Christus noch seine Jünger je irgend jemand getötet hätten. Nachdem sie gefoltert worden war, stritt sie noch zwei Stunden lang mit ihren Anklägern über Religionslehre; am Ende des gleichen Jahres wurde sie dann verbrannt. In Amerika wurde Anne Hutchinson im 17. Jahrhundert von der Kirche exkommuniziert und aus Boston verbannt, weil sie eine mitreißende «Predigerin» war. Auch sie forderte mehr Liebe, Güte, Barmherzigkeit und Frieden auf dieser Welt als die (männlichen) puritanischen Behörden. In New Haven wurden Mrs. Anne Yale, Lady Deborah Moody, Mrs. King und Mrs. Tilton exkommuniziert, weil sie öffentlich gegen die «Kindestaufe» (Mutterrolle des männlichen Klerus) aufgetreten waren. Mary Dyer wurde aus Boston ausgewiesen und später dort wahrscheinlich wegen ihres Quäkertums gehängt; sie hatte Anne Hutchinson unterstützt.[13]

Packard ist die erste, die die institutionalisierte Psychiatrie mit der Inquisition vergleicht.

Sylvia Plaths Lebensgeschichte ist uns bekannt durch ihre eigenen Schriften, durch verschiedenes biographisches Material und in zunehmendem Maße durch neue Fakten und Dokumente, die erst durch den neuerdings um sie veranstalteten «Totenkult» ans Licht gekommen sind.(7) Sylvia Plath ist in Massachusetts aufgewachsen und hat in sehr jungen Jahren angefangen, Gedichte und Erzählungen zu schreiben. In ihrer Lyrik und ihrem autobiographischen Roman *Die Glasglocke* schildert sie ihren Kampf als *Künstlerin* mit der Situation der Frau – einen Kampf, den sie nicht unbedingt von einem feministischen Standpunkt aus sieht. Bevor sie dreißig war, unternahm sie einen Suizidversuch, kam in eine Nervenklinik, beendete ihr Studium, veröffentlichte ihr literarisches Werk, heiratete, siedelte nach England über und gebar zwei Kinder. A. Alvarez schreibt in seinen Erinnerungen an sie:

> . . . Damals [in England] schien Sylvia wie ausgelöscht: Die Dichterin war hinter die junge Mutter und Hausfrau zurückgetreten. Bedenkt man die Bedingungen, unter denen sie arbeitete, so war ihre Produktivität phänomenal. Sie mußte sich den Tag über um ihre zweieinhalbjährige Tochter und ein Baby von 10 Monaten kümmern und das Haus versorgen. Wenn die Kinder dann abends im Bett lagen, war sie zu müde für alles außer «Musik, Brandy und Wasser». Deshalb stand sie jeden Morgen sehr früh auf und arbeitete, bis die Kinder aufwachten . . . In reglosen regenlosen Stunden zwischen Nacht und Tag konnte sie sich in Stille und Abgeschiedenheit sammeln, fast als suche sie die verlorene Unschuld und Freiheit jener Tage wiederzugewinnen, bevor das Leben sie in seinen Griff bekam. In dieser Zeit konnte sie schreiben. Den Rest des Tages teilte sie sich zwischen Kindern, Hausarbeit und Einkäufen auf, tüchtig, geschäftig, gequält wie jede andere Hausfrau.[15]

Freilich ist «Hausarbeit» und «Mutterschaft» nicht unbedingt zeitraubender und entwürdigender als ein Fünfzehnstundentag in einem Büro, einer Fabrik oder einem Bergwerk. Aber andererseits

(7) Unter den heutigen Bewunderern von Sylvia Plath sind selbstverständlich viele Frauen. Ihre Bewunderung gilt ihrer guten Lyrik und speziell dem Umstand, daß sie die Lebenssituation der Frau so gut erfaßt hat. Im übrigen ist Sylvia Plath eine christusähnliche Figur: Und Frauen ist es ebenso wie Männern nie schwergefallen, ein Opfer zu verehren, dessen Tod «sie» verschuldet haben, oder insbesondere einer begabten Frau ihre Begabung zu «verzeihen» – nach ihrem Tode.

arbeiten die meisten männlichen Lyriker nicht in Bergwerken und auch nicht so viele Stunden. Sobald sie anerkannt sind, können sie damit rechnen, in den Kreisen männlicher Literaten akzeptiert zu werden, und sei es auf noch so bescheidene, fragwürdige Weise. Nicht so Sylvia Plath. Alvarez bemerkt, wie es ihn zuerst schockiert habe, daß Sylvia *Plath* nun Mrs. Sylvia *Hughes* war. Er reagierte auf sie wie auf jede «junge, intelligente Hausfrau». Obwohl er ihre Arbeiten so sehr bewunderte, wurde er nicht Sylvias, sondern Teds Trinkkumpan und zeitweiliger Freund.(8) Sylvia Plath war einsam und isoliert. Ihr Genie brachte ihr nicht die Vorteile und Vergünstigungen ein, auf die der männliche Künstler sehr wohl zählen kann. Niemand, und schon gar nicht kunstliebende Männer, fühlten sich für ihre Not «verantwortlich» oder gar veranlaßt, der Dichterin Ehre zu erweisen, indem sie die Frau «retteten». Nach der Trennung von ihrem Mann fuhr Sylvia Plath fort, zu schreiben und für ihre Kinder zu sorgen. In der Nacht vom 10. auf den 11. Februar 1963 ging sie freiwillig in den Tod.

Alle diese vier Frauen wurden von männlichen Psychiatern behandelt und/oder in Gefängnisse gesperrt, wobei die meisten als Handlanger und «Vollstrecker» des Willens der Ehemänner fungierten.(9) Dr. MacFarland wußte, daß Elizabeth Packard nicht «geistesgestört» war. Nachdem sie einen sexuellen Annäherungsversuch von ihm abgeblitzt hatte, überließ er sie der Grausamkeit und Anonymität der «hinteren Abteilungen». Sie erkannte sehr deutlich, daß seine «Behandlung» darin bestand, «die Frau dem Willen des Ehemannes zu unterwerfen». Ihre «Therapie» hieß Einkerkerung und Dienstleistungen für die anderen Frauen. Sie wusch sie, betete mit ihnen, tröstete sie und suchte sie vor körperlicher Mißhandlung zu schützen. Häufig nahm sie auch «freiwillig» an Sklavenarbeit teil.

Indem ich für den Staat nähe, dessen eingekerkerte Sklavin ich bin, erkaufe ich

(8) Mit großer Offenheit berichtet er über seine anfängliche Abwehr gegenüber so ausgesprochen feministischen Gedichten wie *Daddy* und *Lady Lazarus*: Er war «entsetzt ... Beim ersten Hören schien es sich nicht um Gedichte, sondern um Frontalangriffe zu handeln». Viele spätere Kritiker, darunter auch Frauen, teilten dieses Gefühl.

(9) Packards «psychiatrischer Gefängniswärter» bot sich an, bei ihrer Entmündigungsverhandlung für ihren Mann auszusagen. Nur Sylvia Plaths Romanheldin Esther Greenwood ist unverheiratet.

mir das Privileg, die faulige, eklige Luft der Abteilung für einen halben Tag mit der gesünderen, reineren Atmosphäre das Nähzimmers zu vertauschen.[16] [Die männlichen Patienten konnten sich zur Arbeit auf Dr. MacFarlands Landgut melden.](10)

Nach Milfords Darstellung versuchten Zelda Fitzgeralds Psychiater, sie «im Hinblick auf ihre Rolle als Ehefrau umzuerziehen». Als sie erklärte, sie wolle als Schriftstellerin arbeiten, fragte ihr Psychiater, ob eine erfolgreiche Karriere für sie wichtiger sei als ihr Leben mit Scott. Mit dem Gespenst des Alters und Liebesverlusts drohend, fragte er sie, ob ihr das genügen würde, wenn sie über 60 sei. Alle ihre Psychiater berieten sich mit Scott über den «Zustand» seiner Frau und was «gut» für sie wäre. Als Zelda 1931 nach fünfzehnmonatiger Behandlung entlassen wurde, bezeichnete man ihren «Fall» als Minderwertigkeitskomplex – insbesondere gegenüber Scott. Die Psychiater deuteten ihren Ehrgeiz als eine Form von Selbsttäuschung, die ihre Ehe in große Schwierigkeiten gestürzt habe. Trotz Zeldas mitleiderregendem Flehen um Freiheit, trotz ihrer unterwürfigen Selbstanklagen und trotz ihres Versprechens, «brav zu sein», bestimmten in all den Jahren die Männer, ob und wann sie außerhalb der Anstalt «Urlaub» machen durfte.

Die Heldin in Sylvia Plaths autobiographischem Roman *Die Glasglocke*, Esther Greenwood, wird zu einem Psychiater namens Dr. Gordon geschickt. Er thront zufrieden hinter seinem blankpolierten Schreibtisch, umgeben von Büchern und Familienfotos. Esther denkt bei sich:

... wie konnte mir dieser Doktor Gordon überhaupt helfen, wenn ihn eine schöne Frau und schöne Kinder und ein schöner Hund wie Engel auf einer Weihnachtskarte umschwebten?

Er begann wie üblich:

«Also, jetzt versuchen Sie mir mal zu erzählen, was Ihrer Meinung nach nicht in Ordnung ist.»

Esther

drehte die Worte argwöhnisch hin und her, wie runde, vom Meer polierte Kiesel, die plötzlich Krallen ausstreckten und sich in irgend etwas anderes verwandelten.

(10) Solche Sklavenarbeit existiert weiterhin in den meisten amerikanischen Landesnervenheilanstalten: Die Arbeiten werden fein säuberlich nach Geschlecht getrennt verteilt.

Was *meiner Meinung* nach nicht in Ordnung war? Das klang so, als sei in Wirklichkeit gar nichts los, und ich *glaubte* nur, es wäre etwas nicht in Ordnung.[17]

Dr. Gordon empfiehlt Schocktherapie für sie. Sylvia Plath beschreibt diese beliebte Behandlungsmethode für «Manisch-Depressive» folgendermaßen:

Doktor Gordon legte zwei Metallplatten auf die Seiten meines Kopfes. Er schnallte sie mit einer Binde fest, die sich mir in die Stirn eingrub, und gab mir einen Draht, auf den ich beißen sollte.

Ich schloß die Augen.

Es gab eine kurze Stille, wie einmal Atemholen. Dann bog sich etwas herunter und griff mich und schüttelte mich, wie das Ende der Welt. Wiiiiiii, schrillte es durch berstende Luft in blauem Licht, und mit jedem Blitz fuhr ein riesiger Schlag auf mich nieder, daß ich glaubte, meine Knochen würden brechen, und der Saft würde aus mir herausjagen wie aus einer aufgeschlitzten Pflanze.

Was hatte ich denn nur Furchtbares getan.[18]

Einer von Ellen Wests Psychiatern meinte, es gehe ihr besser, denn

... während sie im Sommer abstoßend häßlich war, ist sie seither immer femininer, ja beinahe hübsch geworden.[19]

Während ihres Aufenthalts in einer Anstalt ging sie wie Esther Greenwood eine «homoerotische» Beziehung ein, die natürlich keineswegs ermutigt wurde. Ihr letzter Brief, bevor sie sich vergiftete, war an diese Frau gerichtet.

Fitzgerald, West und Plath begehrten verzweifelt und trotzig gegen das weibliche Rollenstereotyp auf. Den engen Grenzen suchten sie durch die «Flucht in die Verrücktheit» zu entkommen. In einem solchen Zustand waren sie als «hilflose» und «selbstzerstörerische» Kinder(11) wenigstens oberflächlich von ihrer weiblichen Rolle als sozial Benachteiligte, als Ehefrauen und Mütter befreit.(12)

(11) Sylvia Plath beschreibt die Anstaltsinsassinnen als «leer und eingeschlossen wie ein totes Baby»[20].

(12) Zelda sagt zu Scott, sie sei so unglücklich, daß sie lieber den Anstaltsaufenthalt vorziehe. Er aber reagiert kalt und defensiv: Er wolle davon nichts wissen. In einer Art heroisch-tragischen Selbstzerstörung sieht Zelda keinen Unterschied zwischen Ehe und Heilanstalt. Sie mag nichts mehr verheimlichen; sie hat die gesellschaftliche Lüge satt. Mochten alle ihre Abhängigkeit und Hilflosigkeit, ihre Verlassenheit und ihre Verzweiflung sehen. Natürlich blieb Zelda, solange sie sich isolierte und für «krank» oder «schlecht» hielt, eine finanzielle und psychologische Belastung für Scott, eine Bürde, die er ertrug.

Doch weder «Wahnsinn» noch Heilanstalten boten «Zuflucht» oder «Freiheit».

Plath sah ganz richtig, daß kein großer Unterschied bestand zwischen

> ... [uns] in Belsize ... [und den] Mädchen auf dem College, die Bridge spielten und schwätzten und studierten, zu denen ich zurückkehrte. Auch diese Mädchen saßen unter einer Art Glasglocke.[21]

In seltsamer Übereinstimmung schrieb auch Ellen West, sie fühle sich wie in einer «Glaskugel».

> Ich fühle mich vom wirklichen Leben ausgeschlossen. Ich bin total isoliert. Ich sitze in einer Glaskugel. Ich sehe die Menschen durch eine Glaswand, ihre Stimmen dringen nur gedämpft zu mir ... Ich strecke meine Arme nach ihnen aus; aber meine Hände prallen nur gegen die Wand meiner Glaskugel.[22]

Alle vier Frauen lebten unter einer «Glasglocke» – innerhalb wie außerhalb der Anstalt. Wahnsinn und Gefangenschaft waren für sie sowohl das Resultat weiblicher Ohnmacht als auch der erfolglose Versuch, diesem Zustand zu entkommen, ihn zu überwinden. Wahnsinn und Gefangenschaft spiegeln Aspekte der weiblichen Existenz, sie sind sowohl die Strafe dafür, Frau zu *sein*, wie auch für den Wunsch oder das Wagnis, es *nicht* zu sein. Ist das Wagnis entsprechend kühn oder dramatisch, ist der Tod (durch langsamen oder raschen Selbstmord) die Folge. I. J. Singer beschreibt einen solchen Fall in seiner Erzählung *The Dead Fiddler*, der Geschichte eines jungen Mädchens, das von einem Dybbuk oder Dämon besessen ist.[23] Das Mädchen, Liebe Yentl, wächst in einer orthodoxen jüdischen Familie auf. Ihr Vater «schenkte ihr wenig Beachtung und betete zu Gott, ihr den richtigen Mann zu schicken». Sie aber verbringt die meiste Zeit allein, lesend und

> beklagte sich, daß die meisten Mädchen des Ortes gewöhnlich und rückständig seien: Sobald sie heirateten, vernachlässigten sie sich und ließen sich gehen.

Eine Heirat wird arrangiert, aber der Bräutigam stirbt vor der Hochzeit. Eine zweite Verlobung wird vorbereitet, aber nicht vollzogen, weil Liebe Yentl von einem Dybbuk «heimgesucht» wird, der mit einer Männerstimme spricht. Der Dybbuk ist ein übermütiger Abenteurer – ein Violinspieler – der Schnaps verlangt, lachend die Bewohner der Stadt beleidigt, die Thora zitiert und sich über sie lustig macht – und all das in gereimtem Singsang. Bald versammelt der Fiedler das ganze Dorf zum Tanz in Liebe Yentls Schlafzimmer. Dabei sagt er/sie

jedem auf den Kopf zu, was er ist: ein Geizhals oder ein Schwindler, ein Speichellecker oder ein Bettler, eine Schlampe oder ein Snob . . . Meist übergoß er die Honoratioren der Gemeinde und ihre Gattinnen mit Spott und Hohn . . . Seine Späße weckten sowohl Staunen wie Gelächter.

Plötzlich wird Liebe Yentl von einem zweiten, diesmal weiblichen Dybbuk besessen, der ein Schankmädchen und eine Hure ist. Beyle Zlowe, so ist ihr Name, singt «zotige Lieder und Soldatensongs». Sie nennt Liebe Yentls Vater eine «halbe Portion – nichts als Bart und Knochen».

So gelingt es Liebe Yentl, durch ihr «Irresein» einem ungeliebten Ehemann zu entgehen – es ist der einzige Ausweg, der ihr bleibt. Nur im «Wahn» kann sie auch ihre Eltern tyrannisieren, den Leuten Furcht und Respekt einjagen, die Dinge beim wahren Namen nennen, die Heuchelei der Gemeindemitglieder kritisieren und sich insgesamt sehr «unweiblich» benehmen: trinken, prahlen und obszöne Witze erzählen.(13) Nachdem die Dybbuks ihren Körper verlassen haben, weigert sich Liebe Yentl weiterhin, den Mann zu heiraten, den ihr die Eltern als Gatten bestimmt haben. Isolierung, Armut, Verwahrlosung und Tod sind die Folge. Eines Tages findet man sie tot

zwischen Haufen von Abfällen, in einem langen Hemd, barfuß, mit aufgelöstem rotem Haar. Es war offenkundig, daß sie seit Tagen nicht mehr lebte.

Mütter und Töchter: Ein mythologischer Kommentar zu ihrem Leben

In den modernen jüdisch-christlichen Gesellschaften sind die Frauen mutterlose Kinder. Unzählige Gemälde und Skulpturen des Christentums zeigen Madonnen, die ihre kleinen Söhne trösten und anbeten. Die katholische Mythologie symbolisiert die erzwungene

(13) Wichtig ist, daß sie nicht ein Rabbi oder ein Wegelagerer wird; sie verharrt in der weiblich zurückhaltenden Attitüde.

Spaltung der Frau in Mutter oder Hure – die beide einen toten Mann und/oder einen «göttlichen» Knaben herzen, pflegen und zuletzt anbeten. Das unverbrüchliche Band der Liebe, des Zusammenlebens und des Stolzes zwischen der heidnischen Demeter (der Erdmutter) und ihrer Tochter Persephone (Kore, das «Mädchen») existiert in der katholischen Mythologie und Kultur nicht.(14) Das ist nicht weiter verwunderlich. Die Mütter haben weder Geld noch Gut, das sie ihren Töchtern überlassen könnten. Ihr Vermächtnis ist die Kapitulation, sei es in Frivolität oder Plackerei. Amerikas arme und schwarze Mütter beispielsweise sind zwar außer Haus berufstätig – aber als Kulis, so daß ihre Arbeit ihnen weder wirtschaftliche, militärische noch politische Macht einbringt. Mütter der Mittel- und Oberschicht, die keinen Beruf außerhalb des Hauses ausüben oder deren Arbeit wenig oder gar nichts einbringt, können ebenfalls ihren Töchtern das Gefühl eines Eigenwertes nicht geben. Es stimmt zwar, daß in Kulturen, in denen «männliche» und «weibliche» Rollen traditionell streng voneinander abgegrenzt sind, wie im Islam oder auf dem Lande, in den Gettos und Subkulturen des Westens, die Frauen kooperativer und freundschaftlicher zueinander sind, doch basiert diese Kooperation auf einem Konformismus von unselbständigen Einzelwesen, auf ihrer Unzufriedenheit und Machtlosigkeit. Weder Mutter noch Tochter vermag die andere aus den realen Gegebenheiten zu erlösen, die das Schicksal der Frau als «Mutter» und «Unterlegene» in einer bio-patriarchalischen Herrschaft bestimmen.(15)

Mädchen dürsten buchstäblich nach der Ehe: nicht nach Heirat,

(14) Demeter ist die Göttin des Lebens und der Fruchtbarkeit. Ihre Tochter Persephone wird von Pluto (Hades), dem Gott der Unterwelt, entführt, vergewaltigt und geheiratet (oder von Zeus oder Dionysos, von denen einer Persephones eigener Vater gewesen sein könnte), als sie zwischen Mohnblumen spielt. Demeter aber sucht ihre Tochter und ist untröstlich über ihren Verlust. Schließlich weigert sie sich aus Wut, Feldfrüchte wachsen zu lassen, solange ihr Persephone nicht zurückgegeben wird. Zuletzt wird ein Kompromiß geschlossen: Persephone verbringt den größten Teil des Jahres bei ihrer Mutter (Frühling, Sommer und Herbst), den Winter bei ihrem Mann (wenn kein Getreide wächst). Diese Legende trägt viele Züge des Matriarchats und der frühen Agrargesellschaften und bildet den Kern der Eleusinischen Mysterien, einer Mutter-Tochter-Religion in der späteren – patriarchalischen – griechischen Gesellschaft.[24]

(15) Wie wir sehen werden, gilt dies auch für Demeter und Persephone – doch das war in einer Zeit, als Mutterschaft und die Kräfte des Lebens noch mehr geschätzt wurden als heute.

sondern nach körperlicher Zuwendung und nach Macht und Menschlichkeit, etwas, das ihnen an sich von den Erwachsenen ihres eigenen Geschlechts («den Müttern») vererbt werden müßte. Aber die meisten Mütter ziehen die Söhne den Töchtern vor[25] und sorgen besser und zärtlicher für sie. Die «abhängige» und «inzestuöse» Persönlichkeitsstruktur der Frau in der modernen Gesellschaft ist wahrscheinlich darauf zurückzuführen, daß Mädchen von der Mutter (und vom Vater) nicht «vergöttert» werden. Die meisten Frauen verharren unter der Glasglocke der Infantilität – oder auch der psychischen Krankheit –, weil ihr Bedürfnis nach mütterlicher Zuwendung unerfüllt blieb.(16) Deshalb suchen Mädchen schließlich bei ihren Vätern Zärtlichkeit, Geborgenheit und lustvolle emotionale Zuwendung – ein Verhalten, das vom erwachsenen Mann als «sexuell» erfahren wird, gerade weil es aus der Unschuld, Hilflosigkeit, Jugend und monogamen Anbetung des Mädchens (seiner Tochter) entspringt. Dieses im Grund satyrhafte und inzestuöse Modell der Sexualität ist nahezu universell gültig. Es findet seinen Niederschlag in Ehegesetzen und -praktiken und in der Tatsache, daß Vergewaltigung, Kindesmißhandlung und Zuhälterei wenig erfolgreich strafrechtlich verfolgt werden. Dieses Verhaltensmuster ist dem Mythos nach olympischen Ursprungs: Zeus, der Vater,

(16) Ich sage «mütterlich», weil die stündliche Fürsorge für Säuglinge und Kleinkinder in den meisten Familien den Frauen obliegt und nur selten vom Vater geteilt wird. Sicherlich kann man auch sagen, daß kleine Jungen unter dem Entzug «mütterlicher» (dionysischer) Zuwendung seitens ihrer Väter und «väterlicher» (apollinischer) Zuwendung seitens ihrer Mütter leiden. Wahrscheinlich stammt die Angst der Männer vor den Frauen und ihr Haß auf sie sowie die «männliche» Gewalttätigkeit und Selbstsucht aus der Familie mit ihren stereotypen Geschlechtsrollen, vielleicht stammt sie von der maskulinen biologischen Präsenz im Universum – und der Art, in der sich die Kultur ihrer bedient hat.

Ich benutze den Begriff «Zuwendung» hier im weitesten Sinne. Ich meine damit die ständig vorhandene und abrufbare physische, häusliche und emotionale Unterstützung in der Kindheit sowie die Anteilnahme und Achtung für den Erwachsenen. Diese «Zuwendung» oder, mythologisch gesprochen, diesen «Schutz», diese «Führung» oder diese «Interventionen» ließen die heidnischen Götter und Göttinnen gerne ihren sterblichen Schützlingen *männlichen* Geschlechts auf deren heroischen Pilgerfahrten angedeihen. So hilft Athene zum Beispiel Odysseus und Perseus, weiblichen Mächten wie Circe und Medusa zu entfliehen oder sie zu besiegen. Psyche, eine der wenigen sterblichen Heldinnen der heidnischen Kultur, findet dagegen auf ihrer Irrfahrt zu einer essentiell «weiblichen» Bestimmung interessanterweise nur die Unterstützung *nichtmenschlicher* Geschöpfe und Dinge. Keine weisen oder mächtigen Götter (außer ihrem Gatten Eros) oder Göttinnen helfen ihr. Ihre «Beschützer» sind eine Ameise, ein Schilfrohr, ein Adler und ein Turm.

pflegte alle Jungfrauen, deren er habhaft werden konnte, zu verführen, zu vergewaltigen und zu schwängern. Auch der Gott-Vater der Katholiken bevorzugte offenbar eine Jungfrau als Mutter für seinen göttlichen Sproß.

Töchter wenden sich nicht an ihre Mütter, um in die Sexualität eingeführt zu werden, ja, wie Freud sagte (ohne es erklären zu können), sie wenden sich dabei ausgesprochen von ihnen ab, und zwar aus mehreren Gründen. «Mütter» sind konditioniert, Frauen und/oder den weiblichen Körper nicht zu mögen. Sie haben eine Phobie gegen lesbische Liebe; sie sind eifersüchtig auf die Jugend ihrer Töchter – bedingt durch ihre eigene zunehmende Wertlosigkeit. Auch müssen «Mütter» ihren Töchtern gegenüber ständig streng sein, damit diese die nötige «Feminität» entwickeln und dienen lernen, um zu überleben.(17)

Das Heranwachsen der Mädchen – oder auch ihre Infantilisierung – ist durch den frühen Entzug oder die relative Trennung vom weiblichen und/oder nährenden Körper gekennzeichnet. Zuwendungsentzug und sexueller Mißbrauch sind möglicherweise die beiden wichtigsten Faktoren, die Mädchen schon in sehr frühem Alter für ihre Bereitschaft, sich zu unterwerfen, präparieren. Mädchen gehen aus einer von Angehörigen ihres eigenen Geschlechts beherrschten oder bevölkerten Kindheit in eine von Angehörigen des anderen Geschlechts beherrschte Erwachsenenwelt über. Jungen gelangen aus einer fremdgeschlechtlich beherrschten und bevölkerten Kindheit in eine eigengeschlechtlich beherrschte Erwachsenenwelt. Anders als die Frauen können sie sich ohne Risiko ein neues Zuhause schaffen, indem sie sich «Gattinnen» zulegen, die den mütterlichen Ritus häuslicher Fürsorge und emotionaler Zuwendung vollziehen, aber meist jünger, ökonomisch ärmer und physisch schwächer sind als sie selbst. Im Patriarchat wird das zentrale Inzesttabu (zwischen Mutter und Sohn und Vater und Tochter)

(17) Die gleiche Strenge kennzeichnet die traditionelle Erziehung der Söhne zur «Männlichkeit» durch die Väter. Jede Gesellschaft mit Geschlechtsrollen-Stereotypen bringt eine oft schädliche Strenge zwischen Erwachsenen und Kindern des gleichen Geschlechts mit sich. Doch hat die bio-patriarchalische Kultur dennoch im Grunde maskulin-homosexuellen Charakter – im geistigen Klima wie in der Praxis – und keinesfalls lesbischen oder bisexuellen.

psychologisch von den Männern gewahrt und von den Frauen gebrochen.(18) Für Mädchen gibt es keine psychologischen Initiationsriten, die ihnen ihre inzestuösen Bindungen überwinden helfen. Obwohl die meisten Mädchen keinen Inzest mit ihrem wirklichen Vater begehen, ist im Patriarchat Eheschließung, Prostitution und die massenhaft auftretende «romantische» Liebe psychologisch vorgeformt durch das Bild einer sexuellen Vereinigung von Tochter und Vater. Im Matriarchat oder einer Amazonengesellschaft hätte das Inzesttabu einen völlig anderen Zweck, und die *Frauen* würden es nicht verletzen. Das Tabu würde dazu dienen, Söhne und Ehemänner von den Töchtern fernzuhalten – die die einzigen Erbinnen ihrer Mütter sind. Gerade diese Distanz wird im Patriarchat nicht gewahrt: Die Übertretung beweist uns sofort, welches Geschlecht an der Herrschaft ist, das heißt welches Geschlecht die Mittel der Produktion und Reproduktion kontrolliert.

Wie würde die Sexualität der Frau geartet sein, wenn Frauen nicht das Inzesttabu brächen, wenn sie nicht willig Vaterfiguren heiraten oder von ihnen mißbraucht würden? Wie würden sie Lust erleben, wie Liebe, und woher würden sie ihre ökonomische Sicherheit nehmen? Wie würden sie sich fortpflanzen, falls und wann sie es wünschten? Und wie würden sie «ihre» Kinder erziehen?

> Die Institution der Ehe macht die Frau zum Parasiten, zu einem völlig abhängigen Geschöpf. Sie macht sie *unfähig* für den Lebenskampf, *vernichtet* ihr gesellschaftliches Bewußtsein, lähmt ihre Phantasie und stellt sie dann unter ihren großzügigen Schutz, der in Wirklichkeit eine Falle, eine Verhöhnung der menschlichen Natur ist . . . Wenn Mutterschaft die höchste Erfüllung der weiblichen Natur ist, welchen Schutz braucht sie dann außer *Liebe* und *Freiheit*? Die Ehe aber erniedrigt, beleidigt und korrumpiert nur diese Erfüllung. Wird damit nicht zur Frau gesagt, «nur wenn du mir folgst, wirst du neues Leben geben»? Bedeutet es nicht ihr Todesurteil, bedeutet es nicht Schimpf und Schande für sie, wenn sie sich weigert, ihr Recht auf Mutterschaft zu erkaufen, indem sie sich verkauft? Sanktioniert nicht die Ehe allein die Mutterschaft, auch wenn sie in Haß und Abscheu empfangen wurde? Wird aber Mutterschaft aus freier Entscheidung, aus Liebe, Ekstase, trotzi-

(18) In unserer Kultur werden viele Mädchen von ihren Vätern oder männlichen Verwandten sexuell mißbraucht oder belästigt. Mutterinzest ist wesentlich seltener.

> ger Leidenschaft gewählt, drückt sie dann nicht eine Dornenkrone auf ein unschuldiges Haupt und befleckt das Kind mit dem Schimpfnamen Bastard? Hätte die Ehe wirklich alle Vorzüge, die ihr angedichtet werden, ihre Verbrechen gegen die Mutterschaft würden sie dennoch für immer aus dem Reich der Liebe verbannen.
>
> Emma Goldman[26]

Die Frau ist von der Natur mit den Fähigkeiten zum sexuellen Genuß, zu körperlichen Leistungen und zum Kinderkriegen ausgestattet worden. Ob Kinderkriegen die «größte Freude» für eine Frau[27] bedeutet, ob es etwas «Natürliches» oder etwas «Erlerntes»[28] ist, ist irrelevant. Was allein relevant ist, ist der Preis, den die Frauen heute dafür zahlen müssen, und der erschütternde Mangel an Alternativen, an anderen Freuden und Aufgaben. Die Frauen sind gezwungen, zwischen Reproduktion und (hetero-)sexuellem Genuß zu wählen, zwischen Reproduktion und physischer Leistung, zwischen Reproduktion und materieller oder geistiger Macht.

Heute wählen die Frauen aus traditionellen, von Männern erzwungenen Gründen immer noch die Mutterschaft: um ökonomisch und psychisch zu überleben und weil Empfängnisverhütung und Abtreibung immer noch für die meisten unzulänglich, verboten, teuer, gefährlich oder diskriminierend sind. Das unser Jahrhundert kennzeichnende Phänomen der «romantischen» Liebe hat ebenfalls seinen Anteil am traditionell *unvermeidlichen* Schicksal der Frau, zu heiraten und Kinder zu bekommen – oder dient zu seiner Rechtfertigung. Die heutigen Frauen sind «freie, willige» Sklaven: Sie wählen ihre Knechtschaft aus «Liebe».[29] Frauen werden zu Geschöpfen erzogen, die angeblich von ihren Gefühlen so «mitgerissen» werden, daß sie, wenn überhaupt, nicht mehr klar denken können. Pluto (Zeus, Dionysos) mußte die jungfräuliche Tochter Persephone von ihrer Mutter Demeter *wegtragen*; jahrhundertelang *arrangierten* die Familien diesen Abschied für ihre Töchter; heute stürzen sich die Frauen *selbst* kopfüber auf diesen Weg in die Unterwelt.

Alte und jüngere Völker priesen und fürchteten die Mutterschaft als *die* beredteste und wirkungsvollste Antwort des Menschen auf das Faktum des biologischen Todes. Mütter wurden besungen – und ich verwende dieses Wort bewußt – als mächtiger denn Könige und

Krieger, die ihrerseits die Mutterschaft in Reden feierten und die Früchte auf dem Schlachtfeld vernichteten. Dichter, Wissenschaftler und Philosophen haben über die zeitgebundene Eitelkeit männlicher Errungenschaften geseufzt und sind dann an ihre Schreibtische zurückgekehrt.

Die modernen Manager beneiden die Frau um die Möglichkeit des «Rückzugs» in die Mutterschaft – oft bis zur Obsession –, bleiben aber weiterhin mit der Anhäufung und Zirkulation des Geldes beschäftigt, ein Anliegen, bei dem Kinder nur stören. Obwohl es das männliche Geschlecht nicht an Versuchen fehlen ließ, an dem «Glorienschein» biologischer Mutterschaft zu partizipieren oder ihn nachzuahmen (und diese bei Frauen entsprechend zu entwerten oder zu bestrafen), sind die Männer insbesondere in der christlichen Kultur nicht sehr «mütterlich», weder zu ihren Kindern noch zu ihren Ehefrauen, Geliebten, Prostituierten, Sekretärinnen, Haushälterinnen – noch zueinander.

> Ein Herzinfarkt kann für die Ehefrau eine größere Belastung sein als für den erkrankten Gatten . . . Sie [die Frauen] wurden dabei manchmal über die Forderungen ihrer Männer wütend, entwickelten dann Schuldgefühle wegen ihres Zorns . . . Die Männer reagierten wesentlich entspannter . . . Sie [die Männer] sprachen offen über sexuelle Schwierigkeiten und Aggressionen ihren Frauen gegenüber. Ihre eigene Angst und Nervosität konnten sie beschwichtigen, einmal weil sie sich der Anteilnahme ihrer Frau sicher waren, zum anderen aber auch durch Scherze, Fluchen und durch Rationalisieren, ein Herzinfarkt sei gut, weil er einen zwinge, Bilanz zu ziehen. Die Frauen waren dagegen nicht zum Scherzen aufgelegt, sie drückten sich unfrei aus . . . Unter den Männern gab es leichte Depressionen, aber nichts im Vergleich zu den schweren Depressionen der Frauen.
>
> New York *Post*, 16. Januar 1971

Im Patriarchat ist die Mutter-Frau, deifiziert in der katholischen Madonna, so weit von (hetero-)sexuellem Lustgewinn entfernt wie die Tochter-Frau, deifiziert in der heidnischen Athene. Athene ist der Archetypus der mutterlosen Tochter: Jupiters Stirn ist ihre «Mutter». (Auch Aphrodite, die Göttin, die Psyche verfolgt, ist mutterlos. Nach dem Mythos ist sie «aus dem im Meer versenkten abgeschnittenen Phallus von Uranos entstanden»[30].) Athene ist es, die die entscheidende Stimme zugunsten Orests abgibt und den Muttermord als weniger schwerwiegend bezeichnet als den Vatermord.(19) Trotz ihrer kriegerischen Attribute ist Athene ganz des «Vaters Liebling»: Sie läßt sich in keine sexuellen Beziehungen mit Männern – oder Frauen – ein. Athene zahlt für ihre Macht und Weisheit, indem sie auf die Ausübung ihrer Reproduktionsfähigkeit und auf (hetero-)sexuelle Lust verzichtet. Maria, Jesu Mutter, zahlt für ihre Mutterschaft, indem sie ihrem Körper fast vollständig entsagt: Sie verzichtet sowohl auf (hetero-)sexuelle Lust (Christi Geburt ist eine jungfräuliche und «geistige» Geburt) als auch auf physische Kraft. Gerade weil sie, ebenso wie ihr gekreuzigter Sohn, über keine weltliche Macht verfügt, können sich so viele Menschen, besonders Frauen, mit ihr und ihrem Sohn identifizieren. Maria symbolisiert Macht, erworben durch Empfänglichkeit, Mitgefühl und einen Uterus. (Gegen eine bewußte «Empfänglichkeit» gegenüber dem Universum ist an sich nichts einzuwenden; sie ist im Gegenteil höchst wünschenswert und sollte «Empfänglichkeit» für viele andere Dinge außer göttlichem Sperma und Leiden einschließen.)

Freilich gibt es auch eine feministische (oder besser matriarchalische) Interpretation der jungfräulichen Geburt: Danach symbolisiert sie die einzigartige und «wundersame» Fähigkeit der Frau, Kinder zu empfangen und zu gebären. Die Gebärfähigkeit – die Verschmelzung von Körper und Geist, die den Tod überwindet – ist Teil des Wesens der Frau. Männer betreten dieses Reich nicht, weder gesellschaftlich noch biologisch. Und deshalb ist es so, wie wir alle als Kinder glaubten: Daß uns unsere Mütter unbefleckt

(19) Orests Mutter tötet ihren Mann Agamemnon, weil er ihre Tochter Iphigenie opferte. Orest rächt den Tod seines Vaters, indem er seine Mutter ermordet; er wird freigesprochen. In der Tragödie *Die Eumeniden* von Aischylos sagt Athene:

Mein ist es, abzugeben einen letzten Spruch
Und für Orestes leg' ich diesen Stein hinein;
Denn keine Mutter wurde mir, die mich gebar;
Nein, vollen Herzens lob' ich alles Männliche
Bis auf die Ehe; denn des Vaters bin ich ganz.
Darum des Weibes Los begünstigen werd' ich nie
Die umgebracht hat ihren Mann, des Hauses Hort.
Es siegt Orestes auch bei stimmengleichem Spruch! (V. 734–741)

empfingen und wir alle göttlich sind.

In vielen heidnischen und katholischen Mythen wird die männliche Gottheit ihrer vollen Macht beraubt, indem sie «zur Erde fällt», die weibliche, indem sie «in den Himmel aufsteigt». Poseidon beispielsweise wurde ins Meer verbannt; Pluto und der jüdisch-christliche Luzifer unter die Erde. Ein mythologischer Ausdruck des Machtverlusts bei Männern ist die Rückverweisung auf die Erde, ins Konkrete. Bei Frauen äußert sich die Machteinbuße häufig durch Trennung von der Erde oder von ihrem (hetero-)sexuellen Körper. Göttinnen wie Athene, Diana oder die katholische Madonna sind Jungfrauen.(20) Jungfräulichkeit, *eine* Form der Spaltung von Körper und Geist, ist der Preis, den Frauen zahlen müssen, um ihre übrigen «furchterregenden» Kräfte behalten zu dürfen: Gebärfähigkeit, Weisheit, Jagdleidenschaft, Mütterlichkeit.(21)

(20) Das heißt, sie sind entweder unverheiratet oder kinderlos, ohne sexuelle Beziehungen oder Erfahrungen. Im Reich der Amazonen war die «Jungfrau» nicht keusch, nur unverheiratet; in der katholischen Mythologie ist eine «Virgo» verheiratet, aber keusch. Die heidnische Artemis (Diana), die jungfräuliche Jägerin, ist nicht mutterlos. Sie wächst mit ihrem Bruder Apoll auf und ist, anders als Athene, wahrscheinlich eine lesbische Göttin aus dem Amazonenreich. Sie erbittet und erhält von Zeus 60 Meerjungfrauen und 20 Flußnymphen als Gespielinnen. Nach einem Mythos rettet sie Iphigenie davor, von ihrem Vater Agamemnon geopfert zu werden, nach einem anderen ist eine ihrer Geliebten das Mädchen Callisto, die von Artemis' Vater Zeus nur dadurch verführt wird, *daß er Artemis' Gestalt annimmt.*[31]

(21) Entjungferung durch (hetero-)sexuelle Vergewaltigung bewirkt freilich eine ebenso schädliche Entfremdung von Körper und Geist.

Heldinnen und Wahnsinn: Johanna von Orléans und die Jungfrau Maria

> Die Diskriminierung von Frauen wie Zelda [Fitzgerald] ist häufig, von Frauen, die «ausbrechen», indem sie auf Entdeckungsfahrten in gefährliche Bezirke [Schizophrenie] gehen, Reisen machen durch das Unbewußte in die Vergangenheit, um das Paradies verlorener Dimensionen des Seins wiederzugewinnen ... Egorova [Zeldas Ballettlehrerin] war eine zweite Mutter oder eine Demeter oder Hera, die der verlorenen Tochter wie in einer Vision erschien.
>
> Jill Johnston, *The Village Voice*

Gibt es eine Beziehung zwischen mythologischen Figuren wie Athene oder der katholischen Madonna oder historischen Persönlichkeiten wie Johanna von Orléans und dem, was wir Wahnsinn nennen?(22) Unter einem bestimmten Gesichtspunkt ja. Die meisten der Frauen, die im 20. Jahrhundert als geisteskrank abgestempelt, privat behandelt und öffentlich hospitalisiert werden, sind nicht wirklich verrückt. Genau wie die geschilderten Frauen, Plath, West, Fitzgerald und Packard, mögen sie zutiefst unglücklich, selbstzerstörerisch, ökonomisch machtlos und sexuell impotent sein – aber als Frauen erwartet man nichts anderes von ihnen.

Es gibt in unserer Gesellschaft nur sehr wenige eindeutig (oder ausschließlich) geistesgestörte Frauen. Ihr Irresein dauert meist nur kurze Zeit oder bricht überhaupt erst durch eine psychiatrische Behandlung aus. Die Gesellschaft verbannt solche Erfahrungen im allgemeinen aus ihrem Verständnis, ihrer Anteilnahme – und aus ihren Augen. Wahnsinnige werden außer Sichtweite eingesperrt, als Schande betrachtet, brutal herumgestoßen, verleugnet und gefürchtet. Die moderne Welt, die Politik und die Wissenschaft – das ganze rationale Grundsystem – lehnen eine Berücksichtigung des Irrationalen, ja jegliche Beziehung dazu, das heißt zu den Ereignissen des

(22) Die Mythologie kann als die Psychologie der modernen Geschichte betrachtet werden. Sie stellt den Zusammenhang von biologischer Gegebenheit und den Anfängen der Kultur dar, so wie die Geschichte den Zusammenhang biologischer Gegebenheit und späterer Kultur darstellt. In Mythen können aber häufig auch historische Ereignisse verarbeitet sein.

Unbewußten oder zur Vorstellung eines kollektiven Bewußtseins, völlig ab.

Solche Art Wahnsinn ist am ehesten im mythologischen Kontext zu erklären. Beispielsweise erfahren verrückte Frauen in unserer Kultur bestimmte Transformationen des Bewußtseins oder nehmen den Symbolgehalt von Heldenfiguren wie der Heiligen Johanna oder der Mutter Gottes in sich auf.(23) Bei beiden Gestalten geht es um die Opferung der Jungfrau (Persephone-Kore) zum Zwecke männlicher Erneuerung und Stärkung. Im Falle der Madonna wird diese Erneuerung durch die klassische patriarchalisch-inzestuöse Schändung bewirkt; im Falle Johannas zuerst durch militärische Siege und dann durch patriarchalische Kreuzigung, Schuld und Sühne.

Johanna ist die einzige Persephone-Kore-Figur in der modernen Geschichte, die nicht von ihrem Vater vergewaltigt oder geschwängert wurde – sei es von ihrem leiblichen Vater oder dessen psychologisch-religiösem Stellvertreter. Johanna bleibt eine «Tochter»-Figur und ist als solche eine der wichtigsten Erinnerungen des Christentums an die Amazonenkultur. Wie die frühen mythologischen Heldinnen, zum Beispiel Athene, ist sie eine jungfräuliche Kriegerin, die

(23) Manche Frauen erleben sich auch als weiblicher Christus oder Dionysos. Dionysos ist im Grunde androgyn (ein Zwitter), wird aber meistens als Mann dargestellt. Er ist das männliche Pendant zu Persephone, der passiven Jungfrau, die einem Mann zum Opfer fällt. Dionysos wird von Frauen getötet – Frauen, die er in den Wahnsinn getrieben hat. Ich frage mich, ob Dionysos nicht mit Demeters Tochter (Kore) identisch ist, deren inzestuöse Vergewaltigung Demeter um den Verstand bringt; in anderer Version wird Demeter veranlaßt, ihre eigene Tochter zu töten, wie sie selbst vernichtet wurde. Phillip E. Slater sieht in *The Glory of Hera* Dionysos als Knaben, der von seiner grausam eingekerkerten und verkrüppelten Mutter mit Neid, Liebe, Haß und Verführungsversuchen verfolgt wird. Unter anderem schreibt er: «Dionysos' charakteristisches Attribut des ‹Grenzverletzers› wird durch den orphischen Mythos von seiner Schlangengeburt symbolisiert – ein Mythos, von dem Kerényi annimmt, daß er sehr alt ist (s. a. Euripides: *Die Bakchen* 100ff.). Semele war in einer Höhle in Sizilien, die von zwei Schlangen bewacht wurde. Als das Mädchen beim Weben saß, näherte sich ihr jedoch Zeus in Gestalt einer Schlange und kopulierte mit ihr. Dieser Verbindung entsprang Dionysos (Kerényi, 1960, S. 252f.). Seine Fähigkeit, kognitive Grenzen zu überschreiten, ist somit inhärent und nicht von einer äußeren Macht abhängig. Sie ist in der Tat angeboren – das Kind selbst treibt die Mutter durch seine bloße Existenz in den Wahnsinn. So wie das Kind durch seine Zeugung und Geburt zweifach in den Lebensbereich der Mutter eingedrungen ist, so treibt es sie zu rasendem Kindesmord, weil es aufgehört hat, ein psychologischer Teil von ihr zu sein. Im Kindesmord-Mythos von Dionysos lassen sich unschwer originale Elemente der Wochenbettpsychose feststellen.»[32]

den Männern hilft.(24) Obwohl sie wie alle Kore-Jungfrauen als Quell männlicher Erneuerung dient, tut sie dies durch ihre militärischen Siege und die anschließende politische Verfolgung. Ihre Identität ist demnach von zentraler Bedeutung für die Frauen. Obwohl sie zum Untergang bestimmt ist (und Frauen könnten sich schon allein deshalb mit ihr identifizieren), ist sie körperlich und geistig kühn; sie führt die Männer an; sie wird nicht vergewaltigt und daher nicht zur Mutter. Sie verkörpert die *Vermeidung* sowohl des Demeter-Mutter-Schicksals als auch des Persephone-Tochter-Schicksals. Damit bricht sie völlig aus dem patriarchalischen System aus und muß dafür mit dem Leben bezahlen, was eben jene Frauen wieder erfahren, die wahnsinnig genug sind, ebenfalls aus unserer Kultur ausbrechen zu wollen – aber nicht dafür gekreuzigt werden möchten.(25) Es ist ebenso tragisch wie unvermeidlich, daß den weiblichen Kriegern in der patriarchalischen Mythologie notwendigerweise jener Teil ihrer Sexualität vorenthalten wird, der die leibliche Mutterschaft einschließt. Dies bedeutet immer Trauer darüber, nicht als Mann auf die Welt gekommen zu sein – wegen des Liebesentzugs, der mit ihrem Geschlecht verbunden ist.(26)

Da Johanna von Orléans nur begrenzte Identifikationsmöglichkeiten bietet, erhoffen sich viele Frauen Schutz und Erlösung von

(24) Es ist jedoch aufschlußreich, daß Johanna selbst bei ihrem Prozeß aussagte, daß sie die Fahne oder Standarte vorangetragen habe: «Wenn wir gegen den Feind vorwärtsstürmten, hielt ich die Fahne hoch, um niemand töten zu müssen. Ich habe keinen getötet.»[33]

(25) Man lese dazu den erschreckenden Bericht von Aeneas Sylvius Piccolomini, dem späteren Papst Pius II., über Johannas Einkerkerung, den Régine Pernoud zitiert: «Es ist bekannt, daß die Jungfrau, im Krieg gefangengenommen, für 10000 Goldkronen an die Engländer verkauft und nach Rouen gebracht wurde. Dort wurde sie peinlich verhört, um herauszufinden, ob sie sich der Zauberei oder der Hilfe des Teufels bediente oder in irgendeiner Weise von den Lehren der Kirche abwich. Nichts Strafbares wurde gefunden, außer daß sie Männerkleidung trug. Und das hätte ihr nicht die Todesstrafe eingetragen. In das Gefängnis zurückgeführt, drohte man ihr mit dem Tode, falls sie wieder solche Kleidung tragen sollte . . . Ihre Wärter brachten ihr aber nur Männerkleider zum Anziehen.»[34]

(26) Phillip Slater schreibt beispielsweise über die mythologische Atalanta: «. . . wie Artemis ist sie eine jungfräuliche Jägerin und bestraft alle Annäherungsversuche ihrer Freier mit einem grausamen Tod. Ihre Biographie enthüllt den Ursprung dieser Einstellung, denn es heißt (Apollodorus: iii 9.2), ihr Vater habe sich einen Sohn gewünscht und sie auf einem Berggipfel ausgesetzt, wo sie von einer Bärin gesäugt wurde, die die Göttin zu ihrer Rettung geschickt hatte. Mit ihrer Weigerung zu heiraten, in ihren Wettkämpfen mit den Männern (sie schlug sie im Laufen und Ringen) und ihrem generell maskulinen Verhalten erfüllt Atalanta den Wunsch des Vaters und äußert gleichzeitig ihre Empörung darüber.»[35]

der katholischen Maria, der barmherzigen und mächtigen Mutter. Nur ist Maria leider keine Demeter. Die katholische Mythologie hat Maria weder eine Tochter noch das Verhandlungsgeschick einer Demeter im Umgang mit Männern und Göttern zugebilligt. Dennoch wünschen sich Frauen in ihren Wahnvorstellungen, die Welt (und sich selbst) neu zu gebären. Sie möchten Johannas Kreuzigung entgehen und können dies nur, indem sie Jungfrau-Mutter werden. Sie wünschen auch, ihre eigenen, entbehrten Mütter zu werden.(27)

Jedoch: Die Realität der Parthenogenese ist unter dem biologischen Patriarchat alles andere als glorreich. Maria entgeht zwar der Kreuzigung, ist aber zu Asexualität und Kummer verurteilt.

Johanna und Maria bescheren jenen Frauen, die deren Symbolgehalt in sich aufnehmen, sehr leidvolle Erfahrungen, denn sie sind modifizierte (und tragische) christliche Äquivalente der heidnischen Demeter und ihrer Tochter Persephone. Doch Johanna und Maria sind von ihnen zeitlich und physisch getrennt. Anders als Persephone wird Johanna nicht geschändet, und Maria gebiert nicht wie Demeter eine Tochter, sondern einen Sohn. Keine dieser beiden christlichen Figuren stiftete oder symbolisierte eine Mutter-Tochter-Religion. C. G. Jung begriff, was das bedeutete. Er schreibt:

> Es ist dem Psychologen ohne weiteres klar, welche kathartischen und zugleich erneuernden Wirkungen vom Demeterkult auf die weibliche Psyche ausgehen mußten, und welches Manko an psychischer Hygiene unserer Kultur eignet, die solche heilsamen Erlebnisse, wie die eleusinischen Emotionen, nicht mehr kennt.[36]

Es ist jedoch wichtig zu wissen, daß die «eleusinischen Emotionen» in der Anerkennung des Primats der Natur und der Lebenskräfte wurzeln. In der Welt Demeters ergreifen die Frauen trotz ihrer imposanten Fruchtbarkeit nicht einmal *sexuelle* Initiativen gegenüber Männern oder Frauen. Nur die (hetero-)sexuelle Vergewaltigung existiert – und nur zu Fortpflanzungszwecken. Weder Demeter noch Persephone *agieren.* Sie *reagieren* – auf Schändung oder den Verlust einer Tochter oder eines jungfräulichen Ichs. Demeter und Persephone sind keine Amazonenfiguren. Ihr Kult ist

(27) Ich habe mit Frauen gesprochen, die die Erfahrung der jungfräulichen Geburt gemacht hatten: Alle gebaren Söhne. Einige erlebten dabei gleichzeitig ihre *eigene* Wiedergeburt.

essentiell eine Huldigung an die Mutter Erde: Mütter, die wieder Mütter hervorbringen, die die Menschheit mit ihren «wunderbaren» biologischen Geschenken – Ernten und Töchtern – ernähren und am Leben erhalten. Die unvermeidliche Opferung ihrer Persönlichkeit, die in den meisten Gesellschaften das biologische Los der Frau ist, bildet den Kern des Demeter-Mythos. Dennoch, oder gerade weil dies so ist, könnten die heutigen Frauen, sowohl der mütterlichen Zuwendung wie ihrer Würde beraubt, Trost und Stärkung aus den eleusinischen Riten beziehen: Schließlich leben wir in einer Kultur, in der Wissenschaft und Christentum die Frau in zunehmendem Maß biologisch entwertet haben, ohne sie davon zu befreien, rein biologisch definiert zu werden.

Obwohl es stimmt, daß Demeter Persephone aus der Isolation in einer Männerwelt rettet, verurteilt sie sie gleichzeitig zu einem universell weiblichen Los: zu einer Identität, die sich von der ihrer Mutter nicht unterscheidet, wie Kerényi feststellt:

> In die Gestalt der Demeter eintreten, das heißt verfolgt, beraubt, ja geraubt werden, nicht verstehen, sondern zürnen und trauern, dann aber doch zurückerlangen und wiedergeboren werden: was anderes bedeutet dies als die allgemeinste Idee des Lebewesens, das Los der Sterblichen verwirklichen? Was bleibt hier für die Gestalt der Persephone übrig? Zweifellos das, was die Struktur des Lebewesens außer dieser sich endlos wiederholenden Dramatik des Entstehens und Vergehens ausmacht: nämlich die Einmaligkeit des einzelnen Wesens und seine Zugehörigkeit zum Nichtsein.[37]

Gerade diese «Einzigartigkeit» und dieser «Heroismus» zeichnen Persephones männliche mythologische Entsprechung – den göttlichen Knaben und den erwachsenen Helden aus.

Persephone wünscht sich nicht, vergewaltigt zu werden, genausowenig wie die heutigen Frauen. Sie wünschen sich auch nicht, die Identität ihrer Mütter zu rekapitulieren. Aber der modernen Persephone bleibt immer noch kein anderer Ausweg als Ehe und Mutterschaft. Ihr Vater (die Männer im allgemeinen) verkörpert immer noch eine Form der Sexualität, die auf Vergewaltigung und Inzest beruht. Und ihre Mutter hat sie nicht zur Kriegerin ausgebildet, hat sie nicht gelehrt, furchtlos und glücklich gefährliche Wege zu unbekannten und einzigartigen Zielen zu gehen. Weder bereiten Vater und Mutter sie auf diese Aufgabe vor, noch freuen sie sich über ihren

Erfolg. Sie trösten oder betrauern sie nicht bei ihrer Kreuzigung, sei es als Kriegerin (als Johanna von Orléans) *oder* als Mutter (als Jungfrau Maria).

> Eine Frau, die im 16. Jahrhundert mit einer großen Begabung zur Welt kam, mußte ohne Zweifel wahnsinnig werden, sich erschießen oder ihre Tage in einer einsamen Hütte außerhalb des Dorfes beschließen, halb Hexe, halb Zauberin, gefürchtet und verspottet. Denn man braucht nicht viel von Psychologie zu verstehen, um sich vorstellen zu können, daß ein hochbegabtes Mädchen, das sich der Dichtkunst verschrieb, von der Umgebung daran gehindert, von den eigenen Instinkten gequält und zerrissen, schließlich krank werden und den Verstand verlieren mußte.
>
> Virginia Woolf[38]

Zelda Fitzgerald, Sylvia Plath und Ellen West wollen und brauchen Mutterliebe – aber nicht um den Preis ihrer Individualität oder ihres Ruhms. Die Entbehrung der Mütterlichkeit in ihrem Leben macht sie wahrscheinlich ebenso verrückt wie die Forderungen, die eine allzu possessive Liebe an ihre Freiheit stellen würde. Die Kombination von Liebesentzug *und* Einschränkung ihrer Individualität oder ihres Heroismus ist tödlich. Als bloße «Frauen» können sie nicht leben, und als Mensch und Künstlerin läßt man sie nicht leben.(28)

Alle Frauen, die Kinder gebären, bringen buchstäblich und symbolisch ein Blutopfer für das Fortbestehen der Spezies. (Aber nur wenige Männer vergossen Blut für die Erlösung oder Unsterblichkeit anderer Menschen.) In diesem Sinn wurzeln die Frauenopfer in patriarchalischen und primitiven Gesellschaften konkret in der weiblichen Physis. Solange die Interaktion menschlicher Biologie und Kultur Mythen produziert, die unsere Persönlichkeit prägen, so lange wird es Frauenopfer (und psychologische Selbstaufopferung) geben. Vielleicht werden Mythos und Realität weiblicher (und männlicher) Opferung verschwinden, sobald die intrauterine Fortpflanzung aufhört – oder wenn diese Funktion nicht mehr ausschließlich auf ein Geschlecht beschränkt ist.(29)

(28) Beim Mann wird Kreativität dagegen so hoch geschätzt, daß exzentrisches Verhalten, Grausamkeit und emotionale Infantilität übersehen und verziehen, ja sogar «erwartet» werden.

(29) *Wahrscheinlich* würde sich diese Entwicklung schneller vollziehen, wenn die Frauen

Die Frauen sind an das Kreuz der Selbstaufopferung genagelt. Anders als den Männern wird ihnen das Erlebnis kultureller Dominanz, des Menschseins im vollen Sinne, und einer auf ihrer geschlechtlichen Identität – und dem «Blutopfer» ihres Partners – beruhenden Erneuerung kategorisch verweigert. Auf verschiedene Weise werden manche Frauen dadurch in den Wahnsinn getrieben.(30) Dieser Wahnsinn ist Ausdruck des intensiven Erlebens der biologischen, sexuellen und kulturellen Kastration der Frau und des zum Scheitern verurteilten Potenzstrebens. Dieses Streben ist oft von «Wahnvorstellungen» oder Ausbrüchen physischer Aggression, von Machtwünschen, Sexualität und Emotionen begleitet – Züge, die in frauenbeherrschten Kulturen weit eher akzeptiert würden. In unserer Gesellschaft ist ein solches Verhalten bei Frauen gefürchtet und wird in den Nervenheilanstalten des Patriarchats bestraft.

die Kontrolle über die Mittel der Produktion und Reproduktion hätten – in diesem Fall die Forschung über Empfängnisverhütung, extrauterine Schwangerschaft und Uterus-Implantation, wenn sie über die ökonomischen Mittel verfügten, um den Erfolg dieser Forschungen zu gewährleisten, und wenn sie die politische, gesetzgeberische und religiöse Macht hätten, um die Forschungsergebnisse zu publizieren und ihre praktische Anwendung durchzusetzen.

(30) Durch die Art, wie dieser Wahnsinn *behandelt* wird, nimmt auch er die Form der Selbstaufopferung an.

Kapitel 2

Heilanstalten

> Die ganze Existenz des Wahnsinns in der Welt, die man ihm jetzt bereitet, wird in das eingehüllt, was man antizipativ einen «elterlichen Komplex» nennen könnte. Die Geltung des Patriarchats belebt alles um ihn herum . . . Künftig . . . werden die Diskurse der Unvernunft unlösbar mit der . . . Dialektik der Familie verbunden sein . . .
>
> Der Irre wird unmündig bleiben, und lange Zeit wird die Vernunft für ihn die Züge des Vaters tragen . . . Tatsächlich hat er (Tuke, ein Psychiater) die gesellschaftliche Struktur der bürgerlichen Familie abgetrennt, sie symbolisch im Asyl wiederhergestellt und von ihrer historischen Bahn abgelenkt.
>
> Michel Foucault[1]

Die Nervenheilanstalt

Schon im 16. Jahrhundert wurden Frauen von ihren Ehemännern in Irrenhäuser (oder Schloßtürme) gesperrt und so zum Schweigen gebracht.[2] Im 17. Jahrhundert richtete man im ersten Irrenhaus Frankreichs, der Salpêtrière[3], eigene Abteilungen für Prostituierte, Schwangere, arme Frauen und junge Mädchen ein. Seit dem Ende des 19. Jahrhunderts schildern Psychiater und Romanciers geistige Erkrankungen vorwiegend am Beispiel von Frauen.

Heute suchen mehr Frauen als je zuvor Hilfe beim Psychiater, mehr denn je bevölkern sie die psychiatrischen Krankenhäuser.(1) Die Zahl der Amerikanerinnen, die psychiatrisch «versorgt» wur-

(1) Allerdings ist zu beachten: 1. Daß das gleiche für Männer gilt; 2. daß sich die Zahl der

den, begann 1964 abrupt oder zumindest deutlich anzusteigen. Bald war die Zahl der erwachsenen Patientinnen größer als die der Patienten. Weit mehr Frauen wurde «geholfen», als nach ihrem Anteil an der Gesamtbevölkerung zu erwarten gewesen wäre.

Dieses Phänomen läßt sich nicht nur im Kontext der für die weibliche Rolle typischen «Hilfsbedürftigkeit» oder der objektiven Unterdrückung der Frau erklären, sondern muß im Lichte von mindestens drei neueren gesellschaftlichen Tendenzen gesehen werden. Früher unterzogen sich die meisten Frauen weniger sichtbar den Riten des Wahnsinns und des Gebärens, nämlich zu Hause, wo sie trotz ihrer Tränen und ihrer Feindseligkeit gebraucht wurden. Heute leben die Frauen länger als je zuvor, auch länger als die Männer, aber an dem einzigen Ort, wo sie «hingehören», nämlich in der Familie, hat man immer weniger Verwendung, ja buchstäblich keinen Platz mehr für sie. Viele der so nutzlos gewordenen Frauen verfallen nun öffentlicher als früher der Geisteskrankheit. Sichtbarer sind sie auch auf Grund der in unserer Gesellschaft relativ erfolgreich praktizierten Aussperrung der Gewalt (in Gettos und Gefängnisse) und des Wahnsinns (in Krankenhäuser und Arztpraxen). Schließlich hat das Überwiegen weiblicher Geisteskranker auch etwas mit der Säkularisierung, der Wertschätzung des Materiellen in unserer Gesellschaft zu tun: Frauen werden nicht mehr als freiwillige oder unfreiwillige Hexen geopfert. Statt dessen lehrt man sie, sich für neue «Ketzereien» selbst zu opfern.[4]

Die patriarchalische Struktur psychiatrischer Krankenhäuser wurde von M. Foucault, T. Szasz, E. Goffman und T. Scheff nachgewiesen.[5] Journalisten, Sozialwissenschaftler und Schriftsteller haben die Überfüllung, den Personalmangel und die Brutalität amerikanischer Irrenanstalten, Gefängnisse und Krankenhäuser geschildert, angeklagt und nach ihren Ursachen gefragt.(2) Dabei ist offenkundig, daß die Landesnervenheilanstalten so etwas wie «Indianerreservationen» für die nicht als kriminell etikettierten Armen, Alten, Schwarzen, Puertorikaner, Mexikaner und Frauen darstellen. Es ist weiter unübersehbar, daß das staatliche Krankenhaus ähnlich dem

Kliniker und der Nervenheilanstalten erhöht hat; und 3. daß heute in den Krankenhäusern gründlicher als früher Buch geführt wird.

(2) Geändert hat sich nichts. Ausweichen, Leugnen, Alibidenken dominieren weiterhin.

früheren Armen- oder Arbeitshaus als Schreckgespenst dient, besonders für jene Frauen, die erst am Anfang ihrer «Karriere» als psychisch Kranke stehen oder deren Erkrankung noch zeitlich begrenzt ist.

Irrenanstalten sind selten echte Zufluchtsstätten. Sowohl ihre kalkulierte wie ihre gedankenlose Grausamkeit ist ein Spiegelbild der «draußen» herrschenden Verhältnisse. Die «Skandale», die periodisch von den Medien aufgedeckt werden, sind wie alle Greuelgeschichten bloß Alltäglichkeiten, die an die große Glocke gehängt werden. Wahnsinn – als Etikett oder Realität – gilt weder als göttlich noch als prophetisch oder nützlich. Er wird als schändliche und bedrohliche Krankheit angesehen (und oft erst zu einer solchen gemacht), vor deren haßerfüllter und lästiger Eloquenz es die Gesellschaft zu schützen gilt. Im besten Fall sind Nervenheilanstalten Spezialhotels oder collegeähnliche Unterkünfte für weiße und reiche Amerikaner, deren vorübergehendes Abgleiten in die «Irrealität» (oder Nüchternheit) von Optimismus, kurzen Einweisungszeiten und einem relativ würdigen Verhalten am Krankenbett gekennzeichnet ist. Im schlimmsten Fall sind solche Anstalten bürokratisierte Familien: Die Demütigung und Entrechtung, die das Kind erlebt, das leibliches Eigentum seiner Eltern ist, widerfährt der Frau, der Patientin, in der anonymen und daher schuldlosen «Umarmung» durch fremde Väter und Mütter. In den psychiatrischen Abteilungen der Allgemeinkrankenhäuser und in den Landeskrankenhäusern sind «Therapie», Wahrung der Intimsphäre und Selbstbestimmung entweder auf ein Minimum reduziert oder nicht existent.(3) Experimentelle oder konservative Medikation, chirurgische Eingriffe, Elektroschock- und Insulinkomabehandlung, Isolierung, physische und sexuelle Gewaltanwendung, ärztliche Vernachlässigung und Sklavenarbeit sind an der Tagesordnung.(4) Im Gegensatz zu den üblichen Kranken oder Kriminellen sind Geisteskranke Menschen zweiter Klasse. Sie sind schließlich «verrückt»;

(3) In solcher Umgebung habe ich immer wieder legitime, mitleiderregende Bitten der Patienten um Zigaretten und Taschengeld oder Beschwerden über den Bürokratismus gehört, die von Psychiatriestudenten, Psychologen, Sozialarbeitern, Krankenschwestern und Pflegern gern psychodynamisch «interpretiert» wurden.

(4) Juristisch kann jegliche Medikation und Behandlung verweigert werden, solange der Patient nicht von Amts wegen als «unzurechnungsfähig» und «geisteskrank» erklärt wurde.

ihre «eigenen» Familien haben sie aufgegeben, oder sie selbst haben den Dialog mit ihnen abgebrochen. Also haben sie keine Möglichkeit, «mitzuteilen», was mit ihnen geschieht – und niemanden, der ihnen zuhört.

Das Leben in der Nervenheilanstalt gleicht viel eher der weiblichen als der männlichen Existenzform innerhalb der Familie. Dies dürfte einer der Gründe sein, warum Erving Goffman in seinem Buch *Asyle* den Aufenthalt in Nervenkliniken als destruktiver für die Persönlichkeit bezeichnet als eine Haftstrafe. Wie die meisten, denkt er vor allem daran, welche Schwächung es für *Männer* bedeutet, wenn man sie wie Frauen behandelt – als hilflos, abhängig, geschlechtslos, unvernünftig, eben als «verrückt». Wie muß eine solche Behandlung aber erst auf *Frauen* wirken? Etwa auf Frauen, die auf genau diese Art der Behandlung ohnehin schon mit Ambivalenz oder Wut reagierten?

Einer der Gründe, warum Frauen – mehr als Männer – die «Karriere» als psychisch Kranke einschlagen und immer wieder dahin zurückkehren, ist vielleicht, daß sie sich darin auf schreckliche Art «zu Hause» fühlen. Auch kann es sein, daß sie sich in dem Maß, in dem *alle* Frauen als Kinder ungenügend geliebt wurden und in dem ihnen als erwachsenen Frauen Zärtlichkeit seitens der Männer vorenthalten wird, periodisch nach der «Ersatzbemutterung» sehnen, die ihnen als «Patientinnen» zuteil wird, so unzureichend diese auch sei. Gerade die Frauen, die sich dem weiblichen Rollenschema gegenüber ambivalent verhalten oder es ganz ablehnen, drängen sich oft danach, für solche gefährliche Kühnheit bestraft zu werden – um deren letzten Konsequenzen zu entgehen. In vielen Nervenheilanstalten gelingt es, diese Art von Frauen durch Drohungen, Strafen und Verständnislosigkeit zu einer echten oder vorgetäuschten Unterwerfung zu zwingen. Manche von ihnen reagieren auf solche Bestrafungen (oder eine abhängigkeiterzeugende Umwelt) mit immer stärkerer Aggressivität und Geschlechtsrollenentfremdung. Dauert dieser Zustand an, so werden die Frauen isoliert, in Zwangsjacken gesteckt, sediert und Schockbehandlungen unterzogen.(5) In einer 1969 im *Journal of Nervous and Mental Diseases*[6] veröffent-

(5) Jedenfalls werden sie sicherlich nicht von den Marines, der Marineinfanterie, oder einem Olympischen Komitee eingezogen.

lichten Studie berichten die Verfasser, vier Wissenschaftler, wie sie versucht haben, das aggressive Verhalten einer 31 Jahre alten «Schizophrenen» zu reduzieren, indem sie ihr kurze Stromstöße gaben, sooft sie «sich beschwerte, verfolgt und mißhandelt zu werden, verbale Drohungen ausstieß oder aggressive Handlungen beging». Sie bezeichnen ihre Behandlung als «Strafprogramm» und erwähnen, daß «die Prozedur gegen den Willen der Patientin ausgeführt wurde».

In der heutigen Nervenheilanstalt herrscht strenges Zölibat. Die Patienten sind gezwungen, in ewiger amerikanischer Pubertät zu verharren; Sexualität und Aggression werden in der Anstalt ebenso gefürchtet, verspottet und bestraft wie innerhalb der Familie. Psychiatrische Abteilungen sind üblicherweise nach Geschlechtern getrennt; Homosexualität, lesbische Liebe und Masturbation werden mißbilligt oder gewaltsam unterbunden.(6) Die Tanzveranstaltungen mit männlichen und weiblichen Teilnehmern, die Ende der fünfziger und in den sechziger Jahren im Schwange waren, wurden wie Schulfeste aufgezogen, mit der üblichen Beaufsichtigung, mit Zapfenstreich und Frustration.

Die von Frauen «dominierte» Krankenhausatmosphäre bedeutet eine (demütigende) Rückversetzung in die Kindheit, für Männer wie auch für Frauen. Die sexuelle Repression hat aber auf Frauen vermutlich eine andere Wirkung als auf Männer.(7) Frauen werden von Kindheit an unbarmherzig und total sexuell unterdrückt; viele reagieren vielleicht gerade auf diese Unterdrückung und die Ohnmacht, die sich darin manifestiert, durch «Verrücktwerden» bzw. suchen sich der Unterdrückung auf diese Weise zu entziehen. Viele männliche Patienten flüchten dagegen vor den Anforderungen aggressiver und zur Pflicht gewordener Heterosexualität in die psychische Krankheit. Die erzwungene Abstinenz ist *möglicherweise* für

(6) Obwohl homo- und heterosexuelle Verführung und Vergewaltigung von Patienten durch das Personal durchaus vorkommen, sind sie nach meinen Informationen weniger häufig als in Strafanstalten.

(7) Wir müssen uns vor Augen halten, daß cirka 50 Prozent der männlichen Patienten in den Landeskrankenhäusern Drogen- oder Alkoholabhängige sind – Gruppen, deren heterosexuelle Aktivität aus den verschiedensten Gründen ohnedies schon reduziert ist (sei es aus Geldmangel, Meidung familiärer «Verantwortung», Passivität, Angst, physiologischer Unfähigkeit, Frauenhaß usw.).

sie psychologisch und physiologisch weniger verheerend als für die Frauen.

Weibliche Patienten werden, ebenso wie Mädchen, von anderen Frauen (Schwestern, Pflegerinnen) streng beaufsichtigt, die ebenso wie Mütter innerhalb der Krankenhaushierarchie eine relativ machtlose Stellung einnehmen und die, ebenfalls wie Mütter, ihre (ungeratenen) Töchter nicht wirklich «gern haben». Diese Beaufsichtigung schützt jedoch die wie Unmündige behandelten Patientinnen weder vor Vergewaltigung, Prostitution und Schwangerschaft, noch davor, daß man ihnen die Schuld an diesen Dingen gibt – genausowenig, wie die «mütterliche» Beaufsichtigung die Töchter in der «wirklichen» Welt, sei es innerhalb oder außerhalb der Familie, zu schützen vermag. Zwischen 1968 und 1970 erschienen zahlreiche Zeitungsberichte über Prostitution, Vergewaltigung und Schwängerung weiblicher Geisteskranker durch Ärzte, Pfleger und männliche Patienten.(8)

Die Frauen sind in ihren «Zufluchtsstätten» weiterhin sexueller Unterdrückung ebenso wie sexuellem Mißbrauch ausgesetzt. Auch unerwünschte Mutterschaft bleibt ihnen nicht erspart. Eine 1968 in *Archives of General Psychiatry*[7] veröffentlichte Untersuchung belegte einen Anstieg der *verzeichneten* Schwangerschaften und Entbindungen von Insassinnen der Landeskrankenhäuser des Bundesstaates Michigan in den Jahren 1936–1964 um 366 Prozent.(9) 60 Prozent der Nervenkliniken, die sich zur Beantwortung der Fragebögen für die Untersuchung bereit fanden, lehnen es ab, Verhütungsmittel zu verschreiben und Abtreibungen durchzuführen.

(8) Zum Beispiel: New York *Times*, Juni 1968, Bericht über Chicago State Hospital und ein «ungenanntes Krankenhaus im Vorort Tinley Park»; New York *Times*, Juni 1969, Bericht über Fairfield Hills Hospital in Newtown, Connecticut; New York *Daily News*, November 1969, Bericht über Modesto State Hospital in Kalifornien; *Newsday*, Januar 1970, Bericht über Pilgrim State Hospital in New York; New York *Daily News*, Februar 1970, Bericht über Greystone State Hospital in New Jersey.

(9) Diese Daten geben keinen Aufschluß über die Gesamtzahl der Schwangerschaften, sondern betreffen nur diejenigen Frauen, die «schwer krank oder in schlechten finanziellen Verhältnissen waren und tatsächlich in den Heilanstalten entbanden». Das «Schicksal» ihrer Kinder sah so aus: 38 Prozent wurden an Adoptiv- oder Pflegeeltern vermittelt; 29 Prozent wurden von «Verwandten» aufgenommen; 4 Prozent starben vor Verlassen des Krankenhauses, und über 29 Prozent existieren keine Angaben. Der Prozentsatz *unverheirateter* Mütter betrug 1964 in den USA 23 von 1000.

Gesellschaftliche Rolle der Frau und psychiatrische Symptome: Depression, Frigidität und Selbstmordversuch

Warum sind Frauen seelisch «gestört», und warum werden sie in Anstalten eingewiesen? Warum begeben sich Frauen in psychotherapeutische Behandlung? Wie äußern sich «Schizophrenie» oder andere Geisteskrankheiten bei den heutigen Frauen, und welche Ursachen haben sie?

Zwei Wissenschaftler haben vor kurzem erklärt, daß Männer in gleichem Maß «psychisch gestört» seien wie Frauen:

> Da nun Männer ein Übermaß an Persönlichkeitsstörung aufweisen, wohingegen Frauen relativ hohe Neuroseraten haben und keines der beiden Geschlechter eine allgemein höhere psychologische Störungsrate zeigt, bedeuten diese Unterschiede bei den Geschlechtern nicht, daß auf das eine oder andere Geschlecht ein höheres Maß an sozialem Druck einwirkt. Eher besagen sie, daß jedes Geschlecht dazu neigt, eine andere Art zu erlernen, mit der es auf die möglichen Faktoren reagiert, die psychologische Störungen hervorrufen.[8]

Ich will dieser Feststellung nicht direkt widersprechen, sondern sie vielmehr nur weitgehend relativieren. Viele Männer *sind* tatsächlich schwer «gestört» – aber die Art, wie sich ihre «Störung» äußert, wird weder als «neurotisch» angesehen noch durch psychiatrische Internierung behandelt. Theoretisch haben alle Männer, besonders aber die weißen, reichen und älteren Männer, mehr Möglichkeiten, viele ihrer «gestörten» (und nicht «gestörten») Triebe auszuleben als die Frauen.(10) Die größere gesellschaftliche Toleranz für «hilfesuchendes» Verhalten der Frau oder für öffentliche Gefühlsausbrüche bedeutet nicht, daß ein solches Verhalten geschätzt ist oder mit Güte darauf reagiert wird. Im Gegenteil. Sowohl Ehemänner als auch Ärzte empfinden und beurteilen solches Verhalten als ärgerlich, lästig, borniert, kindisch und tyrannisch. Überschreitet es einen gewissen Punkt, so wird es nicht mehr anerkannt, sondern nur noch «geregelt»: teils mit Unglauben und Mitleid, teils mit emotioneller

(10) Männern wird ganz allgemein eine größere Skala «akzeptabler» Verhaltensweisen zugestanden als Frauen. Psychiatrische Hospitalisierung und Etikettierung umfassen alle jene Verhaltensweisen, die von der Gesellschaft als «inakzeptabel» angesehen werden. Da Frauen weniger akzeptable Verhaltensweisen zugebilligt bekommen und sie *durch das weibliche Rollenstereotyp stärker eingeengt* sind, ist es klar, daß sie mehr Verhaltensweisen zeigen, die als «krank» oder «inakzeptabel» gelten.

Distanz, physischer Brutalität, ökonomischer und sexueller Deprivation, mit Medikamenten, Schocktherapie und langfristigen Anstaltsaufenthalten.

Unter dem Aspekt des Verwahrungscharakters der Nevenheilanstalten und der Voreingenommenheit der meisten Kliniker gegenüber Frauen entsteht der Eindruck, daß Frauen, die «Hilfe» suchen, die «Symptome» aufweisen, für dieses ihr konditioniertes und gesellschaftlich gebilligtes selbstzerstörerisches Verhalten bestraft werden. Typisch «weibliche» und «männliche» Symptomatologie treten schon in früher Kindheit auf. Untersuchungen über Verhaltensstörungen im Kindesalter haben ergeben, daß Jungen am häufigsten wegen aggressiven, destruktiven (antisozialen) und rivalisierenden Verhaltens zu Erziehungsberatungsstellen gebracht werden, Mädchen aber (falls überhaupt) wegen Persönlichkeitsstörungen wie übermäßige Angst und Unruhe, Scheu, Schüchternheit, Mangel an Selbstvertrauen und Minderwertigkeitsgefühlen.(11)[9] Ähnliche geschlechtsspezifische Symptome existieren auch bei Erwachsenen:

> ... die Symptome der Männer spiegeln viel häufiger eine destruktive Feindseligkeit gegen andere sowie einen pathologischen Narzißmus ... Die Symptome der Frauen dagegen sind von einer strengen, selbstkritischen, masochistischen und oft selbstdestruktiven Einstellung zur eigenen Person gekennzeichnet.[10]

Ein von E. Zigler und L. Phillips angestellter Vergleich der Symptome männlicher und weiblicher Geistesgestörter ergab, daß sich Männer wesentlich häufiger zu physischen Tätlichkeiten hinreißen ließen und ihre Impulse in sozial verpönter Weise wie «Raub, Vergewaltigung, Trinken und Homosexualität» auslebten.[11] Die Patientinnen neigten dagegen zu «Selbstkritik, Depressionen, Verwirrung und Selbstmordgedanken oder unternahmen tatsächlich Suizidversuche».

Die meisten Patientinnen weisen geschlechtsspezifische Symptome wie Depressionen, Frigidität, Paranoia, Neurosen, Suizidversuche und Angst auf. Männliche Patienten neigen mehr zu «männlichen Krankheiten» wie Alkoholismus, Drogenabhängigkeit, psy-

(11) Selbstdestruktives oder «Versager»-Verhalten, von Suizidversuchen bis zu einer furchtbaren Verengung des Erfahrungsspielraumes, wird erst älteren Frauen zum Vorwurf gemacht. Das junge Mädchen wird meist für ihre Folgsamkeit, Bravheit und mangelnde Abenteuerlust gelobt.

chopathische Störungen und hirnorganische Erkrankungen (siehe Tabelle 1, S. 42/43).(12) Den typisch weiblichen Symptomen ist die «Furcht vor dem Glück» gemeinsam, ein Ausdruck, den Thomas Szasz geprägt hat, um die «indirekte Form der Kommunikation» zu beschreiben, die die «Sklavenpsychologie» kennzeichnet.

Generell gesehen fürchtet man sich also nur in Situationen einer relativen Unterdrücktheit, seine Zufriedenheit offen zuzugeben. Als Beispiel nennen wir die nur-leidende Ehefrau gegenüber ihrem dominierenden Mann. Befriedigungen (Freude, Zufriedenheit) werden nicht voll ausgekostet und ausgedrückt, damit sich die ohnedies schwere Last, die man zu tragen hat, nicht noch vergrößert . . . *Zufriedenheit aus Angst nicht zugeben zu wollen, ist ein typisches Merkmal der Sklavenpsychologie.* Der «sachgemäß ausgebeutete» Sklave muß arbeiten, bis er Anzeichen von Ermüdung oder Erschöpfung verrät. Die Erledigung seiner Aufgabe besagt nicht, daß er nicht mehr zu arbeiten braucht und sich ausruhen darf. Im Gegenteil – jetzt verlangt man von ihm womöglich nur noch mehr. Zugleich aber – und obwohl er seine Arbeit noch nicht beendet hat – kann er seinem Herrn unter Umständen ein wenig Nachsicht und eine Ruhepause ablisten, indem er Symptome eines unmittelbar bevorstehenden Zusammenbruchs erkennen läßt. Diese Zeichen können echt oder gespielt sein. Das Signalisieren einer Ermüdung oder Erschöpfung, ob echt oder gespielt, wird im Handelnden wahrscheinlich ein Gefühl der Ermüdung oder Erschöpfung hervorrufen. Das erklärt nach meiner Meinung viele sogenannte chronische Erschöpfungs- und Ermüdungszustände, über die gehetzte Menschen klagen. Diese pflegte man früher als «Neurastheniker» zu bezeichnen, ein Ausdruck, der heute kaum mehr verwendet wird. Chronische Erschöpfung oder ein Gefühl der Mattheit sowie Antriebsschwäche sind Symptome, denen man in der klinischen Praxis jedoch nach wie vor häufig begegnet.

In der Psychoanalyse zählt man sie zu den «charakterneurotischen Störungen». Viele dieser Personen befinden sich bewußt «im Streik» gegen (tatsächliche oder phantasierte) Individuen, denen sie sich unterwerfen, aber zugleich durch eine end- und erfolglose, versteckte Rebellion beizukommen versuchen.[12]

Die Analogie zwischen «Sklave» und «Frau» ist keinesfalls lückenlos. Man kann jedoch die Frauen oder das geschlechtsspezifische Kastensystem mit einiger theoretischer Berechtigung als *Prototyp* für jede spätere Klassen- und Rassensklaverei ansehen.[13] Die Frauen waren wahrscheinlich die erste Gruppe von Menschen, die von einer anderen Gruppe versklavt wurde. In gewissem Sinn besteht die

(12) Es werden immer noch weniger Männer auf Grund von «männlichen Krankheiten» hospitalisiert als Frauen auf Grund von «weiblichen Krankheiten».

«Arbeit der Frau» oder die psychologische Identität der Frau darin, die Anzeichen und «Symptome» der Sklaverei zu manifestieren, sowie, oder statt, rund um die Uhr in der Küche, im Kinderzimmer, im Schlafzimmer und in der Fabrik zu arbeiten.[14]

Depression

Frauen leiden unter «Depressionen», lange bevor die hormonellen Veränderungen des Klimakteriums als Standarderklärung dafür herangezogen werden können. Sämtliche Statistiken und Untersuchungen der USA belegen ein starkes Überwiegen der Frauen unter den depressiven oder manisch-depressiven Patienten aller Altersstufen.[15] Wahrscheinlich werden tatsächlich mit zunehmendem Alter mehr Frauen «depressiv» – wenn sich nämlich ihre ohnedies schon beschränkten Möglichkeiten zur Befriedigung ihrer sexuellen, emotionalen und intellektuellen Bedürfnisse noch weiter reduzieren. Dr. Pauline Bart untersuchte Depressionen bei Frauen mittleren Alters[16] und stellte fest, daß diese Frauen ihre «feminine» Rolle vollkommen akzeptiert hatten – und deprimiert waren, weil sie diese Rolle nicht mehr weiterspielen konnten bzw. sie nicht mehr verlangt war.(13)

Bisher wurde Depression als Reaktion auf einen Verlust interpretiert, sei es der Verlust eines ambivalent geliebten Menschen, sei es des eigenen Ich-Ideals im Leben. Die Feindseligkeit, die als Reaktion auf solchen Verlust nach außen gerichtet werden könnte oder sollte, richtet sich nach innen gegen sich selbst. «Depression» statt «Aggression» ist die weibliche Antwort auf Enttäuschung oder Verlust. Die Forschungsergebnisse und die klinische Evidenz zur Untermauerung dieser Theorien sind widersprüchlich. Wir können festhalten, daß die meisten Frauen ihre Mütter «verloren» – oder nie wirklich «besessen» – haben; das mütterliche Objekt wird für sie durch Ehemänner oder Liebhaber nicht ersetzt. Nur wenige Frauen entwickeln ein starkes, gesellschaftlich gebilligtes Ich-Ideal. Nur wenigen Frauen wird gestattet und noch weniger werden dazu

(13) Wie aus dem Anhang hervorgeht, ist die Wahrscheinlichkeit, in psychiatrische Behandlung zu kommen, um so größer, je mehr Kinder eine Frau hat – im Vergleich zu ihrem Mann, kinderlosen verheirateten Frauen oder Frauen mit weniger Kindern.[17]

Tabelle 1:
Prozentualer Anteil nach Geschlechtern bei Diagnosen in

Diagnosen	Allgemeinkrankenhäuser			Ambulanzen		
	Gesamtzahl der Patienten	Frauen	Männer	Gesamtzahl der Patienten	Frauen	Männer
«*Weibliche Krankheiten*»						
Depressiv (psychotisch)	30 743	69 %	31 %	5 453	73 %	27 %
Manisch-depressiv	28 232	64 %	36 %	8 411	67 %	33 %
Neurotisch	378 289	70 %	30 %	156 525	68 %	32 %
Psychosomatisch	27 562	67 %	33 %	5 317	59 %	41 %
Psychotisch	262 961	64 %	36 %	143 092	62 %	38 %
Schizophren	158 689	61 %	39 %	116 088	60 %	40 %
Paranoid	59 718	57 %	43 %	38 030	57 %	43 %
Medikamentöse Intoxikation (Vergiftung)	20 229	60 %	40 %	831	56 %	44 %
«*Männliche Krankheiten*»						
Alkoholabhängigkeit	69 183	25 %	75 %	20 564	22 %	78 %
Alkoholintoxikation	52 087	27 %	73 %	3 907	30 %	70 %
Drogenabhängigkeit	11 004	36 %	64 %	3 622	24 %	76 %
Persönlichkeitsstörungen	143 142	40 %	60 %	169 239	44 %	56 %

psychiatrischen Einrichtungen der USA: 1966–1968

Privatkliniken			Landes- und Bezirkskrankenhäuser		
Gesamtzahl der Patienten	Frauen	Männer	Gesamtzahl der Patienten	Frauen	Männer
7 140	73 %	27 %	6 058	68 %	32 %
7 579	66 %	34 %	36 694	69 %	31 %
61 241	66 %	34 %	20 159	64 %	36 %
858	64 %	36 %	547	63 %	37 %
57 882	66 %	34 %	636 195	54 %	46 %
32 548	63 %	37 %	546 237	51 %	49 %
10 418	67 %	33 %	191 309	53 %	47 %
1 103	58 %	42 %	1 508	48 %	52 %
9 487	29 %	71 %	18 168	18 %	82 %
6 054	27 %	73 %	37 943	25 %	75 %
1 643	45 %	55 %	3 081	23 %	77 %
21 717	41 %	59 %	44 064	23 %	77 %

Nach: Statistische Daten über Patienten in psychiatrischen Institutionen. U.S. Department of Health, Education and Welfare. Public Health Services. Health Services and Mental Health Administration. National Institute of Mental Health: 1966, 1967, 1968.

ermutigt, sich mit dem «Sinn» des Lebens auseinanderzusetzen.(14) (Frauen verlieren ihre Aufgabe als «Frauen», nicht irgendein existentielles Verständnis vom «Sinn» des Lebens.) Also können Frauen gewissermaßen nicht etwas «verlieren», was sie nie gehabt haben. Auch werden Frauen, wie ich in Kapitel 10 ausführen werde, konditioniert zu «versagen», um zu «gewinnen».

Frauen leben fortwährend in einem Zustand der Trauer – um das, was sie nie besaßen oder zu kurz besessen haben, und um das, was sie in der Gegenwart nicht besitzen können, sei es den Traumprinzen oder reale Macht. Den meisten Frauen fällt es schwer, ihre Trauer durch sexuelle, physische oder intellektuelle Zerstreuungen zu betäuben oder hinwegzurationalisieren. Auch wenn die Depressionen der Frau klinische Ausmaße erreichen, gewähren sie keinen Ausbruch aus der Rolle, nicht einmal eine vorübergehende Verschonung. Dr. Alfred Friedman zeigt in seiner 1970 veröffentlichten Untersuchung[18] beispielsweise, daß «depressive» Frauen *noch weniger* verbal «feindselig» und «aggressiv» sind als nichtdepressive Frauen; ihre «Depression» kann ihnen im Gegenteil dazu dienen, ihrer «femininen» Rolle quasi bis in den Tod treu zu bleiben. «Depressive» Patientinnen sind nicht nur *weniger* verbal aggressiv als eine «normale» Kontrollgruppe – ihre Feindseligkeit und ihre «Ressentiments» verringern sich in dem Maß, in dem sich ihr Zustand nach ärztlicher und eigener Ansicht bessert.(15) (Depressive männliche Patienten zeigten größere verbale Aggressivität als die Patientinnen.) Dr. Friedman interpretiert diese Untersuchungsergebnisse folgendermaßen: Er geht davon aus, daß der «Depressive» *stets* sehr wenig verbale (oder sonstige) Feindseligkeit äußert und erst dann akute Depressionen bekommt, wenn seine «üblichen Abwehrmechanismen versagen»:

Vielleicht ist die Unfähigkeit [der Depressiven], ihre Feindseligkeit gegenüber der Person, für die sie sie empfinden, spontan und im richtigen Augenblick zu verbalisieren, Teil ihrer Veranlagung zur Depression. Die Tendenz, das «Schlechte» in signifikanten Bezugspersonen zu leugnen und deren Eigenschaf-

(14) Obwohl dies *auch* für viele Männer gelten kann, gilt es sicher für die meisten Frauen.

(15) Die Untersuchung stützt sich auf ein Sample von 534 weißen Patienten, die in Philadelphia hospitalisiert waren. 71 Prozent davon waren Frauen mit einem Durchschnittsalter von 42 Jahren und abgebrochener High School-Ausbildung; 89 Prozent der Patientinnen waren verheiratet oder verheiratet gewesen.

ten nur selektiv wahrzunehmen, um nicht bewußt ärgerlich oder deprimiert zu werden, stellt für sie eine Möglichkeit dar, einer gestörten oder depressiven Reaktion zu entgehen.

Es ist wichtig festzuhalten, daß «depressive» Frauen (ebenso wie Frauen allgemein) nur *verbal* aggressiv sind; anders als die meisten Männer äußern sie ihre Aggressionen nicht physisch – weder direkt gegenüber den «signifikanten Bezugspersonen» in ihrem Leben noch indirekt durch physische und athletische Leistungen. Es ist gefahrloser für Frauen, «depressiv» zu werden als gewalttätig. Gewalttätige Frauen unterliegen nicht nur meist in Prügeleien mit männlichen Partnern, sondern werden als «verrückt» und «unfeminin» abgetan und landen häufig in psychiatrischen Anstalten oder (seltener) im Strafvollzug. Außerdem würden körperlich kräftige und/oder potentiell gewalttätige Frauen weniger sekundäre Vergünstigungen erreichen als «depressive», ihre Familien würden sie fürchten, hassen und verstoßen, statt sie zu bemitleiden, zu bedauern und zu «beschützen». Psychiater und Heilanstalten würden sich ähnlich verhalten: Aggressive oder potentiell gewalttätige Frauen (und Männer) werden, so sie unterdrückt und machtlos sind, kaum je ethisch oder juristisch einwandfrei – oder gar freundlich – behandelt.

Frigidität

> Eine Hüterin geheimen sexuellen Grolls, eine Ehefrau.
>
> Joan Didion [19]

In letzter Zeit ist eine Menge Literatur über die politische Basis weiblicher Frigidität erschienen; Frauen seien sexuell unterdrückt durch patriarchalische Institutionen, die in Männern wie in Frauen Furcht, Verwirrung und Abneigung gegen die weiblichen Sexual- und Fortpflanzungsorgane hervorriefen. Der Phalluskult finde seinen Niederschlag in der Mythologie, Malerei, Bildhauerei und den heutigen Schlafzimmerpraktiken: Ein vergleichbarer Klitoris- und Vaginakult (losgelöst von Fortpflanzungsfunktionen) existiere dagegen nicht. Ich möchte diese Erkenntnisse nicht noch einmal wiederholen, sondern hier nur zur Information knapp zusammenfassend referieren.

Aus klinischen Fallgeschichten, psychologischen und soziologischen Untersuchungen und Abhandlungen[20] – und aus eigener Erfahrung – wissen wir, wie viele Frauen des 20. Jahrhunderts keinen Orgasmus oder nicht die «richtige» Art von Orgasmus erleben(16), sehr selten oder schwer zu *irgendeinem* Orgasmus gelangen, Orgasmen nur in Verbindung mit romantischer Monogamie, Prostitution oder Selbsterniedrigung erreichen können, oder nach langem, eifrigem «Lernen». Hexenjäger und moderne Wissenschaftler[21] haben Frauen als sexuell «unersättlich» bezeichnet; andere wieder meinen, Frauen «brauchten» Orgasmen weniger dringend als Liebe, Mutterschaft und schönes Tafelsilber. Die psychoanalytische Tradition (unterstützt von einem wachsenden Hang zu Materialismus und Hedonismus) hat jedoch die Ursachen der «Neurosen» und sogar «Psychosen» in der sexuellen Repression erkannt. Entsprechend ließen die meisten Kliniker nichts unversucht, um ihren Patientinnen zu heterosexuellen Orgasmen zu verhelfen – meist, indem sie ihnen rieten, die von Männern konzipierte und erzwungene weibliche Rolle freudig und/oder rational zu akzeptieren: als Madonna-Hausfrau und Mutter oder als Magdalena/Erdgöttin. Sogar Pioniere der sexuellen Befreiung wie Wilhelm Reich haben den Primat der vaginalen Erotik postuliert und Bisexualität und lesbische Liebe als «regressiv» oder «infantil» bezeichnet. Die meisten Kliniker aber haben nicht nach den soziopolitischen – *oder* den psychologischen – Bedingungen gefragt, die für die sexuelle Selbstbestimmung der Frau notwendig sind. Frauen können sich nicht sexuell verwirklichen, solange Männer die Mittel der Produktion und Reproduktion kontrollieren. Bisher mußten Frauen ihre Sexualität (oder ihre Fähigkeit zu sexueller Lust) gegen ökonomische Sicherheit und Mutterschaft eintauschen. Weibliche Frigidität, *wie wir sie kennen*, wird erst dann verschwinden, wenn dieser Tauschhandel aufhört. Die meisten Frauen können ihre Sexualität nicht entfalten, solange es Prostitution, Vergewaltigung und patriarchalische Ehe gibt mit allen dazugehörigen Erscheinungen und Praktiken wie «illegitime» Schwangerschaften, erzwungene Mutterschaft, «unmütterliche» Vaterschaft und die sexuelle Deprivation «alternder» Frauen. Psy-

(16) Eine Psychoanalytikerin, Marie Robinson, behauptete, der richtige Orgasmus äußere sich bei der Frau darin, daß sie bis zu drei Minuten bewußtlos werde.

chologisch betrachtet wird weibliche Frigidität erst dann aufhören, wenn Mädchen in Gesellschaft nicht frigider Frauen aufwachsen.

Selbstmordversuch

Ich habe es wieder versucht.
Alle zehn Jahre
Tu ich es –
. . . .
Sterben
ist eine Kunst wie alles andere.
Und ich bin groß darin.

Ich mache es so, daß es höllisch ist.
Ich mache es so, daß es wie wirklich ist.
Ich glaube fest, daß ich dazu berufen bin.

Es ist nicht schwer: es geht in einer Zelle.
Es ist nicht schwer: du tust es und bleibst still.
Es ist das theatralische

Comeback am hellichten Tag.

Sylvia Plath[22]

Männer vollbringen Taten: Frauen begnügen sich mit Gesten. Jedes Geschlecht ist gefangen, in seinem eigenen Wortschatz. «Mutig» töten Männer sich selbst oder andere – *real.* Frauen *versuchen*, weit öfter als Männer, sich zu töten, aber es mißlingt ihnen meistens. Suizid ist kein apolitischer Vorgang: die Trennung nach Kaste (Geschlecht und Rasse) prägt die amerikanischen Selbstmordstatistiken. Laut einer Untersuchung werden 69 Prozent aller Selbstmordversuche in Amerika von Frauen verübt, 70 Prozent aller vollendeten Suizide von Männern.[23] Weiter ergab sich, daß Hausfrauen «die größte Einzelgruppe sowohl bei den versuchten wie bei den vollendeten Suiziden» bilden und daß etwa fünfmal so viele Witwen Selbstmord *begehen* wie versuchen (20 Prozent gegenüber 4 Prozent). Witwer verüben doppelt so viele Suizide wie Suizidversuche (6 Prozent gegenüber 3 Prozent). Aus einer kürzlich von der Regierung veröffentlichten Broschüre *Suicide Among Youth*[24] geht hervor, daß halbwüchsige Mädchen wesentlich mehr Selbstmordversuche unternehmen, junge Männer dagegen mehr Selbstmorde vollenden. Farbige Männer zwischen 15 und 25 weisen die höchste Freitodrate auf.

Physische Aktion – selbst der überaus persönliche und *selbst*zerstörerische Akt des Suizids – ist nicht Sache der Frauen. Dem konditionierten Verhalten der Frau entspricht weit eher die psychische und emotionale Selbstzerstörung. Frauen sind konditioniert, *Körperlichkeit* – sei sie gewalttätiger, destruktiver oder lustvoller Art – in Gegenwart eines anderen, von der Hand des Mannes zu erleben, als allein von ihrer eigenen Hand. Die Selbstmordversuche der Frau sind nicht so sehr realistische «Hilferufe» oder aggressive Belästigung anderer als vielmehr das Entblößen der wehrlosen Kehle, Signale ritueller Bereitschaft zur Selbstaufopferung. Ebenso wie weibliche Tränen stellen die Selbstmordversuche der Frau einen Akt der Resignation und Hilflosigkeit dar – die allein imstande sind, ihr vorübergehende Erleichterung oder sekundäre Vergünstigungen zu verschaffen.(17) Selbstmord*versuche* sind die großen Riten der «Femininität» – das heißt im Idealfall sollen die Frauen «versagen», um zu «gewinnen». Frauen, denen es *gelingt*, sich zu töten, überlisten ihre «weibliche» Rolle oder lehnen sie ab, zu dem einzig möglichen Preis: dem ihres Todes.

Drei Studien über Schizophrenie

Man muß sich darüber klar sein, daß sich Schizophrenie oder Wahnsinn grundlegend von typisch weiblichen Symptomen wie Depression oder Angst unterscheidet. Schizophrenie ist bei Männern wie bei Frauen stets mit geschlechtsunspezifischem wie auch mit geschlechtsspezifischem Verhalten verbunden. Beispielsweise neigen Schizophrene mehr zu offener Feindseligkeit und Gewalttätigkeit, zeigen aber auch unverhüllteres Interesse an sexueller und bisexueller Aktivität als weibliche «Depressive». Beide Gruppen von Patientinnen haben trotzdem immer noch viele typisch «weibliche» Charakteristika gemeinsam, wie Mißtrauen gegenüber ihren eigenen

(17) Wie bereits festgestellt, werden jedoch Frauen, die versuchen, sich das Leben zu nehmen, nicht unbedingt freundlich behandelt.

Empfindungen, Gefühle der Minderwertigkeit, Hilflosigkeit und Abhängigkeit. Sowenig wie Schizophrenie für Frauen ein Entree zur Macht ist, so wenig gilt dies für «weibliche» Syndrome wie Depression, Paranoia, Frigidität und Suizidversuche. «Störungen» dieser Art, ob sie zur Hospitalisierung führen oder nicht, stellen weibliche Rollenrituale dar, die in verschieden starker Form von den meisten Frauen ausagiert werden. Wie wir sehen werden, ist die Art der «Behandlung» dieser Rituale eine Funktion des Alters, der Schicht und der Rasse.

In den sechziger Jahren haben drei Psychologen das Phänomen der «Schizophrenie» unter dem Aspekt der Entfremdung von der Geschlechtsrolle bzw. deren Ablehnung untersucht. 1961 verglich Dr. Shirley Angrist u. a.[25] wiedereingewiesene Anstaltspatientinnen mit nicht wiedereingewiesenen. Sie fand, daß sich die rehospitalisierten Frauen geweigert hatten, die typischen Hausarbeiten wie Saubermachen, Kochen, Kinderpflege und Einkaufen zu übernehmen. In bezug auf ihre Bereitschaft, an «Freizeitbeschäftigungen» wie Reisen, Geselligkeit und Vergnügungen teilzunehmen, unterschieden sie sich nicht von den zu Hause verbliebenen Patientinnen. Die rehospitalisierten Frauen entstammten, wie Angrist schreibt, «eher der Mittelschicht und umfaßten mehr Verheiratete» als die Kontrollgruppe. Die Ehemänner, die ihre Frauen wieder in das Krankenhaus zurückbrachten, machten sich nur geringe Hoffnungen, daß diese jemals wieder «vollwertige» Menschen würden. Sie schienen viel eher geneigt, extrem kindliches und abhängiges Verhalten ihrer Frauen zu tolerieren – wie ständiges Jammern und zusammenhangloses Reden –, solange diese nur das Geschirr spülten. Auch äußerten sie sich sehr beunruhigt und mißbilligend über das «Geschimpfe», «Gefluche» und die potentiell gewalttätigen «Zornesausbrüche» ihrer Frauen.

1968 veröffentlichte Dr. Angrist ein Buch mit dem Titel *Women after Treatment*[26], in dem sie frühe und späte «Rückkehrer» mit einer Kontrollgruppe «normaler» Frauen bzw. Hausfrauen verglich.(18) Sie stellte fest, daß die ursprünglichen Unterschiede zwi-

(18) Von einer fragwürdigen Interpretation seelischer Gesundheit zeugt die methodische und ideologische Praxis der Gleichsetzung von «normale Frau» mit «nicht berufstätige Hausfrau».

schen rehospitalisierten und zu Hause verbliebenen Patientinnen hinsichtlich der Hausarbeit völlig verschwunden waren. *Alle* verrichteten häusliche Tätigkeiten schlechter als «normale» Hausfrauen. Durch eine weitere Differenzierung der Erhebung nach Schulbildung, Alter, Rasse, gesellschaftlichem Status und Familienstand wurden diese Unterschiede in den häuslichen Leistungen eliminiert. Die Differenzen zwischen zu Hause verbliebenen Patientinnen und «normalen» Hausfrauen waren nun «psychologischer» Natur – zumindest laut Angrists Informanten. Die Expatientinnen, sowohl die rehospitalisierten wie die im Familienverband verbliebenen, schimpften mehr und versuchten häufiger, aggressiv zu sein, betranken sich, mieden den Kontakt mit Menschen und benahmen sich sexuell auffällig – Verhaltensweisen, die eher als «männlich» denn als «weiblich» gelten. Sie wiesen jedoch auch «weibliche» Charakteristika wie Müdigkeit, Schlaflosigkeit, Tablettenmißbrauch und allgemeine Antriebsschwäche auf.

Interessant ist vor allem, daß Expatientinnen und Hausfrauen bestimmte als negativ geltende Verhaltensweisen gemeinsam waren. So stellt Angrist fest:

> [Überraschend] wiesen viele Kontrollpersonen [der normalen Hausfrauen] ähnliche Verhaltensweisen auf wie die Expatientinnen. 46 Prozent wurden als unruhig beschrieben; 59 Prozent als erschöpft; 60 Prozent als reizbar und nervös; 57 Prozent als «mürrisch».

Die Ehemänner und Mütter beider Gruppen gaben an, daß die Testpersonen

> Unsinn reden; unbeholfen gehen, sitzen oder stehen; ruhelos umhergehen; behaupten, Stimmen zu hören; sich zu verletzen oder zu töten versuchten; beim Ankleiden Hilfe brauchen; übellaunig sind; nicht wissen, was um sie herum vorgeht; Abwesende zu sehen meinen.

Im Jahre 1964 veröffentlichte Dr. Frances Cheek eine Studie mit dem Titel: *A Serendipitous Finding: Sex Role and Schizophrenia.*[27] Sie verglich männliche und weibliche «Schizophrene» im Alter von 15 bis 26 Jahren mit einer «normalen» Kontrollgruppe und hoffte dabei, ein klassisches Bild schizophrener Passivität, Zurückgezogenheit und emotional beschränkten Verhaltens zu finden.(19) Es

(19) Dr. Cheek beobachtete und klassifizierte eine vorwiegend verbale Patient-Eltern-In-

stellte sich jedoch heraus, daß weibliche Schizophrene dominanter und aggressiver gegenüber ihren Eltern sind als weibliche – oder männliche(20) – Normale oder männliche Schizophrene. Die männlichen Schizophrenen boten ein mehr «feminines» (oder schizophrenes) Bild der Passivität als die schizophrenen Frauen und die normalen Männer.

Auffallend ist, daß sich die männlichen Schizophrenen in den Äußerungen negativen sozio-emotionalen Verhaltens wie Feindseligkeit und Widerspruch kaum von den normalen Männern unterschieden.(21) Die weiblichen Schizophrenen waren emotional weniger «negativ» als die drei übrigen Gruppen. Dennoch wurden sie von ihren Eltern als am wenigsten «angepaßt» von allen Gruppen bezeichnet. Ihre Eltern beschrieben sie als ungewöhnlich «aktiv» (für Mädchen?) in der Kindheit. Diese «Aktivität» mag weniger physischer als wahrnehmender, intellektueller oder verbaler Natur gewesen sein. Vielleicht hat gerade diese spezifische Ablehnung eines Teils der weiblichen Rolle zum Konflikt in der Familie und letztlich zu psychiatrischer Kategorisierung und Internierung geführt.

Dr. Cheek zitiert eine ältere Untersuchung von Letailleur[28], der feststellt: «Die überaktive, dominierende Frau und der inaktive, passive Mann sind kulturelle Anomalien und landen deshalb in der Anstalt.»(22) Letailleur meint, daß der «Rollentausch» eine Funktion des Krankheitsprozesses sei. Ich glaube, daß gerade das, was Cheek die «Umkehrung» oder «Ablehnung» der Rolle nennt, «verrückt» genannt wird und zum Teil krankheitsbedingt ist, bin jedoch nicht der Meinung, daß «Rollenablehnung» der geeignete Begriff ist. Die männlichen Schizophrenen verhielten sich in vieler Hinsicht genauso wie normale Männer, die weiblichen Schizophrenen ähn-

teraktion. Das Testverhalten, das Dr. Cheek als «dominant» oder «aggressiv» einstufte, betraf Meinungsäußerungen oder Erläuterungen zu dem jeweils erörterten Thema.

(20) Diese Information erhielt ich von der Verfasserin persönlich.

(21) Männliche Expatienten, die an verschiedenen Mental Patients Liberation Projects [Rehabilitationsprogrammen, Anm. z. dt. Übers.] teilnahmen, waren sich beispielsweise ihrer exzessiven Feindseligkeit und Gleichgültigkeit gegenüber Frauen durchaus bewußt und litten darunter.

(22) Die «passive» weibliche Schizophrene wird wahrscheinlich nicht in so jungen Jahren hospitalisiert, ebensowenig wie der «aktive» männliche Schizophrene.

lich – oder sogar noch «weiblicher» – als die «normalen» Frauen. Geschlechtsrollenentfremdung ist wahrscheinlich der bessere Begriff – und genau dieser Ausdruck wurde von David McClelland und Norman Watt in ihrer 1968 erschienenen Studie verwendet.[29]

McClelland und Watt verglichen 20 männliche und 20 weibliche *hospitalisierte* Schizophrene zwischen 20 und 50 mit verschiedenen «normalen» Kontrollgruppen: «berufstätigen» Männern und Frauen und «nicht berufstätigen» Hausfrauen. Erfaßt wurden in der Erhebung bewußte Einstellungen und Vorlieben, Einstellungen zum eigenen Körper, Phantasietätigkeit, Erzählmuster und Vorlieben für abstrakte geometrische Figuren. (Die meisten dieser Tests waren vorher an Hand «normaler» Populationen standardisiert worden, wobei sich deutliche Geschlechtsunterschiede ergeben hatten.) Die Forscher stellten ein Überwiegen «maskulinen» Testverhaltens unter den schizophrenen Frauen und «femininen» Testverhaltens unter den schizophrenen Männern fest.(23) Zum Beispiel bevorzugten weibliche Schizophrene in signifikanter Weise scharfe und spitze geometrische Figuren, die gewöhnlich von normalen Männern vorrangig gewählt werden, erwiesen sich als bedeutend weniger «fürsorglich» und «anlehnungsbedürftig» als normale weibliche Kontrollpersonen – doch diesbezüglich unterschieden sie sich weder von den normalen noch von den schizophrenen Männern – und wählten bei Rollenspielen vorzugsweise «männliche» Parts: So spielten sie lieber «Teufel» als «Hexen», «Polizisten» als «Sekretärinnen» und «Stiere» als «Kühe».(24) Zeigte man ihnen das Bild eines Stiers in der Arena, so reagierten sie wie «normale» Männer, das heißt, sie sagten, sie würden den Stier töten. Schizophrene Männer zeigten dagegen eine «normale weibliche» Reaktion: Sie meinten, sie würden davonlaufen.

Die vielleicht signifikantesten Ergebnisse der Studie betreffen die Einstellung zu verschiedenen Körperteilen wie Lippen, Gesicht, Ellbogen, Körperhaare, Hände usw. Schizophrene Frauen zeigten weniger Interesse für ihre äußere Erscheinung als normale Frauen, ja

(23) Es lassen sich gegen diese Untersuchung zwar eine Reihe von methodischen Einwänden erheben, dennoch glaube ich, daß die Ergebnisse im wesentlichen richtig sind.

(24) Leider geht McClelland nicht darauf ein, daß auch von der Kontrollgruppe der Hausfrauen häufig gegengeschlechtliche Rollen gewählt wurden.

sogar als schizophrene Männer.(25) Sie schienen stolzer auf ihre «männlichen» oder kräftigeren Körperteile zu sein als selbst normale Männer.(26) Schizophrene Männer dagegen waren mit ihren männlichen Körperteilen genauso «zufrieden» wie normale Männer, zeigten aber eine größere Vorliebe für ihre «femininen», für die äußere Erscheinung wichtigen Körperteile als normale Männer. Die schizophrenen Frauen wiesen im großen und ganzen – zumindest verbal, in ihrer Phantasie bzw. im Test – eine «maskulinere» Einstellung zu ihrem Körper auf. McClelland und Watt bezeichnen daher das Verhältnis zum eigenen Körper als «primären und unbewußten Identitätsausdruck», während sekundäre Geschlechtsrollenumkehrungen wie Berufstätigkeit und «intellektuelles Durchsetzungsvermögen» der Frau später auftreten.

Die Autoren der Untersuchung zeigen sich erstaunt über die größere «Gleichgültigkeit» der schizophrenen Frauen gegenüber ihrem Körper, verglichen mit den männlichen Patienten.

Man könnte diese Gleichgültigkeit auf die lange Hospitalisierung zurückführen, aber das würde nicht die Unterschiede gegenüber den Männern erklären. Der Schluß scheint gerechtfertigt, daß ein Teil des Selbstbildnisses im Unterbewußtsein schizophrener Frauen weniger sensibel und maskuliner ist, während ein Teil des Selbstbildnisses im Unterbewußtsein schizophrener Männer sensibler und femininer ist. Ob dieser Unterschied schon vor ihrer Einlieferung in die Heilanstalten bestand, wäre erst noch zu erforschen.

Trotz der krankhaften Sorgen, die sich die meisten Frauen um ihr «Aussehen» machen, sind sie in Wirklichkeit ihrem Körper als Quelle der «Befriedigung», des «Selbstvertrauens» und der «Aktivität» stark entfremdet. Es darf daher nicht überraschen, daß dies auch auf weibliche Schizophrene zutrifft – die ja schließlich trotz allem

(25) Wie wir in Kapitel 3 sehen werden, mindert diese ihre Gleichgültigkeit die Chance der Patientinnen, aus der Anstalt entlassen zu werden.

(26) 69 Prozent der schizophrenen Frauen (verglichen mit 50 Prozent der normalen Männer) waren mit diesen «männlichen» Körperteilen «zufrieden». Dies steht in Einklang mit Cheeks Feststellung, daß schizophrene Frauen (verbal) «dominanter» sind als normale Männer.

McClelland und Watt vergleichen allerdings nicht immer das Verhalten schizophrener Frauen mit dem normaler Männer. Es ist deshalb schwer zu sagen, inwieweit weibliche Schizophrene «bedrohlich» sind, weil sie nicht nur bestimmte Elemente der «femininen» Rolle aufgegeben haben, sondern gewisse «maskuline» deutlicher zeigen als normale Männer.

«Frauen» sind. Entscheidender ist jedoch, daß der essentiell weibliche Charakter der psychiatrischen Verwahrung in gewisser Hinsicht für Frauen, die das alles ja schon durchgemacht haben und davon «verrückt» gemacht wurden, schwerer zu ertragen ist als für Männer. Wenn man in eine Anstalt gesteckt wird, weil man seiner Geschlechtsrolle entfremdet ist, dann hindert einen auch nichts mehr daran, diese Entfremdung so weit wie möglich auszuleben, denn das ist dann der einzige Ort, wo man das tun darf. Es ist daher auch nicht überraschend, daß Frauenabteilungen im allgemeinen als «lauter» gelten als Männerstationen[30], als «leichter erregbar» als die «apathischen» Männerabteilungen[31], als streitlustiger, herrschsüchtiger, eher zu Stimmungsumschwüngen und plötzlichen Störungen im zwischenmenschlichen Verhalten geneigt[32] und als potentiell «gewalttätiger»[33]. Wir müssen uns aber vor Augen halten, daß dieser «maskuline Protest» ineffektiv ist, aber um so effektiver bestraft wird und so zur Selbstzerstörung führt. Die Insassen der Frauenabteilungen werden auch als entscheidungsunfähig und unfähig zu abstraktem Denken beschrieben und gelten außerdem als besonders «ich-schwach».[34] Solche Züge aber charakterisieren alle langfristig Verwahrten und können durchaus Folge der Hospitalisierung sein.

Eine These

Weder wirklich geisteskranke Frauen noch Frauen, die auf Grund ihres konditionierten weiblichen Verhaltens hospitalisiert werden, sind gefährliche Revolutionäre. Ihre Einsichten mögen tiefgehend sein, ihr Verhalten schwächt jedoch ihre Position in der Gesellschaft. Diese Frauen sind Einzelkämpferinnen, die nach Regeln agieren, die keinen «Sinn» ergeben und den Konventionen unserer Gesellschaft zuwiderlaufen. Ihr Verhalten ist «verrückt», weil es den Versuch eines sozial machtlosen Individuums darstellt, Körper und Geist miteinander in Einklang zu bringen. So ist beispielsweise Valerie Solanas(27) «verrückt» und «kriminell», weil sie handelt, wo

(27) Verfasserin des *Manifest der Gesellschaft zur Vernichtung der Männer. SCUM*; die Frau, die auf den Filmemacher Andy Warhol schoß.

sich die anderen mit der Konstatierung des Übels, nämlich der Frauenfeindlichkeit und Asexualität in der patriarchalischen Gesellschaft, zufriedengeben.

Was wir «Geisteskrankheit» nennen, sei es bei Männern oder Frauen, ist entweder das Ausagieren der abgewerteten weiblichen Rolle oder die totale oder teilweise Auflehnung gegen das Rollenstereotyp. Frauen, die voll die konditionierte weibliche Rolle ausleben, werden klinisch als «neurotisch» oder «psychotisch» eingestuft. Falls sie in eine Anstalt eingewiesen werden, dann ist es auf Grund vorwiegend «weiblicher» Syndrome wie «Depressionen», «Suizidversuche», «Angstneurosen», «Paranoia» oder «Promiskuität». Frauen, die die weibliche Rolle ablehnen oder sich ambivalent zu ihr verhalten, verunsichern die Umwelt und sich selbst so sehr, daß ihre Disqualifizierung und Selbstzerstörung wahrscheinlich sehr früh einsetzen. Solchen Frauen ist ebenso ein psychiatrisches Etikett sicher, und wenn sie hospitalisiert werden, dann auf Grund weniger «weiblicher» Syndrome wie «Schizophrenie», «Homosexualität» oder «Promiskuität».(28)

Männer, die die weibliche Rolle ausagieren und beispielsweise «abhängig», «passiv», körperlich und sexuell «ängstlich» oder «inaktiv» sind oder wie Frauen Männer als Sexualpartner wählen, werden als «neurotisch» oder «psychotisch» bezeichnet. Wenn sie hospitalisiert werden, geschieht dies meist unter der Kategorie «Schizophrenie» oder «Homosexualität». Entscheidend ist jedoch, daß Männer weit mehr als Frauen von ihrem Rollenstereotyp abweichen können, ohne sich selbst als «krank» zu bezeichnen und in Heilanstalten eingewiesen werden zu müssen. Da Frauen dagegen so konditioniert sind, einen Mann zu brauchen und/oder ihm dienen zu müssen, sind sie weitaus eher bereit, für einen Mann zu sorgen, der «passiv», «abhängig» oder «arbeitslos» ist, als Männer gewillt sind, sich mit Frauen einzulassen – geschweige denn, für sie zu sorgen –, die «dominierend», «unabhängig» oder «berufstätig» sind. Das bedeutet, daß klinisch «depressive» oder «suizidale» Frauen, die nicht bereit sind, Männern (oder Ehemännern) zu dienen,

(28) «Promiskuität» ist ebenso wie «Frigidität» sowohl ein «weibliches» wie ein «nichtweibliches» Syndrom: Beides kann sowohl eine Flucht *in* die – wie eine Flucht *aus* der Weiblichkeit bedeuten.

von diesen ebenso häufig abgelehnt werden (und damit relativer Armut oder illegaler Prostitution ausgeliefert werden) wie klinisch «schizophrene» oder «aggressive» Frauen. Verheiratete Männer suchen seltener einen Psychiater auf[35] und verbringen weniger Zeit in psychiatrischen Anstalten als verheiratete Frauen oder ledige Männer. Homosexuelle, obzwar psychiatrisch «erfaßt» und strafrechtlich verfolgt, begeben sich seltener in Behandlung als Lesbierinnen[36] und weisen ebenso wie schizophrene Männer weniger (abgewertete) weibliche Charakteristika auf als Lesbierinnen oder schizophrene Frauen.

Männer, die dem männlichen Rollenstereotyp entsprechen, aber zu jung, zu arm oder zu schwarz sind, werden häufiger als «Kriminelle» oder «Soziopathen» denn als «Schizophrene» oder «Neurotiker» hinter Gitter gebracht. Um «Männer» zu sein, müssen die Schwachen in unserer Gesellschaft «stehlen», was die Starken «kaufen» können – und sie werden natürlich dafür bestraft. Welche Verhaltensweisen als «kriminell» oder «geisteskrank» zu gelten haben, hängt vom Geschlecht(29) ab, und jedes Geschlecht wird entsprechend konditioniert. Die psychiatrischen Kategorien selbst sind geschlechtsspezifisch. Bei weitaus mehr Frauen als Männern werden «psychische Erkrankungen» manifest, weitaus mehr Frauen als Männer begeben sich deshalb in Behandlung oder werden hospitalisiert. Zu fragen ist daher, wie diese Patienten klinisch behandelt werden, wie viele Ärzte zu ihrer Betreuung zur Verfügung stehen und welche Einstellung diese Psychiater und Psychologen zu ihren Patienten haben.

(29) Es hängt ebenfalls von Rasse und Schicht ab.

Kapitel 3

Die Kliniker

Ich lernte Wilhelm Reich im Oktober 1939 kurz nach seiner Ankunft in den Vereinigten Staaten kennen. Ich wurde seine Frau, Sekretärin, Laborassistentin, Buchhalterin, Haushälterin und allgemeines Faktotum, kurz darauf, 1944, die Mutter seines Sohnes ... Ich mußte meine Arbeit fortsetzen, die dort und damals hauptsächlich im Tippen von Reichs Manuskripten bestand. Außerdem mußte ich das Baby versorgen. Ich erinnere mich sehr gut, wie ich Manuskripte schrieb und dabei mit einem Fuß den Kinderwegen hin- und herbewegte, um das Baby zu beruhigen, denn Daddy konnte es nicht ertragen, ihn schreien zu hören. Oder Reich legte mir freundlicherweise am späten Nachmittag nahe, mich ein bißchen auszuruhen und zum Fischen auf den See hinauszufahren, während er auf den Kleinen aufpassen würde, aber nach einer halben Stunde winkte er mich bereits wieder verzweifelt herbei, weil das Kind trockengelegt werden mußte, eine Aufgabe, die seine Kräfte überstieg.

Ilse O. Reich [1]

Zu Hause drehte sich das ganze Familienleben um ihn [Freud] und seine Arbeit ... «Ich fürchte, ich neige zur Tyrannei», gab er mehr als einmal zu ... Im Gegensatz zu seinem Erfolg mit seinen adoptierten (geistigen) Töchtern, hatte Freud in der Psychoanalyse mit allen seinen «Söhnen» Schwierigkeiten. Besonders für Männer konnte es sehr frustrierend sein, mit einem solchen Genie zusammenzuarbeiten: Der Konflikt mit dem Autonomiestreben des einzelnen war unausbleiblich ... [Helene Deutschs] Laufbahn scheint in Widerspruch zu den Freudschen Theorien über die Frau zu stehen, die sie in ihrem Buch erläutert. Weit davon entfernt, abhängig und unselbständig zu sein, war sie als Psychiaterin aktiv und eigenständig, doch gegenüber Freud und seinen Lehren, zu deren Verbreitung sie so viel beigetragen hat, blieb Helene passiv und rezeptiv ... [Freud analysierte Deutschs] «Ödipuskomplex» [und riet ihr, an ihrer «Identifikation» mit ihrem Vater – und mit ihm selbst – festzuhalten.]

Paul Roazon[2]

Freud war bloß der Diagnostiker für das, was der Feminismus heilen will ... Eine gründliche Neuinterpretation Freuds im Sinne des Feminismus wäre eine lohnende Aufgabe.

Shulamith Firestone[3]

Die Women's Lib-Bewegung kann es sich nicht leisten, in schlechter Lyrik über Frauen zu schwelgen, wenn es eine Wissenschaft gibt, die wir verwenden, erforschen, kritisieren und ergänzen können. Denn die Psychoanalyse ist wie alle Wissenschaften offen, nicht abgeschlossen.

Juliet Mitchell[4]

Durch eine beinahe tragische Ironie wurden die Entdeckungen dieses großen Pioniers [Freud], dessen Theorien des Unbewußten und der infantilen Sexualität wesentliche Beiträge zum Verständnis des Menschen sind, im rechten Augenblick dazu benutzt, einen Gesichtspunkt zu vertreten, der im Grunde konservativ ist ... Seine Arbeiten, die Arbeiten seiner Schüler und noch mehr seine große Anhängerschaft wirkten jedoch dahin, die «häßlichen» Beziehungen zwischen den Geschlechtern zu vereinfachen, traditionelle Rollen zu bestätigen und temperamentbedingte Unterschiede anzuerkennen ... Wohl gingen die unglücklichen Übertreibungen eines vulgären Freudianismus weit über Freuds Absichten hinaus, doch fand der Anti-Feminismus in Freuds Werk seine Ausgangsbasis.

Kate Millett[5]

Psychiater und Psychologen dürsten nach der Vernichtung des weiblichen Geschlechts nicht mehr als Politiker, Soldaten, Dichter, Physiker oder Barkeeper, aber auch nicht weniger – trotz ihres speziellen Interesses an einzelnen Frauen und ihrer Macht über sie. Unsere Vertrautheit mit der weiblichen «Hysterie» verdanken wir diesen väterlichen Lehrmeistern ebenso wie unsere Unsicherheit, ob dieses Phänomen universell und «normal» oder universell und «anormal» ist. Ich glaube nicht, daß irgendeine einzelne gesellschaftliche oder berufliche Gruppe für das gesamte Gefüge der sozialen Realität «verantwortlich» ist oder dieses verändern kann, wenn auch jede Gruppe und jedes Individuum seinen unverwechselbaren Beitrag dazu leistet. Ich bin überzeugt, daß es – wertvolle – Ausnahmen gibt, deren Wirkung allerdings begrenzt ist. Diese einzelnen Ausnahmen sind jedoch irrelevant für das Verständnis der Mächte oder Kräfte, die sie unterlaufen. Sich an Ausnahmefälle zu klammern oder gar ihre Bedeutung aufzubauschen wäre ein Zeichen von Feigheit, Ignoranz oder Parteieninteresse.

In diesem Kapitel möchte ich einige allgemeine Fakten über Kliniker demonstrieren:

1. Inwieweit die Fachgebiete Psychiatrie und Psychologie in Amerika zahlenmäßig von Männern beherrscht wird.

2. Inwieweit die meisten *heute* praktizierenden Kliniker und Klinikerinnen, ob sie nun einer bestimmten psychoanalytischen oder psychologischen Schule angehören oder nicht, den traditionellen Mythen über «Abnormität», Geschlechtsrollenstereotypen und weibliche Inferiorität Glauben schenken und danach handeln.

3. Inwieweit die meisten traditionellen psychoanalytischen und therapeutischen Theorien und Praktiken bestimmte misogyne Ansichten über Frauen und Geschlechtsrollenstereotypen als «wissenschaftlich» oder «heilsam» aufrechterhalten.

4. Inwieweit moderne wie traditionelle Ideologien innerhalb der *Institution* der privaten Psychotherapie zum Tragen kommen, in der sich die Stellung der Frau im Patriarchat ebenso spiegelt wie in der Institution der Nervenheilanstalt.

Wie viele Kliniker gibt es in den USA?

Kliniker neigen ebensowenig wie Slum-Lehrer zur Selbstanalyse, das heißt, sie sagen weniger über ihre eigenen Motive, Persönlichkeiten und Wertsysteme als über die ihrer neurotischen Patienten oder «unterprivilegierten» Schüler. Die meisten Kliniker sind zu beschäftigt, zu desinteressiert oder zu «bedeutend», um Fragebögen auszufüllen und als Versuchspersonen zu dienen. Die Antwortquote von Psychiatern und Psychologen bei Befragungen war in den letzten zehn Jahren im allgemeinen niedrig. Man beteiligt sich ungern an solchen Untersuchungen.[6] Doch die großen Berufsorganisationen veröffentlichen Mitgliederlisten; Regierungsstellen veröffentlichen Schätzungen über die Peronalentwicklung in den psychiatrischen Krankenhäusern; Psychologen und Psychiater haben Studien über Einstellungen, Verhaltensweisen und «persönlichen» Lebensstil ihres Berufsstandes publiziert; psychoanalytische Theoretiker und Kliniker haben ihre Fallgeschichten und Theorien veröffentlicht; ihre Schüler haben zahlreiche Biographien über sie geschrieben.

1960 hatte die American Psychiatric Association 11083 Mitglieder, davon 10100 Männer und 983 Frauen. 1970 war die Zahl der Mitglieder auf 17298 angestiegen, darunter 14267 Männer und 1691 Frauen.(1) 90 Prozent aller Psychiater des vergangenen Jahrzehnts waren somit Männer. Man muß sich dabei vor Augen halten, daß die Psychiatrie die mächtigste der Berufsgruppen ist, die sich mit psychischen Störungen befaßt, und zwar die mächtigste, weil sie das höchste Prestige und das meiste Geld als auch den *maximal möglichen* Einfluß auf Therapiemethoden in der Privatpraxis wie in Heilanstalten hat. Psychiater entscheiden sowohl medizinisch wie juristisch, *wer* geisteskrank ist und *warum*, *was* für diese Leute zu geschehen hat und *ob* und *wann* sie aus der Behandlung zu entlassen sind. (Wie wir sehen werden, sind die meisten Psychiater auf Grund ihrer medizinischen Ausbildung und ihrer juristischen Verantwortung prädisponiert, überall «Pathologisches» zu diagnostizieren – selbst oder gerade dort, wo es Laien nicht erkennen können.)

Ich habe das Wort «maximal möglich» deshalb hervorgehoben,

(1) Das Geschlecht von 1340 Namen auf der Mitgliederliste von 1970 ist unklar.

weil die Psychiater, so mächtig sie auch sein mögen, doch in viel zu geringer Zahl vorhanden sind, um ihren Willen jederzeit in allen psychiatrischen Abteilungen durchsetzen zu können. Das National Institute of Mental Health hat beispielsweise 1970 eine Untersuchung über die Personalsituation in psychiatrischen Durchgangsstationen veröffentlicht.[7] Auf einer Umfrage vom Januar 1970 basierend, betrug der Anteil der Psychiater demnach nicht mehr als 5 Prozent des Personals – und diese waren meist nur teilzeitverpflichtet. 68 Prozent des ständigen und 37 Prozent des Teilzeitpersonals dieser Einrichtungen sind fachlich nicht ausgebildete Kräfte. Sozialarbeiter machen 10 Prozent des gesamten Personalstandes aus, Psychologen etwa 2 Prozent. In den Einrichtungen der Community Mental Health stellen Psychiater 14 Prozent des Personals, das Beratungs- und Erziehungsfunktionen hat.[8]

Innerhalb der Nervenheilanstalten fungieren die meisten Psychiater als gutbezahlte Administratoren, deren kurze, primadonnenhafte Auftritte ein patriarchalisches Fluidum wissenschaftlicher und juristischer Unanfechtbarkeit verbreiten. Trotzdem, ihr Wille geschehe – auch in ihrer Abwesenheit. Das nichtärztliche Personal steht unter dem Einfluß ihrer «Expertenmeinung», die sich letztlich nicht allzusehr von den angeblich weniger qualifizierten Ansichten und Anweisungen der Sozialarbeiter, Schwestern, Diätassistenten und Pfleger unterscheidet. (Da die unterhalb der Hierarchiespitze eines Krankenhauses stehenden Angestellten jedoch meistens Frauen sind, existiert eine konditionierte und durch den Psychiater in seiner Eigenschaft als Mann noch verstärkte Tendenz, diesem zu dienen, diesem gefällig zu sein und seine Absichten zu erraten, bevor dieser sie überhaupt verkündet hat.)

Die American Psychological Association hatte 1960 18215 Mitglieder, 1970 waren es bereits 30839. Dieser Verband veröffentlicht keine Statistiken, aus denen das Verhältnis von männlichen und weiblichen Mitgliedern ersichtlich wäre. Ich habe jedoch in Erfahrung bringen können, daß etwa 25 Prozent der Mitglieder Frauen sind.(2) Dies würde bedeuten, daß 1960 cirka 4580 und 1970 cirka

(2) Diese Auskunft stammt von Ms. Jane Hildreth, American Psychological Association Membership Office, Mai 1971.

7500 Frauen aller Ausbildungsgrade Mitglied des Verbandes waren. Man darf dabei nicht vergessen, daß nicht alle Psychologen Kliniker sind. Manche widmen sich ausschließlich der Forschung und/oder der Lehre. (Die meisten Psychiater verbinden Lehr- und Forschungsaufträge mit praktischer klinischer Arbeit sowohl an Krankenhäusern als auch in Privatpraxen.) Wie viele *klinische* Psychologen es auch geben mag, sie nehmen auf jeden Fall gegenüber den Psychiatern eine untergeordnete Stellung ein, namentlich in der Krankenhaushierarchie. Ich schätze, daß etwa 15 Prozent aller klinischen Psychologen Frauen sind und daß sie zusammen mit den weiblichen Psychiatern nicht mehr als 12 Prozent der beiden einflußreichsten Berufsgruppen in Amerikas Kliniken bilden.(3) Wie man sich vorstellen kann, befassen sich diese Frauen in der Praxis überproportional mit typischer «Frauenarbeit», indem sie vorwiegend Kinder und Frauen behandeln. Junge Männer mit «Pubertätsschwierigkeiten» werden dagegen meist an männliche Therapeuten verwiesen, mit deren väterlicher Hilfe sie die Männerrolle lernen sollen, und erwachsene Männer – und auch Frauen – ziehen hingegen sowieso den männlichen Therapeuten vor.[9]

Dr. William Schofield[10] versandte Fragebogen zur Person an nach Zufall ausgewählte praktizierende Mitglieder der American Psychiatric Association, der American Psychological Association und der National Association of Social Workers.(4) Es stellte sich heraus, daß zwei Drittel der klinischen Psychologen und 90 Prozent der Psychiater Männer waren; dagegen waren zwei Drittel der angeschriebenen Sozialarbeiter (der rangniedrigsten und am schlechtesten bezahlten aller drei Berufsgruppen) Frauen. Psychiater und

(3) Freilich gibt es in den USA mehr Kliniker beiderlei Geschlechts, als aus den Mitgliederverzeichnissen der American Psychiatric Association und der American Psychological Association hervorgeht. Während der letzten zehn Jahre ist die Zahl der Kliniker niedrigeren «Ranges» immens angestiegen; dazu zählen examinierte oder nicht-examinierte Sozialarbeiter, Laienanalytiker, Verhaltenstherapeuten, traditionelle, antitraditionelle und/oder Gruppentherapeuten, Ehe- und Familienberater, Schul- und Berufsberater und «ausgebildete» wie «unausgebildete» Kräfte, die in kommunalen psychiatrischen und Drogenhilfsprogrammen mitarbeiten. Sie alle sind den Psychiatern und Psychologen untergeordnet und nehmen deren Anweisungen entgegen. Das prozentuale Verhältnis von Männern und Frauen dürfte in manchen dieser Berufsgruppen ausgeglichener sein – aber es nützt trotzdem wenig.

(4) Vollständige Antworten gingen von 140 Psychiatern, 149 psychiatrischen Sozialarbeitern und 88 klinischen Psychologen ein.

Psychologen glichen sich altersmäßig (Durchschnittsalter 44) und waren verheiratet. (2 Prozent der Psychiater und 10 Prozent der Psychologen waren geschieden.) Psychiater wie Psychologen entstammten einem Milieu, das nach Schofield durch einen Druck zum sozialen Aufstieg gekennzeichnet ist. Von den Psychiatern und Psychologen, die danach gefragt wurden, welches ihr «idealer» Patient sei, «bevorzugte» die Mehrheit die junge, attraktive Patientin – mit nicht mehr als einem «Bachelor of Arts». Wahrscheinlich ist diese Vorliebe ganz erklärlich. Ein männlicher Therapeut(5) kann von einer weiblichen Patientin eine echte psychologische «Dienstleistung» erwarten: nämlich das Erlebnis, ein weibliches Wesen zu beherrschen und sich ihm überlegen zu fühlen, auf das er viele seiner verbotenen Wünsche nach Abhängigkeit, Emotionalität und Subjektivität projiziert hat, der er aber gleichzeitig als ausgebildeter Experte, als Arzt, geschützter gegenübertritt als etwa seiner Mutter, Ehefrau oder Freundin. Es gibt aber noch andere Gründe für diese Vorliebe, auf die ich später noch zu sprechen kommen werde.

Die Situation ist also die, daß in den Vereinigten Staaten vorwiegend weibliche psychiatrische Patienten (siehe Kapitel 2 und 4) von vorwiegend männlichen Psychiatern und Psychologen diagnostiziert, analysiert, untersucht und hospitalisiert werden. Trotz individueller Unterschiede unter den Klinikern wurden die meisten von ihnen beruflich wie kulturell von den heutigen und den traditionellen patriarchalischen Ideologien geprägt – Ideologien, die sie im Rahmen einer patriarchalischen *Institution*, wie der Privattherapie oder der Nervenheilanstalt, irgendwie in die Praxis umsetzen.

Bevor ich mich mit mehreren der traditionellen psychologischen oder psychoanalytischen Theorien über Frauen und Geschlechtsrollen und den praktischen Auswirkungen auseinandersetze, möchte ich über einige Studien berichten, in denen die Einstellung und Praxis zeitgenössischer Kliniker untersucht wird – ohne Rücksicht darauf, mit welcher Art von traditioneller Ideologie diese großgeworden sein mögen.

(5) Dessen «Männlichkeit» durch die Wahl eines «sozialen», «helfenden» Berufes ohnedies schon etwas komprimittiert ist.

Die heutige klinische Ideologie

Die meisten heute praktizierenden Psychiater und Psychologen halten ebenso wie die meisten Laien, ohne darüber weiter nachzudenken, das, was Männern zustößt, irgendwie für wichtiger als das, was Frauen zustößt. Eine psychiatrische Erkrankung oder «Beeinträchtigung» des Mannes wird als folgenschwerer angesehen als die der Frau. Das Gespenst der Ersetzbarkeit und des «Außenseitertums» der Frau spricht aus fast jeder Seite der einschlägigen Fachzeitschriften – selbst bei Artikeln, die sich mit Erkrankungen der Frau befassen. Von Frauen erwartet man weniger (männliche) «Vorzüge»: Es ist daher keine Katastrophe, ja nicht einmal überraschend, wenn sie keine an den Tag legen – obwohl ihr Fehlen gesellschaftlich als Disqualifikation gewertet und psychiatrisch als Neurose oder Psychose diagnostiziert wird.

Frauen sind als Versuchsobjekte von vielen Experimenten ausgeschlossen worden, insbesondere wenn es um Lern- oder Leistungsmotivation ging: Die Testergebnisse von Frauen sind offenbar zu unterschiedlich oder zu geringfügig, um sich für eindrucksvolle Veröffentlichungen zu eignen.[11] Frauen – selbst Studentinnen – werden als «Fehler» oder «Störfaktor» gesehen, die es zu eliminieren gilt. Schlimmerweise werden aus den Ergebnissen gerade solcher Versuchsreihen die Standards für normales Lernen oder «Leistung» abgeleitet – Standards, denen Frauen per definitionem nicht genügen können.

Die klinische Forschungsliteratur dokumentiert und fördert bewußt bestimmte Vorurteile, die von den meisten praktizierenden Klinikern geteilt werden. Ich möchte mich mit fünf der wichtigsten Vorurteile auseinandersetzen, die mir selbst im Verlauf meiner Ausbildung als Psychologin direkt oder indirekt beigebracht wurden.

1. *Jeder ist «krank»*

Man kann sagen, daß die meisten theoretischen Kliniker darin geschult werden, überall «Pathologisches» zu entdecken: an Frauen, Kindern, Männern, Nationen, ganzen historischen Epochen.(6)

(6) Das ist gefährlich, denn durch diese Betrachtungsweise verbannen wir Begriffe wie «gut» und «böse» aus dem Bereich menschlicher Verantwortlichkeit.

Dieses Vorurteil anzugreifen ist leichter, als es zu vermeiden, und ich will daher nicht allzu ausführlich darauf eingehen. Dr. Maurice K. Temerlin berichtete 1968[12] von einem Experiment in Oklahoma, das zeigte, wie stark Psychiater und Psychologen dazu neigen, «Pathologisches» zu diagnostizieren, wo immer sie hinsehen – weitaus mehr als Laien; es zeigte aber auch die Rolle, die das Prestige einer Autoritätsperson dabei spielt, welche Diagnose überhaupt bei der Besprechung des Falls in der Klinik gestellt wird. Temerlin forderte eine Gruppe von Psychiatern, klinischen Psychologen und graduierten Studenten in Klinischer Psychologie auf, ein auf Band aufgezeichnetes Fernsehinterview anzusehen und danach den Interviewten als «psychotisch», «neurotisch» oder «gesund» einzuordnen. (Der Interviewte war ein Schauspieler, der einen vorbereiteten Text sprach, der mit dem übereinstimmte, was man allgemein als «normal» und «gesund» bezeichnet.) Bevor die Versuchspersonen das Interview sahen, wurde jede der drei Gruppen von jemandem, der in ihrem Fach großes Ansehen genießt, davon unterrichtet, daß der Mann «sehr interessant [sei], weil er neurotisch wirke, obwohl er in Wirklichkeit psychotisch» [sei]. 60 Prozent der Psychiater, 28 Prozent der klinischen Psychologen und 11 Prozent der graduierten Studenten diagnostizierten daraufhin eine «Psychose». Kontroll- (oder Vergleichs-)Gruppen der gleichen Zusammensetzung, die vorher kein Urteil eines Kollegen mit hohem Prestige gehört hatten, diagnostizierten keine Psychose. Sehr aufschlußreich ist vielleicht auch, daß eine Kontrollgruppe aus Laien, die nach Zufall aus einer Geschworenenliste ausgewählt wurde und die Aufzeichnung in einem Gerichtsgebäude ansah, den Mann einstimmig als «gesund» bezeichnete. (Man hatte ihnen gesagt, daß das Gericht mit neuen Formen von Entmündigungsverfahren experimentiere.) Temerlin interpretiert diese Ergebnisse dahingehend, daß die medizinische Ausbildung – vor allem in Zweifelsfällen – zur Diagnose von «Krankheit» prädisponiere und eine starke Tendenz zu diagnostischer Konformität bestehe, die von Prestigepersonen erzwungen und honoriert werde. Nachdem einer der teilnehmenden Psychiater über das Experiment aufgeklärt worden war, verteidigte er seine Diagnose immer noch mit dem Argument: «Natürlich wirkte er gesund, aber was soll's, ein bißchen neurotisch sind doch die meisten Leute, und wer kann sich schon auf den äußeren Eindruck verlassen?»

2. *Nur Männer können seelisch gesund sein*

Wenngleich viele Kliniker ihre männlichen Patienten für «verrückt» halten, ihre Patient*innen* halten sie für noch «verrückter». Für die seelische Gesundheit und Behandlung von schwarz und weiß, arm und reich und natürlich auch von Frau und Mann gibt es unterschiedliche Maßstäbe. Aus einer neueren Untersuchung von Dr. Inge K. Broverman et al.[13] geht hervor, wie stark die Einstellung der heutigen Kliniker zu ihren Patientinnen immer noch von Freud beeinflußt ist – und wie zäh an einem «Doppelstandard» seelischer Gesundheit festgehalten wird. 79 Kliniker (46 männliche und 33 weibliche Psychiater, Psychologen und Sozialarbeiter) füllten Fragebogen über Geschlechtsrollenstereotypen aus. Der Fragebogen umfaßte 122 gegensätzliche Begriffspaare wie beispielsweise:

sehr subjektiv _ _ _ _ _ _ _ _ _ _ _ _ _ _ _ _ _ _ _ sehr objektiv
überhaupt nicht aggressiv _ _ _ _ _ _ _ _ _ _ _ _ _ sehr aggressiv

Die Versuchspersonen wurden aufgefordert, jene Eigenschaften anzukreuzen, die für sie gesundes männliches, gesundes weibliches oder gesundes menschliches (geschlechtsunspezifisches) Verhalten repräsentierten. Dabei ergab sich folgendes:

1. Unter den Klinikern herrschte ein hoher Grad an Übereinstimmung in den Attributen, die gesunde erwachsene Männer, gesunde erwachsene Frauen und gesunde Erwachsene ohne Geschlechtsspezifizierung kennzeichnen.

2. Es gab keine Unterschiede zwischen männlichen und weiblichen Versuchspersonen.

3. Alle Kliniker gingen von verschiedenen Gesundheitsbegriffen für Männer und Frauen aus. Ihre Vorstellungen vom gesunden erwachsenen Mann wichen nicht signifikant von ihren Vorstellungen vom gesunden Erwachsenen im allgemeinen ab, aber ihre Vorstellungen von der gesunden Frau unterschieden sich signifikant von den beiden übrigen Kategorien. Sie vertraten überwiegend die Ansicht, gesunde Frauen neigten im Gegensatz zu gesunden Männern

Unterordnung, seien weniger unabhängig, weniger abenteuerlustig, leichter zu beeinflussen, weniger aggressiv, weniger dem Konkurrenzkampf zugeneigt, leichter erregbar bei kleineren Krisen, leichter gekränkt, emotionaler, eitler in bezug auf ihr Aussehen, weniger objektiv und weniger an Mathematik und Naturwissenschaft interessiert.

Schließlich zeigte sich eine starke Korrelation zwischen Eigenschaften, die bei Erwachsenen ohne Geschlechtsspezifizierung und Männern als gesund empfunden wurden, und Qualitäten, die von Laien in früheren Untersuchungen als «gesellschaftlich erwünscht» bezeichnet worden waren.

Daraus folgt, daß sich eine Frau, um als gesund zu gelten, an die Verhaltensnormen für ihr Geschlecht «anpassen» und diese akzeptieren muß, obwohl diese Verhaltensweisen im allgemeinen als weniger gesellschaftlich erwünscht angesehen werden. Wie die Verfasser selbst bemerken, sei «diese Konstellation . . . eine äußerst ungewöhnliche Art, einen gesunden, erwachsenen Menschen zu definieren». Das Ethos seelischer Gesundheit ist in unserer Gesellschaft ausschließlich auf den Mann bezogen. An dieser geschlechtsspezifischen Definition seelischer Gesundheit, die noch verschärft wird durch die Gleichsetzung männlicher und *menschlicher* Gesundheit, wird sowohl von der Gesellschaft wie von den Klinikern festgehalten. Obwohl die unterentwickelte «Ich-Stärke», die grenzenlose «Abhängigkeit» und Ängstlichkeit der meisten Frauen von der Gesellschaft und ihren Agenten, den Klinikern, bemitleidet, wenig geschätzt und «diagnostiziert» werden, ist jedes andere Verhalten von Frauen inakzeptabel! Die beunruhigende «Unterwürfigkeit», «Schüchternheit» und «Belanglosigkeit» der Mädchen wird nie als Problem empfunden: Man sieht darin einen Beweis, daß sie schneller «erwachsen werden» (was bei ihnen ewige Kindheit bedeutet) als Jungen.(7) Junge Mädchen und Frauen gehen hohe Risiken ein,

(7) «Aggressives» Verhalten von Jungen wird nur deshalb zum Problem, weil das Patriarchat die männliche Jugend so lange im Wartezustand halten möchte, bis sie älter, intelligenter und reicher geworden ist, bevor man ihr ihre «Männlichkeit» zu praktizieren erlaubt. Die weibliche Jugend ebenso wie die weiblichen Erwachsenen werden mehr als die männliche Jugend und die männlichen Erwachsenen bei «aggressivem» als bei «sexuellem» Fehlverhalten getadelt.

wenn sie an «männlichen» Verhaltensweisen festhalten.(8) Sie werden dafür von ihren Eltern und Ehemännern geächtet und in psychiatrische Behandlung gebracht – und von Psychiatern in Heilanstalten interniert, bis sie zur «Weiblichkeit» bekehrt sind. Schlechter ausgebildete[14] und «attraktivere» Frauen werden wahrscheinlich rascher und leichter aus Landeskrankenhäusern und aus privater Behandlung entlassen; sie dürften in den Anstalten auch häufiger sexuellen Anträgen ausgesetzt sein (Segen oder Fluch, wie man's nimmt). «Weibliche» häusliche Aufgaben sind jedenfalls – im Gegensatz zur «Männerarbeit» – die bevorzugte Sklavenarbeit für Frauen in Landesnervenheilanstalten.

In einer 1971 veröffentlichten Untersuchung von Dr. Nathan Rickel[15] mit dem Titel *The Angry Woman Syndrome* heißt es, Ehemänner, die sich das «zornige» und maskuline Verhalten von Ehefrauen in mittlerem Alter «gefallen ließen», litten an einem «Hiobskomplex». Der Verfasser bemerkt dazu, zwar sei häufig das Gegenteil zu beobachten, nämlich Situationen, in denen «Männer die zornigen Protagonisten und Frauen die passiven Dulderinnen sind . . . [aber] unsere Gesellschaft ist so eingestellt, daß sie dies eher als bloßen Extremfall der erwarteten Rollenverteilung akzeptiert». Rickels «zornige» Frauen sind alle beruflich überaus erfolgreich und nur deshalb «neurotisch», weil sie «männliche» Verhaltensmuster an den Tag legen, wie

> Unfähigkeit, Kritik oder Konkurrenz zu ertragen; unbeherrschte Wutausbrüche; Gebrauch ordinärer Ausdrücke; Possessivität oder Eifersucht; Alkohol- oder Drogenkonsum; Umgang mit Partnern, die solches Verhalten tolerieren.(9)

Wenn solches «männliche» Verhalten «neurotisch» oder «selbstzerstörerisch» ist, dann sollte dies für beide Geschlechter gelten. (Aber freilich, wenn Frauen genau dasselbe tun wie Männer, so hat es stets eine völlig andere Bedeutung und zieht andere Konsequenzen nach sich: Selbst in diesem Fall begaben sich die *Frauen* in Behandlung – nicht die Männer, trotz ihres «weiblichen» Leidens.)

(8) Das Gegenteil trifft natürlich auch häufig zu.

(9) Ebenso wie Angrists und McClellands weibliche Schizophrene (s. Kapitel 2) zeigen sie auch viele weibliche Verhaltensweisen wie Selbstmorddrohungen und -versuche und ein «sehr gutes Gedächtnis für kleine Kränkungen».

Wo immer die Grenzen des Geschlechtsrollen-Stereotyps überschritten werden, verwenden Kliniker den «Doppelstandard» seelischer Gesundheit. In einem 1963 erschienenen Bericht wird beispielsweise beschrieben, wie der Psychiater Dr. Herbert Modlin einer Gruppe «paranoider» Frauen ihre «weibliche» Gesundheit wiedergab[16]: Er half ihnen, ihre Beziehungen zu ihren Ehemännern wiederherzustellen. Die therapeutische Methode des Verfassers ist ebenso fragwürdig wie sein Behandlungsziel. Er vertritt nämlich die Auffassung, seine «paranoiden»(10) Patientinnen bedürften einer «starken» männlichen Hand, sowohl in ihrer Ehe als auch im Krankenhaus, und bemerkt dazu, daß viele der Ehemänner dieser Frauen zu «passiv und nachgiebig» seien. Deshalb «zeigte er den Männern, wie sehr ihre Frauen sie brauchten, und [half ihnen], um ihretwillen eine stärkere Position einzunehmen». Die Psychiater im Krankenhaus wurden instruiert, den Frauen gegenüber energisch und autoritär aufzutreten, ihnen zu mißtrauen und sich zu hüten vor ihrer «Neigung, die Umgebung auf Grund ihrer verzerrten Wahrnehmungen zu interpretieren, darauf zu reagieren und sie zu manipulieren».(11) In Wirklichkeit waren ihre Wahrnehmungen natürlich keinesfalls «verzerrt»: Die Frauen reagierten nur in verständlicher Panik auf die Realität. Beispielsweise bemerkt Modlin, der «auslösende Faktor» aller Fälle von «Paranoia» sei «eine Veränderung des Verhältnisses zwischen den Eheleuten» gewesen, die zur Verminderung oder zum Abbruch der sexuellen Beziehungen führte. Viele der Männer gingen so in ihrer Arbeit auf, daß diese «wichtiger» für sie wurde als ihre Ehe, und sie blieben nicht nur gern und häufig von zu Hause fort, sondern waren auch sexuell desinteressiert, wenn sie da waren. Diese Frauen litten nicht nur unter sexuellen Entbehrungen, sie hatten auch fast nichts zu tun. Mit Hilfe ihrer «Paranoia» erfüllten und vermieden sie gleichzeitig die Konsequenzen, die sie fürch-

(10) Ich bezweifle, ob er weiße Männer der Mittelschicht so behandelt hätte. Sicher behandeln viele Psychiater in städtischen Armen-Spitälern Drogensüchtige und Schwarze, Latinos und/oder weibliche Patienten ähnlich: Ihre berufliche Kompetenz und ihr *Machismo*, ihr Männlichkeitswahn, wird an ihrer Verachtung und ihrer Distanz gegenüber ihren «raffinierten», «ausgekochten» Patienten gemessen.

(11) In einer anderen Studie aus dem Jahre 1963 von Dr. Franklin Klaf publiziert, berichtete die Mehrzahl paranoider Patientinnen, *Männer* «verfolgten» sie.

teten und herannahen sahen: psychische und tatsächliche Arbeitslosigkeit.

Dr. Modlin mag seinen Patientinnen zwar zugehört haben, in Wirklichkeit aber hörte er gar nicht das, was sie sagten. Er gleitet einfach über die Bedeutung solcher «Wahnvorstellungen» wie «Gespräche mit dem Teufel» hinweg, von denen ihm eine seiner «paranoiden», sexuell ausgehungerten und wahrscheinlich monogamen Patientinnen erzählte. Der «Teufel» suche sie zu überreden, eine «Prostituierte» zu werden – das heißt das einzige Beispiel einer sexuell aktiven Frau in unserer Gesellschaft ist das der Prostituierten, und sie, die Patientin, wünschte sich, sexuell aktiv zu sein. Anklagen wegen «Treulosigkeit» werden ebenso als «Wahn» abgetan wie die Anklage einer Patientin von Dr. Modlin, 21 «vorangegangene Elektroschocks» hätten ihr «Gehirn zerstört». Auch Rickel unterschätzt die Bedeutung (wenn er sie auch nicht übersieht), daß sich eine seiner Patientinnen – wie Freuds Dora – während der Behandlung wie eine «Gefangene» fühlte. Er schreibt:

... sie sprach dauernd von ihrer nicht unbegründeten Angst, ihre Mutter und ihr älterer Bruder wollten sie in eine Anstalt sperren lassen. Tatsächlich rief mich der Bruder mit einem solchen Ansinnen an.

Eine andere Psychologin[17] vertuscht in ihrer Studie über die Psychologie der Frau die Hellsichtigkeit jener Studentinnen, die ihre «Frigidität» mit ihren – wie die Autorin es nennt – «unbewußten Ängsten vor Prostitution» erklärten. Solche Ängste sind keinesfalls unbewußt – oder abwegig. In zweitausendjähriger Geschichte hat die «Brüderlichkeit» der Männer untereinander bewiesen – und in den Fachzeitschriften der Psychiatrie und Psychologie finden wir es bestätigt –, mit welcher Ausschließlichkeit die Männer dazu erzogen werden, Liebe und Sex voneinander zu trennen und das erstere zu fürchten, das letztere zu verachten – bei Frauen.

Traditionelle Konzepte des Patriarchats tauchen wie böse Träume in verschiedenen neueren Darstellungen der weiblichen Psyche und Sexualität wieder auf.(12) Zum Beispiel hat Dr. Judith Bardwick das

(12) Ich denke beispielsweise an die Schlußfolgerung von Mary Jane Sherfey am Ende ihrer langen und im übrigen ausgezeichneten Monographie über weibliche Sexualität – die «Zivilisation» im besten Sinne werde durch die sexuelle Befreiung der Frau untergraben.[18]

erste wissenschaftliche Werk über die Psychologie der Frau, seit Beginn der zweiten Frauenbewegung in Amerika, geschrieben.[19] Sie gibt darin einen ausgewogenen, durchdachten und umfassenden Überblick über verschiedene Untersuchungen, der von trügerischen Versicherungen der Objektivität und politischen Neutralität begleitet wird. Obwohl sie sich klar darüber ist, daß amerikanische Frauen weder ihr «Selbst» entwickeln noch «Unabhängigkeit» erlangen, ist sie immer noch die ehrerbietige Tochter in der besten Helene Deutsch-Esther Harding-Tradition. Auch sie akzeptiert anscheinend einen Doppelstandard seelischer Gesundheit, indem sie «weibliche Tugenden» bei Frauen, aber nicht bei Männern lobt. Wenngleich sie Freuds Ansichten über Frauen kritisiert, findet sie mit ihm Trost in dem Vorurteil «Anatomie ist Schicksal». Wie Horney trumpft sie auf: «Meine Vagina ist größer als dein Penis.» Viele ihrer «wissenschaftlichen» Erkenntnisse unterscheiden sich kaum von landläufigen Meinungen. Sie proklamiert, daß Mädchen später Sexualität entwickeln als Jungen, daß Mädchen, weil die Klitoris so klein ist, weder masturbieren oder unter sexueller Frustration «leiden», noch vor der Pubertät vaginale Empfindungen haben, daß Jungen eine strengere Sozialisation durchmachen als Mädchen, daß Sex für Frauen viel mehr mit Liebe verbunden sei als für Männer, daß die Mutterschaft die größte Erfüllung für die Frau sei, daß der vaginale Orgasmus «psychologisch» und dazu die «Vereinigung mit einem geliebten Mann» nötig sei(13), daß Frauen auf Grund der «indifferenten (oder feindseligen) Beziehungen, die sie zu ihren Müttern und Freundinnen hatten», stärker von Männern abhängig seien als von Frauen.(14) All dies sind hundertmal gehörte und «unbeweisbare» Ansichten, die jedoch auf größere Zustimmung stoßen als gegenteilige, ebenso «unbeweisbare» Meinungen.

(13) Ich bezweifle nicht, daß Frauen über Orgasmen von verschieden starker Intensität berichten und/oder sie auch erleben. Zweifelhaft erscheint mir einmal, ob diese «größere» Erlebnisfähigkeit in der Tat biologisch und nicht eher kulturell und ökonomisch bedingt ist; und zweitens, ob es für Männer nur eine Art von Orgasmus gibt oder geben sollte.

(14) Sie interpretiert dies keinesfalls nach Art der Feministinnen.

3. *Mutterschaft und Mütterlichkeit sind ausschließlich weibliche Eigenschaften*

Kliniker und Theoretiker sind übereinstimmend der Auffassung, daß Frauen Mütter sein müssen und Kinder die intensive und ausschließliche Zuwendung der Mutter gebrauchen, um seelisch «gesund» zu bleiben. So felsenfest, wie man dieser Überzeugung ist, ist man nur noch einer anderen, daß nämlich Mütter im allgemeinen «unglücklich» und untüchtig sind und schuld an den Neurosen, Psychosen und der Kriminalität ihrer Kinder haben. Die Lehrbücher über die Entwicklung des Kindes sind voll von diesen Ansichten, ebenso wie die Forschungsliteratur über die «schizophrenogene» Mutter, die Mutter, die «promiskuitive» Töchter, «homosexuelle» Söhne und «kriminelle» oder «neurotische» Kinder hervorbringt.

Joseph Rheingold berichtet in seinem Buch *The Mother, Anxiety and Death*[20] mit Entsetzen über «die Zahl der Frauen, die beinahe gleichgültig den Wunsch gestehen, ein Kind, irgendein Kind, zu mißhandeln, zu vergewaltigen, zu verstümmeln oder zu töten. Ich habe nie einen Mann mit einer solch kaltblütigen Feindseligkeit gegen Kinder getroffen.»

4. *Lesbische Liebe und Homosexualität sind Krankheiten*

Die meisten Kliniker betrachten männliche und weibliche Homosexualität als «pathologisch» oder bestenfalls als «zweitklassig». Heterosexualität, nicht Bisexualität, ist die Norm. Wenige Kliniker unterscheiden zwischen (männlichen) Homosexuellen und (weiblichen) Lesbierinnen.

5. *Bestimmte Schwangerschaften sind illegitim; bestimmte Frauen sind promiskuitiv*

Kliniker und Theoretiker akzeptieren patriarchalische Ansichten über «illegitime» Schwangerschaften, weibliche «Promiskuität», weibliche «Verführungskünste», und paradoxerweise über weibliche «Geschlechtslosigkeit».[21] Und sie handeln auch uneingeschränkt nach diesen Ansichten: Indem sie Frauen von deren Wahrheitsgehalt überzeugen, oder indem sie Frauen, besonders Halbwüchsige und Ehefrauen, wegen «Promiskuität» psychiatrisch internieren.(15) Mädchen, die von ihren Vätern vergewaltigt wurden, benehmen sich «aufreizend» – oder die Mütter sind schuld, weil sie die Vergewaltigung bzw. Blutschande nicht verhindert oder sie gar insgeheim «gewollt» haben.[22] Wie dem auch sei, der Tenor lautet, es sei «ohnehin kein großer Schaden angerichtet worden». Auch die wenigen Fälle von Verführung durch die Mutter werden alle für die spätere «Schizophrenie» des Sohnes verantwortlich gemacht.[23] Professionelle Prostitution wird klinisch als weibliche «Rache» und «Aggression» begriffen – keinesfalls als Opferung.[24]

Diese fünf zentralen klinischen Ansichten oder Vorurteile können – müssen nicht – in den Werken der traditionellen Theoretiker und/oder in der Ausbildung der Psychologen angetroffen werden. Jedenfalls kehren diese und ähnliche Vorurteile in der Thematik der traditionellen klinischen Literatur immer wieder.

Die traditionelle klinische Ideologie

Obwohl Ethos und System seelischer Gesundheit sich in unserer Gesellschaft allein auf den Mann beziehen, haben die meisten psychoanalytischen Theoretiker vorwiegend über Frauen geschrieben. Ob dies einfach auf die größere Zahl und Kooperationsbereitschaft der Patientinnen sowie auf das Verlangen des Mannes, sie zu «retten» und zu formen, zurückzuführen ist, bleibt unklar. Ich meine, daß das, was männliche Psychiater in den letzten hundert Jahren gereizt und angestachelt hat, über das Ewig-Weibliche, das dem «Wahnsinn» verfallen ist, zu schreiben, tiefer liegt. Ich glaube, es

(15) Ein praktizierender Psychiater berichtete mir 1971 von einer Amerikanerin mittleren Alters, die vor 20 Jahren von ihrem Mann und ihrem Psychiater in eine Anstalt eingewiesen wurde, weil sie sich einen Liebhaber genommen hatte; sie starb dort nach 10 Jahren. Eine Anwältin erzählte mir folgende Geschichte: Eine Frau in den Dreißigern wurde von ihrem Mann in eine private Heilanstalt gebracht. 1969 nahm sie dort eine sexuell-emotionale Beziehung zu einem jüngeren Mann auf. Beide schienen viel glücklicher. Die Anstaltsleitung trennte sie gewaltsam; beide erlitten «Rückfälle» und sind, soviel die Anwältin weiß, immer noch hospitalisiert.

war einfacher wie auch «therapeutischer» für sie, darüber zu schreiben. An Frauen konnten sie Wahnsinn ohne Angst studieren. Sie brauchen nicht zu fürchten, in Steine oder Schweine verwandelt zu werden. (Valerie Solanas ist keine Medusa, Zelda Fitzgerald keine Circe.)(16) Außerdem sind «wahnsinnige» Frauen, obwohl oft feindselig und unberechenbar, immer noch Frauen und physisch nicht so gefährlich wie ihre männlichen Pendants.(17) Was noch ausschlaggebender ist: Männer der Wissenschaft (und Kunst) brauchen sich nicht intensiv mit ihren weiblichen Objekten zu identifizieren – es sei denn für kurze Augenblicke oder im Zustand der Verliebtheit und somit risikolos. Ihre eigene Gesundheit bleibt sicher zwischen ihren Beinen verankert.

Das Thema Frau hat in der bisherigen psychoanalytischen Literatur die sentimentalsten, doch im Brustton der Unfehlbarkeit vorgebrachten Äußerungen hervorgerufen, die stets einen Doppelstandard seelischer Gesundheit oder Normalität implizieren, akzeptieren oder fordern.

Sigmund Freud:
Das Mädchen verweigert es, die Tatsache ihrer Kastration anzunehmen, versteift sich in der Überzeugung, daß sie doch einen Penis besitzt, und ist gezwungen, sich in der Folge so zu benehmen, als ob sie ein Mann wäre ... Man zögert es auszusprechen, kann sich aber doch der Idee nicht erwehren, daß das Niveau des sittlich Normalen für das Weib ein anderes wird. Das Über-Ich wird niemals so unerbittlich, so unpersönlich, so unabhängig von seinen affektiven Ursprüngen, wie wir es vom Manne fordern ... Durch den Widerspruch der Feministen, die uns eine völlige Gleichstellung und Gleichschätzung der Geschlechter aufdrängen wollen, wird man sich in solchen Urteilen nicht beirren lassen ...[25]
Wir sagen auch von den Frauen aus, daß ihre sozialen Interessen schwächer und ihre Fähigkeit zur Triebsublimierung geringer sind als die der Männer ..., daß die schwierige Entwicklung zur Weiblichkeit die Möglichkeiten der Person erschöpft.[26]

Erik Erikson:
Für denjenigen, der die Phasen menschlicher Entwicklung untersucht, wie für denjenigen, der eine Psychoanalyse durchführt, trägt eine Lebensphase entscheidend zum Verständnis der Frau bei – der Schritt von der Jugend zur Reife, das

(16) Ich will damit sagen, daß geisteskranke Frauen keine Macht haben. Keinesfalls will ich damit sagen, daß Medusa oder Circe wahnsinnig waren. Im Gegenteil, gerade weil solche Frauen mächtig waren, wurden sie zu verhaßten und gefürchteten Schimären.

(17) Manche allerdings schon – sie sind auch entsprechend gefürchtet.

Stadium, in dem das junge Mädchen aus der Obhut der elterlichen Familie und der Ausbildungsstätten heraustritt, um sich der Liebe eines Fremden zu überlassen und sich der Pflege seines oder ihres Nachwuchses zu widmen . . . Junge Frauen fragen oft, ob sie «eine Identität haben» können, bevor sie wissen, wen sie heiraten und für wen sie ein Heim schaffen werden. Obwohl es stimmt, daß sich ein Teil ihres Wesens für die Besonderheiten des Mannes, dem sie angehören, und der Kinder, die sie erziehen wird, offenhalten muß, glaube ich doch, daß ihre Identität vorwiegend bereits durch die Art ihrer Attraktivität und die Selektivität ihrer Suche nach dem Mann (oder den Männern), von denen sie begehrt werden will, bestimmt ist.[27]

Bruno Bettelheim:
. . . so sehr Frauen gute Wissenschaftler und Ingenieure sein wollen, so wünschen sie doch zuerst und vor allem, frauliche Gefährtinnen von Männern und Mütter zu sein.[28]

Joseph Rheingold:
. . . Die Frau ist der Nahrungsquell . . . Die Anatomie bestimmt ihr Leben . . . Wenn Frauen ohne Furcht vor ihren biologischen Funktionen und ohne Verunsicherung durch feministische Doktrinen aufwachsen und daher in die Mutterschaft mit dem Gefühl der Erfüllung und Selbstlosigkeit eintreten, dann werden wir das Ziel eines guten Lebens und einer sicheren Welt, in der wir leben können, erreicht haben.(18)[29]

Carl G. Jung:
Aber niemand kommt um die Tatsache herum, daß die Frauen einen männlichen Beruf ergreifen, in männlicher Weise studieren und arbeiten und damit etwas tun, was ihrer weiblichen Natur zum mindesten nicht ganz liegt, wenn nicht geradezu schädlich ist . . . Ihre Psychologie gründet sich auf das Prinzip des Eros, des großen Binders und Lösers, während dem Manne seit alters der Logos als oberstes Prinzip zugedacht ist.

Esther Harding:
Ein *persönliches* Motiv allerdings wird die Frau zu nahezu unbegrenzter Leistung selbst in der eintönigsten Arbeit befähigen, ohne daß sie Gefahr läuft, ihre Seele zu verlieren. Sie kann zum Beispiel eine Unzahl von Nadelstichen fertigbringen, wenn die Stickerei für einen bestimmten Platz in ihrem Haus bestimmt ist; oder sie kann unentwegt Pullover und Strümpfe für Mann und Söhne stricken . . . [Das wahre Ziel der Frau] muß es sein, die Möglichkeit einer psychischen oder psychologischen Beziehung zum Manne zu schaffen . . . Es ist ein bedeutsamer Wendepunkt in der Beziehung [einer erfolgreichen Frau] zu einem Mann, wenn

(18) Die Anatomie ist ebenso wie die Beulenpest Geschichte, nicht Schicksal. Natürlich gibt es bio-anatomische Unterschiede zwischen den Geschlechtern. Die Frage ist jetzt, ob diese Unterschiede – oder die kulturellen Schlüsse, die daraus gezogen werden – notwendig oder wünschenswert sind.

sie merkt, daß sie ihm nicht mehr unbefangen in die Augen schauen kann, denn das bedeutet, daß sich ihre wahren Gefühle, die sie ihm nicht offen zeigen kann, zu regen begonnen haben ... Einer der Gründe, weswegen die ältere Frau zu einem jüngeren Manne hinneigt, liegt auch in der Unentwickeltheit ihres eigenen Fühlens. Sie hat bisher alle Aufmerksamkeit und Tatkraft zur Entfaltung ihrer individuellen und beruflichen Begabungen verwendet und nur wenig zur Förderung ihrer weiblichen Seite getan ... Solange ihr eigenes Gefühlsleben noch nicht entwickelt ist, wird sie immer wieder die Erfüllung darin suchen, daß sie sich einen anderen Menschen hörig macht, dabei wird ihre innere Kindlichkeit auf ihn projiziert und von ihm reflektiert.[31]

All dies sind vertraute, verordnete und daher überaus verführerische Ansichten über Frauen. Ihre Bestätigung durch Experten hat indirekt diese Ansichten unter Männern verstärkt und die Frauen noch unmittelbarer tyrannisiert: Ereignisse wie Geburt und Heirat, in früheren Jahrhunderten unvermeidlich, gewohnt und ohne jede Romantik, werden jetzt von Fachleuten als spirituelle Luxusgüter angeboten, nach denen die Frauen zu *streben* haben. Die unfrei gewählten Notwendigkeiten der Vergangenheit (die sich kaum von Armut, Krankheit oder frühem Tod unterschieden) wurden von den bedeutendsten psychoanalytischen Theoretikern zu Heilsmythen für die Frauen des 20. Jahrhunderts aufgebaut. Die amerikanischen Frauen der Mittelschicht wurden von der Institution der Psychotherapie ebenso «verführt und preisgegeben» wie von der Tyrannei der veröffentlichten «Experten»-Meinung, die ständig auf die Bedeutung (und erdrückende Verantwortung) der Mutter für die gesunde Entwicklung des Kindes hinwies. Die Forschung über die Entwicklung des Kindes wie die zur Geburtenkontrolle haben sich fast ausschließlich auf Frauen, nicht auf Männer konzentriert: Denn im Kind liegt die «Aufgabe der Frau», für die sie die totale Verantwortung trägt, eine Arbeit, die «nie endet» und für die sie, in unserer lohnorientierten Wirtschaft, keinerlei direkte Bezahlung erhält. Sie tut sie aus Liebe und wird reich belohnt – in den Schriften von Freud und anderen.

Freuds Ansichten und seine von ihm selbst eingestandene Verwirrung über Frauen wurden von Theoretikerinnen wie Helene Deutsch, Freuds Analysandin und Schülerin, und Marie Bonaparte, Marie Robinson und Marynia Farnham oft in romantischer Verehrung nachgebetet, aber auch von männlichen Theoretikern wie Frederick Lundberg, Erik Erikson, Bruno Bettelheim und Joseph Rheingold. Freuds Auffassungen wurden in etwas differenzierterer Weise auch von C. G. Jung und seiner Schülerin Esther Harding geteilt, die die Psychologie des Menschen von einem «spirituelleren» und anthropologischeren Ansatzpunkt aus behandeln als Freud.(19)

Aus Freudscher Sicht haben Frauen in erster Linie die «Funktionen der Brutpflege und Aufzucht» zu erfüllen, sind potentiell warmherzige Geschöpfe, aber häufiger übellaunige Kinder mit Uteri, die ständig um den Verlust der männlichen Organe und der männlichen Identität trauern. Die Kopfschmerzen, die Müdigkeit, die chronischen Depressionen, die Frigidität, die Paranoia und die überwältigenden Minderwertigkeitsgefühle, die Freud so zutreffend an Hand seiner vielen Patientinnen beschrieben hat, wurden niemals auch nur entfernt richtig *interpretiert.* Freud erkannte die weiblichen «Symptome» keinesfalls als indirekte Kommunikationsmittel, charakteristisch für die Sklavenmentalität. Statt dessen sah er diese Symptome als «hysterische» und neurotische Produkte an, als hinterhältige häusliche Tyrannei boshafter, zum Selbstmitleid neigender und schlicht unsympathischer Frauen, deren *Unfähigkeit, als Frauen glücklich zu sein*, auf unverarbeiteten Penisneid, ungelöste Elektra- (oder weibliche Ödipus-)Komplexe oder allgemeine unbelehrbare und mysteriöse weibliche Widerborstigkeit zurückzuführen ist.

Liest man einige von Freuds frühen Fallgeschichten weiblicher «Hysterikerinnen» ein zweites Mal, namentlich den *Fall Dora*, das *Bruchstück einer Hysterie-Analyse*, so ist man weniger von seiner Brillanz oder seinem relativen Mitgefühl für die «Hysterikerinnen» beeindruckt; vielmehr fällt sein Ton auf: kalt, intellektuell, detektivisch, immer kontrolliert, von viktorianischer Prüderie. In Wirklichkeit mag er seine «intelligente» achtzehnjährige Patientin überhaupt nicht leiden. Beispielsweise schreibt er:

(19) Ihr weibliches Ideal ist jedoch im Grunde ein galantes. Frauen sind biologisch und deshalb auch psychologisch anders als Männer – *vive la différence!* Die wirklichen Probleme der Frau resultieren demnach aus ihrem Widerstand gegen ihre so einzigartige und glorreiche Anlage für ein Leben, erfüllt von Liebe, Gefühl und Mutterschaft. Ein solches Leben wird zwar in der modernen Gesellschaft wenig geschätzt, aber gerade das ist eben schade. Frauen, insbesondere gebildete und wohlhabende wie Jungs Schülerinnen, sollten als Individuen imstande sein, diese Abwertung zu überwinden.

Sie identifizierte sich einige Tage lang in kleinen Symptomen und Eigentümlichkeiten mit der Mutter, was ihr Gelegenheit gab, Hervorragendes in Unausstehlichkeit zu leisten . . .[32]

Bei der Mutter diagnostizierte Freud, ohne sie gesehen zu haben, eine «Hausfrauenpsychose».

Dr. Leonard Simon analysiert das Schicksal Doras, die von ihrem Vater auf Grund verschiedener viktorianischer «Symptome» in psychotherapeutische Behandlung gebracht wurde.[33] Er bemerkt, daß Freuds Fallstudie

immer noch als exemplarische Leistung gelten könnte, wenn da nicht ein einzelnes, aber gewichtiges Problem wäre, das mit den Realitäten von Doras Leben zusammenhängt. Denn während seiner ganzen therapeutischen Erkundung von Doras Unbewußtem war Freud bekannt, daß sie der Köder in einem monströsen sexuellen Tauschhandel war, den ihr Vater inszeniert hatte. Dieser Mann, der sich in einem früheren Lebensabschnitt Syphilis zugezogen und anscheinend seine Frau angesteckt hatte . . . unterhielt nun ein Verhältnis mit der Frau von Herrn K. Es gibt eindeutige Beweise, daß der Vater seine Tochter Dora benutze, um Herrn K. zu besänftigen, und daß sich Freud im klaren darüber war . . . Freud schreibt einmal, daß ihr Vater teilweise selbst an ihrer gegenwärtigen Gefährdung schuld war, denn er hatte sie im Interesse seiner eigenen Liebesaffäre diesem Fremden in die Hand gegeben. Aber trotz dieser Realität, trotz seines vollen Wissens um die Neigungen ihres Vaters bestand Freud darauf, Doras Schwierigkeiten von einem rein intrapsychischen Standpunkt aus zu untersuchen, die Art und Weise, wie ihr Vater sie mißbrauchte, zu ignorieren, und zu leugnen, daß sie die Situation richtig deutete . . . Freud scheint die Bereitschaft dieser Männer, die Frauen ihrer Umgebung sexuell auszubeuten, voll zu akzeptieren.

Obwohl Freud später zugab (jedoch nicht Dora gegenüber), daß ihre Interpretation ihrer familiären Situation richtig war, hielt er daran fest, daß diese Einsicht sie nicht «glücklich» machen würde. Freuds eigene Erkenntnisse – wonach Dora sich selbst, nicht ihrer Umgebung Vorwürfe machen sollte – würden ihr eher helfen, sich an ihre einzige Alternative im Leben anzupassen oder sie wenigstens zu akzeptieren: die Hausfrauenpsychose. Hätte Dora die Behandlung nicht aufgegeben (was Freud als Racheakt ansieht), hätte ihre «Heilung» vermutlich unter anderem darin bestanden, (durch Verzweiflung und Selbsthypnose) ihren dankbaren Respekt für ihren patriarchalischen Vater wiederherzustellen, ihn viele Jahre lang zu lieben und ihm vielleicht noch zu dienen, oder zu heiraten und diese

Funktionen für einen Ehemann oder Ersatzpatriarchen zu erfüllen.

Freud war nicht der einzige, der Dora nicht mochte. 24 Jahre später, als zweiundvierzigjährige verheiratete Frau, wurde Dora wegen «hysterischer» Symptome an einen anderen Psychiater verwiesen, an Felix Deutsch. Ich zitiere seine Beschreibung:

Die Patientin ließ dann eine Tirade über die Gleichgültigkeit ihres Mannes allen ihren Opfern gegenüber los, und wie unglücklich ihr Eheleben sei ... Dies brachte sie dazu, über ihr eigenes frustriertes Liebesleben und ihre Frigidität zu sprechen ... Voller Erbitterung äußerte sie die Überzeugung, daß ihr Mann ihr untreu gewesen sei ... Unter Tränen verdammte sie die Männer im allgemeinen als egoistisch und fordernd, ohne daß sie etwas dafür gäben ... [Sie erinnerte sich,] daß ihr Vater ihrer Mutter untreu gewesen war, [sprach] von ihrer Kindheit, die wegen der übertriebenen Reinlichkeit ihrer Mutter unglücklich gewesen sei ... von ihrer mangelnden Liebe für sie ... Schließlich erzählte sie voll Stolz von der Karriere ihres *Bruders*, aber sie hatte wenig Hoffnung, daß ihr Sohn es ihm gleichtun würde ... Mehr als 30 Jahre sind seit meinem Besuch an Doras Krankenlager vergangen ... Von einem [Informanten] erfuhr ich weitere Einzelheiten über Doras Schicksal ... Sie klammerte sich an ihren Sohn mit denselben vorwurfsvollen Forderungen, die sie an ihren Mann gestellt hatte. Dieser war an einer Krankheit gestorben – «durch ihr fast paranoides Verhalten gekränkt und gequält, hatte er es seltsamerweise vorgezogen zu sterben, statt sich von ihr scheiden zu lassen». Ohne Zweifel hatte nur ein Mann dieser Art von Dora zu ihrem Gatten erwählt werden können. Zur Zeit ihrer analytischen Behandlung hatte sie ganz offen erklärt: «Die Männer sind alle so widerlich, daß ich lieber nicht heiraten würde. Das ist meine Rache!» Somit hatte ihre Ehe nur dazu gedient, ihren Abscheu vor Männern zu verbergen ... [Doras] Tod an Dickdarmkrebs, der zu spät diagnostiziert wurde, um noch erfolgreich operiert werden zu können, schien für alle, die ihr nahestanden, ein Segen zu sein. Sie war, wie es mein Informant ausdrückte, «eine der widerlichsten Hysterikerinnen» gewesen, die er je getroffen habe.[34]

Thomas Szasz kommentiert die «hysterischen» Symptome einer anderen Patientin Freuds, von Anna O., die «erkrankte», als sie ihren Vater pflegte.

Also begann Anna O. ihr Hysteriespiel aus einer Position widerwärtiger Unterwürfigkeit heraus: Sie fungierte als unterdrückte, nicht bezahlte Krankenschwester ... In Freuds Epoche zum Beispiel hielten es junge Frauen aus dem Mittelstand für ihre Pflicht, ihre kranken Väter zu betreuen ... Ähnlich finden sich viele heutige Amerikanerinnen von ihren kleinen Kindern versklavt. In unserer Zeit erwartet man von verheirateten Frauen generell, daß sie sich selbst um ihre Kinder kümmern und diese Pflicht nicht an andere abtreten.[35]

Freud meinte dagegen, es habe Anna großen Kummer bereitet, daß man ihr nicht mehr erlaubte, den Patienten weiterzupflegen.

Alle oder zumindest manche von Freuds Ansichten über die Frauen sind von weiblichen Theoretikern ausführlich kommentiert, kritisiert und abgelehnt worden: von Karen Horney, Clara Thompson, Margaret Mead und in jüngerer Zeit von Simone de Beauvoir, Betty Friedan, Kate Millett, Shulamith Firestone, Eva Figes und Germaine Greer. Männliche Theoretiker wie Bronisław Malinowski, Alfred Adler, Harry S. Sullivan, Wilhelm Reich, Ronald D. Laing, David Cooper und Thomas Szasz haben ihn ebenfalls zu widerlegen versucht, aber nicht unbedingt oder in erster Linie wegen seiner Ansichten über die Frauen.

In ihrem 1926 erschienenen Aufsatz *Flucht aus der Weiblichkeit*[36] schreibt Karen Horney:

Unser jetziges analytisches Bild der weiblichen Entwicklung – ob richtig oder falsch – gleicht auf alle Fälle auf ein Haar den Vorstellungen, die sich der Knabe aus seiner typischen Situation heraus vom Mädchen macht.

Diese Vorstellungen des Knaben sind uns gut bekannt. Ich will sie daher nur in wenigen Schlagworten skizzieren und unsere Vorstellungen von der weiblichen Entwicklung vergleichsweise danebensetzen.

Vorstellungen des Knaben:	*Unsere Vorstellungen der weibl. Entwicklung:*
Naive Annahme, daß auch das Mädchen einen Penis besitze	Für beide Geschlechter spielt nur das männliche Genitale eine Rolle.
Beobachtung des Penismangels.	Traurige Entdeckung der Penislosigkeit.
Vorstellung, daß Mädchen sei ein kastrierter, verstümmelter Knabe.	Glaube des Mädchens, sie habe einen Penis besessen und sei kastriert.
Glaubt, daß das Mädchen von einer Strafe betroffen sei, die auch ihm drohe.	Kastration wird als vollzogene Strafe aufgefaßt.
Hält das Mädchen für minderwertig.	Hält sich für minderwertig. Penisneid.
Kann sich nicht vorstellen, wie das Mädchen jemals über diesen Verlust, resp. Neid wegkommen könnte.	Kommt nie über das Gefühl des Mangels und der Minderwertigkeit hinweg und muß ihre Männlichkeitswünsche immer aufs neue wieder überwinden.
Fürchtet ihren Neid.	Möchte sich dauernd am Mann für seinen Mehrbesitz rächen.

Freuds indirekte Entgegnung ist in seiner 1931 publizierten Abhandlung *Über die weibliche Sexualität* enthalten:

Man kann vorhersehen, daß die Feministen unter den Männern, aber auch unsere weiblichen Analytiker mit diesen Ausführungen nicht einverstanden sein werden. Sie dürften kaum die Einwendung zurückhalten, solche Lehren stammen aus dem «Männlichkeitskomplex» des Mannes und sollen dazu dienen, seiner angeborenen Neigung zur Herabsetzung und Unterdrückung des Weibes eine theoretische Rechtfertigung zu schaffen. Allein eine solche psychoanalytische Argumentation mahnt in diesem Falle, wie so häufig, an den berühmten «Stock mit zwei Enden» Dostojewskis. Die Gegner werden es ihrerseits begreiflich finden, daß das Geschlecht der Frauen nicht annehmen will, was der heiß begehrten Gleichstellung mit dem Manne zu widersprechen scheint. Die agonale Verwendung der Analyse führt offenbar nicht zur Entscheidung.[37]

Im folgenden möchte ich nun die Auffassungen von vier Kritikern Freuds erörtern, die als «revolutionäre» Theoretiker oder als grundlegende Erneuerer der klinischen Praxis gelten.(20)

Mich interessiert vor allem, ob diese Theoretiker bei ihrer Definition «menschlicher» Werte von der Frau ausgehen und diese angemessen berücksichtigen. Ich glaube, daß jegliche klinische Theorie oder Praxis, die diesen Gesichtspunkt vernachlässigt, oder gar zurückweist, beide Geschlechter theoretisch einengt und gesellschaftlich unterdrückt. Alle vier Theoretiker sind männliche Psychiater: Wilhelm Reich, Ronald D. Laing, David Cooper und Thomas Szasz.(21)

Alle vier Theoretiker beschäftigen sich mit dem Normalen wie mit dem Abnormen, mit der Gesellschaft wie mit dem Individuum. Jeder ist auf seine Weise «wichtig»: Reich wegen seiner Vision sexueller und politischer Freiheit; Laing wegen seiner Arbeiten über Schizophrenie und wegen seiner Aufforderung, die Waffen der Emotion zu ergreifen; Cooper wegen seines Versuchs, die Dämonen der Familie auszutreiben, und wegen seiner feministischen

(20) Auch die frühen Theoretikerinnen wie Karen Horney und Clara Thompson kritisierten Freud und insbesondere seine Ansichten über die Frauen. Sie gelten jedoch im allgemeinen nicht als «radikale» Theoretiker oder Kliniker – und genaugenommen sind sie es auch nicht, denn sie waren keine politischen oder sozialen Erneuerer, und sie entwickelten auch keinen für beide Geschlechter gültigen Stand psychischer Gesundheit. Vielleicht wäre selbst ich bei einem eingehenderen Studium ihrer Werke – und auch der Werke von Melanie Klein, Anna Freud, Edith Jacobson usw. – vom Ausmaß ihrer «Radikalität» überrascht. Ich bin jedoch mit diesen Schriften noch nicht so vertraut, um sie hier kompetent genug behandeln zu können.

(21) Mit Frantz Fanon setze ich mich in Kapitel 8, *Farbige Frauen*, auseinander.

Sympathien; Szasz wegen seiner Untersuchungen über die Psychologie von Herrschaftsverhältnissen und dank seiner moralischen Sensibilität und seines Gerechtigkeitsgefühls. Ich werde sie nicht an Hand der Summe *aller* ihrer Werke gegeneinander abwägen, aufrechnen oder miteinander vergleichen, sondern werde meine Gedanken über jeden einzelnen nur an Hand *einiger* ihrer Publikationen mitteilen.

Wilhelm Reich

> Seine Eifersucht war mir natürlich bekannt, aber damals bemerkte ich eine moralistische Einstellung an ihm, wie er sie stets bei anderen angegriffen hatte. Die Doppelmoral sexuellen Verhaltens bei seinen Angriffen war offenkundig. Ich durfte zu dieser Zeit seine Treue mir gegenüber nicht anzweifeln, aber ich war ganz sicher, daß er auf sich selbst nicht den gleichen Maßstab anwandte wie auf mich. Ja, ich wußte sogar, daß er eine Affäre gehabt hatte, obwohl er es mir gegenüber nicht zugab.
>
> In Oslo sprach ich lange mit Grethe, der Frau, die damals Reichs Leben teilte. Sie machte ebensolche Qualen durch, wie ich sie in den letzten drei Jahren erlebt hatte. Vorwürfe über Untreue im letzten Monat ihres Zusammenlebens, als sich ihre Beziehung bereits verschlechtert hatte – interessanterweise betrafen sie zum Teil die gleichen Männer, die in seinen Beschuldigungen mir gegenüber eine Rolle gespielt hatten – Versuche, Geständnisse zu erzwingen, häufig übermäßiges Trinken, schreckliche Augenblicke ...
>
> Dr. Havrevold ... versuchte einmal, einen ausgezeichneten Fachmann zu Reich zur Ausbildung zu schicken, aber als Reich hörte, daß er ein Homosexueller war, lehnte er ab, ihn aufzunehmen, mit der Bemerkung: «Ich will mit solchen Schweinereien nichts zu tun haben.»
>
> Ilse O. Reich[38]

In seinen theoretischen Schriften war Wilhelm Reich ein Feminist.[39] Er verurteilte stets die patriarchalische Familie als die primäre Institution der sexuellen und politischen Unterdrückung im allgemeinen und der Versklavung der Frau im besonderen. Er lehnte Prostitution, «Zwangsehen» und entfremdete Arbeit nachdrücklich ab. Er suchte nach einem einzigen (pansexuellen) Maßstab für die seelische Gesundheit bei Frauen und Männern. Und obwohl er wie jeder Kliniker dem individuellen «Durchbruch» seiner Patienten zur sexuell-seelischen Gesundheit großen Wert beimißt, ist er dennoch überzeugt, daß es ohne Abschaffung der Armut und der Unterdrükkung der Frau keine seelische Gesundheit geben kann. Optimale seelische Gesundheit kann es, ebenso wie Freiheit, für den einzelnen nur geben, wenn es sie für alle gibt. Er betonte die Bedeutung «vorbeugender sozialer Maßnahmen» zur Befreiung der Menschen von der «seelischen Pest». Er richtete kostenlose Sexualerziehungszentren ein und hob die Bedeutung der Therapie für die unteren Schichten in einer Zeit hervor, in der seine Kollegen allein für ihr eigenes Ansehen kämpften, um den Mittelstand als Klienten anzulocken. Selten romantisierte er die Psychologie der Unterdrückung:

> Der wohlhabende Bürger trägt sie [die Neurose] mit Würde, oder er lebt sie materiell so oder so aus. Beim Menschen aus dem arbeitenden Volke enthüllt sie sich als die tragische Groteske, die sie wirklich ist.[40]

Er sah jene frühe, traumatische und brutale Einführung armer Frauen in die Sexualität ebenso wie jene lebenslange Nicht-Einführung der Frauen des Mittelstandes.

Reichs Vorstellungen von der Natur und Bedeutung «orgastischer Potenz» (oder «gesunder» Orgasmen) können leicht als «Beweise» dafür mißverstanden werden – und was auch oft genug geschehen ist –, daß «Sex frei macht». Seine sich immer wiederholenden Ausführungen über den Orgasmus und über das, was einen «gesunden» Orgasmus ausmacht, nahmen allmählich die Form einer starren hysterischen religiösen Doktrin an, einer Idée fixe(22), die oft seltsam fremd und schrill in seine Analysen des Faschismus, der Armut, der Familie und des Wahnsinns eindrangen.

Reich definiert «orgastische Potenz» als

> die Fähigkeit zur Hingabe an das Strömen der biologischen Energie ohne jede

(22) Freilich auch nicht mehr als Freuds Ideen über kindliche Sexualität, Verdrängung und Tod, oder Skinners Konzepte vom konditionierten Lernen. Vielleicht sind alle maßgeblichen *Äußerungen* (in einer Welt korrupter Autorität) zu bestimmten Phänomenen wie Sexualität oder Tod besonders bedrohlich für das moderne, vom Mann entworfene Ego. Vielleicht ist es deshalb eine Frage wissenschaftlicher Integrität, uns immer wieder mit diesen Behauptungen auseinanderzusetzen.

Hemmung, die Fähigkeit zur Entladung der hochgestauten sexuellen Erregung durch unwillkürliche lustvolle Körperzuckung.[41]

Reich verstand ganz genau, warum Feministinnen, «Blaustrümpfe», die Mehrheit der Frauen und männliche «Moralisten» die von Männern geprägten Vorstellungen von «freiem Sex» oder sexueller Befreiung ablehnen mußten und noch immer ablehnen. Er schildert (mit etwas übertriebener Naivität), wie er in seiner klinischen Praxis entdeckte, daß die Sexualität vom Durchschnittsmann als niedrige und gemeine Aktivität erlebt wird, in der sich (seine) Macht und Herrschaft äußern müssen. Reich beschreibt die allgemeine Gültigkeit von pornographischen und sadistischen Masturbations- und anderen sexuellen Phantasien seiner männlichen Patienten und von masochistischen und passiven Phantasien seiner Patientinnen. In den Phantasien der Männer spielte der Penis damals wie heute die Rolle eines «Mordinstruments», eines Mittels, ihre Potenz zu «beweisen», einer zwanghaften, donjuanesken «Ejakulation, gefolgt von Ekel». Reich bezeichnete eine solche Sexualität als «pervers» – gleichgültig, wie viele Orgasmen erreicht werden.

Doch diese «Sexualität» ist ein krankes Zerrbild des natürlichen Liebens. Es hat das von allen zutiefst ersehnte echte Liebesglück restlos überwuchert. Das Empfinden für das natürliche Sexualleben ging den Menschen verloren. Man urteilt von einer Fratze her, und da *mit Recht* so.

Daher ist ein Streit um die Sexualitätsfrage derart, daß man für oder wider sie kämpft, sinnlos und ausweglos. Dann können, müssen und sollen die Moralisten recht behalten. Die Fratze kann nicht zugelassen werden. Die Sexualität der Männer, die sich in Bordellen übte und bei Prostituierten den Ekel erwarb, ist der Frau von heute ekelhaft.[42]

Reich behauptet, daß seine Patienten, die bisher ihre «orgastische Potenz konfliktlos» erlangt hatten, unfähig wurden, zu Prostituierten zu gehen.

Frauen, die bis dahin ruhig duldend mit ungeliebten Männern zusammen lebten und den Akt aus «Ehepflicht» über sich ergehen ließen, sahen sich dazu nun außerstande.[43]

Anders als Freud ist Reich nicht der Ansicht, daß wir unsere Sexualität um der Kultur willen «sublimieren»: ganz im Gegenteil. Reich versichert, daß seine Patienten, sobald ihre gesunde Genitalität hergestellt war, sinnvollere Beziehungen in der Arbeit und in der Liebe zu finden suchten. Er behauptet (ohne dafür mehr oder weniger Beweise als Freud liefern zu können), in jedem Patienten eine «anständige Natur» gefunden zu haben – wenn er nur tief genug in ihn eindringen konnte. Das «sexualökonomische Prinzip» habe immer zu einer natürlichen Moral geführt, die der Zwangsmoral überlegen gewesen sei.

Wie alle, die Geisteskranke verstehen wollen und sich für sie «einsetzen», befindet sich Reich in einem Dilemma: einerseits erklärt er, daß die Klarsicht mancher psychiatrischen Patienten sie vom menschlichen Standpunkt wertvoller macht als die Babbitts mit ihren nationalistischen Idealen; andererseits sieht er die Geistesgestörten als Menschen, die oft in grotesker und selbstmörderischer Form und unter großem Leiden das «ausagieren», was in uns allen «falsch» und «unterdrückt» ist. Die Irren sind sowohl Helden wie Opfer, zugleich kühn und verloren.(23) Für Reich ist die Schizophrene deshalb schizophren, weil sie (so wie sie konditioniert ist) von Angst überwältigt wird, sobald lustvolle genitale und körperliche Empfindungen «durchbrechen» – Empfindungen, die sie nicht gelernt hat zu fühlen und die deshalb verwirrend und geheimnisvoll für sie sind. Reich hat völlig recht, wenn er die Bedeutung des Körpers für die Geisteskrankheit hervorhebt. Ich glaube tatsächlich, daß jemand, der seine Gedanken und Gefühle körperlich *ausagiert*, sich selbst für verrückt hält und auch von anderen dafür gehalten wird. Wenn dies jemand *allein* tut, ohne Unterstützung und Konsens einer Gruppe, dann gilt er als «wahnsinnig». Wie ich bereits bemerkte, ist Valerie Solanas «verrückt» (und «kriminell»), weil sie auf etwas reagierte, worüber andere nur in Gedanken spekulieren oder sich schriftlich auslassen: nämlich auf Andy Warhols Misogynie und Asexualität.(24)

Wie Freud konstatierte Reich sexuelle Unterdrückung im Kern jeder Neurose und Psychose. Zweck dieser Repression sei die endgültige und totale Unterwerfung des Individuums unter die Familie,

(23) Verloren nicht zuletzt wegen der Art und Weise, wie sie von den ihnen «Überlegenen» behandelt werden.

(24) Misogynie oder Frauenhaß sind traditionell so weit verbreitet, daß sie kaum noch wahrnehmbar sind; wo sie aber unübersehbar sind, gelten sie als verständlich und akzeptabel.

den Staat und die Arbeit. Sexuelle Repression, beginnend mit der Unterdrückung der kindlichen Sexualität, führe schließlich zur «Fixierung» auf die Familie, das heißt zu dem inneren Zwang, bis ans Lebensende immer wieder familienähnliche Beziehungen zu schaffen.(25) Das Sexualverbot für die Heranwachsenden mache das doppelt unterdrückte Kind «gefügig» und reif für die «Zwangsehe».

Reich sieht sexuelle Energie im ganzen Körper am Werk, nicht nur in den Genitalien. Er unterscheidet sorgfältig zwischen pervertierter und gesunder Sexualität und zwischen Sexualität und Reproduktion. Er untersucht ohne Geringschätzung oder Oberflächlichkeit die Folgen totalen und lebenslangen sexuellen Unerfülltseins bei Frauen. Er setzt sich eingehend mit der Bedeutung des Körpers auseinander und mit unserer Schwierigkeit, Körper und Geist in Einklang zu bringen. Er sieht einen Teil der «instinktiven Hingabe» als wesentlich für Frauen und Männer in einer «gesunden» heterosexuellen Beziehung an.

In einer patriarchalischen Gesellschaft ist es jedoch gefährlich romantisch, zuviel über die «Hingabe» der Frau im heterosexuellen Geschlechtsverkehr zu reden, und zugleich gefährlich, zuviel von der sexuellen Erfüllung der Frau zu sprechen, ohne von der Bedeutung ihrer *Macht* zu sprechen. Sexualität kann wie Drogen zu einem zwanghaften Beruhigungsmittel werden, besonders für solche, die nicht die Macht haben, um ein eigenes Selbstverständnis zu entwikkeln.

In seinem Eifer, eine pansexuelle Psychologie der Normalität zu schaffen (und auf Grund seiner Sympathie für Männer), versäumt Reich, auf die *immensen* Unterschiede hinzuweisen, die quantitativ und qualitativ zwischen männlicher und weiblicher «Unterordnung» und «sexueller Monogamie» bestehen. Es stimmt, daß die Familie Jungen und Mädchen unterdrückt – aber Mädchen wesentlich mehr. Wir dürfen dabei auch nicht vergessen, daß das, was Reich eine «Karikatur» der Sexualität nennt, in Wirklichkeit *männliche* Sexualität ist. Männer sind vermutlich sexuell weniger unbe-

(25) Es ist nie ganz klar, ob Reich ernstlich empfiehlt, das Inzesttabu zu brechen, und wenn ja, in welcher Weise; im Patriarchat werden die Frauen ohnehin schon zu ihrem Nachteil gedrängt, das Inzesttabu zu verletzen. Er äußert sich auch nicht klar über die Arten und Stadien der kindlichen Sexualität und auf welche Weise sie unterdrückt wird.

friedigt als Frauen – und weniger bereit, im Interesse sexueller Erfüllung Dinge zu ändern. (Männer legen wahrscheinlich keinen so großen Wert auf eine von Frauen bestimmte Definition sexuellen Glücks.)

Reich postuliert die Existenz einer primär vaginalen Erotik bei Mädchen, die, wie er meint, aus ihnen «heraussozialisiert» wird. Diese Behauptung sowie die Tatsache, daß er sich über die Bedeutung der Klitoris für die Sexualität der Frau weitgehend ausschweigt, wirkt beunruhigend, aber wenn ein Pionier sexueller Befreiung darüber hinaus *auch* verkündet, jegliche Bi- und Homosexualität seien «ungesund» und wirken «regressiv», so ist dies schon alarmierend.(26) Will Reich den männlichen (väterlichen) Körper als Quelle physischer und sexueller Befriedigung für Jungen oder Mädchen ausschließen? Soll auch die physische Mutter-Tochter-Beziehung aus dem Paradies sexueller Befreiung verbannt bleiben?

Reich ist gefährlich oder zumindest stark eingeengt, wenn er oder seine Anhänger die menschliche Sexualität auf Kosten anderer menschlicher Aktivitäten romantisieren – oder wenn sie ziemlich naiv annehmen, daß Ego, Selbst, Frieden und Liebe wie Kinder selbstverständlich und «natürlich» dem Rattenfänger des Orgasmus folgen werden. Das Recht auf «sexuelles Glück» kann auch im fortgeschrittensten technologisch-faschistischen Staat existieren.

Ronald D. Laing

> Was wir «normal» nennen, ist ein Produkt von Repression, Leugnung, Zersplitterung, Projektion, Introjektion und anderen Formen destruktiven Verhaltens gegenüber der Erfahrung . . . Sie ist der Struktur des Seins radikal entfremdet . . . Wenn unsere Erfahrung zerstört wird, dann wird unser Verhalten zerstörerisch sein.
>
> Jack kann sich Jill gegenüber auf verschiedenste Weise verhalten. Er kann in ihr ein Schuldgefühl hervorrufen, weil sie «immer wieder davon anfängt». Er kann ihre Erfahrung in Frage stellen, was auf mehr oder weniger radikale Weise geschehen kann. Er kann sich damit begnügen, das, was sie für wichtig und bedeutsam hält, als unwichtig oder trivial abzutun. Er kann einen Schritt

(26) Freilich unterscheidet er nicht klar zwischen Homosexualität und lesbischer Liebe.

weiter gehen und ihre Erfahrung aus der Erinnerung in die Phantasie verlagern: «Das bildest du dir bloß ein.» Er kann gar den Inhalt für ungültig erklären: «Das war ganz anders.» Schließlich kann er nicht nur Bedeutung, Modalität und Inhalt in Zweifel ziehen, sondern ihre Fähigkeit, sich überhaupt zu erinnern, und sie mit Schuldgefühlen belasten, weil sie es tut.

Das ist nicht ungewöhnlich. Menschen tun sich einander ständig so etwas an. Damit eine solche transpersonale Entwertung funktioniert, empfiehlt es sich jedoch, sie mit einer dicken Schicht Mystifikation zu überlagern. Beispielsweise, indem man leugnet, was man tut, und jeden Verdacht mit Redewendungen wie «Wie kannst du nur so etwas glauben?», «Du mußt paranoid sein» usw. entkräftet. Und so weiter.

Es gibt plötzliche, scheinbar unerklärliche Selbstmorde, die als die Morgenröte einer Hoffnung verstanden werden müssen – einer Hoffnung, so quälend und schrecklich, daß sie nicht ertragen werden kann.

In unserer «normalen» Entfremdung vom Sein zeigt uns Heutigen ein solcher Mensch, der sich in gefährlicher Weise des Nicht-Seins bewußt ist, eines Nicht-Seins, das wir Sein nennen (jene Pseudo-Bedürfnisse, Pseudo-Werte, Pseudo-Realitäten von Zerrbildern, die wir für Leben und Tod usw. halten), Schöpfungsakte, die wir gleichzeitig verachten und ersehnen.

Vom Augenblick der Geburt an, wenn das Steinzeitbaby mit der Mutter aus dem 20. Jahrhundert zusammentrifft, ist es den Kräften der Gewalt, die man Liebe nennt, ausgeliefert, wie es seine Mutter und sein Vater und deren Eltern und wiederum deren Eltern waren. Diese Kräfte wollen nichts anderes, als möglichst viel seines inneren Potentials zerstören, und meist gelingt ihnen das auch.

Wir zerstören uns selbst durch Gewalttätigkeit, die sich als Liebe maskiert.

Ronald D. Laing

In seinem Buch *Sanity, Madness and the Family*[44] wählte Laing wie vor ihm Freud Frauen als Untersuchungsobjekte. Ebenso wie Freud bringt er seinen «schizophrenen» englischen Patientinnen «Sympathie» entgegen.(27) Seine klinische und journalistische Befragungs-

(27) Die New York *Times* berichtete am 6. Februar 1971, daß das Verhältnis von Männern und Frauen in den englischen Nervenheilanstalten 1:35 beträgt. In den Gefängnissen ist es umgekehrt.

methode ist äußerst ergiebig. Wie Freud beschreibt er die Phänomene richtig, ohne jedoch ihre Bedeutung zu verstehen. Das ganze Buch hindurch wird er sich der universalen und objektiven Unterdrückung der Frau und deren Zusammenhang mit dem Wahnsinn der Frau nicht bewußt.

Die meisten der «schizophrenogenen» Familien, die Laing schildert, sind nicht atypisch in der Art, wie sie ihre Töchter behandeln. In allen Familien ist zu konstatieren: 1. Sexuelle und intellektuelle Unterdrückung der Töchter; 2. offene und versteckte väterliche Tyrannei und Inzest; 3. eine tiefe Kluft zwischen Mutter und Tochter, die auf seiten der Mutter durch obsessive «Überwachung» gekennzeichnet ist, verbunden mit einem Mangel an physischer Zuneigung, einer Bevorzugung des Mannes bzw. Vaters seitens der Mutter und der Tochter und ein gegenseitiges Aufopfern für die Stabilität der Familie oder für ein temporäres Gefühl des Wohlbefindens.

1. Diese Repression ist in allen elf Familien festzustellen, mit denen Laing Tiefeninterviews geführt hat. Eine der Frauen, Ruby Eden, wurde mit 17 schwanger. Mutter und Tante nennen sie «Schlampe», machen ihr Vorwürfe wegen des «Schlamassels»(28) und der «Schande», in die sie sich selbst gebracht habe, und unterziehen sie all der bekannten hausgemachten Quälereien, um einen Abort herbeizuführen. Eine andere der Frauen, Lucie Blair, wird *sterilisiert*, nachdem sie eine Tochter geboren hat. Sowohl ihre Familie als auch ihre Psychiater bezeichnen sie als «sexuell ausschweifend». Ihr Vater gestand, er habe sie sich als keusche, unberührte «Jungfrau» gewünscht – (wenn sie «erwachsen» war, nehme ich an). Maya Abbotts Familie ist von dem zwanghaften Verlangen nach «Sauberkeit und Ordnung» für sie besessen; Hazel Kings Mutter ist sexuell völlig – und typisch – unaufgeklärt. Wie Laing schreibt,

> weiß Mrs. King nicht, ob sie einen Orgasmus hat, ob sie mit ihrem Mann «richtigen» Verkehr hat oder nicht, ob er ein Verhütungsmittel verwendet oder nicht und ob er drinnen oder draußen ejakuliert.

Diese gleiche Mrs. King hat seit ihrer Heirat «kaum je ohne Beglei-

(28) So viel über die Manifestation von Mütterlichkeit in einer männerbeherrschten Gesellschaft. Wir müssen uns wirklich fragen: Wie sollen Frauen mit einer so brutalen Ablehnung ihres Körpers fertig werden?

tung ihrer Mutter und ihres Vaters das Haus verlassen.(29)

Die intellektuelle und künstlerische Unterdrückung der Töchter (und Ehefrauen) ist in allen elf Familien nahezu total. Nur eine der interviewten Töchter (Ruth Gold) *möchte* Künstlerin werden – aber anders als ihr Bruder wird sie deshalb entmutigt und bestraft. Allein schon, daß sie überhaupt eine solche Idee hat, läßt ihre Familie annehmen, daß sie «geisteskrank» sei. Die meisten dieser Familien tun so, als müßten ihre Töchter nicht einmal eine *untergeordnete* Tätigkeit außer Haus ausüben – ganz zu schweigen von den eigentlichen Formen der Selbstverwirklichung. Lucie Blair sagt:

«Mein Vater glaubt nicht an die Emanzipation der Frau. Er glaubt nicht, daß Frauen für sich selbst sorgen sollen.»

Sie erzählt dem Interviewer auch, daß sie «bei keinem ihrer Wünsche Unterstützung findet.» Ruth Gold, die verhinderte Künstlerin, antwortet auf Laings Frage: «Meinen Sie, daß sie den Ansichten ihrer Umgebung meist zustimmen müssen?» – «Nun ja, wenn ich es nicht tue, lande ich meistens im Krankenhaus.» Frauen werden häufig in Heilanstalten gesperrt, weil sie «Femininität» in der Form, wie sie von ihrer Umgebung definiert wird, ablehnen, und werden erst dann freigelassen oder als «gebessert» angesehen, wenn sie sie anerkennen.

2. Lucie Blairs Vater verfolgt seine Tochter geradezu manisch mit (sexueller) Possessivität. Er warnt sie ständig, sie werde «vergewaltigt oder ermordet» werden, wenn sie allein ausgehe. Lucies «illegitimes» Kind (illegitim, weil es nicht von ihrem Vater stammt) durfte zu Hause nie erwähnt werden. Eine andere Tochter, Agnes Lawson, saß bis zu ihrem fünfzehnten Lebensjahr jeden Abend auf dem Schoß ihres Vaters (nicht ihrer Mutter), während er ihr Geschichten vorlas.

3. Alle Versuchspersonen von Laing hatten extrem «feminine» Mütter: psychologisch unsicher, sexuell unterdrückt, ohne besondere Ausbildung und ökonomisch abhängig – Gefangene und Wärter ihres «Heimes» in einer Zeit, in der «Das Heim» an Wert verloren hat. Von wem aber konnten ihre Töchter lernen, gleichzei-

(29) Entweder sind die Kings heimliche Moslems – oder Mrs. King wurde einfach nicht gestattet, selbst in die Heilanstalt zu gehen, so daß sie an ihrer Stelle ihre Tochter schickte.

tig Frau und Mensch zu sein? Mrs. Blair sieht sich laut Laing «als Opfer einer vierzigjährigen Verfolgung durch ihren Mann». Sie erklärt, sie habe ihn nicht verlassen,

> weil man in der Welt draußen genauso verfolgt wird, wenn nicht noch mehr ... Die einzige Lösung besteht darin, die eigene Hilflosigkeit als Verfolgte zu akzeptieren; man kann nichts dagegen tun.»

Wiewohl uns (und Laing) ein so deformierter Verstand wie der von Mrs. Blair dazu verleiten könnte, auch *sie* für «geisteskrank» zu halten, sollten wir einen Augenblick überlegen: Mrs. Blairs Sicht der Dinge stimmt im Grunde. Sie hat einfach das Übel der Verfolgung innerhalb der Familie dem Übel der Verfolgung in einer Irrenanstalt oder in der «Welt draußen» vorgezogen. Trotz der väterlichen Tyrannei zogen schließlich die meisten Töchter typischerweise – zumindest zeitweilig – ihre Väter ihren Müttern vor. Der einzige Fall von versuchter Gewalttätigkeit betraf Maya Abbott, die ihre Mutter mit dem Messer bedrohte.

Wenn auch die meisten der von Laing untersuchten Familien in ihrer Behandlung der Frauen typisch sind, so bleibt doch die Frage: Warum sind *diese* elf Töchter hospitalisiert und/oder «schizophren»? Man kann sagen, daß das, was für die meisten Familien gilt, für die schizophrenogenen in *extremer* Form gilt. Wahrscheinlich ist «Verrücktheit» gerade dieses «Mehr». Man könnte auch sagen, daß die Mütter in ihrer Ehe vielleicht ebenso «hospitalisiert» sind wie ihre Töchter in den Anstalten. Schließlich kann man anführen, daß früher oder später die meisten Frauen verrückt werden, von anderen dafür gehalten werden oder sich selbst dafür halten. Hätte Laing «normale» (nichthospitalisierte) Kontrollgruppen untersucht, so hätte er die gleichen Verhaltensmuster vorgefunden. Hätte er seine «normalen» Kontrollgruppen über längere Zeit *begleitet*, so hätte sich vielleicht sogar herausgestellt, daß auch die «normalen» Kontroll-«Töchter» früher oder später in psychiatrischer Behandlung gelandet wären.

Insgesamt hat Laing durchaus recht, den schizophrenen Prozeß im sozialen Umfeld zu betrachten und dort einen Sinn zu suchen, wo unsere Gesellschaft borniert nur den Gipfel der Sinnlosigkeit wahrzunehmen meint. Idealerweise müßten *alle* Psychiater versuchen, dies zu tun. Aber sein Maßstab für seelische Gesundheit ist so obskur bzw. so wenig vorhanden wie bei Freud: Seine gelegentliche und zunehmende Gleichsetzung von Wahnsinn mit politischer Massenrevolution oder Formen der Kunst stiftet nichts als – Verwirrung.(30)

Laing ist sein eigener bester Kritiker. In seiner jüngsten Einleitung zu *Sanity, Madness and the Family* bezeichnet er das Konzept der «Familienpathologie» als «verwirrend».

> Es erweitert die Unverständlichkeit des individuellen Verhaltens zur Unverständlichkeit des Gruppenverhaltens. Die biologische Analogie wird nun nicht mehr bloß auf eine Person, sondern auf mehrere angewandt ... [Es ist eine Form von] «Pan-Klinizismus»(31), ... bei dem die ganze Gesellschaft einer psychologischen «Heilbehandlung» bedarf.

Die Gefahr eines solchen Pan-Klinizismus ist sein grenzenloser Optimismus. Zwar mag die Gesellschaft in der Tat der «Heilung» bedürfen, doch kann die traditionelle psychoanalytische Methode, mit oder ohne ein tieferes Verständnis und mit ihrer Illusion einer individuellen Freiheit diese «Heilung» nicht vollbringen, insbesondere dann nicht, wenn die großen gesellschaftlichen Institutionen «ungeheilt» bleiben und wenn der «Patient» für viele, viele Jahre der Sozialisation durch sie ausgesetzt war.

David Cooper

> Alle Metaphern einer «Paranoia» sind ein poetischer Protest gegen diese Invasion [der Familie und der übrigen Umwelt]. Dieser poetische Protest, dessen Qualität natürlich variiert, wird jedoch von der Gesellschaft nicht anerkannt, und wird er zu laut geäußert, so übernimmt die Psychiatrie ... die Behandlung ... Das Problem ist nicht, diese Ängste «aufzulösen», sondern sie hellsichtig dazu zu benutzen, eine reale, objektive Verfolgungssituation, in der man sich schon vor den eigenen ersten Anfängen verfangen hat, zu zerstören.
>
> David Cooper[45]

(30) Obgleich Wahnsinn wie Kunst Formen des Protests gegen und Formen der Flucht vor Unterdrückung sein mögen und obwohl beiden Erfahrungen Schmerz *und* Diskriminierung gemeinsam sind, kann ich nicht umhin, zwischen den gänzlich *persönlichen* und *unsichtbaren* Formen des Wahnsinns und den potentiell *öffentlichen* und *greifbaren* Formen der Kunst zu unterscheiden. (Vielleicht ist dies in der Tat eine Form der Diskriminierung ...)

(31) Thomas Szasz nennt dies «psychiatrischen Imperialismus».

David Cooper zieht in seinem vor kurzem erschienenen Buch *Der Tod der Familie*[46] ein poetisches Resümee aus Reichs und Laings Verurteilung der Kleinfamilie, der sexuellen Unterdrückung und der Verständnislosigkeit und Roheit der Gesellschaft gegenüber der Geisteskrankheit. Er steuert einige gute Beobachtungen über die Sozialisation des Mädchens bei:

Das kleine Mädchen wird ständig mit Objekt-Babies versorgt (wobei die «vollkommeneren» Puppen die teuersten sind), bevor es ihm noch gelingt, sein eigenes Baby zu werden, und so kommt es, daß das Mädchen die Erfahrung seiner Geburt und Kindheit zu vergessen lernt, daß es nicht sein eigenes Kind wird, sondern bloß kindlich oder, wenn es später im Leben in diesen Bereich zurückkehren möchte, kindisch (regressiv, hysterisch usw.). So wird das Mädchen zu einer Mutter wie ihre Mutter und alle anderen Mütter erzogen, die erzogen wurden, nicht um sie selbst zu sein, sondern um «wie Mütter» zu werden.(32)[47]

Cooper schreibt oft wie der Abbie Hoffman der Psychiatrie: ein Clown, der sich an Wortspielen ergötzt, ein selbsternannter heiliger Idiot, ein Prophet sexueller und kultureller Freizügigkeit (weißer) Männer.(33) Es ist nicht sonderlich revolutionär, Männer zu warnen, sich vor tiefen oder monogamen Beziehungen zu hüten: Nur wenige Männer fühlen sich dem Ethos der Liebe oder der sexuellen Monogamie verpflichtet. Die Mehrheit der Frauen kann sich vor diesem Ethos und seinen Praktiken nicht «hüten», solange die Prostitution die einzige Möglichkeit ist, psychisch und ökonomisch zu überleben, und solange die Frauen nicht die Mittel der Reproduktion kontrollieren. Ebensowenig ist es «revolutionär», weiße Männer aufzufordern, sich *kulturell* auf die *strukturelle* Revolution «vorzubereiten», die die braunen, schwarzen und gelben Völker der

(32) Obwohl er über soviel feministisches Bewußtsein verfügt, apostrophiert Cooper seine «nichtführenden» Führer und Therapeuten-Propheten immer noch systematisch als «er» und nicht als «sie». Das Wort «sie» verwendet er nur dann ebensooft wie «er», wenn es sich um Kinder oder Patienten handelt. Dennoch ist er zweifellos linguistisch und damit auch psychologisch fortschrittlicher als andere Theoretiker. Zwar gibt er den Müttern nicht die *Schuld* an den üblen Einflüssen der Familie, aber er spricht ausführlicher über die Mutter-Kind-Beziehung als über die Vater-Kind-Beziehung, was meiner Ansicht nach darauf hindeutet, daß er die Frau als *exklusiven* Hort der Mütterlichkeit in unserer Gesellschaft akzeptiert oder romantisiert.

(33) Ich hoffe, meine Kommentare sind nicht allzusehr davon beeinflußt, daß Cooper gegenwärtig so en vogue ist, wofür er nichts kann.

Erde *für* sie (mit ihrem Blut und ihren Körpern) vollbringen werden. Cooper widerspricht sich hier selbst: Er bewundert Mao und Castro als «Verkörperungen» des «Führerprinzips» – doch dies sind zwei Männer, die mit ihren Körpern für ihre Prinzipien einstanden und im Unterschied zu Wahnsinnigen und «Heiligen Idioten» ihre Schlachten «gewonnen» haben – zu Lebzeiten und am eigenen Leib.

Entscheidend ist, daß Cooper die Rolle der Physis, des Körpers nicht richtig definiert hat.(34) Zum Beispiel setzt er (fälschlicherweise) den geistigen Hunger der «Ersten Welt» mit dem physischen Hunger der «Dritten Welt» gleich; er betont den Wert homosexueller Beziehungen, aber versichert gleichzeitig eher nervös und leichtfertig, wie Reich, es sei «belanglos», ob wir mit Angehörigen unseres eigenen Geschlechts sexuelle Kontakte haben oder nicht. Gerade dort, wo er am meisten einfühlsam zu sein versucht, enthüllt er, wie gefährlich falsch er die Rolle des Körpers versteht, besonders in bezug auf die Unterdrückung der Frau. Ich möchte dafür zwei Beispiele anführen.

Erstens: Cooper hat ein typisch männliches unersättliches Verlangen nach Einverleibung von Erfahrung im allgemeinen(35) und nach Usurpation oder, in seinem Fall, «Verkörperung» des «weiblichen Prinzips» im besonderen. Er ist, von einem liberalen Standpunkt aus, *lobenswerterweise* ebenso am «Sein» (dem weiblichen Prinzip) interessiert wie am «Tun» (dem männlichen Prinzip). Er postuliert, daß Männer die Realität der «Frau», des «Kindes» und der/des «weisen Alten» ausleben müßten. Männer *können* aber einfach nicht die Realität von Frauen ausleben, da sie per definitionem nicht die *Wahl* haben, die Realität der Frau zu leben, sondern dazu verurteilt sind.(36) Es ist kein Zufall, daß Cooper eine Scheu vor männlicher Homosexualität hat. Obwohl diese in gewisser Hinsicht ein extremer Ausdruck von Misogynie ist, stellt sie für manche

(34) Er ist nicht der einzige, der darin versagt.

(35) Frauen werden konditioniert, «Erfahrungen» oder Abenteuer zu meiden, da sie zerstörerisch für ihr entfremdetes Selbst seien; Männer werden konditioniert, beides zur Entwicklung ihres entfremdeten Selbst zu suchen.

(36) Um das weibliche Prinzip auszuleben, müßte Cooper die Privilegien und die Psychologie des männlichen Prinzips aufgeben – was unmöglich ist. Vielleicht ist Cooper nur deshalb *imstande*, sich «Weiblichkeit» bzw. das Experimentieren damit zu wünschen, weil er unterhalb der Gürtellinie buchstäblich ein Mann ist.

Männer die größtmögliche Annäherung an die «Realität der Frau» in unserer Gesellschaft dar, da sie dabei von den anderen Männern verachtet und brutal behandelt werden. Cooper ist an dem interessiert, was er für die «geistigen» Aspekte des Frauseins hält – mehr als an seiner Realität. Aber unterscheidet sich das, was er impliziert, eigentlich sonderlich von dem, was die zahllosen Mythen von männlicher Mutterschaft(37) implizierten, nämlich die Abwertung oder Entstellung der gleichen Aktivität bei Frauen?

Männer können erst dann *sein*, wenn Frauen *handeln* können: Vielleicht können beide Geschlechter erst dann *sein* und *handeln*, wenn die *biologischen* Unterschiede zwischen ihnen vollkommen eliminiert sind. Außerdem verweist das Diktum der kulturellen Revolution, daß *Sein* besser als *Handeln* sei, die Frauen in eine altbekannte (und ungünstige) Position: Jetzt finden sie sich barfuß, schwanger, psychisch abhängig und verlassen in den Kommunen statt in den Vororten wieder. Was das Prinzip der «Weisheit des Alters» angeht: Erst wenn das biologische Altern der Frau die gleiche Wertschätzung und Belohnung (durch sexuelle und politische Macht) erfährt wie das (ideale) Alter *mancher* Männer, dann, erst dann wird das einen Sinn haben, wovon Cooper hier spricht.

Wenn Cooper meint, daß wir «lernen müssen, mit dem Schmerz zu spielen und daß Ironie das revolutionärste aller Gefühle sei», so erinnert mich das an Tschechows Dr. Ragin aus der Erzählung *Krankensaal Nr. 6*. Dr. Ragin philosophiert über den «Schmerz» des Geisteskranken – bis er selbst einer wird. Dann, hinter Gittern, ist er von Schrecken, Verzweiflung, zunehmendem Zorn und vollkommener Ohnmacht erfüllt. Als man ihn schlägt, wird er aus sehr unphilosophischer Wut wahnsinnig und ist am nächsten Tag tot.

Ein anderes Beispiel dafür, wie gründlich Cooper die Rolle des Körpers in der Unterdrückung der Frau mißversteht, ist sein Vergleich des traditionellen Therapeuten (den man stundenweise bezahlt, damit er für jeden alles sei) mit der weiblichen Prostituierten. Zwischen der weiblichen (nichtlegalen) Prostituierten und dem männlichen Therapeuten besteht ein offenkundiger und sehr wesentlicher Unterschied: Die Prostituierte wird von der Gesellschaft diskriminiert und bestraft, gekauft wird ihre *Demütigung* durch

(37) Zeus als Athenes Mutter, Adam als Evas Mutter, die Kirche als unser aller Mutter.

ihren *Körper*, nicht ihr *Körper allein.*(38) Psychotherapeuten sind (zumindest in manchen Kreisen) die Priester unserer Gesellschaft. Ihre Patienten zahlen nicht für deren Demütigung. Und selbst wenn Therapeuten sexuelle Beziehungen zu ihren Patientinnen haben, so enthält die psychologische Dynamik keine Umkehrung der Geschlechtsrollen.

Cooper übernimmt viele der Mythen oder, realistischer, der Hoffnungen von Reich, die heute in der «Gegenkultur» gehegt werden: 1. daß wir im Gegensatz zu Freuds pessimistischem und daher bourgeoisem Konzept über unbegrenzte Kräfte verfügen; 2. daß es möglich ist, viele Menschen zu «lieben»; 3. daß sich spontan entstehende «Gruppen» von der monogamen Kleinfamilie in signifikanter und positiver Weise unterscheiden und im Gegensatz zu jeder anderen gesellschaftlichen Institution diese nicht widerspiegeln oder die persönliche Freiheit einer familien- oder staatsähnlichen Tyrannei unterwerfen würden;(39) 4. daß charismatische Führer, die «Antiführer», *keine* Führer sind bzw. daß jeglicher Führungsanspruch zu verurteilen ist; und 5. daß «Wahnsinn» irgendwie «revolutionär» ist – obwohl er in unserer Gesellschaft doch offenkundig ein Aufschrei der Machtlosigkeit ist, der unbarmherzig bestraft wird.

Thomas Szasz: Hexen und Wahnsinn

> Die fundamentalen Konflikte im menschlichen Leben brechen nicht zwischen einander widerstreitenden Ideen auf, von denen die eine «wahr» und die andere «falsch» ist, sondern vielmehr zwischen denen, die die Macht haben und mit ihr andere unterdrücken, und denen, die gewaltsam unterworfen wurden und sich aus diesem Würgegriff befreien wollen.
>
> Diese Auffassung schließt aber die Möglichkeit aus, daß die fraglichen Erscheinungen – in der Renaissance Hexerei, heutzutage Geisteskrankheit genannt – recht eigentlich durch die soziale Interaktion von Unterdrücker und Unterdrücktem geschaffen

(38) Freilich werden in der fortgeschrittenen kapitalistischen Lohngesellschaft die Menschen ermuntert oder gezwungen, fast alles zu «verkaufen»: ihre Zeit, ihre Fähigkeiten, ihre physische Arbeitskraft usw. Die weibliche Prostitution dürfte jedoch in eine andere Kategorie als die der genannten Vermarktungen des Selbst gehören.

(39) Dies anzunehmen hieße, an die Möglichkeit eines Ausbruchs aus unserer Geschichte zu glauben.

werden. Wenn der Betrachter mit dem Unterdrücker sympathisiert und ihn entlasten möchte, während er den Unterdrückten bemitleidet und unter seinen Einfluß zu bringen sucht, bezeichnet er das Opfer als geisteskrank ... Dementsprechend gilt auch das Umgekehrte: Wenn der Betrachter mit dem Unterdrückten sympathisiert und ihn aufzurichten bestrebt ist, während er den Unterdrücker verabscheut und herabzusetzen wünscht, bezeichnet er den Peiniger als geisteskrank ... Nach meiner festen Überzeugung sind beide Interpretationen schlimmer als falsch. Indem sie eine Geisteskrankheit (oder, wie es früher geschah, eben Hexerei) ins Spiel bringen, vertuschen, entschuldigen und beseitigen sie durch Erklären die erschreckend simple, dabei überaus wichtige Tatsache, daß der Mensch sich seinem Mitmenschen gegenüber inhuman verhält ... Im dreizehnten Jahrhundert ist der gewappnete Ritter das Symbol des Edlen, die Schwarze Hexe das der Verworfenheit ... Diese Vorstellungen enthalten und verkörpern den geschlechtsfeindlichen Frauenhaß. Der Ritter, Symbol des Guten, ist männlich, die Hexe, Inbegriff des Bösen, ist weiblich.

Es gibt einfach keinen Mißbrauch der Institutionalen Psychiatrie und es kann ihn nicht geben, weil diese Einrichtung selbst ein einziger Mißbrauch ist.

Thomas Szasz[48]

Thomas Szasz hat die Frage untersucht, inwieweit die «Politik» medizinische und ethische Folgen hat, die psychiatrisch «unheilbar» sind. In seinem Buch *Geisteskrankheit – ein moderner Mythos*[49] bezeichnet er das «Sklavendasein» der Frau als psychologische Ursache der (weiblichen) Hysterie und kritisiert Freuds patriarchalische und autoritäre Theorien und Praktiken. In *Law, Liberty and Psychiatry* verurteilt er die Verletzung der bürgerlichen und verfassungsmäßigen Rechte der «Geisteskranken», die grausame Ironie von als human geltenden «mildernden Umständen» auf Grund geistiger Unzurechnungsfähigkeit im Augenblick der Tat und die überall feststellbare Korrelation zwischen Armut und psychiatrischer Internierung. In seinem Buch *Die Fabrikation des Wahnsinns*[50] greift er Elizabeth Packards Vergleich der institutionellen Psychiatrie mit der Inquisition auf: Er bezeichnet die Hexenverfolgung als «geschlechtstötend» und vergleicht ihre Behandlung mit der von Geisteskranken.

Unser Wissen über Hexen beruht bestenfalls auf Vermutungen. Ihre Fallgeschichten behielten ihre gesellschaftlich mächtigeren Verfolger für sich – so wie heute Krankengeschichten von den Psychiatern und Psychologen verwahrt werden und selten von Patienten eingesehen werden dürfen. Waren Hexen wirklich kulturelle und politische Revolutionäre, Anhängerinnen des Matriarchats und Amazonen, die zurückgekehrt waren, um gegen die Kirche zu kämpfen? Waren es reiche und mächtige Frauen, nach deren Besitz man trachtete? Waren es schöne Frauen, deren Sexualität ebensoviel Furcht wie Verlangen erregte? Vielleicht all dies – vielleicht nichts davon. Jules Michelet vertritt in seinem Buch *Satanism and Witchcraft: A Study in Medieval Superstition*[51] die Ansicht, viele Hexen seien Hebammen und Ärztinnen gewesen, deren Wissen über schmerzstillende Mittel, Abtreibung und Pflanzenheilkunde oder suggestive Heilmethoden eine Bedrohung für die wissenschafts-, sexual- und frauenfeindlichen Lehren der Kirche darstellte.(40) Szasz meint,

indem die Gute Hexe(41) den Schwachen beistand, trug sie freilich zur Aushöhlung der bestehenden Herrschaftshierarchien bei – sie untergrub die Macht des Priesters über den Büßer, des Herrn über den Bauern, des Mannes über die Frau. Vor allem unter diesem Aspekt sah sich die Kirche von der Hexe bedroht, und dies ist einer der Gründe, weshalb die Kirche im fünfzehnten Jahrhundert daranging, sie auszumerzen.[52]

Una Stannard beschreibt in einem Artikel über *The Male Maternal Instinct*[53] den erfolgreichen Versuch der Kirche, die weibliche Fähigkeit des Gebärens zu usurpieren (erst durch die Taufe «schenkt» die Kirche Kindern das «Leben») und sie gleichzeitig abzuwerten (Jesus wurde von einer Jungfrau geboren). Männliche «Geister» können in das «Gefäß» Frau eindringen und ihr ihren heiligen oder höllischen Samen einpflanzen. Auf diese Weise könnten Frauen

(40) Ich bin mißtrauisch gegenüber Frauen, die sich in romantischer Weise mit Hexen identifizieren – schließlich wurden diese gefoltert und zu Märtyrerinnen gemacht. Was immer sie «in Wirklichkeit» waren, sie wurden besiegt; was immer die Wahrheit über ihre psychologische Situation und ihren Glauben sein möge, sie erlangten zu wenig materielle Macht. Außerdem verehrten sie (angeblich) einen *männlichen* Teufel und hatten rituellen Verkehr mit phallischen Ersatzobjekten.

(41) Die Einteilung der Hexen in «weiße» (gute) und «schwarze» (böse) ist ein weiterer Hinweis auf den tiefsitzenden Rassismus der christlichen Kultur – lange vor der Sklaverei in Amerika und vor der Industrialisierung.

tatsächlich «besessen» sein – oder noch schlimmer, durch Empfängnisverhütung kontrollieren, ob und von wem sie «besessen» werden wollen.(42) So oder so waren sie einer von Männern beherrschten Kirche gefährlich und wurden deshalb von ihr verfolgt.

Michelet meint auch, daß durch die Kombination von feudalistischer Armut und Katholizismus ein solcher Druck auf den Frauen lastete, daß manche von ihnen «seltsam» werden mußten: Sie lebten allein oder mit anderen Frauen zusammen und waren keinem Ehemann untertan. Er nimmt weiterhin an, daß Hexen wegen ihrer vermuteten (oder tatsächlichen) Ritualisierung der Sexualität einschließlich Inzest, lesbischer Liebe, Homosexualität und Gruppensex verfolgt wurden. Indem sie feierten, was die Kirche verbot – und was dennoch geschah –, stellten die Hexenkulte eine starke Opposition oder Gegenreligion dar.

Szasz bemerkt,

> die Hexe andererseits gleicht dem Geisteskranken: Sie sieht sich in eine entwürdigende Abweichlerrolle gedrängt, die sie nicht will; man unterwirft sie bestimmten diagnostischen Prozeduren, um zu ermitteln, ob sie eine Hexe ist oder nicht, und beraubt sie dann – vorgeblich zu ihrem eigenen Besten – ihrer Freiheit und oft auch des Lebens.[54]

Freilich sind viele Hexen – und die meisten psychiatrischen Patientinnen – mit diesem Gang der Dinge nur zu einverstanden: Sie möchten Selbstmord begehen, aber durch fremde Hände. Szasz zitiert eine englische Hexe, die, als man sie zum Scheiterhaufen führte, die Menge bat, nicht ihren Richtern die Schuld zu geben:

> «Ich wollte sterben. Meine Familie meidet mich, mein Gatte stößt mich zurück. Bliebe ich am Leben, so wäre ich nur eine Schmach für meine Freunde. [. . .] Ich sehnte mich nach dem Tode, und ich habe gelogen, [um mein Ziel zu erreichen].»[55]

Die Rolle der Hexe – oder der psychiatrischen Patientin – ist oft ebenso wie der Selbstmord der einzige Ausweg (das «Heilmittel»), wenn man als Frau zur Welt gekommen ist. Psychiater und Inquisitoren teilen gewisse Ansichten über Frauen bzw. Hexen: Weil sie keine Männer sind, sind sie geheimnisvoll und deshalb gefährlich;

(42) Der Malleus, eine Art religiöse Doktrin männlicher Überlegenheit, behauptete, «unter den Frauen seien die Hebammen (die oft Aborte bewerkstelligen konnten) die abgefeimtesten . . . Alle Hexerei komme von fleischlicher Lust, die [bei Frauen] unersättlich ist».

sie sind tatsächlich minderwertige Geschöpfe – aber mit geheimen Kräften(43); sie sind für die sexuelle Aggression des Mannes verantwortlich, weil sie «sündigen» und verführerisch sind. Hexenjäger sahen Masturbation oft als Beweis der «Hexerei» an; Psychiater des 19. Jahrhunderts dachten, sie verursache «Geisteskrankheiten», und heilten sie manchmal durch Entfernung der Klitoris.

Szasz schildert die unersättliche und psychiaterähnliche Neugier der Inquisitoren auf die sexuellen Phantasien und Aktivitäten ihrer Opfer. Isolierung, gesellschaftliche Ächtung, Hydrotherapie, körperliche Mißhandlung, Schocktherapie – alles psychiatrische Techniken – wurden zuerst von Hexenjägern praktiziert. Wenn auch Zwangsjacke, Einzelhaft, Gehirnchirurgie und systematische physische Mißhandlung zu den psychiatrischen «Behandlungsmethoden» der Vergangenheit zählen, treten heute Beruhigungsmittel, Antidepressiva und Schocktherapie an ihre Stelle. Die *sichtbaren* Gewaltmethoden der Inquisition sind nicht länger nötig, um die Unterwerfung einer Frau und ihren Glauben an ihre Minderwertigkeit und Verworfenheit zu erzwingen.(44) Die psychiatrischen Patientinnen des 20. Jahrhunderts werden nicht auf dem Scheiterhaufen verbrannt oder der «Wasserprobe» unterzogen – mit deren Hilfe die «Unschuld» einer Hexe erwiesen wurde, wenn sie *ertrank*. Viele psychisch Kranke *sind* sexuell und körperlich bedroht; ihre Einkünfte (als Ehefrauen oder in anderer Eigenschaft) sind noch stärker beeinträchtigt als die von Straftätern; ihr Besitz und ihr Geld geht an Ehemann und Kinder über, wenn sie als «geisteskrank und unzurechnungsfähig» erklärt werden; wie Hexen werden sie öffentlich und andauernd gedemütigt und dazu gezwungen, ihre sexuellen und sonstigen Verfehlungen zu «gestehen». Zwar wird ihnen das Haar nicht mehr am ganzen Körper auf der Suche nach dem «Teufelszeichen» geschoren, doch werden nach wie vor viele (männliche) Patienten glatt rasiert, den meisten männlichen und weiblichen Patien-

(43) Heute ist die Welt der Gespenster in unserem eigenen Hinterhof oder in unserer Kindheit angesiedelt. Frauen sind «mächtig», nicht weil sie Werkzeuge des Teufels sind, sondern weil die Mutter des Psychiaters eine Frau war und über ihn «Macht» hatte (und immer noch hat).

(44) Wir sollten jedoch nicht die oft ernsten negativen Folgen einer langfristigen Anwendung gebräuchlicher psychiatrischer Drogen sorglos außer acht lassen, nur weil sie nicht gewaltsam angewendet werden.

ten wird das Haar kurz geschnitten und ihr Aussehen «anonym» gehalten, indem man sie in häftlingsartige Anstaltskleidung steckt.

Szasz weist auf die Ähnlichkeit des Eifers hin, mit dem Inquisitoren und Psychiater Hexen und psychisch Kranke jagen und klassifizieren (oder diagnostizieren). (Ich habe selten erlebt, daß ein Psychologe auf Grund der Ergebnisse projektiver Tests «Normalität» oder «Gesundheit» diagnostizierte; noch seltener habe ich gehört, daß ein Psychiater auf einer Ärztebesprechung in der Klinik eine «gesunde» Fallgeschichte vortrug.) Gewappnet mit seinem furchterregenden Wissen über Krankheit und Sünde, ist sowohl der Heilige Vater (der Inquisitor) wie auch der Wissenschaftliche Vater (der Psychiater) daran interessiert, weibliche Seelen zu retten. Ihre Methoden: Geständnis, öffentliche Widerrufung und Bestrafung. Freilich kommen moderne Psychiater nicht auf die Idee, es bestehe eine Ähnlichkeit zwischen ihrem «Bemühen», einer «unglücklichen» Frau zur Annahme ihrer weiblichen Rolle zu verhelfen, und dem «Bemühen», eine Hexe zu Christus zurückzuführen.

Szasz ist ein provozierender politischer Denker und ein engagierter Verfechter von Bürgerrechten, verbunden mit einem hochentwickelten moralischen Einfühlungsvermögen. Ich stimme ihm nicht zu, daß die Privattherapie nur «Privatsache» sei oder nicht auch auf verschiedene Weise sozial mißbraucht werden kann. Ich glaube auch nicht, daß «Wahnsinn», wie ich ihn in Kapitel 1 definiert habe, nicht existiert. Ich stimme ihm zu, daß «Wahnsinn» mit «Unterdrückung» und «Konditionierung» erklärt werden kann, aber ich bin nicht sicher, daß *unser Verständnis* allein genügen wird – zu unseren Lebzeiten –, das zu verändern, was die Unterdrückung verschuldet hat. Szasz hat ohne Zweifel recht, wenn er feststellt, daß unsere Behandlung des «Wahnsinns» selbst unmoralisch und tyrannisch ist. Ich glaube jedoch, er unterschätzt noch die tief verankerte *Ergebenheit* der Frau in das Schicksal einer wortwörtlichen und psychologischen Selbstaufopferung. Viele psychiatrische Patientinnen betrachten sich selbst als «krank» oder «schlecht» und gehen freiwillig in die Nervenheilanstalt oder zum Psychiater. Die Furcht vor ökonomischer, physischer oder sexueller Entbehrung oder Bestrafung lehrt die Frauen, ihr eigenes Opfer so hoch zu bewerten, daß sie es als vollkommen «natürlich» empfinden. Und wenn ihre

Erbitterung über diese natürliche Selbstaufopferung sie «wahnsinnig» macht, dann wird ihnen in den Heilanstalten dieses Opfer erst recht abverlangt.

Die «revolutionären», zeitgenössischen und traditionellen Ideologien, von denen ich bisher gesprochen habe, gehen alle von einem Doppelstandard seelischer Gesundheit und/oder von zahlreichen patriarchalischen Mythen über «Weiblichkeit» aus – zum Beispiel von der Minderwertigkeit und Verworfenheit der Frau. Wie ich eingangs erwähnt habe, glaubt nicht notwendigerweise jeder amerikanische Praktiker an *alle* diese Vorurteile und handelt danach. Aber die Wahrscheinlichkeit ist groß, daß er oder sie viele davon glaubt. Außerdem arbeiten alle Kliniker in der *Institution* der Privatpraxis – einer Institution, die ebenso wie die Nervenheilanstalt auf der Struktur der Ehe und Familie aufgebaut ist.

Der institutionelle Charakter der Privattherapie

Über die offen oder versteckt patriarchalischen, autokratischen und Zwang ausübenden Wertvorstellungen und Techniken der Psychotherapie ist viel geschrieben worden. Freud meinte, die Situation des Analytikers und Patienten solle dies eines «Überlegenen und eines Untergeordneten»[56] sein. Der Psychotherapeut wurde von seinen Kritikern ebenso wie von seinen Patienten als Ersatzvater oder -mutter, Erlöser, Geliebter, Experte oder Lehrer gesehen – lauter Rollen, die die «Unterwerfung, Abhängigkeit und den Infantilismus» des Patienten fördern: Rollen, die die allwissende und gütige Überlegenheit des Therapeuten und die Unterlegenheit des Patienten implizieren. (Thomas Szasz hat auf den zweifelhaften Wert einer solchen Rolle für den Patienten und den «unbestreitbaren» Wert einer solchen Rolle für den «Helfer» hingewiesen.[57]) Praktizierende Psychotherapeuten wurden kritisiert, weil sie Unglücklichsein als Krankheit behandeln (sofern es von einem entsprechend hohen verbalen und finanziellen Ertrag begleitet ist); weil sie so tun, als könne die psychotherapeutische Theorie oder Methode ethische und politische Probleme lösen; weil sie den Patienten suggerieren, ihr Unglücklichsein (oder ihre Neurose) sei durch individuelle, nicht durch kollektive Anstrengungen zu heilen (oder sei nicht zu heilen, weil das menschliche Leben nun einmal «tragisch» sei); weil sie den Hang der städtischen Mittelschicht zu moralischer Verantwortungslosigkeit und Passivität ermutigen und legitimieren; und weil sie emotional verarmte Personen entmutigen, «Anerkennung, Vertrauen und Sicherheit im normaleren und leichter zugänglichen Bereich der Freundschaft» zu suchen.[58] Die Institution der Psychotherapie kann auch als eine Form der sozialen und politischen Kontrolle verstanden werden, die denjenigen, die dafür bezahlen können, eine zeitweilige Erleichterung, die Illusion der Freiheit und eine narzißtische Form von Selbsterkenntnis bietet; und als eine Institution, die jene, die den Preis für solche Illusionen nicht aufbringen können, bestraft, indem sie sie zwingt, *ihr* Unglücklichsein als psychotisch oder gefährlich anzusehen, wodurch der Gesellschaft eine Handhabe gegeben wird, sie in Anstalten zu verbannen.

Die Institution der Privattherapie ist patriarchalisch – ob der Therapeut nun ein Mann oder eine Frau ist. Die meisten Kliniker verfügen keineswegs über größere göttliche Inspiration oder engeren Kontakt zu ihren eigenen Emotionen als die übrigen Mitglieder unserer Gesellschaft. Die Kriterien, die in unserer Kultur für «Experten» gelten, sind für Ingenieure und Seelenheiler die gleichen: Objektivität, Rationalität, Unpersönlichkeit. Kliniker sind mit seltenen und gefürchteten Ausnahmen weder Orakel noch Priesterinnen, noch Propheten oder Schamanen. Sie unternehmen keine *persönlichen* Vermittlungsversuche zwischen ihren Patienten und dem Unbekannten oder Unbewußten. Als Wissenschaftler glauben sie wahrscheinlich nicht an das «Unbekannte», oder wenn sie es tun, wollen sie es erforschen. Kliniker werden von ihren Lehrern, Kollegen und Patienten mehr respektiert, und es wird ihnen mehr vertraut, wenn sie Distanz halten und unpersönlich bleiben.(45)

Üblicherweise muß jede Analyse der Privattherapie oder jeder Vergleich mit den psychiatrischen Krankenhäusern von der Zuge-

(45) Zahlreiche männliche Kliniker, die einer solchen Kritik zustimmen, sind nun leider zu Selbstenthüllungen, «Berührungen» und sexuellen Kontakten mit ihren Patienten übergegangen. In unserer Kultur stellt jedoch ein solches Verhalten einen Mißbrauch insbesondere der Patienten dar.

hörigkeit zur sozialen Schicht ausgehen. Die Armen werden hospitalisiert, Angehörige der Mittel- und Oberschicht nicht oder höchstens in privaten Krankenhäusern für kürzere Zeit, oder sie werden als Privatpatienten behandelt. Durch die wachsende Anzahl psychiatrischer Einrichtungen wie Ambulanzen, Community Mental Health Center und «therapeutisch» orientierter Betreuung durch soziale Einrichtungen und Schulen kommen auch Arme und Schwarze, namentlich Frauen, in Kontakt mit Praktiken und Vorstellungen der Privattherapie. Wesentlich mehr Frauen als Männer befinden sich in Privattherapie, sowohl in Privatpraxen wie in Ambulanzen.

Für die meisten Frauen stellt die (mittelschichtorientierte) psychotherapeutische Situation bloß einen weiteren Fall von ungleicher Beziehung dar, eine weitere Gelegenheit, dafür belohnt zu werden, daß sie von ihrer Not berichten, und sich «helfen» zu lassen, indem sie sich der Herrschaft eines «Fachmannes» ausliefern. Sowohl die Psychotherapie wie die Mittelschicht der Weißen isolieren die Frauen voneinander; beide streben individuelle statt kollektive Lösungen für das Unglücklichsein der Frauen an; beide beruhen auf der Hilflosigkeit und Abhängigkeit der Frau von einer stärkeren männlichen Autoritätsperson; beide können in der Tat als Neuauflage der Beziehung des kleinen Mädchens zu ihrem Vater in einer patriarchalischen Gesellschaft gesehen werden; beide kontrollieren und unterdrücken die Frauen auf ähnliche Weise – und sind dabei jedoch gleichzeitig die beiden sichersten (anerkanntesten und gebräuchlichsten) Häfen für die Frauen der Mittelschicht in einer Gesellschaft, die ihnen wenige Alternativen – falls überhaupt welche – bietet.

Sowohl die Psychotherapie wie die Ehe ermöglichen es den Frauen, ihren Zorn auszudrücken und zu entschärfen, indem sie diesen als eine Art emotionaler Krankheit erleben und ihn in hysterische Symptome umsetzen: in Frigidität, chronische Depression, Phobien usw. Jede Frau glaubt als Patientin, ihre Symptome seien einmalig und allein ihre Schuld: Sie sei eben «neurotisch». Sie erwartet vom Psychotherapeuten, was sie von ihrem Ehemann erwartet – und oft nicht bekommt: Aufmerksamkeit, Verständnis, Güte und Erleichterung, eine *persönliche Lösung* – in den Armen des richtigen Mannes, auf der Couch des richtigen Therapeuten. Die Institutionen der Therapie und der Ehe spiegeln einander nicht nur wider, sie stützen einander. Dies ist wahrscheinlich kein Zufall, sondern vielmehr ein Ausdruck des Interesses der amerikanischen Wirtschaft an einer allgemeinen geographischen und psychischen Mobilität: Junge, gesellschaftlich aufsteigende «Paare» müssen «überleben» und mehr oder weniger intakt bleiben, von einem fremden, anonymen Stadtteil zum anderen ziehen, während sie die Funktionen der Sozialisation der Kinder und des Geldverdienens erfüllen. Die meisten Therapeuten haben ein sehr konkretes finanzielles und psychologisches Interesse am Supremat der Kleinfamilie. Die meisten Ehemänner möchten, daß ihre Frau «eine gute Figur macht» oder zumindest nicht den Kreis männlicher Pflichten und Vergnügungen stört und ihr Gewissen belastet.

Die Institution der Psychotherapie dient vielen Frauen dazu, ihre Ehe zusammenzuhalten oder sie aufzugeben, um eine bessere Ehe einzugehen. Besonders junge und unverheiratete Frauen sehen in der Psychotherapie ein Mittel, um zu lernen, wie man einen Mann einfängt – sie üben es mit dem Therapeuten. Frauen verbringen in den therapeutischen Sitzungen wahrscheinlich mehr Zeit mit Gesprächen über ihre Ehemänner oder Freunde – oder deren Fehlen – als mit Gesprächen über ihren Mangel an unabhängiger Identität oder über ihre Beziehungen zu anderen Frauen.

Die Institutionen sowohl der Psychotherapie wie der Ehe ermuntern Frauen der Mittelschicht zu reden – oft endlos –, statt zu handeln (außer in ihren gesellschaftlich vorgeformten Rollen als passive Frauen oder Patientinnen). In der Ehe hat das Reden meist einen eher indirekten und unartikulierten Charakter. Offene Wutausbrüche sind für die isolierten und ökonomisch abhängigen Frauen zu gefährlich und wirkungslos. Solche «Küchen»-Erklärungen enden meist mit Tränen, Selbstbezichtigungen und der galanten Zustimmung des Ehemannes, daß sie «außer sich» gewesen sei. Selbst ein einfaches – aber ernsthaftes – Gespräch können die meisten Ehefrauen gewöhnlich nicht führen, wenn mehrere Männer einschließlich ihres Gatten daran teilnehmen. Die Ehefrauen reden miteinander oder hören schweigend zu, während die Männer reden. Sehr selten, wenn überhaupt, hören Männer schweigend zu, wenn eine Gruppe von Frauen redet. Selbst wenn mehrere Frauen miteinander sprechen und nur ein einziger Mann dabei ist, wird der Mann den Standpunkt der Frauen mehr oder weniger geduldig in Frage stellen, um schließlich das Gespräch von einer überlegenen Position aus unter seine Kontrolle zu bringen.

In der Psychotherapie wird die Patientin ermutigt – ja direkt aufgefordert – zu reden, von einem Therapeuten, der überlegen und objektiv ist oder sein soll. Man kann annehmen, daß dieser das, was die Patientin sagt, durch ein subtiles System von Belohnungen (durch seine Aufmerksamkeit, seine Interpretationen usw.) bzw. durch das Vorenthalten solcher Belohnungen letzten Endes kontrolliert – aber letzten Endes nur insofern kontrolliert, als er sie mit der weiblichen Rolle auszusöhnen versucht, das heißt, indem er sie dazu bringt, ihr Bedürfnis nach Liebe zuzugeben, zu akzeptieren und zu «lösen». Ein solches Akzeptieren des menschlichen Bedürfnisses nach anderen Menschen oder schlicht nach «Liebe» heißt jedoch etwas ganz anderes, wenn Frauen ohnehin schon die «Akzeptierenden», Männer dagegen die «Sich-Verweigernden» unserer Kultur sind. Dieses Akzeptieren wird weiter kompliziert durch die ökonomische Natur des weiblichen Bedürfnisses nach «Liebe».

Bisher hat der Psychotherapeut die objektiven Fakten der Unterdrückung der Frau ignoriert. So führt die Patientin in keiner Hinsicht ein «echtes» Gespräch – weder mit ihrem Mann noch mit dem Therapeuten. Wie sollte es auch möglich sein, mit denjenigen ein «echtes» Gespräch zu führen, die direkt von ihrer Unterdrückung profitieren? Sie würde ausgelacht, als dumm oder verrückt angesehen und, wenn sie darauf bestünde, ihren «Job» als Sekretärin oder Ehefrau, vielleicht sogar als Privatpatientin verlieren.

Das Gespräch mit dem Psychotherapeuten ist deshalb indirekt, weil es die Frau nicht – unmittelbar oder später – zu einer auf der Realität basierenden Konfrontation mit sich selbst zwingt. Es ist auch daher indirekt, weil Worte – alle Worte – erlaubt sind, solange bestimmte folgenreiche Handlungen unterbleiben, wie beispielsweise das Nichtbezahlen der Rechnungen.

Die private Psychoanalyse ist nach wie vor eine Ware, die jenen Frauen vorbehalten bleibt, die sie kaufen können, das heißt den Frauen, deren Väter, Ehemänner oder Freunde ihnen dafür zahlen helfen können. Wie der kalvinistische Auserwählte sind diejenigen Frauen, die sich die Behandlung *leisten* können, ohnedies schon «gerettet». Selbst wenn sie niemals glücklich, niemals frei sind, werden sie sich hüten, gegen ihre psychologische und ökonomische Abhängigkeit vom Mann zu rebellieren. Ein Blick auf die Situation ihrer weniger privilegierten (armen, schwarzen, älteren und/oder unverheirateten) Schwestern genügt, um sie zum Schweigen und zu mehr oder weniger dankbarer Anpassung zu bringen. Die weniger privilegierten Frauen haben keine wirkliche oder psychologische Seide, die sie über ihr Unglücklichsein drapieren, unter der sie es verbergen können; sie haben niemanden, über den sie sich erhaben fühlen können. Wenn sie die Wände anstarren, in ihren Fabriken, Büros, Bordellen, Gettowohnungen und Irrenanstalten, müssen sie unbedingt zu dem Schluß kommen, daß das «Glück» in Amerika käuflich ist – aber zu einem Preis, den sie sich nicht leisten können. Sie sind arm.

Bedenkt man die traditionelle und gegenwärtige Ideologie der Psychologie, was die Frau betrifft, und/oder des patriarchalischen Charakters der *Institution*, die sie praktiziert, so stellt sich die Frage, wie sich Frauen diesen Ideologien und Institutionen gegenüber verhalten sollen. In welcher Hinsicht kann die Therapie den Frauen überhaupt «helfen»? Können weibliche Therapeuten Frauen besser helfen als männliche? Können feministische oder «radikale» Therapeuten bzw. Therapeutinnen besonders gut oder schnell helfen? Ist eine Methode, die auf Übertragung oder auf der Auflösung eines ödipalen Konflikts beruht – das heißt auf der Romantisierung eines Modells der Sexualität, das Vergewaltigung, Inzest und Fortpflanzung in den Mittelpunkt stellt –, geeignet, Frauen von diesem sexuellen Modell abzubringen? Welche neuen «Heilmethoden» können sich aus einer feministischen Analyse der menschlichen Psychologie ergeben?

Es gibt heute eine Anzahl von Klinikern – «Radikale» oder «Feministen» –, die den Frauen «helfen» möchten.(46) Viele teilen noch die Vorurteile ihres Berufsstandes und unserer Gesellschaft gegen-

(46) Die Ansichten der heutigen Kliniker über den Feminismus werden im Kapitel 9 erörtert.

über dem Feminismus und die natürliche Ambivalenz und Verwirrung darüber. Viele solcher Kliniker versuchen, neue Konzepte zu entwickeln, die zu neuen Methoden führen werden. Viele Kliniker versuchen, zu den ursprünglich revolutionären Implikationen der Freudschen Psychoanalyse zurückzukehren. Und nach wie vor suchen viele Frauen, entschiedene Feministinnen ebenso wie Antifeministinnen, «Hilfe» irgendwelcher Art. Ich möchte den Patienten ebenso wie den Klinikern einige meiner Gedanken dazu mitteilen.

Zunächst sind die «radikalen» Kliniker nicht die nihilistischen und extremistischen Heißsporne, für die ihre hysterischen Kritiker sie halten. Es ist eine Gruppe vorwiegend junger, weißer, der Mittelschicht entstammender Männer, die an die Reformierbarkeit der Gesellschaft und die Bedeutung des Individuums glauben. (Dagegen ist nichts einzuwenden.) Die Gruppe verfügt über wenig Macht und gibt sich deshalb häufig einem unreflektierten und unpraktischen Idealismus hin. Nicht selten sind sie ideologisch ebenso unflexibel wie Gruppen des Establishments. «Radikale» Projekte wie therapeutische Kommunen und Behandlungszentren für Ausgeflippte sind meist kurzlebig und wirken bestenfalls lindernd, solange sich nicht die mächtigeren gesellschaftlichen Kräfte (auf die die Kliniker wenig Einfluß haben) ändern.(47)

Inwieweit Einsichten imstande sind, Veränderungen im Verhalten und im Gefühlsleben zu bewirken, ist eine Frage, die ebenso wie die nach den Wirkungen von Ideen auf den Verlauf der Geschichte eher durch Vermutungen und Erfahrungen als durch wissenschaftliche Beweise beantwortet wird. «Politische» Einsicht in die eigene Unterdrückung zu erlangen ist ebensowenig ein Schlüssel, der automatisch das Tor zum Paradies auf Erden öffnet, wie Selbsterkenntnis das persönliche Glück garantiert. Von Gruppen definierte und gewonnene Einsichten oder «alternative» Arbeits- und Lebensformen können sich als ebenso anfällig gegenüber früherer Konditionierung oder Umweltkräften erweisen wie individuelle Lösungen. Die Realität läßt sich leider nicht so leicht bewältigen oder wegzau-

(47) Ein anderes Paradoxon oder eine andere Gefahr, die radikalen ebenso wie anderen psychiatrischen Massenprojekten droht, liegt darin, daß sie die Befriedigung menschlicher Grundbedürfnisse nach Sicherheit und Kommunikation als «Therapie» ansehen und vergessen, daß es sich um natürliche menschliche Bedürfnisse – und Rechte – handelt.

bern, weder von den tragischen Ideologien, etwa den Freudschen, christlichen oder liberalen Mythen, noch von optimistischen Ideologien wie den Reichschen, heidnischen oder «radikalen» Mythen. Menschen und gesellschaftliche Strukturen ändern sich langsam, falls überhaupt. Die Erben revolutionärer Veränderungen sind zahlreicher als ihre Träger. Sehr wenige Menschen werden durch einen Mythos verändert, solange dieser nicht der Rechtfertigung einer etablierten neuen Ordnung dient. Die meisten beschränken sich darauf, einfach dem neuen Mythos zu gehorchen, wie sie zuvor dem alten gehorchten.

Die Ideen und alternativen Strukturen einer «radikalen» oder feministischen Psychotherapie haben für mich etwas Aufregendes und zugleich Beunruhigendes. Ich weiß nicht, inwieweit die «Professionalisierung» beider Ideologien zu einer Annäherung an einen «Hippie-Kapitalismus», zu einem begrenzten sozialen Reformismus oder gar zu einem Dogmatismus mit einer neuen Parteilinie führen würde. Für einen «helfenden» oder freiheitsliebenden Berufsstand, der «revolutionär» sein will, ergeben sich insofern Schwierigkeiten, als die Menschen nicht etwas freiwillig ausprobieren wollen, was ihnen nicht bereits schmackhaft gemacht wurde – und man sie auch nicht dazu zwingen sollte. Und die Aufgabe, Ideologien in Aktionen umzusetzen, stellt die radikalen und feministischen Therapeuten vor ebenso große Probleme wie die konservativen vor ihnen. Was zum Beispiel als Kind mit uns in der Familie geschehen ist, dürfte sehr schwer durch psychologische «Willensakte» abzuschütteln sein, selbst in den besten *Peer-Group*-Strukturen, selbst durch die gewissenhaftesten «Abmachungen» zwischen Therapeut und Patient oder zwischen Gruppe und Individuum.

Kapitel 4

Die Karriere der Frau als psychiatrische Patientin

Die Behauptung, daß sich Femininität aus zwangsläufig frustrierter Männlichkeit entwickelt habe, macht Femininität zu einer Art normalen Pathologie.

Judith Bardwick [1]

Beim Vergleich absoluter Zahlen aus zwei separaten Populationen müssen wir uns immer fragen, ob auftretende Unterschiede nicht etwa auf unbeabsichtigte methodische Differenzen zurückzuführen sind, die sich eingeschlichen haben. Dieser Zweifel verstärkt sich, wenn die betreffenden Populationen kulturelle und ökonomische Unterschiede aufweisen. Treten in der Population x beispielsweise mehr Fälle auf als in der Population y, weil die Kultur x mehr Fälle hervorbringt, oder weil die Kultur x die angewandten Kriterien und Methoden beeinflußt, so daß fälschlich eine größere Anzahl von Fällen verzeichnet wird? Mit anderen Worten, wenn sich zwei Populationen in ihren soziokulturellen Bedingungen maßgeblich unterscheiden, so können diese Unterschiede effektiv bewirken, daß jedem Versuch, Fälle zu zählen, in den verschiedenen Kulturen verschiedene Indikatoren zugrunde gelegt werden.

Dorothy C. Leighton [2]

Da Kliniker und Forscher ebenso wie ihre Patienten und Versuchspersonen von einem männlichen Standard seelischer Gesundheit ausgehen, werden Frauen per definitionem als psychisch geschädigt angesehen – ob sie die weibliche Rolle nun akzeptieren oder ablehnen –, einfach weil sie Frauen sind. Daher ist es nicht überraschend, daß die meisten Untersuchungen einer nichthospitalisierten Bevölkerung bei Frauen mehr «Neurosen» und «Psychosen» verzeichnen als bei Männern, häufig unabhängig von Familienstand, Alter, Rasse, sozialer Schicht(1) oder Nationalität(2). In der Zeit von 1950 bis 1970 galten Frauen in Amerika, England, Kanada und Schweden objektiv als «gestörter» als Männer und empfanden sich auch subjektiv so. Aus einer Studie, die 1970 vom U. S. Department of Health, Education and Welfare[3] veröffentlicht wurde, geht hervor, daß sowohl unter der weißen wie unter der schwarzen Bevölkerung Amerikas mehr Frauen als Männer *angaben*, Nervenzusammenbrüche erlitten oder das Gefühl eines bevorstehenden Nervenzusammenbruchs gehabt zu haben sowie unter Antriebsschwäche und Schwindelanfällen zu leiden. Sowohl schwarze als auch weiße Frauen berichteten über folgende Symptome häufiger als Männer: Nervosität, Schlaflosigkeit, Zittern der Hände, Alpträume, Ohnmachtsanfälle und Kopfschmerzen (siehe Tabelle 2, S. 115). Weiße Frauen, die noch nie verheiratet waren, gaben weniger Symptome zu Protokoll als weiße verheiratete oder getrennt lebende Frauen.

Beschreibung: Diese Untersuchung wurde 1960–1962 an Hand einer repräsentativen Umfrage von 7710 Personen durchgeführt, die stellvertretend für die 111 Millionen Erwachsenen der amerikanischen nichthospitalisierten Zivilbevölkerung im Alter von 18–79 Jahren ausgewählt wurden. Die angeführten Symptomraten sind hochgerechnete Prozentsätze für die Gesamtbevölkerung.
Nach: Harold J. Dupuy, Arnold Engel, Briand K. Devine, James Scanlon und Linda Querec: *Selected Symptoms of Psychological Distress*. Bevölkerungs- und Gesundheitsstatistiken. U. S. Department of Health, Education and Welfare. Public Health Service. Health Services and Mental Health Administration. August 1970.

Diese Ergebnisse stimmen im wesentlichen mit einer früheren Studie überein, die 1960 von der Joint Commission on Mental Health and Illness[4] veröffentlicht wurde. Die Kommission hatte bei der Untersuchung nichthospitalisierter amerikanischer Erwachsener folgendes ermittelt:

1. Auf allen Gebieten des Zusammenlebens berichteten Frauen über größere Schwierigkeiten und mehr «Symptome» als Männer.

(1) Psychologen und Soziologen haben die Frauen stets der gleichen Schicht zugerechnet, der ihre Männer und Väter angehören. Diese Zuordnung ist weder vom psychologischen noch vom wirtschaftlichen Standpunkt aus richtig.

(2) Innerhalb der westlichen Welt.

Frauen litten häufiger unter Störungen in der allgemeinen Anpassung, in ihrer Selbsteinschätzung und in ihren ehelichen und elterlichen Funktionen. Der Unterschied zwischen den Geschlechtern ist in den jüngeren Altersgruppen am ausgeprägtesten.

2. Das Gefühl eines bevorstehenden Nervenzusammenbruches ist bei geschiedenen und getrennt lebenden Frauen häufiger als bei jeder anderen Gruppe beider Geschlechter.

3. Unverheiratete (gleichgültig ob ledig, geschieden, getrennt lebend oder verwitwet) sind psychisch anfälliger als Verheiratete.(3)

4. Es gab zwar keinen Unterschied zwischen den Geschlechtern in bezug auf die Häufigkeit, mit der über das Gefühl des «Unglücklichseins» berichtet wurde, doch klagten Frauen häufiger über Sorgen, Angst vor Zusammenbruch und das Bedürfnis nach Hilfe.

Dr. Dorothy Leighton et al.[7] stellten 1963 in einer Untersuchung Englisch und Französisch sprechender Kanadier fest, daß in den Jahren 1951 bis 1958 das Risiko «psychischer Störungen» für Frauen – in allen Altersgruppen zwischen 20 und 70 – größer war als für Männer und daß die Symptomatik mit dem Alter zunahm. Dr. Olle Hagnell fand 1947 und 1957 einen höheren Prozentsatz psychischer Störungen unter schwedischen Frauen als unter Männern.[8]

Der Doppelstandard seelischer Gesundheit (4) hat für die Frauen aber noch weit schlimmere Auswirkungen, als relativ ungünstige akademische Untersuchungsberichte zu produzieren. Nur einige der zitierten Studien gehen der Frage nach, wie viele der «psychisch

(3) Dieser Punkt ist sehr umstritten. Beispielsweise wurden in der *Midtown Manhattan Study* von Srole et al.[5] aus dem Jahre 1962, einer Untersuchung über die seelische Gesundheit der Einwohner Manhattans, bei ledigen Männern im Vergleich zu verheirateten mehr psychiatrische Symptome registriert als bei ledigen Frauen verglichen mit verheirateten. In den Kategorien der psychisch Geschädigten traten bei den Verheirateten keine Unterschiede zwischen den Geschlechtern auf. Aus dem Bericht des U. S. Department of Health, Education and Welfare von 1970 geht ebenfalls hervor, daß ledige weiße Frauen der Gesamtbevölkerung weniger über «psychologische Nöte» klagen als verheiratete oder getrennt lebende weiße Frauen. Hagnell fand in seiner Untersuchung einer schwedischen Population[6] bei verheirateten Frauen eine höhere Quote psychischer Störungen als bei ledigen. Vielleicht verhalten sich ledige und berufstätige Frauen in gewisser Hinsicht eher wie Männer als verheiratete Frauen: Als solche werden sie als «gesund» betrachtet – aber nur bis zu einem bestimmten Punkt.

(4) Zusammen mit der Misogynie der Gesellschaft, der Hilfsbedürftigkeit und dem Hang, über Schwierigkeiten zu klagen, die der weiblichen Rolle immanent sind.

Tabelle 2: Prozentuale Anteile von Symptomen bei Männern und Frauen nach Alter und Rasse: Eine Untersuchung des National Institute of Mental Health

Symptom und Geschlecht	Insges. 18-79 Jahre	Alter							Rasse	
		18-24 Jahre	25-34 Jahre	35-44 Jahre	45-54 Jahre	55-64 Jahre	65-74 Jahre	75-79 Jahre	Weiße	Neger
Nervenzusammenbruch										
Männer	3,2	1,3	1,8	3,5	3,0	5,4	5,4	1,5	3,2	2,8
Frauen	6,4	1,0	3,6	5,0	7,3	12,7	10,7	13,1	6,0	10,4
Gefühl eines bevorstehenden Nervenzusammenbruchs										
Männer	7,7	6,9	7,4	8,6	11,7	6,4	3,1	2,2	7,7	8,2
Frauen	17,5	14,6	21,6	19,3	18,8	14,5	13,8	10,2	17,8	16,1
Nervosität										
Männer	45,1	43,5	47,5	51,9	48,1	37,7	36,6	30,2	47,2	31,3
Frauen	70,6	61,4	74,4	75,0	72,5	72,6	62,9	65,6	73,2	55,2
Antriebsschwäche										
Männer	16,8	17,2	16,1	17,6	16,3	16,9	18,2	12,1	16,9	17,1
Frauen	32,5	31,0	34,0	35,2	31,1	29,7	31,9	35,6	33,1	29,5
Schlaflosigkeit										
Männer	23,5	20,4	16,7	20,8	26,8	27,0	35,9	26,5	24,1	20,4
Frauen	40,4	28,0	33,5	33,7	42,8	53,8	59,0	51,0	40,9	38,9
Händezittern										
Männer	7,0	7,6	6,5	5,4	5,7	8,8	10,0	8,5	6,9	7,1
Frauen	10,0	10,4	12,2	12,1	10,6	9,3	9,2	13,0	10,6	12,3
Alpträume										
Männer	7,6	5,7	9,4	7,7	7,7	8,2	5,8	6,5	6,9	13,0
Frauen	12,4	12,8	15,8	14,7	9,9	7,5	11,6	11,8	12,3	14,3
Schwitzende Hände										
Männer	17,0	23,2	24,9	17,7	14,7	11,0	7,9	3,0	17,0	16,8
Frauen	21,4	28,6	27,7	24,2	19,6	15,0	9,2	5,9	22,2	16,0
Ohnmachten										
Männer	16,9	17,6	15,7	15,7	18,1	17,3	17,8	17,2	17,5	13,8
Frauen	29,1	28,5	33,2	29,9	27,0	26,2	29,7	24,8	30,4	20,5
Kopfschmerzen										
Männer	13,7	13,0	12,8	13,8	15,2	15,6	11,3	10,0	13,8	11,9
Frauen	27,8	24,0	31,6	29,6	29,5	25,9	24,2	19,3	27,5	30,9
Schwindelanfälle										
Männer	7,1	6,3	3,0	5,0	7,6	10,7	12,8	14,3	6,9	9,2
Frauen	10,9	8,4	9,5	8,5	10,1	14,3	16,9	16,6	10,3	15,7
Herzklopfen										
Männer	3,7	3,3	2,0	2,1	3,9	7,2	6,4	1,5	3,6	4,8
Frauen	5,8	1,7	3,1	4,7	6,2	9,7	10,4	14,8	5,7	6,4
Mittelwert der Skala*										
Männer										
Weiße	1,70	1,72	1,70	1,72	1,78	1,69	1,66	1,19	1,70	–
Neger	1,55	1,25	1,03	1,37	1,79	1,87	2,23	2,99	–	1,55
Frauen										
Weiße	2,88	2,61	3,07	2,93	2,89	2,86	2,82	2,80	2,88	–
Negerinnen	2,65	1,91	2,61	2,60	2,52	3,27	3,79	2,62	–	2,65

*Skala: 0 bis 11

gestörten» Frauen sich in psychiatrischer oder psychologischer Behandlung befinden.

Zahlreiche Faktoren wurden bereits erörtert, die auf eine starke Frequenz psychiatrischer Einrichtungen durch Frauen schließen oder sie vorhersagen lassen. Dazu zählt die reale Unterdrückung der Frau – die Verzweiflung und Unglücklichsein zur Folge hat; die konditionierte weibliche Rolle der Suche nach Hilfe und Klage über Schwierigkeiten – die natürlich ebenso zur «Karriere als Patientin» wie zu offener oder verdeckter Bestrafung eines solchen wenig geschätzten Verhaltens führt; der Doppel- bzw. männliche Standard seelischer Gesundheit, der von den meisten Klinikern angewandt wird – und demzufolge die leidende (oder jede) Frau als «krank» angesehen wird, gleichgültig, ob sie wesentliche Aspekte der weiblichen Rolle akzeptiert oder ablehnt(5); die relativ geringe gesellschaftliche Toleranz gegenüber «inakzeptablem» Verhalten von Frauen – was zu einem relativ starken gesellschaftlichen und psychischen Druck führt, sich entweder anzupassen – oder als neurotisch oder psychotisch zu gelten; das Bedürfnis der Frau nach gelegentlichen Ferien von der weiblichen Rolle, wobei jedoch unbedingt ihr Bedürfnis nach Vertrauen und Zuwendung befriedigt werden müßte; und schließlich der «weibliche» Charakter der psychotherapeutischen und psychiatrischen Einrichtungen – der zur Folge hat, daß diese von Frauen leichter akzeptiert werden als von Männern. Es gibt noch weitere Faktoren, die eine umfangreiche und noch anwachsende weibliche psychiatrische Population erwarten lassen. Beispielsweise hat die höhere Lebenserwartung der Frauen zusammen mit der relativen Verkürzung der der Kindererziehung gewidmeten Jahre (und der Betonung weiblicher Jugend) zur Folge, daß viele Frauen relativ früh «arbeitslos» werden; hinzu kommt, daß auf Grund der Diskriminierung der Beschäftigung außer Hause, der ungenügenden beruflichen Ausbildung und Möglichkeiten die meisten Frauen aller Altersstufen «arbeitslos» sind – und somit nur

(5) Männer werden gemeinhin nicht als «krank» angesehen, wenn sie die männliche Rolle voll ausleben – es sei denn, es handle sich um relativ machtlose Aspiranten der «Männlichkeit». Frauen dagegen werden als «krank» betrachtet, wenn sie die weibliche Rolle ausleben (das heißt deprimiert, untüchtig, frigid und ängstlich sind), aber auch, wenn sie diese ablehnen (das heißt feindselig, erfolgreich und sexuell aktiv, besonders gegenüber anderen Frauen, sind).

wenige Alternativen zum häuslichen Leben haben.

Die in den Tabellen 4 bis 9 angeführten Daten und das im Anhang enthaltene statistische Material belegen das Überwiegen weiblicher Patienten in den psychiatrischen Einrichtungen Amerikas, eine Tendenz, die seit 1964 geradezu dramatisch zunimmt. Die Gesamtzahl der Frauen in psychiatrischer Behandlung (einschließlich der vorwiegend von Männern frequentierten Institutionen der Veterans Administration) erhöhte sich von 479 167 im Jahr 1964 auf 615 112 im Jahr 1968. Während sich 1964 nur 1079 mehr Frauen als Männer in psychiatrischer Behandlung befanden, waren es 1968 schon 50363.(6)[9] (Siehe Tabellen 4 und 5) In den sechziger Jahren bestand die Mehrzahl der Patienten in privater Psychotherapie aus erwachsenen Frauen; dasselbe gilt für die psychiatrischen Abteilungen an Allgemeinen Krankenhäusern, die Privatkliniken, die öffentlichen psychiatrischen Ambulanzen und die Community Mental Health Centers.[10] Im Jahr 1968 waren beispielsweise 60 Prozent der Patienten in den psychiatrischen Abteilungen an Allgemeinen Krankenhäusern, 61 Prozent der Patienten in den privaten Nervenkliniken und 62 Prozent der ambulant Behandelten erwachsene Frauen. Im gleichen Jahr waren 50 Prozent aller Patienten der Landes- und Bezirkskrankenhäuser Frauen aller Altersstufen. In den Jahren 1964 bis 1968 wurden in allen psychiatrischen Einrichtungen 125 351 mehr Frauen als Männer behandelt. Zwischen 1950 und 1968 waren 223 268 mehr Frauen (darunter viele «alte») als Männer in Landes- und Bezirkskrankenhäusern hospitalisiert (siehe die Tabellen 4, 5 und 7).

Die «Karriere» der Frau als psychiatrische Patientin ist generell durch häufige und wiederholte Hospitalisierungen von relativ langer Dauer gekennzeichnet.[11] Es spricht einiges dafür, daß bei gleicher Diagnose Frauen länger festgehalten werden und früher sterben als Männer und daß die langfristig Verwahrten «weibliche» Eigenschaften aufweisen.[12] Im Jahr 1971 wurden zwar mehr Män-

(6) Obwohl es in der amerikanischen Gesamtbevölkerung mehr Frauen als Männer gibt, ging in den Jahren 1964 bis 1968 die Zahl der psychiatrisch behandelten Frauen prozentual weit über diesen Überschuß hinaus. Viele der «überzähligen» Frauen werden als «geisteskrank» stigmatisiert und ohne viel Rechtfertigung und ohne wirksame Möglichkeiten einer Rehabilitation eingesperrt.

ner als Frauen in die Landes- und Bezirkskrankenhäuser eingewiesen, die Frauen mußten jedoch längere Zeit bleiben – insbesondere Frauen über 35.

In Amerika scheint die «Karriere» als psychiatrische Patientin einem bestimmten Muster zu folgen und zwar was Alter, Familienstand, Schichtzugehörigkeit, Rasse und ganz sicher auch die «Attraktivität» (letzteres ist freilich schwer zu dokumentieren) betrifft.(7) 1968 versorgten die psychiatrischen Abteilungen an Allgemeinkrankenhäusern und die Ambulanzen die meisten Patienten, die Landes- und Bezirkskrankenhäuser weniger(8) und die Privatkliniken weitaus die wenigsten Patienten (siehe Tabelle 5). Betrachtet man diese vier Institutionen in den Jahren 1966 bis 1968, so läßt sich in den Ambulanzen – was das Alter betrifft – bei Frauen die stärkste Konzentration in der Altersgruppe der Zwanzig- bis Vierunddreißigjährigen feststellen. Kadushin konnte ermitteln, daß von allen Patienten in Privattherapie, die er überprüfte, «die jungen Hausfrauen die meisten Beschwerden hatten».[14] Die Jahre von 20 bis 34 sind bei der Frau die «schönsten» und die gebärfähigen Jahre. Selbst wenn die Frauen in diesen Jahren «unglücklich» sind oder niedrige Funktionen erfüllen, so sind sie doch durch ihre Erziehungsaufgaben und/oder ihr jugendliches Aussehen in die patriarchalischen Einrichtungen der «Außenwelt», wie die Ehe und die private Psychotherapie, voll integriert. In den allgemeinen und privaten Krankenhäusern, Institutionen, in denen Frauen als psychiatrische Patientinnen überwiegen, ist die Altersgruppe der Fünfund-

(7) Die anderen Faktoren wie Rasse, Schicht, Familienstand usw. werden im Anhang ausführlich erörtert. Es ist auch wichtig, sich vor Augen zu halten, daß sich viel mehr Menschen wegen «Geistesstörungen» als wegen «Schwachsinn» in Verwahrung befinden – (letzteres ist ein genetisches und biologisches Phänomen von verhältnismäßig gleichbleibender Häufigkeit). Geistige oder psychische Störungen sind dagegen vorwiegend kulturell bedingt und nehmen zeitweilig zu oder ab. Die Zahl der wegen «Geistesstörungen» verwahrten Personen liegt in Amerika übrigens höher als die Zahl der Strafgefangenen (siehe Anhang, S. 301).

(8) Der Rückgang der Patienten in den Landeskrankenhäusern ist auf die zunehmende Verwendung von Pharmadrogen und auf die Ausweitung der Community Mental Health Center (CMHC) zurückzuführen, über die noch kein ausreichendes Zahlenmaterial vorliegt. Aus einem Bericht des National Institute of Mental Health (NIMH) geht hervor, daß 1969 die Patienten der CMHC in allen Altersgruppen überwiegend Frauen waren.[13]

dreißig- bis Vierundvierzigjährigen am stärksten vertreten.(9) Die weißen und/oder wohlhabenden Frauen in den Privatkliniken, die schwarzen und/oder armen Frauen in den psychiatrischen Abteilungen an den Allgemeinkrankenhäusern reagieren in gleicher Weise auf ihre Überarbeitung und paradoxerweise auf die ersten Anzeichen ihrer «Entbehrlichkeit» als Sexualobjekt und Mutter. Die in den Krankenhäusern durchgeführte Therapie (via Pillen, Schockbehandlung und Demütigung) soll ihnen als Warnung dienen, mit ihrem Protest gegen diese Situation so zurückhaltend wie möglich zu sein. Fahren sie jedoch fort, über ihre Lage «deprimiert» zu sein oder mit «Feindseligkeit» zu reagieren, so erwarten sie wiederholte oder längere Aufenthalte in privaten und allgemeinen Krankenhäusern. Die Landes- und Bezirkskrankenhäuser schließlich fungieren als letzter Abladeplatz für «alte» Frauen. 32 Prozent aller dort 1968 internierten Patientinnen waren älter als 65 (siehe Tabelle 7).

Die «Karriere» der Frau als psychiatrische Patientin bedarf einer näheren und gründlicheren Analyse, als dies an Hand von Statistiken und auf kleinen Stichproben beruhenden Untersuchungen möglich ist. Daher wollte ich direkt mit Frauen über ihre Erfahrungen als Patientinnen sprechen. Es interessierte mich, wie die aus den nationalen Statistiken ablesbaren «Karrieren» an der Wurzel des Übels, das heißt bei den Betroffenen selbst, aussehen. Ich wollte darüber hinaus prüfen, inwieweit mein theoretischer Ansatz zum Problem «Wahnsinn» den wirklichen Umständen entspricht, die zur psychiatrischen Behandlung oder Hospitalisierung führen. Schließlich ging es mir auch darum, festzustellen, wie viele der vorherrschenden Vorurteile bei Klinikern, die ich in Kapitel 3 beschrieben habe, spontan von «naiven» Frauen geäußert wurden.

(9) Das gleiche gilt zwar auch für Männer, das heißt, Männer zwischen fünfunddreißig und vierundvierzig stellen die größte Gruppe in den allgemeinen Krankenhäusern: Aber *noch* liegt die Zahl der männlichen psychiatrischen Patienten auch in dieser Altersgruppe signifikant unter der der Frauen.

Die Interviews

Unser Zusammenleben mit Männern ist meist eine dramatische, ja theatralische Angelegenheit. Wir «spielen» Frau; wir ziehen uns an wie Mama – Papa zuliebe; wir sind immer auf der Bühne, bemüht, eine Frau darzustellen, die wir nicht sind – eine «schöne» Frau, eine «glückliche» Frau, eine materiell gutgestellte Frau.

Unser Zusammenleben mit Frauen ist im allgemeinen weniger dramatisch. Das «Spiel», bedauerlich oder nicht, ist seit langem aus. Wir reden mehr mit Frauen. Den Männern fehlt es an Zeit, an Interesse oder an der Fähigkeit, sich an «Frauengesprächen» zu beteiligen – die nie irgendwo «hinzuführen» scheinen und oft «sinnlos» sind. Dialoge, Worte, Interviews zwischen Frauen enthüllen deshalb mehr über die Situation der Frau als Testergebnisse oder Statistiken.

Von November 1970 bis Juni 1971 sprach ich mit 60 Frauen zwischen 17 und 70 über ihre Erfahrungen in Privattherapie und in Nervenheilanstalten. Insgesamt gesehen umfaßten ihre Erfahrungen mehr als ein Vierteljahrhundert (von 1945 bis 1971) und den nordamerikanischen Kontinent (von Rhode Island bis Kalifornien).(10) Die Mehrzahl dieser Erfahrungen wurden in den Großstädten der Staaten New York, New Jersey, Illinois und Kalifornien gemacht.

Die Interviews fanden in zwangloser Atmosphäre entweder in meiner Wohnung oder in der meiner jeweiligen Gesprächspartnerin statt, bei vielen Tassen Kaffee, oft saßen wir mehr als einmal beisammen. Sofern Spontaneität und gutes Einvernehmen nicht darunter litten, nahm ich sie auf Tonband auf. Selbstverständlich beantwortete ich alle Fragen, die mich selbst und die Gründe, weshalb ich diese Interviews überhaupt machte, betrafen, ja ermutigte meine Dialogpartnerinnen sogar zu solchen Fragen. Ich folgte einem einheitlichen Fragebogen, der aber meist nicht sorgfältig ausgefüllt wurde (weder von mir noch von den Interviewten). Statt dessen diskutierten wir lieber alle Einzelheiten aus. Ich beteiligte mich sehr aktiv an den Gesprächen und nahm auch spätestens nach einer Stunde offen und manchmal kritisch zu dem Gesagten Stellung.

(10) Zwei Frauen waren auch in England in Privattherapie und in Nervenheilanstalten gewesen.

Ich traf auf verwandte und weniger verwandte Geister; es kam zu zahlreichen nächtlichen Telefongesprächen, manche erschöpfend und deprimierend. Hoffnung mischte sich oft mit Humor, beispielsweise, als eine Frau ganz erstaunt ausrief, sie erzähle mir da Sachen, die sie nicht einmal ihrem Therapeuten erzählen würde! Ich war gespannt wie ein Amateurdetektiv, wenn mir verschiedene Frauen vom *gleichen* Therapeuten oder Krankenhaus erzählten. Ohne es zu wissen, berichteten oft mehrere Frauen über ein und dieselben Erfahrungen, so daß ich mehrere Jahre im Leben eines bestimmten Therapeuten oder eines Krankenhauses rekonstruieren konnte. Besonders groß war meine Freude, als mehrere der Frauen, die zuerst gezögert hatten, mit mir allein zu sprechen, vier Monate später an psychiatrischen und psychologischen Fachkonferenzen in New York teilnahmen und dort ohne Scheu und sehr sachlich ihre Empörung über ihre Erfahrungen äußerten.

Häufiger freilich war ich in diesen Monaten einfach nur traurig, empört, hilflos und voller Schuldgefühle. Ich erinnere mich, wie ich mit einer Frau darüber stritt, ob sie nun «verrückt» sei oder nicht: Nach sechs Jahren Therapie und zwei Krankenhausaufenthalten meinte sie, es zu sein, ich aber war anderer Meinung. Allmählich brachte sie die Erinnerung an ausgestandene Ängste zum Schweigen, und allmählich ließ sie sich von mir umstimmen – von *Dr.* Chesler natürlich.(11) Eine einsame, unverheiratete Frau konnte ich vor der Anstaltseinweisung bewahren. Danach wollte sie verständlicherweise «einige Zeit» mit mir zusammen leben. Ich bot ihr Geld und andere zeitweilige Hilfe an. Sie lehnte ab und ließ sich nie wieder blicken. Immer wieder baten mich Frauen, ihnen Rechtsanwälte, Ärzte, Anstellungen, Wohnungen, Therapeuten und Babysitter zu beschaffen. Meistens konnte ich ihnen nicht helfen. Ich bin meinem Temperament und daher auch meiner ideologischen Überzeugung nach keine Sozialarbeiterin. Meine Schwächen und Stärken sind die einer Intellektuellen und Künstlerin, nicht die einer «Krisenmanagerin» oder einer revolutionären Organisatorin. Was die-

(11) Möglicherweise trat diese Art von «Experimentiereffekt» *überall* in den Interviews auf – ohne daß ich dessen gewahr wurde. Mein Bericht über die Interviews ist, wie jedes wissenschaftliche oder künstlerische Protokoll, so «wahrheitsgetreu», wie meine Sensibilität, Integrität und Grundprämissen dies zulassen.

sen Frauen jedoch mehr helfen würde als «Sozialarbeit» wäre der Rückhalt in einer gut ausgebauten feministischen Untergrundorganisation.

Es war nicht meine Absicht, diese bereits «überklassifizierten» Frauen noch einmal neu zu klassifizieren. Allerdings suchte ich sie ursprünglich nach fünf Erfahrungsbereichen aus:(12) 1. Frauen mit sexuellen Beziehungen zu ihrem Therapeuten (SBT-Frauen); 2. Frauen mit Aufenthalten in Nervenheilanstalten (NH-Frauen); 3. Lesbierinnen(13); 4. Farbige Frauen; 5. Feministinnen. Diese Kategorisierung war nicht einfach. Beispielsweise stellte sich, wenn ich mich mit einer bestimmten Lesbierin über ihre Erfahrungen in Privattherapie unterhielt, manchmal heraus, daß sie auch hospitalisiert gewesen war und sich inzwischen zu einer Feministin entwikkelt hatte. Einige farbige Frauen, Feministinnen und SBT-Frauen waren ebenfalls stationär behandelt worden. Da es sich um Frauen handelte, zogen sich ihre «psychiatrischen Karrieren» außerdem oft sehr lange hin.

In Tabelle 3, S. 125 werden diese fünf Gruppen und ihre psychiatrischen «Karrieren» unter verschiedenen Aspekten miteinander verglichen. Es sind 54 Frauen erfaßt.(14) Wie aus der Tabelle hervorgeht, beruhen die Durchschnittswerte einer bestimmten Variablen innerhalb jeder Erfahrungskategorie auf einer *unterschiedlichen* Zahl von Frauen. Nicht alle SBT-Frauen waren auch stationär behandelt worden (nur vier von ihnen gegenüber elf NH-Frauen); nicht alle Frauen hatten Erfahrungen mit weiblichen Analytikern usw. Daher wurden jeweils verschieden viele Frauen zur Errechnung von Durchschnittswerten in der jeweiligen Kategorie herangezogen. Ich entschloß mich deshalb, auf statistische Tests zu verzich-

(12) Bei diesen Frauen handelt es sich somit nicht um eine Zufallsstichprobe, sondern sie waren danach ausgewählt, daß sie bereits bestimmte Erfahrungen gemacht hatten.

(13) Die Bezeichnung «Lesbierin» ist problematisch: Sie identifiziert, ebenso wie das Wort Frau, eine Frau allein auf Grund ihrer sexuellen Aktivität. Leider ist der Ausdruck auch historisch negativ belastet. Viele Lesbierinnen halten es jedoch für ein durchaus «respektables» Wort – andere meinen, es sollte häufiger und in positiverem Sinn verwendet werden, um es zu einem solchen zu machen.

(14) Von den 60 Frauen, die ich ursprünglich interviewte, wurden fünf von ihren Therapeuten zu sexuellen Beziehungen aufgefordert, lehnten dies jedoch ab. Sie sind hier nicht angeführt. Eine farbige Frau, die Lesbierin war, aber keine Erfahrung mit privater Therapie hatte, blieb ebenfalls unberücksichtigt.

ten, doch gab es noch einen wichtigeren Grund: Die bedeutsamen Trends liegen offen zutage. Trends, die den aus den nationalen Statistiken ablesbaren entsprechen (es gibt deren mehrere), werden durch eine gezielte Erörterung der Interviews eher verständlich als durch weitere Statistiken. Auch bringt jede dieser 54 Frauen einen Kosmos an persönlicher Erfahrung ein – einen Kosmos, der ihr allein gehört. Was dieser Gruppe als Ganzes zugestoßen ist, hat absolute Bedeutung. Die Einzelerfahrungen dagegen entsprechen den oben und im Anhang zitierten Untersuchungen und Statistiken und konkretisieren sie.

Es gibt Formen von Rassismus in Amerika, die ebenso tiefverwurzelte, ebenso komplexe und absolut böse gesellschaftliche Faktoren darstellen wie die Diskriminierung eines Menschen auf Grund seines Geschlechts. Ich beschloß deshalb, die in Tabelle 3 angeführten farbigen Frauen als separate Gruppe zu behandeln – ohne Berücksichtigung irgendwelcher Unterschiede der Schichtzugehörigkeit, des Bildungsgrades, der politischen Überzeugung, der sexuellen Präferenzen oder der psychiatrischen Erfahrungen. Aus ähnlichen Gründen habe ich auch die (weißen) Lesbierinnen als getrennte Gruppe aufgefaßt und Unterschiede der Schichtzugehörigkeit, der politischen Ansichten, der psychiatrischen Vorgeschichte usw. außer acht gelassen. Diese beiden Entscheidungen, die ich im vorhinein und aus ideologischen Gründen traf, erwiesen sich als nützlich.

Bei einem Blick in Tabelle 3 wird klar, daß es sich bei den 54 Frauen allerdings um Profis auf dem Gebiet der «Geisteskrankheiten» handelt.(15) Sie hatten insgesamt 136 Therapeuten konsultiert, jede im Durchschnitt (je nach Kategorie) drei bis vier. Die private Therapie erstreckte sich auf Zeiträume von zwei bis über vier Jahre.

Die Frauen waren auch Expertinnen in bezug auf psychiatrische Anstalten: 24 von ihnen hatten mindestens einen Anstaltsaufenthalt hinter sich, zehn auf Grund von Selbstmordversuchen, fünf wegen

(15) Fast die Hälfte der Frauen (A = 26) ist oder war mindestens einmal verheiratet. Fast ein Fünftel (A = 12) hat Kinder. Zwölf der vierzig Frauen in den nichtfeministischen Kategorien ließen ein feministisches Bewußtsein erkennen oder bezeichneten sich selbst als Feministinnen (eine SBT-Frau, sieben Lesbierinnen, zwei NH-Frauen und zwei farbige Frauen).

Depression. Diese Aufenthalte dauerten zwischen vier und sechszehn Monaten. Die durchschnittliche Aufenthaltsdauer der 24 hospitalisierten Frauen betrug etwa ein Jahr. Die individuellen Unterschiede sind jedoch bedeutend. Manche Frauen waren nur ein einziges Mal für relativ kurze Zeit (drei bis vier Monate) in stationärer Behandlung; andere hatten sehr lange Krankenhausaufenthalte hinter sich (fünf Jahre oder mehr). Je nach Kategorie waren die Frauen in Privatkliniken, den Zufluchtsstätten der weißen Mittel- und Oberschicht, gewesen (zwei bis acht Monate), in psychiatrischen Abteilungen an Allgemeinkrankenhäusern und Landeskrankenhäusern (zweieinhalb bis zehn Monate) oder in Landeskrankenhäusern allein (drei Monate bis zwei Jahre).

In der Privattherapie hatten alle Frauen eine etwa gleich große Anzahl von weiblichen und männlichen Analytikern konsultiert. Mit einer einzigen wichtigen Ausnahme(16) hatten sie die Therapie mit männlichen Psychologen mindestens zwei- bis dreimal so lange aufrechterhalten wie mit weiblichen. Unter den weißen Frauen erreichten die Lesbierinnen im Durchschnitt die längsten Therapiezeiten mit weiblichen Therapeuten (21 Monate). Die Feministinnen blieben durchschnittlich 19 Monate in Behandlung bei weiblichen Therapeuten. Trotzdem suchten sowohl die Lesbierinnen wie die Feministinnen ihre männlichen Therapeuten doppelt so lange auf wie die weiblichen.

Tabelle 3 kann als Illustration zu meinen Grundvorstellungen über die Karriere einer Frau als psychiatrische Patientin angesehen werden – einer Karriere, deren Verlauf davon abhängt, inwieweit die «weibliche» Rolle akzeptiert oder abgelehnt wird, sowie vom Alter (bzw. der «Entbehrlichkeit»), der Rasse, der Schichtzugehörigkeit und dem Familienstand einer Frau. Sehen wir uns beispielsweise einmal das Alter an, in dem die Frauen *mehrmals* in Nervenkliniken eingewiesen wurden. Von allen fünf Gruppen wurden die Lesbierinnen im jüngsten Alter (mit 21) hospitalisiert. Was in unserer Gesellschaft objektiv und subjektiv als die radikalste Ablehnung des weiblichen Rollenstereotyps empfunden und erlitten wird, erfährt

(16) Die bedeutsame Ausnahme sind die farbigen Frauen, die die Behandlung mit weiblichen Therapeuten länger fortsetzen als mit männlichen und die insgesamt kürzere Zeit in Therapie verbrachten als jede andere Gruppe.

Tabelle 3: 54 Frauen: Einige vergleichende Informationen über ihre psychiatrische Hospitalisierung und privaten psychotherapeutischen Erfahrungen: 1945–1971*

	Frauen mit sexuellen Beziehungen zu Therapeuten	Lesbierinnen	Frauen mit Aufenthalten in Nervenheilanstalten	Farbige Frauen	Feministinnen
	A = 11	A = 9	A = 11	A = 9	A = 14
Durchschnittsalter bei erster Hospitalisierung	A= 4 D= 25	A= 6 D= 21	A= 11 D= 29	A= 3 D= 26	A= 0 D= 0
Durchschnittliche Gesamtdauer der Hospitalisierung *(in Tagen)*	A= 4 D=103	A= 6 D=320	A= 11 D=476	A= 3 D=428	
Privatkliniken	A= 2 D=131	A= 4 D=245	A= 6 D= 60	A= 0	
Allgem. u. Landeskrankenhäuser *(in Tagen)*	A= 2 D= 75	A= 4 D=190	A= 9 D=550	A= 3 D=428	
Landeskrankenhäuser *(in Tagen)*	A= 1 90	A= 1 730	A= 6 D=722	A= 2 D=575	
Zahl der konsultierten Therapeuten	A= 11 G= 35 H= 3,0	A= 8 G= 21 H= 3,0	A= 8 G= 29 H= 4,0	A= 7 G= 18 H= 3,0	A= 14 G= 33 H= 2,0
Zahl der männlichen Therapeuten	A= 11 G= 23 H= 2,0	A= 5 G= 9 H= 2,0	A= 5 G= 21 H= 3,0	A= 6 G= 10 H= 2,0	A= 10 G= 15 H= 2,0
Zahl der weiblichen Therapeuten	A= 8 G= 12 H= 2,0	A= 7 G= 12 H= 2,0	A= 8 G= 29 H= 4,0	A= 3 G= 8 H= 2,0	A= 10 G= 15 H= 2,0
Gesamtdauer der Therapie *(in Monaten)*	A= 11 D= 51	A= 9 D= 44	A= 8 D= 40	A= 7 D= 25	A= 14 D= 39
Gesamtdauer der Therapie mit männlichen Therapeuten *(in Monaten)*	A= 11 D= 40	A= 5 D= 39	A= 8 D= 35	A= 6 D= 17	A= 10 D= 30
Gesamtdauer der Therapie mit weiblichen Therapeuten *(in Monaten)*	A= 8 D= 14	A= 7 D= 21	A= 5 D= 8	A= 3 D= 24	A= 10 D= 19

*Erklärung der Abkürzungen:

A= Anzahl der Frauen
D= Durchschnitt
G= Gesamtzahl der Therapeuten
H= die am häufigsten genannte Zahl

die härteste Bestrafung. Vergleichen wir die «psychiatrischen Karrieren» der am wenigsten «femininen Gruppe» – der Lesbierinnen – mit denen der «femininsten» Gruppe – der SBT-Frauen. (Ich definiere «Femininität» hier in bezug auf die Abhängigkeit vom Mann.)

Die SBT-Frauen hatten eine dramatische Form von Vater-Tochter-Inzest begangen – eine conditio sine qua non in der patriarchalischen Gesellschaft. Neun der elf SBT-Frauen hatten *vor* Beginn der Therapie mindestens eine Ehe geschlossen, dagegen war nur eine der neun Lesbierinnen je heterosexuell verheiratet gewesen. Die psychiatrischen Karrieren der SBT-Frauen reflektieren ihre «Feminität» auf verschiedene Weise:

1. Sie blieben länger in Therapie (einer eheähnlichen Institution) als jede andere Gruppe (durchschnittlich 51 Monate, sieben Monate länger als die Lesbierinnen). Für die SBT-Frauen zeugte die Therapie einerseits von den Schwierigkeiten, die sie mit ihrer «weiblichen» Rolle hatten, bot ihnen aber andererseits die Möglichkeit, diese Rolle auszuleben. Die Tatsache, daß die Lesbierinnen am zweitlängsten in Therapie blieben (durchschnittlich 44 Monate), unterstreicht, wie sehr die Therapie eine Kulturform ist sowohl für solche Frauen, die die «feminine» Rolle akzeptieren, wie für die anderen, die sie verweigern – und wie sich die Sozialisation beider Gruppen gleicht.

2. *Weniger* SBT-Frauen als Lesbierinnen wurden jemals psychiatrisch hospitalisiert; vier der elf SBT-Frauen (weniger als ein Drittel) wurden stationär behandelt, verglichen mit sechs, das sind zwei Drittel der neun Lesbierinnen.(17) Dabei sollten wir uns vor Augen halten, auf welche Weise klinische und gesellschaftliche Vorurteile «Femininität» belohnen, im psychiatrischen Krankenhaus wie in der Gesellschaft – aber nur solange die Frau jung und/oder attraktiv ist. Eine besonders anziehende, «feminine» Frau wird gewöhnlich nicht hospitalisiert. (Sie darf unter «Depressionen» und «Angstzuständen» leiden, ohne dafür eingesperrt zu werden.)

3. Die Lesbierinnen wurden nicht nur früher einer stationären Behandlung unterzogen, sie verblieben auch im Gesamtdurch-

(17) Auffallend ist, daß zwei der vier SBT-Frauen unmittelbar nach (und eine während) ihrer Affären mit ihren Therapeuten hospitalisiert wurden.

schnitt mehr als dreimal so lange in Anstalten als die SBT-Frauen (durchschnittlich zehn Monate gegenüber durchschnittlich dreieinhalb Monaten).

Vielleicht könnte man einwenden, daß die SBT-Frauen von mir einfach in einem früheren Stadium ihrer Patientenlaufbahn erfaßt wurden. Wenn sie älter werden, könnte ihr Schicksal durchaus dem der NH-Frauen gleichen, und sie könnten vielleicht noch längere Anstaltsaufenthalte aufweisen als Lesbierinnen. Der SBT-Typ könnte solche «Depressionen» und «Angstneurosen» bekommen, daß er wegen dieser Extremformen der «Femininität» behandelt werden muß. Ich glaube jedoch nicht, daß dies zutrifft. Die SBT-Frauen waren zur Zeit der Interviews zwischen 25 und 50 Jahre alt; die NH-Frauen zwischen 19 und 70. Ich glaube, daß wir es schlicht mit zwei verschiedenen Arten von Frauen zu tun haben. Die SBT-Frauen mögen «unglücklich» sein, aber sie bleiben ihr ganzes Leben hindurch einem «femininen» Ideal verpflichtet. Insofern bedeutet ein Anstaltsaufenthalt keine so große Belastung und Strafe für sie wie für Lesbierinnen. Diese wiederum geraten aus verschiedenen Gründen nicht so leicht in die Falle einer «Anstaltslaufbahn» wie die NH-Frauen.(18)

Die NH-Frauen der Tabelle 3 wurden von allen Gruppen durchschnittlich am spätesten (mit 29) *erstmals* hospitalisiert. Diese elf Frauen sind wahrscheinlich typisch für die unzähligen Amerikanerinnen, die nach dem dreißigsten Lebensjahr die psychiatrischen Abteilungen an allgemeinen, staatlichen und privaten Krankenhäusern zu füllen beginnen. Sie haben dann bereits ihre Karrieren in der Privattherapie und ambulanten Behandlung hinter sich. Nun, da sie nicht mehr «jung» sind, sind sie verzweifelter, aber auch «entbehrlicher» als früher. In diesem Alter lasten entweder Ehe und Kinder oder Ehe- und Kinderlosigkeit auf ihnen.(19) Die Anstaltseinwei-

(18) Wir sollten uns hier an die verschiedenen Untersuchungen erinnern, die den ledigen Frauen bessere «seelische Gesundheit» bescheinigen als den verheirateten. Freilich, was gemeinhin als «seelische Gesundheit» bezeichnet wird, sind männliche Eigenschaften – die ökonomisch unabhängige Frauen (oder vom Mann unabhängige Frauen) leichter aufweisen können als ökonomisch abhängige Frauen.

(19) Vier der elf NH-Frauen waren verheiratet, zwei hatten Kinder. Von den zwei am längsten hospitalisierten Frauen war die eine ledig und weiß, die andere eine mehrmals verheiratete puertorikanische Mutter.

sung ist dann letztlich für sie eine Flucht aus ihrer Verzweiflung, ihrem Unglück usw., aber auch die verdiente Strafe dafür.

Die farbigen Frauen verbrachten von allen Gruppen die kürzeste Zeit in Privattherapie, durchschnittlich 25 Monate. Sie waren auch die einzige Gruppe, die längere Zeit in Behandlung weiblicher als männlicher Therapeuten verblieb. Die einfachste Erklärung für diese beiden Tatsachen ist ihre Armut. Sie können sich nicht so leicht den weißen Mittelschichtluxus «weiblicher» Vaterverehrung leisten. Das heißt nicht, daß sie keine männlichen Therapeuten konsultieren oder die Behandlung bei ihnen nicht länger fortsetzen *wollten.* Sechs dieser neun Frauen wurden (wunschgemäß) von männlichen Analytikern behandelt; nur eine Frau hatte sich ausschließlich auf weibliche Therapeuten beschränkt; zwei hatten sowohl männliche wie weibliche Therapeuten konsultiert. Die drei Frauen, die weibliche Therapeuten aufsuchten, wurden von Sozialarbeiterinnen der Wohlfahrtseinrichtungen oder Krankenhäuser oder von nichtpromovierten Psychologinnen behandelt. Es war ein Preis, den sie sich leisten konnten: Die Behandlung war kostenlos. Es gibt aber noch andere Erklärungen für die relativ kurzen Therapiezeiten der farbigen Frauen als nur ihre «Armut»: Daß sie nicht so gut für die Patientenkarriere «trainiert» werden wie die weißen Frauen (wenn auch besser als die farbigen Männer); daß sie der akademischen Fachwelt mißtrauen, sie fürchten und auch meist keinen leichten Zugang zu ihr haben – einer Welt, die ihnen bedrohlich und ohne Sympathie gegenübersteht und sie auch nicht «heilen» kann; und daß manche ihrer Bedürfnisse nach Familie und Freundschaft innerhalb der Gettokultur befriedigt werden – solange sie bereit sind, innerhalb dieser zu verbleiben, zu deren Bedingungen.

Nur drei der farbigen Frauen, die ich interviewte, waren in stationärer Behandlung gewesen – eine zu kleine Zahl, um Schlüsse über die Auswirkungen von Rasse und Geschlecht auf die Häufigkeit oder Dauer von Anstaltsaufenthalten zuzulassen. Es kann sein, daß psychiatrische Karrieren vorwiegend Phänomene der Weißen und der Mittelschicht sind. Farbige Frauen werden auf andere Weise eingesperrt, kontrolliert und wählen andere Formen des Selbstmords: in Gefängnissen, durch medizinische Experimente oder Fehlbehandlung; durch Abtreibungen oder Geburten; durch gescheiterte Versuche, als «Weiße» behandelt zu werden.(20)

Tabelle 3 scheint den Schluß nahezulegen, daß Feministinnen der Hospitalisierung entgehen oder daß der Feminismus das Heilmittel für alle von Freud beschriebenen psychischen Störungen der Frau darstellt, wie Shulamith Firestone in ihrem Buch *The Dialectics of Sex* meint. In Wirklichkeit wurden sechs der insgesamt 24 Feministinnen stationär behandelt: Fünf waren Lesbierinnen, die durch ihre Anstaltserfahrungen zu Feministinnen wurden. Sie erscheinen in der Tabelle nicht als Feministinnen. Die 14 nichthospitalisierten (weißen) Feministinnen waren zwischen 20 und 45 Jahre alt und hatten ein gerütteltes Maß an Privattherapie hinter sich, jede im Schnitt mehr als drei Jahre. Unter den weißen Frauen blieben die Feministinnen am zweitlängsten bei weiblichen Analytikern in Therapie – durchschnittlich 19 Monate.

Man könnte aus den in Tabelle 3 enthaltenen Daten noch eine Reihe weiterer Schlüsse ziehen – ich will es nicht tun. Statt dessen möchte ich die einzelnen Interviews eingehender erläutern, beginnend mit den vom Rollenschema aus «femininsten» Frauen – jenen, die sexuelle Beziehungen zu ihren Therapeuten unterhielten.

(20) Darauf werde ich in Kapitel 8 näher eingehen.

Frauen

Papas Lieblingen, die wir einmal waren und nicht mehr sind, widme ich dieses Gedicht und das folgende Kapitel.

SOMETHING BORROWED, SOMETHING BLUE (1)

Immer öfter in letzter Zeit
liegt ein Mann auf meiner Couch
und redet über seine
Freundin, oder seine Frau.

Ich hab mir immer gern
von Frauen Sachen ausgeliehn:
Bücher, Zigaretten, Schals, Parfum
köstlich
sich für Papa schön zu machen
und so gefahrlos
wie die Rolle in einem Stück,
das vor dem Schlafengehn endet.

Als höre ich zu,
ein ernsthaft-neugieriges
kleines Mädchen,
Augen so klar,
daß eine Frau darin
ertrinken kann –
lautlos.

Phyllis Chesler
1970

Kapitel 5

Sexuelle Beziehungen zwischen Patientin und Therapeut

«Ich bin Seelenarzt», sagte [der Guru] kühl, «und keineswegs an Ihrem dummen kleinen Körper interessiert . . . Unter meiner Anleitung werden Sie lernen . . . Ihre Sinne völlig in der Gewalt zu haben, was Sie befähigen wird, eine Auslösung nach Wunsch herbeizuführen – einen augenblicklichen Orgasmus . . . auf mein Gebot . . . [Betrachten Sie meine Erektion] unpersönlich, nicht als Lustobjekt, sondern als Manifestation geistigen Fortschritts.» [Der Guru lehrt Candy verschiedene Jogaübungen, von denen einige] . . . in jedem anderen Kontext sexuell und vielleicht sogar obszön wirken würden. Candy machte sich verärgert Vorwürfe, solche Assoziationen hergestellt zu haben und gibt ihrem eigenen unsicheren und unentwickelten Geist die Schuld daran. [Als Candys Periode ausbleibt,] gibt ihr der Guru eine Flugkarte nach Tibet, [wo Candy einen Heiligen in einem buddhistischen Tempel trifft]. Candy begann sogleich mit ihrer Meditation und konzentrierte ihre Aufmerksamkeit auf eine bestimmte Stelle – auf Buddhas Nasenspitze. Sie genoß all dieses sehr. Ihr ganzes Leben war *sie* es gewesen, die von irgend jemand gebraucht wurde – meistens von jungen Männern –, und nun endlich hatte sie einen gefunden, den sie ihrerseits brauchte: Buddha!

[Der Tempel wird vom Blitz getroffen und mit dem dungverkrusteten Heiligen an ihrer Seite sieht sie zu,] wie der riesige Buddha . . . vornüber stürzt und mit einem explosionsartigen Knall am Boden zerschellt. Obwohl es so aussah, als würde das Idol sie unter sich begraben, blieben Candy und der heilige Mann wie durch ein Mirakel unversehrt und lagen nun, halb bedeckt von Schutt, aneinandergeklammert da . . . [in der Tat] spürte sie auch schon, wie das starre Glied des Heiligen bereits ein beträchtliches Stück in ihr dichtbewimpertes Bärenauge eingedrungen war. [Und gegen ihren Rücken preßte sich] ein Gesichtsteil ihres verehrten Buddhas – die Nase! Und nun geschah etwas wahrhaft Unglaubliches: besagte Nase bohrte sich in Candys klassischen derriere! [In diesem Augenblick] wurde ihr bewußt, daß, o Wunder über Wunder, auch Buddha sie brauchte! Also schickte sie sich darein, hielt still und gab sich ohne jede Einschränkung ihrem Idol hin: sie streichelte mit der einen Hand seine Wange und begann peu à peu mit dem esoterischen Exerzitium Nummer vier, um kurz darauf festzustellen, daß diese Bewegung die Konstellation in ihrer Honigklause grundlegend veränderte, da das Glied des heiligen Mannes dadurch in zustoßende und sich wieder zurückziehende Bewegung versetzt wurde. Sie wandte ihm das Gesicht zu und wollte ihm sagen, daß es so nicht gemeint sei, wie es zweifellos wirke, doch war sie wie vom Donner gerührt bei dem Anblick, der sich ihr bot: der warme Sommerregen hatte auch dort seine Wunder vollbracht und die Kruste aus Asche und Dreck gänzlich weggewaschen, um das Gesicht sauber, leuchtend und nur zu deutlich erkennbar zurückzulassen; die Augen funkelten erschreckend, als die verzweiflungsvolle Ekstase des gewaltigen, aufgestauten Orgasmus ihren Lauf nahm und Klein-Candy mit äußerst gemischten Gefühlen ausrief, so daß es laut und melodisch durch den Tempel hallte: «HEILIGER STROHSACK – DADDY!»

Terry Southern und Mason Hoffenberg,
Candy [1]

Selbst wenn nur 25 % dieser speziellen Aussagen [gemeint sind Aussagen von Frauen über sexuelle Beziehungen zu Therapeuten] stimmen, ist das immer noch ein überwältigendes Ergebnis, mit dem die Fachleute auf diesem Gebiet sich konfrontiert sehen.

William Masters und Virginia Johnson [2]

Spektakuläre oder extreme Formen von Ausbeutung sind immer ein Zeichen für die Präsenz weniger spektakulärer Formen. Verbrechen und Skandale sind alltägliche Ereignisse, die Schlagzeilen machen. Physische Brutalität in Amerikas Landesnervenheilanstalten und Gefängnissen sind ein Spiegelbild für die Alltäglichkeit der Brutalität in der Gesellschaft draußen vor den Gittern. Prostitution [3], Vergewaltigung[4] und sexuelle Belästigung von Mädchen durch erwachsene Männer[5] sind so verbreitet, daß sie quasi unsichtbar sind – außer wenn sie durch entstellende Sensationsberichte ins Bewußtsein gerufen werden.(2)

«Sex» zwischen der Privatpatientin und ihrem Psychoanalytiker kommt wahrscheinlich nicht mehr oder nicht weniger vor als «Sex» zwischen Sekretärin oder Haushälterin und Arbeitgeber.(3)[6] In beiden Fällen handelt es sich gewöhnlich um einen älteren Mann und eine jüngere Frau.[7] Der Mann gibt «unbewußt» Signale der Macht, der «Liebe», der Weisheit und des Schutzes, Signale, auf die die Frau auf Grund ihrer Konditionierung automatisch reagiert. Diese Interaktion zwischen Patientin und Therapeut, euphemistisch «Verführung» oder «Teil des therapeutischen Prozesses» genannt, ist juristisch eine Form von Unzucht mit Abhängigen[8] und psychologisch eine Form von Inzest. Die conditio sine qua non der «weiblichen» Identität in der patriarchalischen Gesellschaft ist die Verletzung des Inzesttabus, das heißt, die ursprüngliche «Vorliebe» für den Papa wird beibehalten, man verliebt sich in mächtige Vaterfiguren und/oder heiratet sie schließlich.(4) In der Psychotherapie wird diese Art von weiblicher Identität nicht wirklich in Frage gestellt. Im Gegenteil: häufiger wird sogar die Anpassung daran gepredigt – mit verbalen oder sexuellen Methoden.

Obwohl es in New York und Kalifornien viele einzelne und auch ganze Gruppen von Therapeuten gibt, die seit über zehn Jahren

(2) Weibliche Prostitution und Harems hat es bei allen Rassen gegeben, in nahezu jeder uns überlieferten Kultur, in jedem Kontinent und in allen Jahrhunderten: Diese Formen der Ausbeutung sind älter als Katholizismus und industrieller Kapitalismus. Sie sind *immer* ein Zeichen der *relativ* machtlosen Stellung der Frauen und ihrer weitverbreiteten sexuellen Unterdrückung. Meist kennzeichnen sie auch den Ausschluß der Frauen aus den wirtschaftlichen, politischen, religiösen und militärischen Bereichen oder deren untergeordnete Stellung darin.

(3) Finanziell gesehen nimmt der Therapeut und nicht die Patientin die Rolle des Arbeitnehmers ein. Vom psychologischen Standpunkt aus ist die Frau hier jedoch ebenso – wenn nicht noch mehr – in der Rolle des abhängigen Bittstellers wie anderswo.

(4) Männer mögen Mutterfiguren heiraten, doch nur wenn diese machtlos und daher ungefährlich sind. Ehefrauen sind im allgemeinen jünger, weniger mobil und körperlich kleiner als ihre Männer – und als deren *Kindheitsmütter*. Männer verletzen das Inzesttabu nicht; sie stellen nicht bestimmte und entscheidende Umstände ihrer Kindheit in ihrer Ehe wieder her.

systematisch den «Sex» mit ihren Patientinnen gepredigt und praktiziert haben (5), handelt es sich dabei keineswegs um eine neue Errungenschaft. Schon zu Freuds Zeiten hatten viele Analytiker «Liebesaffären» mit ihren Patientinnen oder heirateten diese – nach Ablauf der relativ kurzen (drei- bis sechsmonatigen) Behandlungszeit. Paul Roazen berichtet, daß Reichs erste Frau, Bernfelds letzte Frau, Rados dritte Frau und eine von Fenichels Frauen ehemalige Patientinnen waren, daß Freuds Schüler Tausk ein Verhältnis mit einer um 16 Jahre jüngeren früheren Patientin hatte und daß Freud selbst einen prominenten amerikanischen Analytiker ermutigte, eine ehemalige Patientin zu heiraten.[9] Judd Marmor beschreibt das «tragische Ende der Karriere» von W. Bern Wolfe, eines fähigen Psychiaters, der in den dreißiger Jahren die Vereinigten Staaten fluchtartig verlassen mußte, weil er «ein Mädchen, das sich in seiner Behandlung befand, sittlich verdorben hatte».[10] Der verstorbene James L. McCartney, der sexuelle Beziehungen zwischen männlichen Therapeuten und weiblichen Patienten (falls «notwendig») befürwortete, behauptet, eine Reihe bekannter Psychiater (Hadley, Sullivan, Alexander und Reich) hätten ihm «erzählt, daß sie ihren Patienten erlaubten, körperlich auszuagieren, obwohl sie dies in ihren Schriften leugneten».[11] Marmor[12] zitiert Freud, der Ferenczi wegen seiner Gewohnheit, seine Patientinnen zu küssen, gewarnt habe:

> Wenn Sie sich auf einen Kuß einlassen, riskieren Sie eine letztlich sehr lebhafte Szene ... Ferenczi wird sich in Gedanken an die lebhafte Szene, die er inszeniert hat, möglicherweise sagen, daß er vielleicht seine Methode mütterlicher Zuneigung doch lieber hätte sein lassen sollen.

Ich bin keineswegs erpicht, mit jenen Puritanern ein Bündnis zu schließen, die gegen sexuelle und andere Formen des Kontakts zwischen Arzt und Patient wettern, und ich trete keineswegs für die prinzipielle berufliche Distanz zwischen Menschen, speziell zwischen Therapeut und Patient, ein. (Viele «Schizophrene» brauchen physischen Kontakt und sollten ihn erhalten.) Puritanismus aber bedeutet gewöhnlich, daß man den Mythos von der «Verworfenheit

(5) Es gibt sogar Therapeuten, die darauf «spezialisiert» sind, die «Schuldkomplexe» oder «Konflikte» bei sexuellem Kontakt mit Patientinnen bei anderen Therapeuten zu behandeln.

der Frau» anerkennt und andere Übel praktiziert.(6) Außerdem existieren zwischen Therapeut und Patient viele Arten von «Distanz», zusätzlich zur sexuellen, die es behutsam und/oder experimentierend zu überwinden gilt. «Sexueller» Kontakt gewährleistet nicht notwendigerweise andere Formen der «Kommunikation» – mag er traditionell oder «radikal» sein: Er verhindert sie häufig. Entscheidend ist jedoch der Umstand, daß sich die meisten solcher «sexuellen» Kontakte zwischen männlichen Therapeuten mittleren Alters und jüngeren Patientinnen abspielen.[14] Sie finden gewöhnlich weder zwischen weiblichen Therapeuten und männlichen (oder weiblichen) Patienten verschiedenen Alters[15] noch zwischen männlichen Therapeuten und männlichen Patienten statt, es sei denn, der Therapeut ist homosexuell.(7)

Tatsache ist, daß das ethische Versagen der zu Verführung oder sexueller Aggression neigenden Therapeuten in keiner Weise ungewöhnlich ist. Obwohl sie sich gelegentlich als von der Gesellschaft verfolgte Radikale gebärden, sind sie keineswegs sehr «radikal», das heißt, sie zeigen weder besondere Einsicht in gesellschaftliche Zustände und soziale Verhaltensweisen, noch stellen sie diese etwa in Frage.(8) Beispielsweise sind sie im allgemeinen extrem antihomo-

(6) Leon J. Saul[13] beweist beispielsweise in einem Artikel, in dem er sexuelle Kontakte zwischen Patient und Therapeut verurteilt, größeres Einfühlungsvermögen gegenüber der Verletzbarkeit des *Analytikers* als gegenüber der des Patienten. Er schreibt: «Der Analytiker möge sich hüten. Angesichts sexueller Regungen möge er sich an Lorelei und Delilah und die vielen anderen Schönen erinnern, die gezeigt haben, daß der Augenschein nicht immer der Realität entspricht . . . Falls der Analytiker versucht ist, wie Ferenczi mit dem Eros zu experimentieren, solle er sich vor Augen halten, daß dieser, so unwiderstehlich er auch erscheinen mag, stets Feindseligkeit im Gefolge hat.»

(7) Dahlberg[16] berichtet über einen Verführungsversuch, den ein homosexueller Therapeut gegenüber einem männlichen Patienten unternahm. Der Patient, ebenfalls ein Homosexueller, wies seine Annäherungen zurück. Vielleicht sind Männer mehr als Frauen konditioniert, sexuelle Begegnungen zu verweigern, die sie weder initiiert haben, noch kontrollieren können oder von denen sie sich weder Vergnügen noch Nutzen versprechen.

(8) Die Probleme der Sexualität, der Kindheit und des Familienlebens sind zentrale und «radikale» Fragen. Die Tatsache, daß wir nicht mit unseren Kindheitsverwandten sexuelle Lust erleben, sondern mit Fremden, begrenzt unsere Sexualität ohne Zweifel ebenso wie unsere kulturelle Entwicklung. Dennoch meine ich, daß eine wiederherstellende Psychotherapie für Erwachsene weder der geeignete Ort und Zeitpunkt noch die richtige Methode ist, um gerade dieses moralische Rätsel zu lösen. Außerdem ist McCartney, obwohl er mit seiner Verurteilung der ursprünglich schädlichen Distanz zwischen Eltern und Kind und der

sexuell und antilesbisch. McCartney[17], der wegen seines öffentlichen Eintretens für «offene Übertragung» aus der American Psychiatric Association ausgeschlossen wurde, wollte diese auf heterosexuelle Übertragung beschränkt wissen. Er «überwies» seine sexuell erregten männlichen Patienten an weibliche Therapeuten – oder schickte sie zum «Üben» mit ihren Ehefrauen und Freundinnen nach Hause.(9) McCartney neigte auch dazu, den «Erfolg» seiner Behandlung in der darauf folgenden Heirat und Mutterschaft der jeweiligen Patientin zu suchen. Außerdem behandelte er seine Patientinnen, die «offene Übertragung» (Sex) brauchten, wie Kinder: Er holte die Erlaubnis ihrer Eltern oder Ehemänner ein, bevor es zu sexuellen Kontakten kam. Und, was noch schwerer wiegt, er empfahl dem Therapeuten, sich emotional so desengagiert, so risikoscheu und «leistungsorientiert» zu verhalten wie der Prototyp eines Playboys. Er hob den Unterschied zwischen «Übertragungsliebe» und «romantischer Liebe» hervor und beschrieb die Rolle des Therapeuten als passiv, nicht-emotional und auf die Initiative der Patientin «antwortend».(10)

Dr. Charles Dahlberg[18] schildert einen solchen Therapeuten mit

schädlichen Wirkung der sexuellen Repression recht hat, in seiner Beurteilung der Unterschiede im Verhalten gegenüber männlicher und weiblicher Kindheitssexualität kurzsichtig. Mädchen werden ohnehin schon durch ihre Väter im Übermaß heterosexueller Libido ausgesetzt, während Jungen zwar genügend mütterliche Zuwendung erfahren, aber gezwungen sind, ihre heterosexuellen Regungen gegenüber ihren Müttern schärfstens zu unterdrücken. Wenige Männer erreichen ein Stadium «reifer» Heterosexualität – und ich glaube nicht, daß sexuelle Beziehungen zu einer Therapeutin die geeignete Lösung für dieses Problem darstellen. Außerdem müssen Mädchen und Jungen auf sexuelle Erfahrungen mit dem gleichgeschlechtlichen Elternteil oder mit anderen gleichgeschlechtlichen Pflegepersonen verzichten. Ich bezweifle, ob man Erwachsene für solche bisexuelle Deprivation durch «Ausagieren» in der Psychotherapie entschädigen kann.

(9) McCartney stellt fest, es sei «für eine Analysandin nicht so leicht wie für einen Analysanden, [sexuellen] Ersatz zu finden, es könne daher sein, daß der Analytiker zwar objektiv bleiben, aber doch entsprechend reagieren muß, um die unreife Person zu voller [heterosexueller] Reife zu führen».

(10) Wahrscheinlich gelten männliche Therapeuten ebenso wie männliche Künstler in unserer Gesellschaft als «femininer» als Geschäftsleute, Soldaten oder Politiker und befürchten sogar selbst, es zu sein. Deshalb ist es wichtig für sie, ebenso viele Frauen «haben» zu können wie ihre «männlicheren» Geschlechtsgenossen. Dichter und Romanschreiber sind berüchtigt für die hektische, sexuell egoistische, erniedrigende Art, mit der sie Frauen behandeln – andererseits ist man nur zu gerne bereit, ihnen zu «verzeihen». Manche Psychotherapeuten, obschon weniger inspiriert, mögen sich ähnlich verhalten.

Verführungsambitionen als einen Mann, der sich zwischen 1930 und 1945 für die Psychotherapie entschied und wahrscheinlich

zurückgezogen und introvertiert, fleißig, passiv und scheu [war] . . . [eher zu] intellektuellen als zu physischen Abenteuern neigte . . . Unter anderem bedingt gerade dies Unpopularität beim anderen Geschlecht. Es hindert aber niemanden daran, von sexuellen Eroberungen zu träumen, vielleicht fördert es sogar sexuelle Phantasien.

Solche «sexuell benachteiligten» Männer befinden sich nun in beruflichen Positionen, in denen viele junge Frauen sexuelle Wunschphantasien über sie äußern. Der Therapeut *kann nicht anders*, als sich dadurch «geschmeichelt» zu fühlen; er *weigert sich* zu helfen und nutzt die Situation für seine eigenen Zwecke aus.

Dahlberg schildert in den von ihm präsentierten neun Fällen von sexuellem Kontakt zwischen Patientin und Therapeut den «verführenden» Therapeuten als

immer über 40, 10 bis 25 Jahre älter als die Patientin, immer ein Mann, und mit der [einen] Ausnahme des Homosexuellen handelt es sich bei den Patienten stets um junge Frauen.

Die meisten von Dahlbergs Therapeuten sind verheiratet; bei vielen tritt beim Koitus mit den Patientinnen vorzeitiger Samenerguß ein; einige «verführen» die Frauen ihrer männlichen Patienten; manche beenden die Therapie – oder die Honorarforderungen für die Therapie –, sobald sie sexuelle Beziehungen aufnehmen; andere setzen Therapie und Liquidation fort.

Viele dieser Therapeuten verfügen laut Dahlberg über ein «grandioses» Selbstbewußtsein. Er erwähnt einen Therapeuten, der sich anbot, die «Frigidität» einer verheirateten Patientin in einem zweiwöchigen Urlaub zu «heilen».(11) Ein anderer hypnotisierte seine Patientin und suggerierte ihr dann, durch eine sexuelle Beziehung werde ihre «Übertragung» auf ihn gestärkt. Als sie sich schließlich weigerte, für eine solche Behandlung zu bezahlen, und einen anderen Analytiker aufsuchte, erklärte er ihr, daß er gern mit ihr weiter-

(11) Diese Patientin bekam Angst und erzählte ihrem Mann davon. Beide erstatteten Anzeige gegen den Arzt. Schließlich zogen sie wegen der «paranoiden» Tendenzen der Patientin die Klage wieder zurück: Die Anwälte fürchteten, das Gericht werde der Frau nicht glauben, und sie werde den Prozeß verlieren.

hin schlafen würde und auch nichts dafür «verlangen» werde – sich ihre «Probleme» allerdings länger anzuhören, sei er nicht gewillt. Dahlberg berichtet nur von zwei Fällen, in denen es während der Therapie zum Koitus kam, viermal begannen die sexuellen Kontakte unmittelbar nach Beendigung der Therapie und in drei Fällen wurden nur sexuelle Anträge gemacht, aber keine Beziehungen aufgenommen.

Bei meinen Interviews war ich daran interessiert, mit solchen Frauen zu sprechen, die während ihrer Behandlung sexuelle Kontakte mit ihren Therapeuten hatten.(12) Dies war bei zehn der elf interviewten Frauen der Fall. In fünf Fällen wurden diese Beziehungen in der Praxis des Therapeuten aufgenommen und dort auch fortgesetzt. Sieben der Frauen blieben nach Aufnahme intimer Kontakte in Therapie. Sieben Frauen bezahlten weiterhin Honorare, durchschnittlich vier Monate lang. Die sexuellen Beziehungen dauerten zwischen einer Nacht und 18 Monaten.

Zur Zeit des Kontakts waren die Frauen zwischen 22 und 45 Jahre alt. Ihr Durchschnittsalter war 31. Vier Frauen waren verheiratet, vier getrennt oder geschieden und drei waren ledig. Die Ehemänner der vier verheirateten Frauen befanden sich während deren sexuellen Beziehungen beim gleichen Therapeuten in Behandlung. Die zehn Therapeuten (13) waren im Durchschnitt 15 Jahre älter als ihre Patientinnen: Ihr Durchschnittsalter war 47. Sieben der Therapeuten waren verheiratet, zwei getrennt oder geschieden, und einer war Junggeselle. Sieben waren Psychiater, drei Psychologen.

Neun der zehn Therapeuten nahmen beim ersten Geschlechtsverkehr und meist auch während der ganzen sexuellen «Behandlung» die «Missionarsstellung»(14) ein. Sieben der Frauen hatten beim erstenmal keinen Orgasmus, vier erreichten ihn im Verlauf der ganzen «Behandlung» nie, sieben Frauen gelangten schließlich –

(12) Ich sprach außerdem mit fünf Frauen, die die sexuellen Anträge ihrer Therapeuten abgelehnt hatten.

(13) Zwei der Frauen wurden vom gleichen Therapeuten behandelt – ohne etwas voneinander oder den vielen anderen Patientinnen zu wissen, zu denen er ähnliche «Kontakte» unterhielt.

(14) Normalstellung. Bei vielen Naturvölkern unbekannt und erst durch die Missionare eingeführt. (Anm. z. dt. Übers.)

nach vier Wochen bis neun Monaten – zur Befriedigung. Vier der Therapeuten hatten Schwierigkeiten, während des Koitus eine Erektion aufrechtzuerhalten.(15)

Von allen interviewten Gruppen zögerten diese Frauen am meisten, mir Auskunft zu geben.(16) Sie wollten keine Verabredungen treffen, hielten sie dann nicht ein oder begrenzten die Zeit – und vergaßen sie, sobald wir angefangen hatten zu sprechen. Ihr Leben war erfüllt von den Ansprüchen anderer, von der Flucht vor ihnen und von den einhergehenden Krisen. Sie wurden ständig angerufen: Ihre Kinder brauchten sie, ihre Liebhaber warteten, die Kinder ihrer *Liebhaber* brauchten sie ebenfalls. Und dennoch – ein stiller verzweifelnder Blick traf mich aus dem Zentrum dieses Sturms.

Jene Frauen, die zum Zeitpunkt der sexuellen Begegnung über 35 waren, wirkten «gewandter»: Abgeklärtheit war ihre Rüstung, Mitgefühl ihr Schild. Sie plädierten am nachdrücklichsten für «Mitleid» und «Verständnis» gegenüber den Therapeuten – und den Männern im allgemeinen.

MELISSA: Ich habe unwahrscheinlich viel Mitgefühl und Mitleid mit Männern. Ich glaube aus meiner Erfahrung heraus, daß sie viel mehr Sicherheit und Liebe und Zuneigung und Mitgefühl brauchen ...

PHYLLIS: Auch wenn sie das Ihnen nicht geben können?

MELISSA: Ja. Die Menschen sollten überhaupt mehr imstande sein, so etwas zu geben; sie sind es so selten; sie sind nur mit ihren eigenen Schmerzen beschäftigt ... Er [der Therapeut] hatte Schwierigkeiten, eine Erektion zu bekommen. Ich denke, das kam daher, daß er beinahe 60 war. Er fummelte viel herum, was mich etwas überraschte. Mir wurde ein wenig beklommen zumute, und wie es meine Gewohnheit dann ist, und wie ich es mein Leben lang Männern versichert habe, versicherte ich auch ihm, daß es mir nichts ausmache [keinen Orgasmus zu haben], daß ich so glücklich mit ihm sei ... aber eigentlich war er wirklich nicht sehr geschickt ...

PHYLLIS: Haben Sie ihm das gesagt?

MELISSA: Nein, es machte mir im Grunde nichts aus. *Jetzt* würde es mir was ausmachen ... aber er sagte, ich sei so wunderhübsch, ich sei ein schönes Ding und er sei ein alter Mann ... ich sei nicht eine Puppe oder

(15) Den Vorwurf der Oberflächlichkeit riskierend, könnte man aus den vorliegenden Informationen schließen, daß «verführende» Therapeuten miserable Liebhaber seien.

(16) Dennoch gelang es mir schließlich, mit jeder Frau zu sprechen, an die ich mich ursprünglich gewandt hatte.

ein Kind, sondern eine charmante, reife Frau, intelligent und bezaubernd.(17)

Drei der über fünfunddreißigjährigen «erfahrenen» Frauen weigerten sich, den Namen ihres Therapeuten zu nennen (bevor ich noch danach gefragt hatte), aus Angst, «seinem Ruf zu schaden». Sie bestanden darauf, daß *sie* schuld gewesen seien; *sie* hätten ihn verführt.

MELISSA: Ich glaube, er konnte mir zuletzt einfach nicht mehr widerstehen, denn ich setzte ihn einfach zu sehr unter Druck ... Ich machte ihm von Anfang an Avancen ...

DONNA: Ich war herrlich braun ... und ich war *high*, und ich bin sehr attraktiv, wenn ich *high* bin. Dann bin ich unwiderstehlich ... Ich machte mich immer schön für die Therapiestunde. Ich nahm meine Brille ab und wusch mir immer die Haare, bevor ich zu ihm ging.

ROSLYN: In Wirklichkeit hatte ich ihn von Anfang an verführt ... mehr unbewußt. Mir wurde das erst in dem Augenblick klar, als er zu einer Party in meinem Haus erschien ... Ich mußte immer alle Männer verführen.

MARTHA: Er war wirklich von mir gefesselt ... ich war es umgekehrt schon vorher ... An dem Abend, an dem er mir Blumen schenkte, hoffte ich, daß er mit mir schlafen würde. Aber ich war mir damals dieser Dinge nicht so bewußt.

Und doch hegten diese Frauen die gleichen Wunschträume von Liebe und Ehe gegenüber ihren Therapeuten und empfanden dieselbe Klein-Mädchen-Enttäuschung wie die jüngeren, «unerfahrenen» Frauen.

ELLEN: Ich wollte, daß er mich heiratet, aber er wollte nicht. Seine Frau und seine Kinder, sein Renommee und seine angegriffene Gesundheit machten ihm die Entscheidung schwer ... Ich bin noch immer nicht darüber hinweggekommen, obwohl es jetzt schon acht Monate her ist ... Er will mich jetzt überhaupt nicht mehr sehen.(18)

MARTHA: Ich hatte gerade nach 20 Jahren meinen Mann verlassen und war sehr deprimiert! Zum erstenmal in meinem Leben war ich allein und

(17) Dieser eher bedauernswerte und sehr «menschliche» alternde Therapeut war verheiratet – und hatte auch Melissas Mann mehrere Jahre lang wegen ehelicher und sexueller Probleme behandelt.

(18) Sie war sechs Jahre in Therapie gewesen, bevor die Liebesaffäre begann.

brauchte sehr viel: einen emotionalen Rückhalt, Trost, Anerkennung, Freunde, eine bessere Stellung – alles ... Wahrscheinlich wollte ich am liebsten einen neuen Mann zum Heiraten haben ... Damals hoffte ich noch auf die romantische Liebe und damit auf Sicherheit ... Viel später bin ich erst dahintergekommen, daß er zur gleichen Zeit noch mindestens eine andere Frau hatte.

ROSLYN: Ich dachte und bildete mir ein, daß er seine Frau verlassen und mich heiraten würde ... daß er sein bisheriges Leben aufgeben und mit mir ein neues anfangen würde ... Ich war so glücklich, daß mein Therapeut mich liebte. Alles andere war mir unwichtig ... Ich fühlte mich als etwas ganz Besonderes ... Ich sagte zu ihm: «Du brauchst deine Frau nicht zu verlassen. Du brauchst nichts dergleichen zu tun. Du sollst mich nur sehen.» Aber nicht einmal das konnte und wollte er ... Er wollte sich einfach nicht engagieren.

STEPHANIE: Ich fragte ihn schließlich, ob er mich heiraten würde. Er lachte bloß und sagte nein ... Ich dachte, er wird bald wirklich alt sein und jemanden brauchen, der für ihn sorgt. Ich *glaubte*, ihn zu lieben, *glaubte*, es stehe in seiner Macht, mich glücklich zu machen, er könne es, wenn er nur wolle ... aber er war mehr daran interessiert, daß ich für ihn tippte, als an solchen Gesprächen.

DONNA: Ich war gefesselt. Ich glaube, ich wäre verliebt gewesen, wenn ich mir selbst gestattet hätte zu glauben, daß sich eine intelligente dreißigjährige Frau so schnell in einen Mann verlieben kann ... Ich verließ meinen Mann ... [Der Therapeut] besaß den Schlüssel zu meinem Inneren ... Wir haben nicht mehr getrennt geschlafen, seit ich zu ihm gezogen bin.

JOYCE: Ich weiß, daß ich ihn sehr, sehr dringend brauchte. Er war wie ein Gott für mich ... Er behandelte mich schlecht, und ich wollte das nicht zugeben, weil ich ihn so dringend brauchte. Ich liebte ihn ... Dann bot er mir einen Job als seine Stenotypistin an, aber mit mir schlafen wollte er nicht mehr. Ich war so deprimiert und verzweifelt und brauchte einfach jemanden, der mir half. So rief ich ihn an, hysterisch: «Bitte, sprich mit mir am Telefon!» Und er sagte: «Ich kann jetzt nicht mit dir sprechen, ich ruf dich wieder an.» Aber er rief nicht wieder an. Ich fühlte mich verlassen und ganz allein, und wenn ich [jetzt] mit meinem Psychiater darüber rede, kommen mir sofort die Tränen.

Obwohl sich viele dieser Frauen durch die emotionale und sexuelle Kälte oder Unfähigkeit ihrer Therapeuten gedemütigt und frustriert fühlten, war es öfter der Therapeut als die Patientin, der die «Affäre» beendete. Und in jedem Fall wurde die Frau durch das

Verlassenwerden noch mehr verletzt.(19) Nach dem Abbruch einer solchen Beziehung unternahm eine Frau einen Selbstmordversuch, zwei andere verfielen in schwere Depressionen, der *Mann* einer vierten, der beim gleichen Psychiater in Behandlung gewesen war, nahm sich das Leben, kurz *nachdem* er von der Geschichte erfahren hatte, wenn nicht *aus diesem Grunde*. Der einigermaßen sadistische und großspurige Versuch des einen Therapeuten, die «Frigitität» seiner Patientin zu heilen, führte eines Abends dazu, daß diese «Kopfschmerzen» bekam, die ein Jahr lang anhielten.(20) Sein Verhalten war in deprimierender Weise typisch.

SHEILA: Ich rauchte Marihuana bis ich stoned war, solche Angst hatte ich. Und er zog sich nicht einmal die Kleider aus. Er ließ bloß die Hosen herunter . . . Ich war bereit, ein Verhältnis mit ihm anzufangen, aber das fing nicht gerade wie ein Verhältnis an . . . Er sagte, ich sei blockiert, ich müßte bestimmte Dinge mit meinem Vater aufarbeiten und vielleicht könnten wir das auf einer nichtverbalen Ebene lösen, wenn ich ihm nur vertraute . . . und das ich ihm vertrauen müßte. Vielleicht ist er etwas seltsam und wenig attraktiv – ich selbst war ja auch nicht in bester Verfassung . . . O Gott. Dann stand er auf, ließ seine Hose fallen, sagte, «zieh deine Hose runter» oder so ähnlich, etwas wirklich Unsensibles und Unsinnliches, und legte er sich einfach auf mich drauf. Er hatte einen Orgasmus, ich nicht. Dann sagte ich: «Jetzt möchte ich ein-

CINDY: Er interpretierte alles, was ich sagte, als «Übertragungsliebe» oder sexuelles Verlangen nach ihm . . . Aber es bestand sehr wenig Zuneigung zwischen uns . . . Nach der Therapiestunde nahmen wir meistens noch einen Drink . . . Eines Abends sagte er plötzlich, er wolle meine Wohnung sehen. Er zog sich alle Kleider auf einmal aus und wir gingen zusammen ins Bett – und es war sehr seltsam, es gab fast überhaupt keine Zärtlichkeit, kein Vorspiel . . . und ich erinnere mich, daß ich nachher, als ich «das war herrlich» oder «das war sehr gut» sagte – irgend so eine blöde Bemerkung –, bei mir dachte, daß das gar nicht stimmte . . . dann plötzlich, «Entschuldigung, ich darf meinen Zug nicht verpassen», weil draußen in der Bronx seine Frau mit dem Kind saß. Ich hatte noch nie vorher mit einem verheirateten Mann geschlafen . . . Es

(19) Frauen *sind* konditioniert zu «leiden» – solange dies nur ihre Beziehung zu einem Mann aufrechterhält. Das «Leiden» zählt nicht so sehr wie die «Beziehung».

(20) Dieser Therapeut ging mit so vielen Patientinnen wie möglich ins Bett. Er «beschäftigte» sie auch als Babysitter, Sekretärinnen, Köchinnen, Botengängerinnen, Chauffeusen, usw.

mal oben sein.» Da erklärte er mir, genau das sei mein Problem, ich wollte immer die Oberhand haben . . .

STEPHANIE: Das Ganze dauerte zehn Minuten. Dann sprang er auf, wusch sich im Bad und setzte sich wieder hinter seine Schreibmaschine. Ich hatte gedacht, wir würden bis morgens um vier reden . . . Und falls es irgend jemanden interessieren sollte, so hat er das, was er tat, nur als Therapeut getan. Wenn ich bei ihm keinen Orgasmus habe, dann ist es natürlich meine Schuld.

war wohl die kälteste Affäre, die ich je in meinem Leben gehabt hatte.

JOYCE: Er lag immer auf mir drauf. Und er sagte auch was zu mir. Er sagte: «Schwanz. Ich möchte meinen Schwanz in deine Fotze stecken.» Und er wollte, daß ich das gleiche auch zu ihm sage . . . Ich brachte es nicht fertig . . . Es war unwahrscheinlich stimulierend . . . Ich benahm mich wie eine Hure . . . Ich war lasterhaft, und er war viehisch, er grunzte und ächzte lauter als jedes Tier, das ich je gehört habe . . . Er fragte: «Regt dich der Gedanke auf, daß ein anderes Paar zuschauen könnte? Soll ich dich auf den Hintern hauen?» Er sagte, er würde mir nicht weh tun, nicht im Gesicht, aber am Hintern. Ich bekam es mit der Angst zu tun . . .

Opfer flößen uns Unbehagen ein. Wir fühlen uns beklommen, schuldig, werden schließlich ärgerlich bei ihrem Anblick. Unser Mitleid verwandelt sich in Zorn. Ihr Leiden, ihre Verstümmelung, die wir selbst so sehr fürchten, muß irgendwie ihre eigene Schuld sein. Der Bettler da in Lumpen ist selber schuld an seinem Unglück: Geh an ihm vorüber, ohne dich umzudrehen. «Naive» Frauen, die «ausgenützt» werden – wie geradezu *viktorianisch* das alles ist: Gibt es denn wirklich noch Ladenmädchen und Serviererinnen, die dumm genug sind, sich verführen zu lassen? Nun, wenn sie nicht lernen, sich zu schützen,(21) verdienen sie ihr Los, wie Candy-Candide . . . Aber «Ladenmädchen» gibt es immer noch. Mit einer Ausnahme verfügten die interviewten Frauen nur über einen Bruchteil der Erwerbsfähigkeit und des Bildungsniveaus ihres Therapeuten.(22) Ja, diese Frauen *sind* wie die meisten Frauen ungeheuer

(21) Wie Männer? Oder wie Frauen das *versuchen*, indem sie heiraten?

(22) Zum Zeitpunkt des sexuellen Kontakts waren zwei der Frauen Studentinnen, zwei

«naiv»: Ihre Naivität kündet von ihrer «Hilflosigkeit», die allein geeignet ist, ihnen einen Wohltäter, einen Retter, einen Vater zu bescheren.

Wie ich in Kapitel 4 erwähnt habe, zeigten diese elf Frauen am wenigsten eine offenkundige, oberflächlich sichtbare Ambivalenz in bezug auf ihre «Femininität». Sie waren alle verzweifelt – und erfolgreich – um «Attraktivität» bemüht; sie lebten alle wirtschaftlich eingeschränkt und waren intellektuell unsicher; sie waren alle sexuell ängstlich und zugleich sexuell zwanghaft; sie waren alle gelähmt vor Einsamkeit oder lauter Angst davor und vor Selbstverachtung; sie gaben alle sich selbst die Schuld daran, daß Männer sie «schlecht behandelten»; sie verwechselten alle ökonomische Zwänge und Bedürfnisse nach Selbstbestätigung mit «Liebe»; und sie zögerten alle, ihre Empörung auszudrücken. (Zorn zu zeigen ist schmerzhaft und gefährlich für die relativ Machtlosen.)

Zum Beispiel beschrieb eine der «erfahrenen» Frauen zu Beginn unseres Gespräches ihren Therapeuten als «wirklich netten Menschen», und ihre Erfahrung mit ihm als «ihre Schuld» und «nicht wirklich wichtig». Nach etwa einer Stunde (während der ich relativ schweigsam war) schilderte sie diesen Abschnitt ihres Lebens als eine Zeit, in der sie «den schlimmsten Schmerz durchgemacht» habe. Von der Erinnerung daran überwältigt, wurde sie plötzlich zornig:

MARTHA: Ich war ihm völlig ausgeliefert und von ihm abhängig ... Wie konnte er die Situation so falsch einschätzen ... und sich so egoistisch verhalten? Er verstärkte mein Abhängigkeitsbedürfnis, ohne es in Frage zu stellen – oder es auch nur irgendwie zu befriedigen.

Sehr bald ging sie jedoch auf ein anderes Thema über: ihre starke Abneigung gegen ihren gegenwärtigen Therapeuten – eine Frau.

Ich konnte mit zwei Patientinnen sprechen, die «Sex» mit dem gleichen Therapeuten hatten, und mit mehreren anderen Frauen, die alle von einem zweiten Therapeuten sexuelle Anträge erhielten – denen alle bis auf eine widerstanden. Ich sprach aber auch mit mehreren anderen männlichen und weiblichen Patienten des glei-

waren Sekretärinnen, zwei waren Hausfrauen, eine war Kellnerin, eine Freizeitberaterin, eine Verkäuferin, eine Privatsekretärin und eine Soziologin.

chen Analytikers, denen er keine Anträge gemacht hatte. Die verschiedenen Interviews ergaben zusammengenommen ein recht plastisches Bild.(23)

Beide Männer hatten sich ein urzeitlich-patriarchalisches Familienimperium geschaffen, das aus einem männlichen Guru (ihnen selbst) und vielen «Gemahlinnen» (Patientinnen, Ehefrauen, Geliebten) bestand.(24) Beide Männer benutzten ihre Patientinnen als Sekretärinnen, Stenotypistinnen, Babysitter, Sexualpartner, Botengängerinnen, Blumengießerinnen, Therapie-«Assistentinnen» und allgemeine Beifallspender. Beide Männer hielten sehr ungewöhnliche Praxis- und noch ungewöhnlichere Behandlungszeiten. Die «Sitzungen» dauerten zwischen zehn Minuten und vier Stunden, und niemand wagte, diese willkürliche «Spontaneität» in Frage zu stellen – nicht einmal andere Patienten, die lange über die vereinbarte Stunde hinaus warten mußten. Beide Männer waren verheiratet. Beide bezeichneten ihre Ehefrauen als «verrückt», «hoffnungslos», «abhängig» und «zu alt». Beide Männer waren kalte und/oder inadäquate Sexualpartner und Liebhaber; beide hatten anscheinend zu so vielen Patientinnen – gleichzeitig – sexuelle Beziehungen, wie sie nur konnten, wobei sie diese abwechselnd als für den «Heilerfolg» nötig oder als die «große Liebe» hinstellten.

Beide Therapeuten verschrieben für alle und alles Medikamente. Beide lenkten und reglementierten das Leben ihrer Patienten in sehr autoritärer Weise: Sie *sagten* ihnen, wann und mit wem sie schlafen sollten; welchen Job sie aufgeben und welchen Job sie annehmen sollten; wo und mit wem sie leben sollten. Beide donnerten sexuell zurückhaltende Patientinnen an, wie «ungesund» ihre sexuelle

(23) Einer dieser Psychiater hatte seine Praxis am Central Park West, der andere an der Upper East Side in New York City. Alle in diesem Kapitel erwähnten New Yorker Psychiater und Psychologen sind durchweg «hochangesehene» Fachleute mit gründlicher medizinischer Ausbildung, zusätzlicher psychoanalytischer Ausbildung oder klinischer Erfahrung, sie haben gut eingeführte Praxen in teuren Gebäuden auf der Upper East Side, der Upper West Side und in Greenwich Village.

(24) In diesem Zusammenhang sei daran erinnert, daß Freud, obwohl er keine sexuellen Beziehungen zu seinen Patientinnen unterhielt – und, Berichten zufolge, auch mit seiner Ehefrau nicht allzu häufig verkehrte, dennoch polygam war: Laut Roazen[19] lebte er mit seiner Frau und deren Schwester zusammen, die seine häuslichen und emotionalen Bedürfnisse befriedigten, und seine vielen Schülerinnen dienten ihm als ehrerbietige Töchter.

«Verklemmtheit» sei und daß sie «viel ficken» müßten, wenn sie ihre «Probleme» loswerden wollten. Beide Therapeuten behaupteten, daß nur sie ihre Patienten «retten» oder ihnen «helfen» konnten – und warnten unzufriedene oder rebellische Patientinnen, daß sie nur auf ihr eigenes Risiko die Behandlung abbrechen dürften. Beide Therapeuten verhielten sich unmenschlich gegenüber Protest und Desertion. Beispielsweise hatte sich eine Frau geweigert, mit einem der Therapeuten zu schlafen – und ihrem Mann, der auch bei ihm in Behandlung war, von dem Antrag erzählt. Sie beschloß auch, die «Behandlung» nicht fortzusetzen.

SANDRA: Ich glaubte, es Mark [ihrem Mann] schuldig zu sein, mit ihm hinzugehen und mich der Gruppe zu stellen, in der wir gemeinsam waren. Wir gehen also hin, und da sitzt Dr. X mit seinen beiden Assistenten, und ich sehe gleich, wie ungünstig meine Position ist ... Dr. X sagt: «Also kommen Sie, erzählen Sie uns, was passiert ist.» Ich erzähle also die Geschichte noch einmal, und er erklärt daraufhin der Gruppe, wie ich ihn provoziert hätte, daß ich einen Minirock getragen hätte – den ich immer trage ... Er stellte es so dar, als sei ich gekommen, um ihn zu verführen, und nicht um mich behandeln zu lassen ... Dann sagt er, ich schützte diese Lüge über den Antrag nur vor, um aus der Therapie aussteigen zu können. Er erinnert mich, daß ich eine Stellung, die ich einmal hatte, nicht kündigte, bloß weil mir der Boß nachstellte ... Dann plötzlich, wie wir so dasitzen fängt er an, Sachen zu sagen wie: «Sandra, Sie wissen, wie unaufrichtig Sie sind, wie unehrlich Sie mit Mark sind, es gibt da Dinge, die Sie ihm nicht erzählt haben [er bezog sich auf eine kurze Affäre, die sie gehabt hatte], und ich begann zu weinen, «ich bleibe hier nicht», ich meine, es war wie ein Femegericht ... und als wir gegangen waren, sagte Mark zu mir: «Was hast du mir nicht erzählt, was hast du getan?» Er vergaß völlig, was Dr. X getan hatte ... Alles wurde verdreht.(25)

Diese beiden Therapeuten hatten einen Charakterzug gemein-

(25) Eine andere Frau, die die Annäherungsversuche ihres Therapeuten zurückgewiesen hatte, erzählte den Mitgliedern der Therapiegruppe davon. Der Therapeut leugnete alles und sagte zu der Gruppe, sie sei «verrückt». Diese Frau – und ihr Freund – nahmen beide an «Selbsterfahrungsgruppen» (‹consciousness-raising groups›) teil. Die Frauen der Gruppe teilten ihre Empörung, die Männer gingen geschlossen zum Therapeuten, um ihn zu «verprügeln». Die Frau erzählte mir diese Episode voll Stolz und konnte meinen deprimierten Gesichtsausdruck nicht verstehen (die Männer nach wie vor damit beschäftigt, «ihr» weibliches Territorium zu verteidigen; die Frauen immer noch außerstande, sich selbst zu verteidigen). Als sie es begriff, lachten und stöhnten wir gemeinsam.

sam, den man häufig bei gewissen «Verführern» über 60 (26) findet und der traditionell «schizophrenogenen» Müttern zugeschrieben wird: Sie sagten etwas – und stritten es später ab; sie machten sexuelle Anträge und leugneten später, halb spöttelnd, halb ganz ernsthaft erwägend, sie überhaupt gemacht zu haben.

JOYCE: Und dann träumte ich, daß ich mit ihm ins Bett ging. Und er sagte: «Ah, endlich Übertragung!» – in seinem Akzent. In der Woche vorher hatte er mich aufgefordert, meinen Kopf auf seinen Schoß zu legen, so wie ich es immer bei meinem Vater getan habe, wenn ich schlimme Kopfschmerzen hatte, und er hatte meine Haare gestreichelt. Es war sehr warm; ich war ein kleines Mädchen und er war mein Vater. Dann glitt seine Hand tiefer ... Nach der nächsten Sitzung half er mir in den Mantel, dreht mich um und küßte mich leidenschaftlich. Ich war ganz erschrocken ... und dann brach ich in Tränen aus. Ich neige sowieso zum Melodrama, aber ich war wirklich durcheinander. Denn ich wußte nicht, was ich davon halten sollte. Und ich sagte: «Warum haben Sie das getan?» Es war eigentlich eine dumme Frage, und er sagte: «Was? Warum habe ich was getan? Wovon reden Sie?» Und ich sagte: «Mich geküßt.» «Ich weiß nicht, wovon Sie reden», sagte er ... Er hakte genau in mein Problem ein. Denn meine Eltern machten das immer mit mir. Immer wenn meine Mutter etwas tat oder sagte und ich sie fragte: «Warum hast du das getan?», antwortete sie: «Was? Ich habe nichts getan.»

Offensichtlich wurde keiner dieser Frauen durch ihren sie verführenden Therapeuten «geholfen». Weder wurde ihnen zu Selbstbestimmung, Selbstbewußtsein oder Unabhängigkeit verholfen, noch wurden sie mit Zärtlichkeit umgeben oder in ihrer konditionierten Hilflosigkeit beschützt. Ich kann nicht *messen*, wie «verletzt» sie durch den sexuellen Kontakt mit ihrem «Seelendoktor» waren. Was ich tun kann, ist, zwei der Frauen hier vorzustellen. Beide sind 32 Jahre alt und kommen für sich allein auf. Joyce hat eine zwölfjährige Tochter, für die sie aber keine Unterhaltszahlungen erhält. Stephanie ist Sekretärin, Joyce Lehrerin an einer Privatschule. Beide Frauen sprechen ruhig und sind auf ruhige Art attraktiv. Beide sind gegenwärtig in therapeutischer Behandlung. Beide waren das erste Mal in Therapie, als es zu sexuellen Kontakten kam. Beide «verliebten» sich sehr in ihren Therapeuten und genossen die sexuelle Bezie-

(26) Die sowohl Schuldgefühle haben als auch Angst, abgewiesen zu werden.

hung (Joyce sofort, Stephanie nach neun Monaten). Beide zahlten noch einige Zeit nach Aufnahme der intimen Beziehungen weiterhin für ihre «Therapie». Stephanies «Verhältnis» begann nach zehnmonatiger Behandlung und dauerte fast ein Jahr. Joyces «Verhältnis» begann nach mehr als einem Jahr und dauerte fünf Monate. Joyce konsultierte ihren Therapeuten erstmals 1960, als sie 21 war, drei Monate lang, und dann 1963 wieder, als sie 24 war. Der Therapeut war damals Ende 50. Stephanie begann ihre Therapie mit 30, Ende 1969. Beide Frauen waren beim gleichen Therapeuten in Behandlung.

STEPHANIE: Ich war immer allein ... Mein älterer Bruder ist Alkoholiker und mein anderer Bruder hat Selbstmord begangen. Meine Schwester, die so intelligent war, ging von der Schule ab, um zu heiraten, und das Geschirr stand ungewaschen herum ... Nein, ich rede nie mit meiner Familie. Ich bin vor Jahren von zu Hause fortgegangen und habe allein mein Examen an der High School gemacht.

JOYCE: Meine Eltern drohten immer, mich in eine Klapsmühle zu stecken – als mir mein erster Freund sagte, er werde eine andere heiraten, wurde ich wirklich hysterisch, ich ging nach Hause und weinte und schrie wie eine Verrückte. Meine Eltern konnten Weinen einfach nicht vertragen. Weinen war verboten. Sie schlugen mich ins Gesicht und hielten mich fest und sagten, sie würden mich mit Blaulicht ins Irrenhaus bringen lassen, wenn ich nicht den Mund hielte ... Als ich ein rheumatisches Fieber bekam, sagten sie, niemand werde mich je haben wollen, ich würde nie heiraten, und sie fuhren meilenweit, um Medizin zu kaufen, damit nur ja um Gottes willen niemand etwas merkte.

STEPHANIE: Ich begann mit der Therapie, weil ich so deprimiert war. Ich schlief sehr viel und nahm stark zu. Das Leben hatte einfach keinen Sinn ... Anfangs sah ich ihn [den Therapeuten] nur für jeweils zehn Minuten. Ich fand es zwar merkwürdig, aber fragte ihn nie danach. Er gab mir viele Tabletten gegen meine Depression und mein Über-

JOYCE: Ich war zweimal bei diesem Arzt in Behandlung. Das erste Mal, als mein Freund heiratete. Ich mußte die Schule verlassen und arbeiten, weil meine Eltern nicht mehr zahlen wollten ... Ich hörte auf, als ich schwanger wurde und der Mann, mit dem ich zusammen lebte, sagte: «Entweder der Psychiater oder ich. Wenn du willst, daß ich für

gewicht und bestand darauf, daß ich die Pille nehmen sollte, obwohl ich mit niemandem schlief.

Ich hatte mich immer für häßlich, abstoßend, eine richtige Vogelscheuche gehalten. Ich dachte, er müsse verrückt sein, mir solche Augen zu machen ... Manchmal beugte er sich über meinen Stuhl, während ich redete ... Einmal lief er mir bis in die Toilette nach. Nach etwa drei Monaten legte er seinen Arm um mich, küßte mich auf die Stirn und sagte: «Ich liebe dich und möchte dich glücklich machen.» Ich war ihm dankbar dafür, aber ich glaubte ihm nicht.

Er gab mir immer einen Abschiedskuß nach der Sitzung, aber so grob, nie zärtlich. Als ich ihm das zu sagen versuchte, wurde er ärgerlich und sagte: «Tun Sie so, als ob es Ihnen gefiele.» Aber ich ging meist nach Hause und weinte ... Ich hatte seit fast drei Jahren mit niemandem geschlafen, als ich die Therapie begann. Meine Ehe – nun, er war der erste Mann, mit dem ich schlief, und nach sechs Monaten war es vorbei. Ich war nie sexuell befriedigt ...

dich und das Kind sorge, mußt du aufhören, zu dem Psychiater zu gehen.» Das tat ich auch. Er heiratete mich aber nicht ... Ich ging wieder in Therapie, als er mich etwa drei Jahre später verließ.

Beim erstenmal, als ich 21 war, sagte der Psychiater zu mir: «Tun Sie, was Sie wollen, hier in meiner Praxis. Nicht nur reden. Wenn Sie etwas tun wollen, können Sie es ausagieren. Jede Phantasie können Sie ausagieren. Manche Frauen ziehen sich gerne aus. Manche Frauen hüpfen gern herum. Sie können alles machen.» Aber ich hatte keine Lust, mich auszuziehen und herumzuhüpfen. Als ich zum zweitenmal in Behandlung ging, arbeitete ich als Kellnerin, und er [der Therapeut] fragte mich, ob ich seine Sekretärin werden wolle, aber es kam nie dazu.

Nach dem ersten leidenschaftlichen Kuß war ich wirklich ganz fertig. Ich erzählte einer Freundin davon, die mich mit einem Assistenzarzt aus der Nervenklinik bekannt machte. «Sind Sie sich auch ganz sicher, daß das wirklich passiert ist?» fragte er mich. «Ja.» – «Nun ja», sagte er, «manchmal gibt einem ein Arzt ein kleines Küßchen auf die Wange, und in der Phantasie wird dann etwas ganz anderes draus.» Und ich sagte: «Nein, bestimmt nicht», und er sagte: «Dann kann ich Ihnen nur raten, das mit Ihrem Analytiker zu besprechen.» Komischerweise redete ich auch mit einem anderen jungen Psychiater, einem Freund von ihm, darüber. Er sagte: «Als Psychiater

Er drängte mich immer, mich auf die Couch zu legen, aber ich wollte nicht. Als ich es schließlich tat, legte er sich neben mich. Ich wollte nicht mit ihm schlafen – ich war sehr deprimiert, nachdem es geschehen war. Ich erinnere mich, daß ich dachte: Nun, wenn ich das zulasse, dann wird er vielleicht liebevoller sein ... Er sprang danach sofort auf und ging wieder an seine Schreibmaschine. Er schien gar nicht zu bemerken, daß ich traurig war. Daß ich keinen Orgasmus gehabt hatte. Er sagte bloß: «Du hast doch nichts dagegen, daß ich dich nach Hause bringe – ich habe noch soviel zu tun.»

Wenn ich hier keinen Orgasmus hatte, mußte es meine Schuld sein. Er ist ein Analytiker und muß doch wissen, was er tut. Außerdem hatte ich kein Recht, mir ein Urteil über die Bettgewohnheiten von Leuten anzumaßen. Ich hatte einmal mit einer Frau geschlafen, wissen Sie ... aber ich war sehr frustriert und allein und konnte nicht mit ihm reden ... Einmal schrie ich auf, ein richtiger Angstschrei, da stieß er mich weg, stand auf, zog sich an und sagte: «Findest du nicht, daß du mir eine Erklärung schuldig bist ...?» Er sagte: «Unser Ver-

kann ich Ihnen nur raten, nicht mehr zu ihm zu gehen.» Ich hätte auf ihn hören sollen, aber seine Antwort befriedigte mich irgendwie nicht, wahrscheinlich wollte ich in Wirklichkeit nicht auf die Beziehung verzichten. So ging ich schließlich mit ihm ins Bett.

Wir fingen mit einer Stunde an, und oft lag er plötzlich neben mir auf der Couch ... Ich bezahlte immer noch für die Therapie und fragte ihn, ob ich weiter bezahlen sollte, aber sehr schüchtern ... Die Frage wurde nie wirklich geklärt ... Ich wußte, daß ich ihn sehr, sehr dringend brauchte. Er war wie ein Gott für mich ... Ich glaube, ich liebte ihn.

Ich hatte einen Orgasmus nach dem anderen. Obwohl er ziemlich schnell kam. Er behandelte mich wie eine Hure, genau wie in meiner Phantasie, und ich glaube, das wirkte – sexuell. Psychologisch brachte es mich um.

hältnis ist völlig in Ordnung, unser Verhältnis als Arzt und Patient, unser Arbeitsverhältnis, unser Liebesverhältnis . . .» Ich mußte Briefe für ihn tippen – den gleichen Standardbrief an Hunderte verschiedener Leute. Für jeden Brief bekam er mindestens hundert Dollar, und mir gab er drei Dollar fürs Tippen.

Wenn's mir sehr schlecht ging, rief ich ihn an. Er hängte oft auf . . . Einmal nahm ich eine Handvoll Schlaftabletten. Er sagte: «Dir macht bloß dein Unterbewußtsein Schwierigkeiten, achte nicht drauf» . . . Und dann verließ er seine Frau und zog in eine Junggesellenbude. Als ich zum erstenmal hinkam, gab es mir einen Stich. Sein Bettlaken war voller Flecken wie von Sperma, und im Bad lag ein Pessar. Ich fragte ihn, wie er so rücksichtslos sein könne – und er sagte: «Du kannst mich doch nicht verdächtigen, mit einer anderen Frau zu schlafen, bloß weil du einen Damenschirm – oder ein Pessar – in meiner Wohnung siehst?»

Oft wartete ich auf seinen Anruf, aber er meldete sich nicht. Einmal wartete ich das ganze Wochenende zu Hause, und als er montag früh anrief, war's nur, weil ich seine Briefe tippen sollte . . . Ich konnte nicht mehr arbeiten und

Ich rief ihn nie an, bis auf das eine Mal, als er mir die Sekretärinnenstelle anbot, aber plötzlich war ich so deprimiert und fertig und brauchte einfach jemanden, der mir half. So rief ich ihn an, hysterisch: «Bitte, rede mit mir am Telefon!» und er sagte: «Ich kann jetzt nicht reden, ich ruf dich wieder an.» Aber er rief nicht wieder an. Ich ging zu ihm in die Praxis und sagte ihm, ich würde die Behandlung abbrechen, er sei gemein und grausam gewesen, und das sei nicht normal. Er versuchte, mir das auszureden. Er sagte, daß er mich gar nicht ausnutze und daß die Psychologiebücher, die ich läse, altmodisch seien. Modern denkende Leute dächten so wie er. Als er sah, daß ich wirklich gehen wollte, sagte er: «Ich warne dich. Niemand wird jemals imstande sein, dir zu helfen. Ich bin der einzige Arzt auf der Welt, der dir helfen kann.»

Die Depressionen, die Gefühle, die Angst wurden immer schlimmer und schlimmer. Vor allem die Angst, daß ich den Verstand verliere, daß ich wahnsinnig würde . . . Ich war eine Hure, weil ich sexuelle Gefühle hatte. Je schlimmer mein

war nahe dran durchzudrehen ... Im Sommer fuhr er übers Wochenende weg, obwohl er mir versprochen hatte, mich mitzunehmen ... Ich blieb weg, solange ich es aushalten konnte, und dann, als ich wieder hinging, sagte er, er wolle nicht mehr mit mir schlafen, aber ich könnte ein Buch für ihn tippen ...

Wissen Sie, einmal waren wir allein zusammen, nackt, in seiner Praxis. Die Tür war abgeschlossen. Plötzlich läutete es Sturm und hörte nicht mehr auf. Es läutete fast zwanzig Minuten lang. Er öffnete nicht. Ich war neugierig und sah aus dem Fenster. Da stand ein Mädchen und weinte. «Nächstes Jahr steh ich so da», dachte ich bei mir.

Zustand wurde, desto mehr Librium gab er mir. «Aber ich bin doch unseretwegen so fertig», sagte ich zu ihm. Und dann hörte er auf, mit mir zu schlafen. Ich war ganz krank. Ich wollte nicht, daß er mit mir schläft, und trotzdem war ich ganz krank, als er es nicht tat, denn ich dachte, vielleicht mag er dich nicht mehr ... Schließlich sagte er zu mir, er glaube, es sei zuviel für mich, ich könne es nicht verkraften.

Zwei Monate nachdem ich ihn verlassen hatte, fuhr ich übers Wochenende aufs Land. Ich mache immer alles für alle Leute. Wie immer war wieder viel Besuch da, ich kochte für 15 Leute und machte sauber; Larrys Freunde [der Vater ihrer Tochter] übernachteten alle bei uns. Und auch an diesem Wochenende hieß es wieder: «Alle gehen raus und spielen und unterhalten sich, während ich das Geschirr spüle.» Eigentlich wollte ich nicht, aber da stand ich wieder und spülte das Geschirr. Ich weiß nicht, wie es kam oder warum, aber da lag ein Rasierapparat über der Spüle. Und plötzlich hockte ich am Boden und versuchte, meine Pulsadern aufzuschneiden. Aber damit konnte ich nicht tief schneiden, es machte nur ratsch, ratsch. Dann versuchte ich es mit dem Rasierapparat meines Vaters und schaffte es schließlich, im Krankenhaus zu landen. Ich rief ihn [den Therapeuten] an und bat ihn, mich von da wegzubringen. «Ich bin vielleicht deinetwegen hier.» Er sagte: «Ja, ich lasse dich nach Creedmoor bringen.»

Es ließ mir keine Ruhe. Schließlich rief ich ihn an und verlangte mein Geld zurück – das Geld für die ganze «Therapie». Er erklärte mir, wenn ein Chirurg einen Fehler mache, müsse der Patient trotzdem bezahlen. Und ich sagte darauf, wenn er ein Chirurg wäre, so wäre ich sicher schon tot, aber er sei nun mal keiner und ich lebte noch und wollte bitte mein Geld zurück.

Ich sah ihn [den Therapeuten] nur noch einmal. Ich dachte, ich sei schwanger, und ging zu ihm, um mir eine Spritze geben zu lassen, damit die Periode kommt. Er warf mir vor, über ihn geredet zu haben. (Ich hatte dem Mädchen, das mich ursprünglich zu ihm geschickt hatte, erzählt, was passiert war.) «Ich möchte mein Geld zurück.» Und er sagte: «Nein.» Ich sagte: «Ich werde dich erpressen, ich zeige dich an.» Und er sagte: «Das kannst du nicht, du kannst nichts beweisen . . . du bist verrückt» . . . Es ist jetzt fünf Jahre her.
Manchmal, wenn ich sehr deprimiert und sehr wütend war, habe ich ihn angerufen und ihn hysterisch angeschrien: «Warum hast du mir das angetan? Du hast versucht, mich umzubringen. Warum? Warum?»

Jahrelang pflegte ich ziellos durch Buchhandlungen zu schlendern. Eines Abends stand ich in einem Laden in Greenwich Village neben einer Frau mit krausem Haar, die übliche Einkaufstasche am Arm, laut mit sich selbst redend. «Wortsalat» nannten das meine Professoren. Aber es war wunderbar, zuzuhören: tief und golden und endlos. Einmal sagte ich etwas wie «Amen» oder «Nur so weiter» oder was man eben 1963 so sagte. Aufgeschreckt starrte sie mich mißtrauisch an. Was fiel mir bloß ein, sie ernst zu nehmen, da die Welt ihr doch beigebracht hatte, sich nur sicher fühlen zu können, wenn man sie mißverstand und nicht beachtete . . . und wenn ich nun ein Opfer meiner eigenen Visionen war, warum zog ich mich dann nicht einfach zurück? Sie knurrte mich buchstäblich an und ging weg, um sich am anderen Ende des Ladens vor einen einsamen Bücherständer zu stellen, verfolgt von den mitleidigen Blicken der Leute.

Lady-Sister:
Dir, wo immer Du ist, widme ich dieses Kapitel.

Kapitel 6

Frauen in psychiatrischen Anstalten

Der Fall von Mae Neustadt, einer 72 Jahre alten Frau, die nach 40 Jahren im Matteawan State Hospital für geistesgestörte Häftlinge die Freiheit wiedererlangte, wird von der Legislative erneut aufgerollt. Mrs. Neustadt, die jetzt allein als Sozialhilfeempfängerin in der Bronx lebt, wurde vor neun Jahren auf Grund der Bemühungen eines Anwalts, der überzeugt war, daß sie geistig gesund und zu Unrecht eingesperrt war, freigelassen . . . Mrs. Neustadt hat einen drei Seiten langen, sachlichen Bericht über ihre Erfahrungen verfaßt. Sie erinnert sich darin an die Jahre in Matteawan, die sie damit zubrachte, «mit einem schweren eisernen Bohnerklotz auf- und abzugehen und einen schon gebohnerten Boden noch einmal zu bohnern, und wenn ich ein paar Sekunden aufhörte, um Atem zu holen», fügte sie hinzu, «schlug mir der Wärter ins Gesicht und befahl mir, weiterzubohnern, bis man mir erlauben würde aufzuhören».

New York *Times*
3. Februar 1971

Klage einer Hausfrau gegen einen Psychiater, weil dieser die Klägerin gegen ihren Willen behandelt hatte, als sie auf Gerichtsbeschluß vorübergehend in einer privaten Nervenheilanstalt hospitalisiert war. Vor den hier geschilderten Zwischenfällen hatten die Klägerin und ihr Mann eheliche Zerwürfnisse gehabt. Am 3. Dezember 1963 erschien der Beklagte in der Wohnung der Klägerin und stellte sich als «Dr. Wolodzko» vor. Er war weder der Klägerin noch deren Mann persönlich bekannt, der ihn aufgefordert hatte, die Klägerin zu untersuchen. Die Klägerin sagte aus, der beklagte Arzt habe ihr mitgeteilt, er sei gekommen, um sich nach dem Rücken ihres Mannes zu erkundigen . . . Am 30. Dezember 1963 unterzeichneten der Beklagte und ein weiterer Arzt, offenbar auf Ersuchen des Ehemannes der Klägerin und ohne deren Autorisierung, Wissen oder Zustimmung, eine eidesstattliche Erklärung, daß sie sie untersucht und für geisteskrank befunden hätten. Die Erklärung wurde am 3. Januar 1964 dem Gericht eingereicht, und am gleichen Tag erging eine einstweilige Verfügung, wonach die Klägerin vorübergehend zu hospitalisieren sei, bis eine Unmündigkeitsverhandlung stattgefunden habe. Der Richter verfügte gemäß den geltenden Bestimmungen ihre Einweisung nach Ardmore Acres, einer privaten Heilanstalt.

Die Klägerin wurde gegen ihren ausdrücklichen Willen in die Anstalt gebracht. Die Einzelheiten sind strittig. Offenbar waren zwei Ambulanzhelfer in weißen Kitteln in ihrer Wohnung erschienen, als sie teilweise unbekleidet war, und hatten sie in Gegenwart ihrer Kinder und des Beklagten gewaltsam abgeführt. Ihrer Aussage nach bat sie, ihre Verwandten und einen Anwalt anrufen zu dürfen; als sie den Telefonhörer abnehmen wollte, wurde er ihr auf Geheiß des Beklagten weggenommen; man drohte, sie in eine Zwangsjacke zu stecken; sie erklärte sich bereit, ohne Zwangsjacke mitzugehen. Der Beklagte bestreitet einige dieser Angaben; an einige Fakten erinnerte er sich nicht. Vor Gericht sagte er jedoch aus, daß er mit ihrem Mann und den Ambulanzhelfern außerhalb des Hauses Abmachungen getroffen habe; daß sie sich an einer Straßenecke besprochen hätten und er dem Ehemann gesagt habe, der Rettungswagen solle außer Sichtweite bleiben.

Als sie im Krankenhaus ankam, wurde sie vom Telefon ferngehalten; ihre Bitten, Verwandte und einen Anwalt anzurufen, wurden auf Anordnung des Beklagten abgewiesen; drei Krankenschwestern injizierten ihr gewaltsam Medikamente. Als sie einmal ihre Kinder bat, ihre Verwandten zu verständigen, drohte ihr der Arzt, sie werde ihre Kinder nie wiedersehen, wenn sie das noch einmal versuche. Nach neun Tagen fand sie schließlich ein unabgeschlossenes Telefon, so daß sie ihre Verwandten in Texas benachrichtigen konnte. Sie wurde am 27. Januar 1964 auf Gerichtsbeschluß freigelassen. Unbestritten ist, daß die Klägerin wiederholt um Erlaubnis bat, einen Anwalt verständigen zu dürfen, und daß Dr. Wolodzko diese Erlaubnis verweigerte.

The Mental Health Court Digest
Februar 1972 [1]

Eine Welle des Entsetzens breitete sich in Großbritannien aus, als bekannt wurde, daß zwei geistig gesunde Frauen etwa 50 Jahre in einer Nervenheilanstalt festgehalten worden waren, einfach weil sie uneheliche Kinder geboren hatten ... Die Eltern der Frauen hatten sich mit der Bitte an örtliche Verwaltungsbeamte gewandt, ihnen wegen ihrer «gefallenen» Töchter zu helfen, «die lokalen Behörden hatten aber», wie Sheridan sagte, «keine Abteilung, die für unverheiratete Mütter zuständig war»... Miss Baker war 23, als sie 1921 in die Heilanstalt eingewiesen wurde, Miss Kitson wurde 1928 im Alter von 22 Jahren hospitalisiert.

New York *Post*, 27. Mai 1972

Im 16. und 17. Jahrhundert war «namentlich in und um London» eine Anzahl «privater Irrenhäuser» eröffnet worden. Diese Anstalten wurden aus Profitgründen betrieben und nahmen nur solche Personen auf, deren Familien die relativ hohen Pflegekosten tragen konnten. Es dauerte nicht lange, bis Mißstände ans Licht kamen. Wohlhabende Ehemänner betrachteten die Internierung in diesen unkontrollierten Irrenhäusern als relativ billige Möglichkeit, ihre lästigen Ehefrauen loszuwerden. Daniel DeFoe hat schon 1687 die Aufmerksamkeit der Öffentlichkeit darauf gelenkt. Er protestierte gegen die «schändliche Praxis, die jetzt unter den sogenannten besseren Leuten, die in Wirklichkeit die schlechtesten sind, so sehr en vogue ist, nämlich ihre Gattinnen nach Lust und Laune in Irrenhäuser sperren zu lassen, damit sie sich ruhig und ungestört ihren Ausschweifungen hingeben können ...» DeFoe fügt hinzu: «Dies ist der Gipfel der Barbarei und Ungerechtigkeit, wenn nicht noch schlimmer. Wie viele Damen des Adels und Bürgertums werden in diese Häuser gesteckt, die verboten oder wenigstens täglich inspiziert werden müßten, wie im folgenden vorgeschlagen werden wird?» Er fährt fort: «Sofern sie nicht wahnsinnig sind, wenn sie in diese Unglückshäuser eingeliefert werden, so werden sie durch die barbarische Behandlung, die sie dort erleiden, bald dazu gemacht, denn keine Frau mit ein bißchen Verstand, die ihren Mann auch nur im geringsten liebt und um ihre Familie besorgt ist, kann eine völlig ungerechtfertigte und unverständliche Inhaftierung und Trennung ruhig hinnehmen. Ist es nicht Grund genug, verrückt zu werden, wenn man plötzlich hinter Schloß und Riegel sitzt, ausgezogen, ausgepeitscht, schlecht ernährt und noch schlimmer behandelt wird?» Und er sagt weiter: «Jede Schreibmöglichkeit wird einem vorenthalten, es gibt keinen Boten, der einen Brief zu Verwandten oder Freunden bringen könnte; und wenn diese tyrannische Inquisition nicht ausreicht, um jede Seele in rasenden Irrsinn zu versetzen, auch wenn sie vorher nie recht bei Sinnen war, dann habe ich nichts mehr zu sagen . . .»

Allan M. Dershowitz[2]

Die meisten Frauen, die in psychiatrischen Anstalten leben, sind nicht «wahnsinnig». Aber statt sich gegen das psychophysische Vokabular, mit dem die Situation der Frau definiert wird, aufzulehnen, machen sie sich seinen Tonfall mehr denn je zu eigen. Sie sind deprimiert, suizidal, frigid, ängstlich, paranoid, phobisch, unentschlossen, inaktiv, leiden an Schuldgefühlen und haben alle Hoffnung aufgegeben. Nur einigen wenigen Frauen gelingt es, sich von solchen Symptomen ganz freizuhalten oder sie mit Charakteristika des anderen Geschlechts, mit physischer Aggressivität und sexueller Potenz zu verbinden. Nur wenige erfahren die Bedeutung der Johanna von Orléans, der Jungfrau Maria und des weiblichen Christkindes; nur wenige können ihren Kontakt mit der «psychischen» Welt aufrechterhalten.

Ich sprach mit 24 Frauen, die irgendwann zwischen 1950 und 1970 in psychiatrischer Verwahrung gewesen sind. Zwölf Frauen berichteten, daß sie eindeutig Verhaltensweisen des anderen Geschlechts wie Zorn, Fluchen, Aggressivität, sexuelle Liebe zu Frauen und generell gesteigerte Sexualität gezeigt und sich geweigert hätten, häusliche und emotional-fürsorgerische Dienste zu leisten. Vier dieser zwölf Frauen hatten auch «Visionen». Die übrigen zwölf Frauen gaben ein Überwiegen «weiblicher» Symptome wie Depressionen, Selbstmordversuche, Angst und Hilflosigkeit zu Protokoll.

Zum Zeitpunkt der Interviews waren die Frauen zwischen 19 und 65 Jahre alt. Sie waren insgesamt siebzigmal hospitalisiert gewesen oder im Durchschnitt jede dreimal. Die Gesamtzahl ihrer Krankenhausaufenthalte schwankten zwischen einer Woche und fast zehn Jahren. Fünf dieser Frauen waren zehnmal wegen «Depressionen» hospitalisiert gewesen; zehn waren vierzehnmal wegen «Selbstmordversuchen» eingeliefert worden. Zur Zeit ihrer ersten Einweisung waren fünf der Frauen verheiratet, zwei geschieden, eine war verwitwet, und 16 waren ledig. (17 Ersteinweisungen betrafen Frauen unter 30.) Zwei der Frauen waren Farbige, eine stammte aus Puertoriko.

Jede der Frauen war etwa (1) 50 Monate in privater Psychotherapie gewesen: Davon waren sie 43 Monate von männlichen und 14 Monate von weiblichen Therapeuten behandelt worden. Jede Frau war bei durchschnittlich drei verschiedenen Therapeuten in Behandlung, sowohl vor als auch nach der Hospitalisierung.

Zwei der Frauen hatten die High School nicht abgeschlossen, vier hatten einen Abschluß, sechs hatten einige Semester ein College besucht, sieben hatten den Bachelor of Arts und fünf darüber hinaus einige Zeit die Graduate School besucht. 18 der 24 Frauen waren einzige oder älteste Kinder.

Einige dieser Frauen begaben sich freiwillig in Nervenheilanstalten: Ihr Leben erschien ihnen hoffnungslos, sie sahen keine Alternative mehr, und ihre Eltern oder Ehemänner meinten, es sei «besser» für sie, wenn sie von Anfang an «kooperierten». Häufiger wurden diese Frauen jedoch gegen ihren Willen hospitalisiert, was durch brutale physische Gewalt, Tricks oder im Koma nach erfolglosen Selbstmordversuchen geschah.

CARMEN: Ich war so traurig [nach der Geburt meiner Tochter] und so müde. Ich konnte mich nicht mehr richtig um den Haushalt kümmern. Mein Mann sagte, ein Dienstmädchen wäre besser als ich, ich sei verrückt ... Er brachte mich ins Krankenhaus zur Beobachtung, wie sie es nannten.

KATHRYN: Als mein Mann mich und das Baby verließ, war ich zu deprimiert, um überhaupt noch irgend etwas zu tun. Ich war damals 20 und schon Mutter; ich kehrte also nach Hause zu meinen Eltern zurück und war nun wieder von ihnen abhängig ... Ich hatte nicht studiert, weil meine Mutter meinte, ich sei nicht intelligent genug. Mein Vater behandelte mich sehr brutal ... Es war eine beschissene Familie, ich entkam ihr, indem ich heiratete ... Ich kam also nach Hause zurück und sagte: «Ich bin wieder da.» Und meine Mutter sagte: «Einen Schmarren bist du. Du hast dir die Suppe eingebrockt, also löffle sie auch aus.» So mußte ich damit drohen, daß ich mich umbringen würde, nur damit sie etwas Mitleid

(1) «Etwa» bezieht sich auf den Gesamtdurchschnitt für die Gruppe. Diese Gruppe von 24 Frauen umfaßt farbige Frauen, Lesbierinnen und Frauen, die sexuelle Beziehungen mit ihren Therapeuten unterhielten. Mit anderen Worten, ich folge hier nicht dem in Kapitel 4 aufgestellten Schema der fünf Gruppen.

mit mir hatten, und meine Mutter sagte: «Gut, wenn du verrückt bist, gehörst du in ein Krankenhaus. Wenn du deprimiert bist, laß dich testen, um festzustellen, warum ...» Mein Vater kannte den Direktor dieser privaten Klapsmühle, und sie redeten mir alle zu, mich dort anzumelden und auch noch dankbar dafür zu sein.

RUTH: Ich war ungefähr acht Jahre verheiratet, als sich mein Mann plötzlich mit mir und den Kindern zu langweilen schien. Er ging jeden Abend woanders hin. Er war viel mit Freunden zusammen und wurde bald sehr beliebt. Ich aber fühlte mich vernachlässigt und wurde allmählich wütend. Als ich ihn fragte, warum er nicht mal bei mir und den Kindern zu Hause bliebe, schlug er bloß die Tür zu und sagte, ich sei krank und brauche einen Arzt. Na ja, ich glaubte ihm und ging zu jemandem, den er mir empfohlen hatte. Um es kurz zu machen, dieser Arzt fragte überhaupt nicht nach meinen Problemen. Er gab mir einfach eine Spritze, damit ich schlafen könne. Dann gab er mir laufend Schockbehandlungen ... Die Folge war natürlich, daß ich nun dauernd schlief. Die Kinder entbehrten mich, mein Mann aber genoß seine Freiheit und hatte nicht die geringsten Schuldgefühle ... Die Schockbehandlungen dauerten etwa sechs Jahre, und die ganze Zeit hindurch war ich wie gelähmt und konnte überhaupt keinen Widerstand leisten.

SOPHIE: Mein Mann war ein sehr schwieriger Mensch. Immer wieder verlor er seine Stellung, weil er mit seinem Chef Streit hatte. Ich mußte einen guten Posten nach dem anderen aufgeben, um ihm in die nächste Stadt zu folgen ... Dann fand mein Mann eine Freundin – ich beklagte mich nicht – in der Ehe ist man nun mal nicht auf Rosen gebettet –, aber dann zeigten sich bei mir Symptome multipler Sklerose. Mein Mann riet mir, eine Schocktherapie zu machen, weil er meinte, ich bildete mir meine Krankheit nur ein. Zum Glück konnten wir es uns privat nicht leisten ... Aber dann brachte er [mein Mann] einen Psychiater mit nach Hause, und beide drohten mir, wenn ich nicht freiwillig in ein Krankenhaus ginge, würden sie mich einliefern lassen, und das wäre schlimmer für mich. Also ging ich ins Krankenhaus.

BARBARA: Meine Mutter gab mich weg, als ich dreizehn war. Sie wurde nicht mit mir fertig. Mein Vater hatte uns verlassen, sie trank und weinte die ganze Zeit. Da ich von schlechten Pflegeeltern aber immer wieder durchbrannte, ließ sie mich schließlich in eine Heilanstalt sperren.

> Washington (AP): Ein Mitarbeiter des Verbraucheranwalts Ralph Nader erklärte, die Ärzte würden ungenügend darüber aufgeklärt, daß eine potente «chemische Zwangsjacke» für psychiatrische Patienten Symptome der Parkinsonschen Krankheit

hervorrufen kann ... Ein Sprecher der Food and Drug Administration äußerte ebenfalls die Meinung, daß das Medikament (Stellazin) zuviel verwendet wird, insbesondere bei der Behandlung leichter Angstzustände und anderer geringfügiger Beschwerden.

New York *Post*
30. April 1971

Die pharmazeutische Industrie gibt die Versklavung der Frau offen zu: Dies geht aus einem Inserat hervor, das eine Frau hinter Gitterstäben zeigt, die aus Besen und Mops bestehen. Die Überschrift lautet: «Sie können sie nicht befreien, aber sie können ihre Angstgefühle mildern.» Auf einem anderen Bild ist eine Frau zu sehen, die laut Text einen Magister hat, sich aber jetzt mit Elternverein und Hausarbeit begnügen muß. Dies, so heißt es, trägt zu ihren gynäkologischen Beschwerden bei, die mit Medikamenten behandelt werden sollten.

Robert Seidenberg, M.D.
1971

Alle 24 Frauen erhielten Medikamente in hohen Dosen (wie Thorazin, Chlorpromazin, Stellazin, Mellaril und Librium), und viele erhielten routinemäßig Schocktherapie und/oder Insulinkomatherapie, häufig *bevor* sie psychiatrisch «befragt» wurden.

LAURA: Das erste, was sie machten, war, daß sie jedem eine Schockbehandlung verpaßten. Ganz egal, wer man war. Man kam hin und erhielt dreimal in der Woche Schocks. Bevor sie wußten, in welche Abteilung sie einen einweisen sollten, war man schon völlig fertig ... Ich hatte eine Todesangst. Ich glaubte, ich müsse sterben ... Die einzige Person, die zu mir kam – Sie werden lachen –, kam, um einen I.Q.-Test zu machen.

Viele der Frauen wurden körperlich mißhandelt. Ihre Bitten um Kontakt mit der Außenwelt wurden abgelehnt. Ihre Briefe wurden zensiert oder gar nicht abgesandt. Das Tagebuch einer Frau wurde teilweise vernichtet. Echte medizinische Beschwerden wurden im allgemeinen gar nicht behandelt: Sie wurden als eine Form des «Auf-sich-aufmerksam-machen-Wollens» oder der «Rache» abqualifiziert oder einfach ignoriert.(2)

(2) Ironischerweise kann ein *psychisch* kranker Patient eine Heilanstalt wegen körperlicher Schäden, die er während der Hospitalisierung davongetragen hat, erfolgreich verklagen, nicht dagegen wegen *psychischer* Schäden oder wegen mangelhafter oder nicht vorhandener medizinischer Betreuung.

BARBARA: Ich wurde oft geschlagen. Schließlich lernte ich, mich anzupassen, und ich wurde beauftragt, die kleineren Kinder zu schlagen, wenn sie nicht folgten ... Fünf- und Sechsjährige wurden regelrecht verprügelt. Wenn ich mich darüber beschwerte, taten sie mit mir dasselbe.

SOPHIE: Ich wußte, daß *körperlich* etwas nicht in Ordnung mit mir war. Ich konnte schlecht gehen ... Aber sie glaubten mir nicht ... Ich humpelte und fiel hin, und sie lachten mich noch aus. Sie, die Pfleger, versetzten mir Fußtritte, nur weil ich Medizin verlangte. Einmal gaben sie mir einen Fußtritt und stießen mich in eine Kammer, nicht größer als ein WC, wo ich die Nacht unbekleidet auf dem Fußboden verbringen mußte.

Alle in Landeskrankenhäusern verwahrten Frauen wurden zu geschlechtsspezifischer Zwangsarbeit herangezogen. Sie dienten als unbezahlte Hausangestellte, Wäscherinnen, Stationshilfen, Köchinnen und Verkäuferinnen. Weigerten sie sich, diese Arbeiten zu machen, so galten sie als «verrückt» und «unkooperativ» und wurden mit Medikamenten, Schockbehandlungen, Schlägen, Spott und längeren Anstaltsaufenthalten bestraft. Nahmen sie die Arbeiten aber an und machten sie sie *gut*, so wollte sich das Anstaltspersonal von ihnen oft gar nicht trennen.

SUSAN: Ich weigerte mich, in der Küche Kartoffeln zu schälen, da haben sie mich ein paar Tage ganz allein in ein Zimmer gesteckt.

CARMEN: Ich war stolz darauf, daß ich die private Haushälterin von Dr. X sein durfte. Ich machte die Wohnung sauber und kochte, paßte auf die Kinder auf, ging einkaufen und gab sogar ihrem Sohn Nachhilfe in Spanisch ... Was mir nicht gefiel, war, daß ich ihre Unterwäsche waschen mußte. Das paßte mir nicht.

PRISCILLA: Als ich mich weigerte, in unserer Abteilung den Boden zu wischen und den Scheißdreck der Chronischen in die Kaffeedosen zu tun, fielen sie [die Pfleger] über mich her. Sie stülpten mir ein Laken über den Kopf, warfen mich zu Boden und bearbeiteten mich mit Fäusten und Fußtritten.

Während ich dort war, wurden viele Patienten aufgenommen und wieder entlassen, die in ihrer ganzen Anstaltszeit niemals auch nur fünf Minuten mit einem Arzt gesprochen haben. Oft fragte ein Neuankömmling: «Wann werde ich untersucht?» Ich antwortete dann: «Sie werden hier nie untersucht werden, denn der Arzt verläßt sich auf das, was ihm diejenigen erzählen, die wollen, daß Sie hierbleiben.»

Elizabeth P. Ware Packard
Modern Persecution (1873)

Nur wenige meiner Interviewpartnerinnen wurden psychotherapeutisch behandelt. Therapiegruppen (und Therapeuten) interpretierten entweder ihre Bitten um Information oder Entlassung psychodynamisch oder rieten ihnen, «weiblicher» und «kooperativer» zu werden.

LAURA: Mach dich hübsch, sagten sie zu mir. Ich machte also jeden Morgen Schwitzkur [Insulin-Therapie] und jeden Nachmittag verbrachte ich mit den anderen Frauen beim Friseur. Natürlich mußte man dafür bezahlen . . . Man darf nie zeigen, was man denkt, man muß so tun, als sei alles in bester Ordnung, nur so kann man herauskommen.

JOYCE: Ich hatte einen Arzt, der mich immer wieder ausfragte. Immer und immer wieder ließ er sich die gleiche Geschichte erzählen. Ich erinnere mich, daß ich furchtbar aussah, meine Haare waren nicht gekämmt, ich war ohne Make-up. Er sagte: «Warum machen Sie sich nicht schön? Ein so hübsches Mädchen wie Sie!» Und ich sagte: «Ich will nicht, daß mich je wieder ein Mann anschaut.»

LAVERNE: Schließlich wurde mir klar: Man durfte nicht wütend werden. O nein, sie sperren dich ein, werfen den Schlüssel weg, und dann sollst du sie auch noch anlächeln, den Schwestern Komplimente machen, das Musterkind spielen – das tat ich schließlich, nur um herauszukommen.

CAROLE: Ich war wirklich aggressiv. Ich wußte, worauf ich juristisch Anspruch hatte, und ich kochte vor Wut . . . Hier war ich in dieser Schlangengrube, diesem Konzentrationslager, und konnte nicht heraus. Sie haßten mich und meine akademische Ausbildung.

Viele Frauen, die ich interviewte, waren in der Anstalt sexuellen Anträgen und Belästigungen ausgesetzt. Freigewählte heterosexuelle und speziell homosexuelle Beziehungen wurden jedoch unterbunden und verboten.

BARBARA: Ein Mädchen wurde von einem Pfleger vergewaltigt, aber die Schwester redete mit ihm,

MARSHA: Ich verliebte mich in der Anstalt in eine Frau – aber das wurde als «krankhaft» angesehen. Am

1. *Demeter*, Marmorstatue aus dem Heiligtum der Demeter in Knidos, etwa 350–340 v. Chr.

2. *Raub der Proserpina* von L. Bernini, 1621–1622

Die heutigen Frauen sehnen sich nach mütterlicher Zuwendung und nach Rollenvorbildern, sie wünschen sich weibliche Heldenfiguren und Schutzgöttinnen. Es ist kein Zufall, daß Mütter und Töchter in der jüdisch-christlichen Mythologie als Urbilder keine oder nur eine untergeordnete Rolle spielen. Demeter und Persephone waren die Hauptfiguren einer Mutter-Tochter-Religion im alten Griechenland, der Eleusinischen Mysterien. Demeter ist die Göttin der Fruchtbarkeit und des Ackerbaus. Ihre Tochter Persephone (Demeters eigenes jungfräuliches Selbst) wird von Hades, dem Gott der Unterwelt (vielleicht auch von Zeus oder Dionysos, die beide nach dem Mythos Persephones Vater gewesen sein könnten,) entführt und vergewaltigt. In ihrem Schmerz und Zorn weigert sich Demeter, das Getreide wachsen zu lassen, bis die Tochter zu ihr zurückkehrt. Persephone darf daraufhin den größten Teil des Jahres, den Frühling, Sommer und Herbst, bei ihrer Mutter verbringen und muß nur im Winter, wenn kein Getreide wächst, bei ihrem Mann leben. Obwohl Demeter ihre Tochter schützt und «rettet», gelingt es Persephone trotzdem nicht, sich selbst zu verwirklichen und ihre Identität zu entwickeln. Beide Frauen symbolisieren jenes Opfer der eigenen Persönlichkeit, das die biologischen und kulturellen Gegebenheiten den Frauen abverlangen. Beide Frauen kann man als Repräsentantinnen eines auf Vergewaltigung, Inzest und Fortpflanzung aufgebauten Modells der Sexualität bezeichnen.

3. *Johanna von Orléans und Judith* aus *Le Champion des Dames*, einer Handschrift von Martin le Franc, die 1451 in Arras entstand.

Manche Frauen identifizieren sich in ihren wahnhaften Zuständen mit Johanna, der keineswegs nur legendären Jungfrau von Orléans, oder mit der katholischen Madonna. Beide Figuren bilden modifizierte christliche Äquivalente zu der heidnischen Göttin Demeter und ihrer Tochter Persephone. Johanna ist die einzige Persephone-Figur in der modernen Geschichte, die nicht vergewaltigt oder geschwängert wurde. Sie wird nie «Mutter» und entgeht dem Schicksal der Demeter-Mutter ebenso wie dem der Persephone-Tochter. Sie ist unsere einzige Erinnerung an die Amazonenkultur. Doch auch Johanna stirbt den rituellen Opfertod, damit der Mann überlebt – nicht durch Vergewaltigung, Schwangerschaft und Mutterschaft, sondern auf Grund ihrer militärischen Siege für einen männlichen Herrscher und durch eine sich daran anschließende politische Verfolgung – und Heiligsprechung. Da Johanna nicht in einer Amazonengesellschaft lebte, war sie dazu verurteilt, eine Armee von Männern und nicht von Frauen zum Kampf aufzurufen und in die Schlacht zu führen.

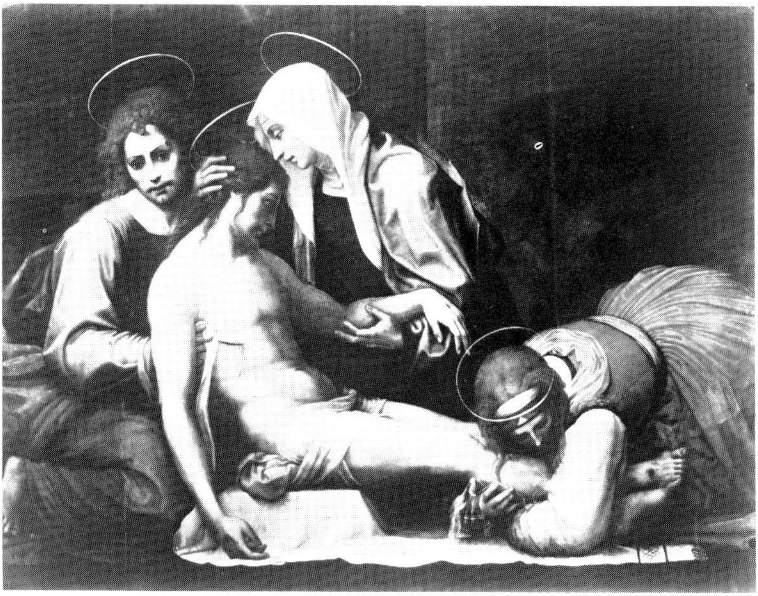

4. *Die Grablegung* von Fra Bartolommeo

Im Gegensatz zu Demeter hat die katholische Maria keine Tochter. Ihr einziger Kontakt mit der Gottheit besteht in ihren «Dienstleistungen» für Männer: für den Heiligen Vater oder für ihren eigenen Sohn. Der katholische Mythos symbolisiert die erzwungene Spaltung der Frau in Mutter oder Hure, wie es Fra Bartolommeo auf seinem Gemälde darstellt: Beide hegen ein göttliches (männliches) Kind und beten es an und beweinen schließlich den toten Mann. Wie viele Frauen verzichtet Maria um der «Mutterschaft» willen auf sexuelle Lust, physische Stärke und ökonomische und intellektuelle Macht. Nach Sigmund Freud erfährt eine Mutter allein durch ihre Beziehung zu einem Sohn eine grenzenlose Befriedigung. Diese Beziehung sei die vollkommenste aller menschlichen Beziehungen, denn sie sei frei von jeglicher Haßliebe.

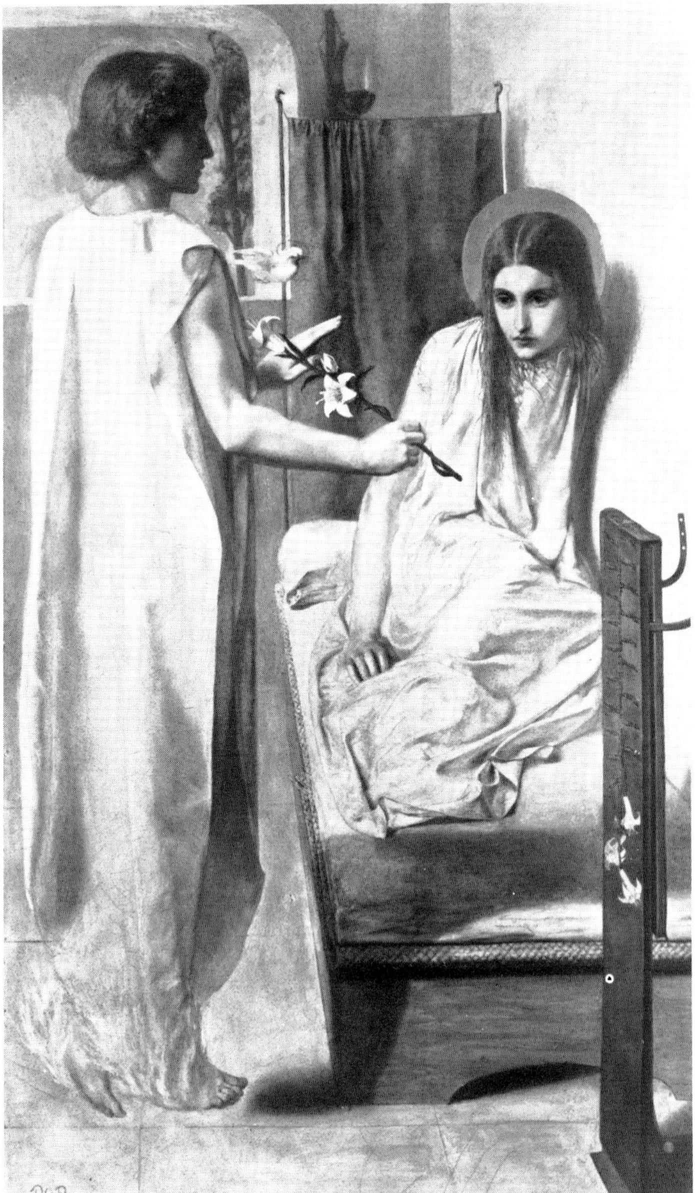
DGR
March 1850

6. *Die Alba Madonna* von Raffael

Rossetti malte eine sehr junge Maria – ein verängstigtes, noch unerwecktes Mädchen, das sich plötzlich einem ausweglosen Schicksal ausgesetzt fühlt, jenem von Kummer, Selbstaufopferung und Dienen gezeichneten Leidensweg, der mit der Nachricht von ihrer bevorstehenden göttlichen Schwangerschaft beginnt.

Anders als die heidnische Demeter, Athene oder Diana wird die Madonna meist physisch unterentwickelt und mütterlich «schön» dargestellt – als eine mit dem ödipalen Auge des Mannes gesehene zufriedene, gütige und etwas matronenhafte Mutter (wie Raffaels Madonna).

Je älter aber der Sohn wird, desto jünger wirkt oft die Madonna, bis sie in Michelangelos römischer *Pietà* als die ewige jungfräuliche Mutter idealisiert wird, jung genug, um die Braut ihres Sohnes zu sein. Die Madonna ist das zentrale Rollenvorbild der Frau in unserer Gesellschaft.

5. *Die Verkündigung* von D. G. Rossetti

7. Irrenanstalt
Überfüllte Abteilung des New York Lunatic Asylum, Blackwell's Island, 1868

Elizabeth Packard (vgl. Kapitel 1) wurde 1860 von ihrem Mann gegen ihren Willen in eine private Irrenanstalt gebracht, die der hier abgebildeten geglichen haben dürfte. Gewalttätige Frauen, verängstigte Frauen, Frauen, die vor dem Selbstmord stehen, zusammengepfercht in physisch und psychisch niederdrückenden Räumen: Sie alle haben erst durch den Aufenthalt in der Anstalt wirklich den Verstand verloren. Zwischen 1960 und 1968 waren 61 Prozent aller Insassen der privaten Krankenhäuser in den USA Frauen. Nelly Bly, eine amerikanische Journalistin, ging 1887 freiwillig in die Nervenheilanstalt Blackwell Island, um darüber einen Bericht zu schreiben, der in der New York *World* erschien. Immer wieder werden in der Presse Meldungen über die Zustände in Irrenanstalten und Gefängnissen veröffentlicht, aber keine der beiden Institutionen (noch die Institution der Familie, nach deren Muster sie funktionieren,) ist bis jetzt verschwunden oder entscheidend reformiert worden.

8. Die Salpêtrière, die älteste Irrenanstalt Frankreichs, hatte spezielle Abteilungen für alte und mittellose Frauen, für Prostituierte, für Schwangere und für junge Mädchen. In den amerikanischen Landes- und Bezirksnervenheilanstalten waren 1950 etwa 70000 Frauen, die 65 Jahre alt waren, hospitalisiert oder 27 Prozent aller weiblichen Patienten. (Die in Altersheimen lebenden Frauen sind darin nicht berücksichtigt.) 1968 betrug der Anteil der Frauen über 65 bereits 36 Prozent aller Frauen in den amerikanischen Landesnervenheilanstalten – oder 72046 Frauen gegenüber 48094 Männern. Während die Gesamtzahl männlicher und weiblicher Patienten in den Landesnervenheilanstalten insgesamt stetig abnimmt (auf Grund der medikamentösen Therapie, der Einrichtung anderer psychiatrischer Institutionen und der wachsenden Zahl von Altersheimen), ist der Prozentsatz der dort untergebrachten «alten» Frauen ständig weiter gestiegen. Eine «alte» Frau ist ein noch nutzloseres «Ding» als ein «alter» Mann, der Verachtung, dem Spott, dem Mitleid und dem Vergessen preisgegeben.

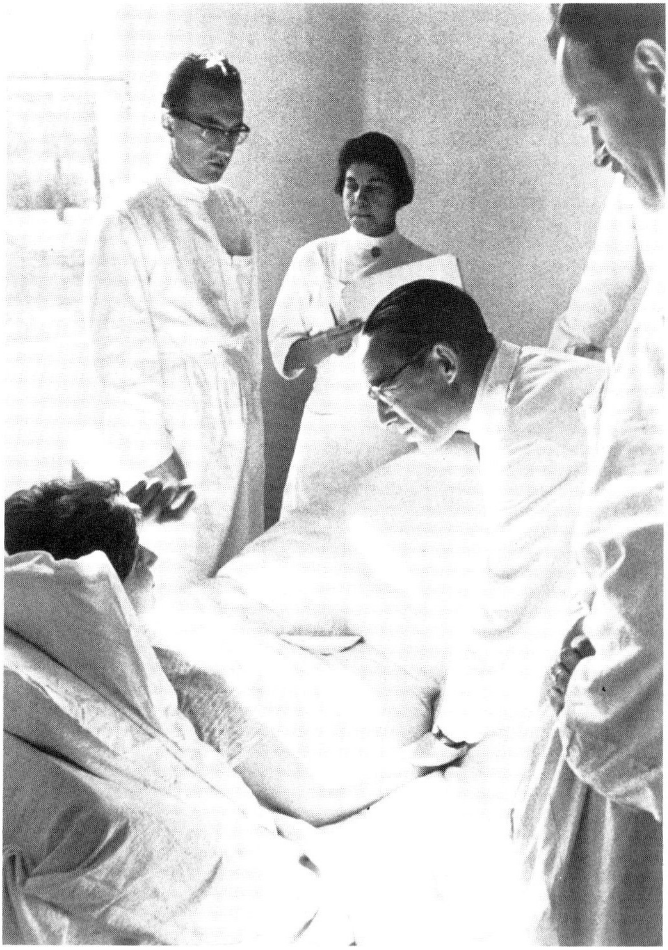

9. Das Foto wurde in einer Nervenheilanstalt aufgenommen. Die Akteure dieses Dramas sind so alt wie die der Hexenprozesse: distanzierte, herablassende, potentiell wohlwollende, aber allmächtige männliche Ärzte (Inquisitoren), eine unterwürfige weibliche Krankenschwester (Dienerin) und eine weibliche Patientin (Hexe), «besessen» von Unglück, Ohnmacht und Abhängigkeit.

10. *Artemis und Iphigenie*, Rekonstruktion von Studniczka

Artemis oder Diana, die jungfräuliche Jägerin, ist Apollos Zwillingsschwester. Im Unterschied zu Athene oder Aphrodite ist ihre «Mutter» nicht ein Mann, sondern eine Frau. Sie wird immer von sechzig Meerjungfrauen und zwanzig Flußnymphen begleitet. Nach einem Mythos rettet Artemis Iphigenie davor, von ihrem Vater Agamemnon geopfert zu werden. Artemis ist eine lesbische Gestalt aus dem Amazonenreich. Ihr Vater Zeus kann ihre Geliebte Callisto nur verführen, indem er das Aussehen von Artemis annimmt.

11. *Das Gespräch*, unbekannter Bildhauer

Beide Frauen machen den Eindruck sinnlich-naher Vertrautheit, ohne daß die Szene auf männliche (und weibliche) Betrachter pornographisch wirkt. Sie scheinen *füreinander* da zu sein – und sind nicht Objekte, die die männliche Angst vor Impotenz oder Unfreiheit beschwichtigen müssen oder männliche Vergewaltigungsgelüste erregen sollen.

12. In Amerika, dem «reichsten» Land der Welt, sterben verhältnismäßig mehr farbige Frauen aller Altersstufen als weiße Frauen. Kindersterblichkeit und Selbstmorde unter Halbwüchsigen sind unter der farbigen Bevölkerung wesentlich höher als unter den Weißen. Viele farbige Frauen in den USA müssen ihre Kinder allein aufziehen nur mit Hilfe von völlig unzureichenden Sozialbeihilfen oder Löhnen, die weit unter jenen berufstätiger schwarzer, puertorikanischer und weißer *Männer* liegen. In den amerikanischen Frauengefängnissen überwiegen farbige Frauen.

13./14. Obwohl die Geburtenziffer im tropischen Afrika sehr hoch ist, ist die Müttersterblichkeit geradezu alarmierend und die Säuglingssterblichkeit beträgt in bestimmten Gebieten 150–400 je 1000 Lebendgeburten. Von alters her haben die afrikanischen Frauen für die Geburt und Erziehung der Kinder gesorgt und in der Landwirtschaft und/oder im Handel immer hart gearbeitet, selten haben sie jedoch Führungsrollen in Politik, Militär oder Religion übernommen, und auch die Polyandrie (Vielmännerei) war weniger verbreitet als Polygamie (Vielweiberei). Trotzdem hat es in Afrika zahlreiche Königinnen und Kriegerinnen gegeben – sie sind heute allerdings ebenso vergessen wie die in Südamerika, Asien und Europa. Mit der Intervention der Europäer setzte dann die weitere Degradierung der afrikanischen Frau ein im Vergleich zum afrikanischen Mann: Dieser wurde nun gezwungen und/oder ermutigt, sich am Bildungswesen, an der modernen Landwirtschaft, am Grundbesitz, an der Fabrikarbeit etc. zu beteiligen. Weibliche Krieger verschwanden vollständig. Heute sind die meisten revolutionären politischen und militärischen Führer, Richter und Priester Männer, nicht Frauen.

15. Rotfigurige attische Amphora, 450 v. Chr.

Auf die meisten Frauen wirken Szenen, in denen Frauen physisch über Männer oder auch über Naturgewalten oder politische Gegner siegen, schockierend und befremdend. (Militärische oder episch-romantische Gewalttaten sind eine reale Form oder auch nur eine Metapher für andere *definitive* Aktionen.) In der griechischen Kunst bewegen sich die Sieger der Tradition gemäß von links nach rechts (oder vom «Weiblichen» zum «Männlichen»). In der obigen Abbildung ist eine siegreiche, berittene Amazone gerade dabei, einen am Boden liegenden Griechen mit dem Speer zu durchbohren. Ein behelmter Grieche sucht eine andere Amazone aufzuspießen, die sich mit der Streitaxt wehrt, während eine anmutige, muskulöse Gefährtin ihr mit hocherhobener Axt zu Hilfe eilt. Die berittene Amazone trägt pelzbesetzte Stiefel.

Alle Figuren sind in Rot gehalten. Die vollständige Schlachtenszene ist auf dem vorliegenden Foto nicht sichtbar. Von fünf weiteren Amazonen lenkt eine den Streitwagen, zwei andere beobachten den Kampf zwischen sechs Griechen und sieben Amazonen.

16. Rotfigurige attische Amphora, 5.–4. Jh. v. Chr.

Ein bärtiger Grieche, nur mit Strümpfen und Helm bekleidet, den ein Delphin schmückt (Symbol der Herkunft, Göttlichkeit und Tragik von Knaben) wird von zwei Amazonen angegriffen. Die säbelschwingende Amazone ist ein fröhliches, fast überirdisches Wesen. Sie trägt Schuhe und einen langärmeligen Kampfanzug unter ihrer gegürteten Tunika, dazu eine orientalische Kappe.

Zu den in der griechischen Kunst dargestellten Waffen der Amazonen zählen Streitäxte, Säbel (Schwerter), Pfeil und Bogen (meist skythisch), Schild und Speer. Auf den Schilden der Amazonen sind Panther, Löwen und Hunde abgebildet. Die Amazonen tragen manchmal Beinschienen, attische oder thrakische Helme und persische Kappen (mit oder ohne Umhang). Ihre Füße sind mit Stiefeln, Schuhen, Sandalen und Fesselschnüren bekleidet – oder nackt. In manchen Kampfszenen, noch häufiger bei friedlicher Tätigkeit, tragen die Amazonen kurze Tuniken und Schmuck. Nachweislich sollen Amazonengesellschaften in Afrika, im Gebiet des Mittelmeers und der Ägäis, am Schwarzen Meer und in Südamerika existiert haben.

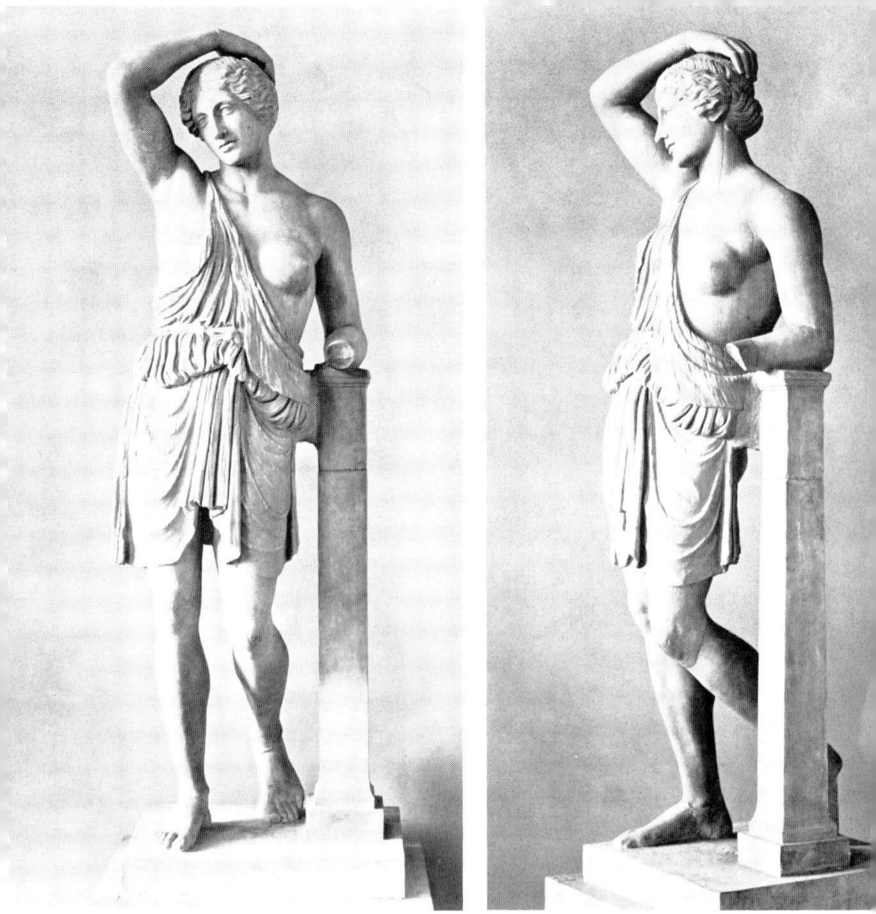

17. und 18. *Verwundete Amazone*, römische Nachbildung einer griechischen Statue, die Polykleitos oder Kresilas zugeschrieben wird, 440–430 v. Chr.
(Vorder- und Seitenansicht)

Die Marmorkopie der griechischen Plastik ist über zwei Meter hoch. Die Amazone trägt einen kurzen, gegürteten Chiton, ein weißes Untergewand, und einen Knöchelriemen. Ihr Haar ist gescheitelt und zurückgekämmt. Sie soll an oder über ihrer rechten Brust verwundet sein (die Brust, genauer die Milchdrüsen, wurden bei vielen Amazonenstämmen angeblich in der Kindheit ausgebrannt). Sie wirkt sehr schön, harmonisch und friedlich.

so daß es schließlich vertuscht wurde. Ein Arzt versuchte, mich bei einer gynäkologischen Untersuchung zu vergewaltigen, und ich traute mich nicht, mich deswegen zu beschweren, denn ich fürchtete, sie würden sagen, ich lüge oder sei verrückt, und sie würden mir Elektroschocks geben.

Samstagabend gibt's immer diese Tanzveranstaltungen, zu denen man hingehen soll, aber man darf nicht mit einer Frau tanzen, nur mit einem Mann. Aber mit ihm ins Bett gehen, das darf man nicht.

Als die Geschichte von Miss Doris Anderson, der Negerin – einem Fürsorgefall aus Baltimore – erschienen war . . . läuteten ununterbrochen die Telefone, und es hagelte nur so von Leserbriefen. Die Anrufer erzählten von anderen geistig gesunden Personen, die auch der bürokratischen Psychiatrie in die Hände gefallen und gegen ihren Willen in Nervenheilanstalten gebracht worden waren. Viele betonten, daß dies nicht etwas sei, was nur schwarzen Sozialhilfeempfängerinnen zustoße. Sie erzählten, daß weißen Frauen der Mittelschicht genau das gleiche passiert sei. Bei keinem der Fälle handelte es sich um einen Mann – es waren immer nur Frauen, und keine einzige unter den Opfern erhob Klage gegen ihre Gefängniswärter. Manche schwiegen, weil sie nicht wußten, wie sie sich zur Wehr setzen sollten. Entweder hatten sie keinen Anwalt und wußten nicht, wie sie einen bekommen sollten, oder sie waren so eingeschüchtert, als habe ihre Inhaftierung in einem Narrenhaus Zweifel an ihrem eigenen Verstand geweckt.

Nicholas von Hoffman
Washington *Post*, 4. Februar 1970

Für andere bettelte und bat ich – für andere erhob ich Beschwerde. Für sie verzichtete ich bewußt auf meine Stellung als «Anstaltsliebling» und wurde von Stund an zum «Anstaltshäftling». Seitdem stand ich zwei Jahre und acht Monate lang unter schärfster Aufsicht und mir wurde mit einer Ausnahme nie wieder gestattet, auch nur einen Schritt außerhalb der Anstaltsmauern zu tun, und ich bin fest davon überzeugt, daß es die Absicht des Doktors war, mich durch geschickten Gebrauch der Anstaltstortur in den Wahnsinn zu treiben.

Elizabeth P. Ware Packard
Modern Persecution (1873)

Nur zwei der Frauen, mit denen ich sprach, wußten über ihre gesetzlichen Rechte Bescheid; beide unterlagen natürlich vor Gericht und wurden mit weiterer psychiatrischer Inhaftierung «bestraft». Nur eine der 24 Frauen bewertete ihre Erfahrungen als psychiatrische Patientin positiv. Nur eine der Frauen hielt sich nicht für «verrückt». Die meisten der Interviewten waren gedemütigte Menschen, deren Einstellung zu ihrer Hospitalisierung und deren Ursachen verwirrt, fatalistisch, naiv zu nennen war. Fast alle tendierten dazu, die Brutalität der Behandlung (verbal) herunterzuspielen und sich selbst die Schuld zu geben. Sie waren eben «krank» – oder nicht?

LAURA: Anfangs war ich überhaupt nicht raffiniert. Ich war einfach furchtbar verletzt. (Sie lacht.) Ich wußte nicht, daß sie mich dreimal so schlimm bestrafen würden, wenn ich versuchen sollte, auszureißen ... Sie steckten mich in eine Zwangsjacke, das war sehr grausam, und sperrten mich 24 Stunden allein in ein Zimmer. Ich konnte mich kaum bewegen, ich war vollkommen steif. Sie erlaubten mir nicht einmal, auf die Toilette zu gehen. Sie legten mir eine Schüssel unter und solche Sachen. *Aber Sie müssen verstehen, daß ich krank war. Ich kann nicht schwindeln und behaupten, ich sei es nicht gewesen. Sie müssen begreifen, daß ich wirklich krank war.* [Von der Autorin hervorgehoben.]

JOYCE: Ich erinnere mich an diesen großen Saal, den Aufenthaltsraum. Und diese vielen Menschen. Hunderte von Menschen. Manche sprangen im Saal herum und taten alle möglichen seltsamen Sachen. Ich war so erschrocken, daß ich zu weinen begann. Und ich dachte: «O mein Gott, jetzt ist es soweit, jetzt bin ich verrückt. Jetzt weiß ich, daß ich verrückt bin, weil ich hier bin.» ... Ich sagte: «Ich bin schizophren, nicht wahr?» Und er [der Psychiater] antwortete: «Nein, Sie sind nicht schizophren, Sie sind hysterisch und neurotisch!» Aber ich glaubte ihm nicht. *Ich bestand darauf, daß das [Schizophrenie] meine Diagnose sei.* [Von der Autorin hervorgehoben.]

LUCY: Immer, wenn ich etwas in Frage stellte, was sie taten, sie kritisierte, besonders, wie sie einige der anderen Patienten behandelten, schrien sie mich an und sperrten mich allein in ein Zimmer. Ich reagiere dann sehr emotional und rege mich auf, *ich bin eben krank.* [Von der Autorin hervorgehoben.] ... Sie sagen nie klar und deutlich, was sie von einem erwarten, aber wenn man zu viele Sachen, die ihnen nicht passen, zu laut sagt, findet man sich hinter Schloß und Riegel wieder ... *Ich war krank, das steht fest.*

Sind diese Frauen aber tatsächlich «krank»? Haben sie nur einfach ihre Lage satt, oder sind sie medizinisch wirklich krank? Warum glauben sie, daß sie krank sind? Besteht ihre Krankheit in Wirklichkeit darin, die Rolle der Kranken zu akzeptieren – ein weibliches Vorrecht in unserer Kultur? Werden diese Frauen bestraft, weil sie ihr Geschlechtsrollenstereotyp ablehnen – oder sich ihm in selbstmörderischer Weise anpassen? Werden sie auf Grund ihrer *Ambivalenz* gegenüber dem tradierten Rollenbild bestraft? Ist ihre psychiatrische Hospitalisierung purer Zufall? Wie dem auch sei, wie sollten sie «behandelt» werden?

Können diese Fragen oder zumindest ein Teil von ihnen, zur Zufriedenheit aller beantwortet werden? Gibt es Lösungen, die für alle Frauen Gültigkeit hätten? Viele der Frauen berichteten, daß ihre Einstellung zum Rollenbild der Frau während und/oder vor ihrer Hospitalisierung recht zwiespältig gewesen sei. Als charakteristisches Beispiel dafür sei hier die Aussage von Laura wiedergegeben. Ich habe die typisch «männlichen» und «weiblichen» Gefühle oder Verhaltensweisen, die bei Laura sehr ausgeprägt nebeneinander vorkommen, besonders hervorgehoben.(3)

Furchtsam, tapfer, neugierig suchte mich Laura an einem Sonntagnachmittag auf, um mit mir zu sprechen. «Meine Mutter riet mir, vorsichtig zu sein», sagte sie, «aber Lois [eine gemeinsame Bekannte] meinte, es sei alles in Ordnung.» Laura, 35, hat bei ihrer Mutter ein Zimmer «gemietet», «geht nicht mehr aus», liest viel, schreibt Gedichte und ist dreimal wöchentlich bei einem männlichen Therapeuten in Behandlung. Obwohl sie den Magister hat, arbeitet sie als Sekretärin. Sie ist keine Feministin. Laura war zweimal in Nervenheilanstalten und einmal verheiratet. Sie ist davon überzeugt, daß sie «geisteskrank» war.

LAURA: Ich komme nicht drum rum. Ich war wirklich krank. Ich fing an zu halluzinieren, ich glaubte wirklich, die Leute seien gegen mich . . .

PHYLLIS: Waren sie es?

LAURA: Nein.(4) Verstehen Sie, ich hatte nicht genug Geld zum Leben.

(3) Es gibt wenige Orte in unserer Gesellschaft, wo psychosexuelles oder «männer»-ähnliches Verhalten der Frauen aktiv *unterstützt* wird.

(4) PHYLLIS: Wie fühlten Sie sich, als Ihre Mutter die Polizei rief?

LAURA: Damals, anfangs, meinte ich, sie sei gegen mich und das sei brutal. Es *war* auch irgendwie brutal, was sie tat.

Ich hatte die Graduate School abgeschlossen und konnte keine Arbeit finden, ich schrieb ... Ich bat meine Mutter um Geld, aber sie gab mir keins, denn ich sei ja nun erwachsen und solle für mich selbst sorgen, und wenn ich das nicht könne, sollte ich heiraten. Darüber gab es schrecklichen Streit, und sie rief die Polizei ... Ich hatte keine Ahnung, daß sie mich einsperren würden, ich glaubte, meine Mutter wollte mir nur Angst machen ... Sie rief die Polizei *wegen meiner schrecklichen Wutanfälle* – sie ist intelligent genug, um zu merken, daß etwas nicht stimmt. Die Polizei legte mir Handschellen an und brachte mich nach Kings County. Sie nahmen mir alles weg, meine Kleider, einen Ring, und gaben mir ein Beruhigungsmittel.

PHYLLIS: Haben Sie mit einem Psychiater gesprochen?

LAURA: Ja – das war mein Pech. Er muß den Eindruck bekommen haben, daß es mir viel schlechter ging als in Wirklichkeit, denn *ich begann zu weinen und zu schluchzen*: Alles war so schrecklich. Das war falsch. Er hielt es für ein Zeichen, daß ich psychisch schwer gestört war, weil ich mich nicht beherrschen konnte ... *Ich machte immer Schwierigkeiten. Ich versuchte zu fliehen.* Ich wollte nicht mehr eingesperrt sein. Aber sie erwischten mich und schickten mich nach Central Islip, wo ich sofort dreimal wöchentlich Schockbehandlung bekam. Ich glaubte, ich müsse sterben. Einen Monat lang hat mich kein Mensch untersucht. Die einzige Person, die zu mir kam ..., kam, um einen I.Q.-Test zu machen. Ich muß sehr gut abgeschnitten haben, denn ich wurde zur «Sonderbehandlung» in ein «besseres Gebäude» verlegt – Insulintherapie, zusätzlich zu den Schocks ... Die Insulinbehandlung dauerte den ganzen Vormittag, und wenn man damit fertig war, war man wie tot. Sie gaben einem Sahne verquirlt mit Ei und Zucker zur Wiederbelebung, aber trotzdem fühlte man sich für den Rest des Tages völlig erschöpft. Am Abend spielten wir Karten ... Ich war die meiste Zeit ganz benommen ... Bevor sie einen entlassen, oder bevor man glauben darf, daß man gesund ist, muß man wissen, daß man krank gewesen ist. Und ich *war* krank gewesen.

PHYLLIS: Wie konnten sie feststellen, ob Sie krank waren, wenn kaum jemand mit Ihnen sprach?

LAURA: Nun, ich lernte, mit diesen Leuten umzugehen ... Ich war ganz anders als sonst, so als sei meine Jugend vorüber, in der Zwischenzeit verschwunden. Nicht nur das; die Schocks sind auch sehr stark. Nach dem Schock hat man nicht mehr die gleichen Gedanken. Der Schock unterbricht die Gedankengänge. Man hat danach neue Gedanken ... Meine Eltern waren seit vielen Jahren geschieden ... Das Krankenhaus war bereit, mich zu entlassen, wenn sich jemand um mich kümmern würde.

PHYLLIS: Haben Sie je daran gedacht, bei Ihrem Vater zu wohnen?

LAURA: Das geht nicht. Mein Vater würde mich nicht aufnehmen. Er will keine Kinder um sich haben . . .

PHYLLIS: Und wie ist es mit Freunden? Liebhabern?

LAURA: Nun, niemand hat mich besucht. Sie führen alle ihr eigenes Leben . . . Offen gesagt, sie interessierten sich nicht genug für mich. Ich glaube, meine Erfahrungen in dieser Beziehung sind gar nicht so ungewöhnlich. Sie kommen und schlafen eine Zeitlang mit dir, und dann kehren sie wieder in ihr eigenes Leben zurück . . . Aber ich hatte eine Stelle als Lehrerin in einem anderen Bundesstaat bekommen, und dort lernte ich meinen Mann kennen. *Aus irgendeinem Grund wollte er mich heiraten – warum, kann ich nicht sagen* . . . Ich heiratete ihn also nach einem Jahr . . . Er war der erste Mann, der mich je wirklich heiraten wollte . . . *Liebe? Ich weiß nicht, was das ist: Sie werden mich für eine sehr seltsame Person halten* . . . Bevor er mich heiratete, *fragte er mich, ob ich ihn unterstützen würde, solange er seinen Doktor mache. Ich war dumm genug, ja zu sagen* . . . Ich arbeitete also als Lehrerin, und er studierte, und nach eineinhalb Jahren Ehe begann ich, mir wieder Sachen einzubilden.

PHYLLIS: Was einzubilden?

LAURA: Dieses Mal bildete ich mir ein, daß er ein Verhältnis habe und daß die Leute gegen mich seien. Ich fing wieder damit an . . . Er war die meiste Zeit weg, und wenn er nach Hause kam, wollte er nur Essen und dann schlafen . . . Wir gingen fast nie miteinander ins Bett.

PHYLLIS: *Hatten Sie irgendwelche Liebhaber?*

LAURA: *Aber nein.* Ich bildete mir nur diese Sachen ein, und dann bekam ich diese *Wutanfälle*, ich zerbrach Dinge und brüllte ihn an . . . Ein paarmal ging er fort, um in einem Hotel zu übernachten . . . Ich schlug ihm vor, zu einem Eheberater zu gehen, weil ich fürchtete, die Ehe werde auseinandergehen . . . Er ging zu einem Therapeuten, und dieses Mal kam ich durch meinen Mann in die Heilanstalt.

PHYLLIS: Allein auf sein Wort?

LAURA: Ja. Er kam mit diesen Muskelmännern an, und sie fesselten mich mit irgend etwas und legten den Hörer auf – ich telefonierte gerade mit meiner Mutter . . . Ich wurde hysterisch, aber sie ließen mich mit niemandem sprechen, nicht einmal mit meinem Therapeuten. Und mein Mann stand dabei und sah zu . . . Er wußte, welche Todesangst ich vor Elektroschocks und Krankenhäusern hatte. Ich hatte ihm von meinem ersten Aufenthalt erzählt, aber er glaubte, daß man in einer Privatklinik besser behandelt wird . . . Voriges Jahr habe ich meine Diagnose in einem medizinischen Lehrbuch nachgelesen, und da stand, ich sei unheilbar. Ich regte mich schrecklich auf und fuhr sofort mit dem Taxi zu meinem Therapeuten. Ich wollte wissen, ob ich ein hoffnungsloser Fall sei.

PHYLLIS: Warum glauben Sie, daß Sie eine Schizophrenie haben?

LAURA: Nun, weil meine Diagnose immer so gelautet hat, und die Heilungschancen sollen überaus gering sein ... Mein Therapeut beruhigte mich aber ... Er wundert sich manchmal, daß ich die verheirateten Frauen nicht beneide, er erwartete, daß ich auf alle eifersüchtig würde ...

Ich glaube, daß das Alter ebenso wie «unweibliches» Verhalten, das heißt alle Arten von Widerspenstigkeit, Faktoren sind, die zu dem «Mißgeschick» der Hospitalisierung beitragen. Sowohl Barbara als auch Carole hatten versucht, sich das Leben zu nehmen, Barbara mit 13, Carole mit 45. Beide waren in Heilanstalten, weil ihre Familien sie nicht mehr behalten konnten oder wollten, oder weil sie keine Familie hatten. Beide hatten «Kampfgeist»: eine Eigenschaft, die weder von Familien noch von Heilanstalten geschätzt wird.(5)

Carole ist heute 65 Jahre alt. Sie lebt allein in einem Sozialhilfeheim der Stadt New York, allein hinter einer abgeschlossenen Tür in einem kleinen Zimmer mit einem riesigen Koffer voll Anwaltskorrespondenz und Zeitungsausschnitten, einem verbotenen zweiflammigen Kocher und nie endendem Autolärm. Sie hat zehn Jahre in New Yorker Nervenheilanstalten verbracht. Ihr Lächeln ist berükkend, ihre Energie aus geheimen Quellen gespeist. Von Beruf ist sie Schauspielerin. Und obwohl sie normal erzogen wurde und auch normal heterosexuell ist, hat sie nie geheiratet ...

CAROLE: Schon als Kind wollte ich später Schauspielerin werden. Meine Familie aber hat mich seit meinem sechzehnten Lebensjahr ständig mit irgendwelchen Männer verlobt. Ich habe acht Ringe zurückgegeben, schöne, große Ringe ... *Ich wollte nicht bloß heiraten*, verstehen Sie, bloß Bridge und Mah-Jongg spielen, das war nichts für mich. Sie taten, was sie konnten, um mir Steine in den Weg zu legen ... und dann fingen sie mit diesen Verlobungen an. Ich weiß nicht mehr, wie viele reiche Partien sie für mich «arrangierten», aber die Ringe gingen immer nach zwei oder drei Monaten zurück ... Meine Familie war sehr streng mit mir und auch natürlich sehr enttäuscht von mir. Sie erlaubten mir nicht einmal, bei einer Freundin zu übernachten, wenn diese einen Bruder hatte. Ihr Goldkind hätte ja vergewaltigt werden können! ... Einmal, als ich ein bißchen später nach Hause kam, brannten alle Lichter, was die für

(5) Auch hier sind die typisch «weiblichen» und typisch «männlichen» Verhaltensweisen, die nebeneinander bei beiden Frauen sehr deutlich auftreten, durch Kursivschrift gekennzeichnet.

eine Szene machten! Sie sind jung, Sie können sich das gar nicht vorstellen, so was gibt's heute gar nicht mehr.

PHYLLIS: Doch, ich hab das auch erlebt.

CAROLE: Na gut, sie schickten mich also zu einem Bekannten, der Psychiater war. Psychiatrie kann man nicht aus Büchern lernen. Wenn ein Psychiater jemanden behandelt, muß er auf seinen allgemeinen Menschenverstand und sein Herz hören, um den Problemen auf den Grund zu kommen ... Ich mochte ihn ... Nicht alle Psychiater sind wie die Kanaillen in Bellevue. Er hatte mehr Bücher, als ich je auf einem Fleck gesehen habe ... Schließlich rief er meine Eltern herein und sagte zu ihnen: «Ich möchte nicht, daß sie nach Hollywood geht. Das ist ein zu hartes Pflaster für sie. Da kommt sie schnell unter die Räder ... Ich mache Ihnen einen anderen Vorschlag. Lassen Sie sie Medizin studieren.» Meine Mutter fing an zu lachen. Sie sagte: «*Sie* und Ärztin? *Die kann ja nicht einmal zuschauen, wenn ein Baby gewickelt wird* ...» Als ich 25 war, wurden sie allmählich ungeduldig. «Du bist jetzt eine alte Jungfer, dein Ruf ist ruiniert, was soll jetzt noch aus dir werden?» *Ich mußte ihnen also endgültig adieu sagen*: Hoppla, Hollywood, jetzt komm ich ...

PHYLLIS: Wie sind Sie in der Nervenklinik gelandet?

CAROLE: Nun, ich bin in Hollywood nicht total unter die Räder gekommen. Es war nicht leicht, aber ich konnte mir etwas Geld sparen ... Aber alle sagten zu mir: «Geh nach New York, schau, daß du eine kleine Bühnenrolle bekommst, dann wirst du sehen, dann holen sie dich zurück.» ... So kam ich nach New York ... *Dann lernte ich ihn beim Vorsprechen kennen, einen kleinen Dicken mit einem netten, väterlichen Gesicht*. Er sagte, er wolle mich managen. Ich sei «wertvolles Kapital». Ich war offen gestanden mißtrauisch, denn in Hollywood lief immer alles auf Sex raus ... Wie sich herausstellte, war's bei ihm auch nicht anders ... Er wurde mein Agent und verschaffte mir Rollen. Ich lieferte ihm meine ganze Gage ab, und er sagte: «Von mir bekommst du genau das, was du brauchst ...» Und plötzlich will er nichts mehr von mir wissen! «Gut, gib mir aber wenigstens das Geld zurück, das du für mich auf die Seite gelegt hast –» Nichts! Schließlich war ich so verzweifelt, daß ich zu ihm ins Büro ging. Er packte mich bei der Schulter und hieb mir mit seiner breiten Faust auf den Kopf und schrie: «Schmeißt sie raus! ... Schmeißt sie raus! Ruft die Polizei» ... *Ich schämte mich so*.

PHYLLIS: Haben Sie mit ihm geschlafen?

CAROLE: Ja, ungefähr vier- oder fünfmal. Ich schämte mich so, daß ich dort stand und rief: «Gut, ruf nur die Polizei, es soll jeder wissen ...» Er rannte herum wie ein Verrückter ... «Ich war keine Hure, als ich hierher kam und Arbeit suchte, für die ich dann nicht mal Geld bekommen habe», schrie ich zurück. *Scripts hab ich auch für ihn gelesen, umsonst*. «Aber du bist eine, du bist eine!» brüllte er und fuchtelte mit der Faust in der Luft herum. «Ja, du dreckiges, schmutziges, schmieriges Schwein hast eine aus mir gemacht.» Damit rannte ich weg ... Zu Hause lag ich tagelang auf dem Bett und weinte ... Freunde von mir wollten hingehen und ihn verprügeln. *Ich wollte es nicht – ich schämte mich zu sehr.* Ich war mit der Miete im Rückstand und auch körperlich völlig am Ende, ich wurde mit dem Leben nicht mehr fertig. So ging ich ins Diplomat Hotel und zahlte für zwei Tage im voraus. Ich sagte: «Ich bin sehr müde, bitte geben Sie keine Anrufe durch», und ich hängte die Tafel «Bitte nicht stören» an die Tür und nahm Phenobarbital und Seconal. Als ich zum letztenmal auf die Uhr sah, war es 5 Uhr 25, dann schlief ich ein ... Fünf Tage später wachte ich am Abend in Bellevue auf. Sie bombardierten mich mit Fragen. «Warum haben Sie das getan? Wissen Sie, wo Sie sind?» Ich hatte schreckliche Schmerzen. Ich konnte nicht gehen, ich sah alles verschwommen ...

Carole brauchte medizinische Hilfe, die sie aber nicht erhielt. Bei ihrer Einweisungsverhandlung – auf der sie bestanden hatte – fragte der Richter, ob sie jemand habe, der «für sie sorgen» könne.

CAROLE: Ich sagte nein. Ich wollte nicht, daß meine Tanten oder meine Mutter davon erfuhren. Und er sagte: «Nun, Sie müssen aber behandelt werden.» Und dieser Schweinehund [ein Psychiater] steht auf und sagt: «In jeder Landesnervenheilanstalt wird sie medizinisch gut versorgt werden.» ... Sie hatten mir das Etikett «Involutionspsychose und schizoide Persönlichkeit» aufgeklebt ... Ich konnte kaum gehen ... *aber war ich aggressiv, war ich unkooperativ!* Das ist nämlich das ganze Geheimnis, wenn man unkooperativ ist, dann ist man verrückt. Ich wußte, daß ich in einer solchen Klapsmühle keine richtige medizinische Behandlung bekommen würde, also sagte ich zu dem Richter: «Lassen Sie mich umbringen, wenn Sie mich nicht freilassen können.» Mehr brauchte ich nicht zu sagen. Ich flehte den Richter an: «Tun Sie mir das nicht an!», aber er schickte mich in die Landesnervenheilanstalt.

Barbara ist 19 Jahre alt und nach herkömmlichen Begriffen sehr schön. Sie kleidet sich nach Edelhippiemanier: ein graziles menschliches Mobile aus Glanz- und Wildleder, Messing und Silber. Sie ist seit kurzem Mutter und hatte bei unserer ersten Begegnung nicht viel Zeit: Ihr Mann wollte, daß sie so schnell wie möglich wieder nach Hause komme. Sie zündete sich eine Zigarette nach der anderen an, trank Kaffee und machte nichts als witzige, spritzige Bemerkungen. Auf einmal aber wurde sie ganz ernst.

PHYLLIS: Warum kamen Sie eigentlich in ein Krankenhaus?
BARBARA: Weil ich einen *Selbstmordversuch* unternahm ... Ich war

überfordert [sie war damals 13]. Mein Vater verließ uns, und unsere Mutter liebte uns zwar, aber sie hatte zu viele Probleme. Sie wurde nicht recht fertig ... Sie gab mich zu Pflegeeltern, und als mein Vater mich besuchen kam, sagte er zu mir, daß sie mich gar nicht liebe, und zum Schluß weinte ich ... Ich hatte viele Pflegeväter und alle diese komischen Pflegeeltern, die einem nichts Richtiges zu essen geben ... Ich konnte gar nicht recht begreifen, was mit mir eigentlich los war. Als ich älter wurde und in die katholische Schule kam, war ich schon ein wenig verrückt. Ich war nicht wie ein normales, glückliches Kind und wurde immer von dieser Nonne, die gehört hatte, daß meine Mutter schlechte Sachen über sie erzählt, verprügelt, und ich hatte auch keine Freunde und war überhaupt immer allein. Meine Mutter trank und unternahm immer wieder mal einen Selbstmordversuch. Ich machte es meiner Mutter schon sehr schwer. *Ich kam oft erst um vier oder fünf Uhr früh nach Hause*, als ich 13 war ... Schließlich wurde ich in die Kinderabteilung von Creedmoor eingeliefert.

PHYLLIS: Wie lange waren Sie dort?

BARBARA: Ungefähr fünf oder sechs Monate, und da war da eine Oberschwester, die uns Mädchen immer gleich bestrafte, wenn wir ihr irgendwie Schwierigkeiten machten. Entweder wurden einem Vergünstigungen entzogen oder man wurde geschlagen. Ich habe diese Erfahrung gemacht – wenn man die Oberschwester gegen sich hat, ist das sehr schlecht in diesen Anstalten. Ich bin selbst ein paarmal verprügelt worden. Ein Mädchen hatte sich mein Maskara ausgeliehen und sagte, sie habe es verloren; die Oberschwester fragte: «Willst du dir das gefallen lassen?» Manchmal spielten wir ein Boxspiel, bei dem ein Mädchen auf den Arm geboxt wurde. Wir mußten sie halten und auf den Arm boxen – ein verrücktes Spiel. Die Schwestern waren neurotischer als die Patienten.

Ich bin zweimal aus Creedmoor ausgerissen ... Ein Detektiv hat mich gefunden. Ich wohnte bei Leuten, die ich von der Klinik her kannte, und *der Onkel [meiner Freundin] versuchte, mich zu vergewaltigen, wobei ich ihm den Finger brach. So rief ich die Oberschwester in Creedmoor an und fragte sie, ob ich zurückkommen dürfe.* Dieses Mal hatte ich keine Schwierigkeiten mit dem Doktor oder der Oberschwester und dem Sozialarbeiter. Ich habe mich gut vertragen. Ich brachte die Abteilung auch nicht mehr durcheinander.

PHYLLIS: Gingen Sie während Ihres Anstaltsaufenthaltes in die Schule?

BARBARA: Ja, von zehn bis zwölf Uhr morgens. Es nannte sich Junior Scholastic – aber der Unterricht war wirklich schlecht ... Sie schärften mir ein, keine Schwierigkeiten zu machen – mich einzufügen usw., sonst würde ich es schwer haben. Als ich mich zum Beispiel gerade angestellt hatte, um eine Zahnbürste oder so etwas zu bekommen, gaben sie mir ein großes Glas Thorazin und noch was zu trinken, und ich fiel in Ohnmacht. Damals wußte ich nicht, was es war. Später hörte ich, daß man von einer Überdosis Thorazin bewußtlos werden kann ... Ich wachte im Bett auf und, weil ich mich so schlecht fühlte, ging zur Schwester, um sie um ein Medikament zu bitten. Sie aber sagte bloß: «Du gehst sofort zurück ins Bett oder ich spritz dir den Hintern voll».

Die chronischen Fälle – die haben sie ins Badezimmer gesperrt. Sie bekamen nie frische Wäsche. Sie pinkelten sich von oben bis unten voll. Wenn Besuch kam, wurden sie gebadet, den Besuchern erzählte man: «Es geht ihr glänzend.» Ich ging hinunter und *meldete der Leiterin, daß sie mir mehr Medizin gaben, als sie sollten,* sie aber sagte, wenn ich meinen Mund noch einmal aufmache, würde sie dafür sorgen, daß es zum letztenmal sei. Es war einfach schrecklich. Vor einer Inspektion machten wir die Abteilung zwei Wochen lang sauber ...

Manche Patienten sperrten sie in Einzelzimmer, ohne Bettschüssel oder sonstwas, und *dann sollten wir sie saubermachen. Ich habe mich geweigert.* Ich sollte den Durchfall in eine Kaffeebüchse tun. Wenn man nicht wirklich verrückt ist, kann man das kaum ertragen; manche mußten furchtbar lange bleiben, weil sie niemand wirklich haben wollte.

Mit 17 freundete ich mich dort mit einem Mädchen an, es war eine sexuelle Freundschaft, sie konnten nichts dagegen tun. Es gab niemanden, der mich aufgeklärt hätte, was ich so gebraucht hätte, und auch das Mädchen ... Sie fragten dieses Mädchen, ob ich einen Orgasmus mit ihr gehabt hätte, und sie sagte ja, was auch stimmte. Es war ein krankhaftes Verhältnis, nicht normal, und als ich 17 war, wußte ich immer noch nicht, ob ich nun lesbisch war oder nicht. Ich hatte niemanden, mit dem ich darüber sprechen konnte ...

Als ich meiner Englischlehrerin davon erzählte, was in Creedmoor alles passiert war, wollte sie das gar nicht glauben. Sie glaubte, ich lüge, als ich ihr erzählte, daß ich geschlagen worden war und alle diese Medikamente erhielt, die mich völlig hilflos machten. Die Menschen haben einfach Angst vor Menschen, die anders sind als sie. Ich hätte nicht in Creedmoor zu sein brauchen, wenn ich woanders hätte hingehen können.

Mein erstes lesbisches Erlebnis hatte ich, abgesehen von meiner Mutter, im Alter von acht Jahren. Nach der Schule kam Ann immer zu mir und erzählte mir lange Märchen, was irgendwelche *Jungen* am Abend vorher mit ihr getrieben hätten. Ich stellte viele Fragen, und so zeigte mir Ann all die Küsse und Liebkosungen, die ihr widerfahren waren. Als wir «größer» wurden, interessierten wir uns beide natürlich mehr für Jungen und ließen unsere «Kinderspiele» sein . . .

Vor zwei Jahren traf ich Ann wieder. Sie arbeitete als Schalterbeamtin in einer Bank und war hochschwanger. Sie erzählte mir sofort alles über ihren Mann, den Job ihres Mannes, den Bungalow, den ihr Mann angezahlt hatte, und den Sommerurlaub, den ihr Mann plante. «Hallo, Annie», wollte ich sagen, «erinnerst du dich noch an unsere tollen Küsse?» Aber ich tat es nicht. Ich schwieg.

Ich widme dieses Kapitel der Überwindung des Schweigens zwischen den Frauen.

Kapitel 7

Lesbierinnen

Die Abwendung von der Mutter, welche die Kultur gleichzeitig mit der Kapitulation vor dem Mann jeder Frau abverlangt, ist sicher das schwerste Opfer in dem Katalog von Kompromissen, der einer Zivilisation zugrunde liegt, die mit der Unterdrückung ihrer Triebfreiheit einen Krieg gegen sich selbst führt ... Die Kultur ist eine Karikatur der biologischen Unterschiede. Unser erster (und letzter) Pfeiler des Widerstandes gegen psychische Gleichschaltung – das Festhalten an der Illusion zweier getrennter und voneinander verschiedener Geschlechter in ihren stark karikierten familienpolitischen Erscheinungsformen. Plastikpuppe und Muskelprotz sind die entstellten Ausformungen der beiden Geschlechter, extrem polarisiert, um ihre eigene Krankheit zu schützen. Wir übrigen haben an der Krankheit teil, indem wir, in Resignation oder Protest oder Subversion im Zwischendeck, mit dem Schiff untergehen. Dort unten haben sich die Homosexuellen und Lesbierinnen in all den Jahrhunderten herumgetrieben. In den unterirdischen Stollen des Geistes ... Alle Frauen sind Lesbierinnen, außer jenen, die es nicht wissen ... Solange die Frauen in einander nicht die Möglichkeit eines primären Engagements sehen, das die Sexualität mit einschließt, enthalten sie sich selbst die Liebe und Wertschätzung vor, die sie den Männern so bereitwillig zugestehen, und bekräftigen damit ihren zweitklassigen Status.

Jill Johnston[1]

Den orphischen arrenes erotes [Liebe zwischen Männern, Anm. z. dt. Übers.] tritt das Liebesverhältnis des Weibes zu seinem eigenen Geschlechte gleichartig zur Seite. Erhebung aus den tiefen Stufen der Sinnlichkeit, Läuterung der physischen zu psychischer Schönheit ist auch hier das einzige Ziel. Auf Erziehung ihres Geschlechts ist Sapphos Bestreben gerichtet ... Und nicht einer allein widmet sie ihre Sorge, zu allen treibt sie Eros ... Wo immer sie leibliche Schönheit findet, da treibt sie Eros, auch die geistige zu erzeugen ... Vor diesem Gedanken erscheint ihr kleinlich alles, was sie sonst wert hielt, und echt mädchenhaft anpries, Geschmeide, Reichtum, jeder Schmuck des äußern süßen Daseins.

J. H. Bachofen [2]

Wenn ein Paar im Swingen neu ist und die Frau nie eine sexuelle Begegnung mit einer anderen Frau hatte, sagt sie gewöhnlich, sie finde diesen Kontakt abstoßend und könne ihn sich nicht vorstellen, oder sie erwidert: «Ich bin an anderen Frauen überhaupt nicht interessiert. Sie könnten mich zu nichts bringen.» Oder: «Ich habe nur mit einem Mann Vergnügen; ich wüßte nicht, weshalb ich etwas mit einer Frau tun sollte.»

Nach den ersten zwei, drei Partys, auf denen sie beobachtet, wie sich Frauen offensichtlich lustvoll miteinander beschäftigen, ändert sie wahrscheinlich ihre Meinung und sagt: «Es bereitet mir Lust, wenn mich eine Frau erregt, aber ich könnte nie bei einer anderen Frau aktiv sein.» Wenn sie dann mehrere Monate geswingt und viele Partys mitgemacht hat, mag sie sehr wohl sagen: «Mir macht alles mit einer Frau zusammen Spaß, ganz egal, wie sie's gern hat.»

Auf großen gemeinsamen Partys beobachteten wir, daß fast alle anwesenden Frauen sich mit offensichtlicher Befriedigung einer homosexuellen Aktivität hingaben, besonders wenn es sich um eine jüngere Gruppe handelte.

Gilbert D. Bartell [3]

Die lesbische Liebe wird von den meisten psychoanalytischen Theoretikern entweder gründlich mißverstanden oder schärfstens verurteilt, manchmal auch beides zugleich. Es handle sich um eine biologisch und/oder hormonell bedingte «Veranlagung», sagen die einen. Nein, sie sei in Wirklichkeit ein Produkt der Umwelt, meinen die anderen. Auf jeden Fall – und darin sind sich alle einig – ist lesbische Liebe unangepaßt, regressiv, infantil: Und wenn sie auch das nicht ist, so führt sie doch unbestreitbar zu Leiden und ist schon deshalb unangepaßt, regressiv, usw.(1)

(1) Die Psychoanalytiker unterscheiden sich im allgemeinen nicht von den meisten anderen Menschen, denn auch sie ziehen die «Lust» dem «Schmerz» vor und definieren beide Begriffe ähnlich.

Gemäßigtere Stimmen vertreten die Ansicht, daß die lesbische Liebe nicht infantil ist, sondern sich bloß innerhalb bestimmter Grenzen vollzieht. Wir alle seien von Natur aus bisexuell, sagen sie, und die Konditionierung (durch die Gesellschaft und die patriarchalische Familie) verkrüpple nur die Männer wie die Frauen und beschränke sie auf die Heterosexualität. Kühnere Kommentatoren sind anderer Meinung. Frauen seien *von Natur aus* sowohl mehr bisexuell veranlagt als auch sinnlicher als Männer. Vom physiologischen Standpunkt seien sie bessere Geschlechtspartner, in emotionaler Hinsicht bessere Liebespartner füreinander als Väter-Männer dies sein könnten. Noch kühnere Stimmen weisen die für «fortschrittlich» gehaltene These von unserer Bisexualität zurück: Nein, sagen sie, *in unserer Kultur* ist die Bisexualität für Frauen eine Einschränkung, ein verzweifelter Kompromiß, eine offenkundige und feige «Flucht». Dr. Charlotte Wolff gibt in ihrem Buch *Psychologie der Lesbischen Liebe*[4] eine, wenn auch unvollständige Erklärung dieser letzten Ansicht:

Die Sehnsucht der Lesbierin nach der Liebe der Mutter ist durch die bloße Existenz des Mannes ständig gefährdet ...

Man fragt sich, warum sie von Männern und Frauen so strikt abgelehnt werden. Wegen ihres Stolzes und der damit verbundenen Selbstgefälligkeit sehen nur wenige Männer in der Lesbierin einen ernsthaften Rivalen für sich selbst. Die Abneigung der Männer hat vielmehr eine sehr grundsätzliche psychologische Ursache: Das Bedürfnis nach der Mutter, das die Frau befriedigen soll. Der Mann möchte vom Weib ‹gefüttert› werden. Er braucht sein ganzes Leben hindurch Unterstützung für sein Ego. Eine Lesbierin, die eine andere Frau ‹füttert› (liebt), stürzt den Mann und seine Welt in ein Chaos; sie ist eine Rivalin, weil sie ihm die mütterliche Unterstützung entzieht, die *ihm* und nicht *ihr* gehören sollte.[5]

Frauen, die sowohl Männer als Frauen «füttern», enthalten den (manchmal trotz ihres dicken Bauches) ausgehungerten Frauen der patriarchalischen Gesellschaft etwas vor. Vom psychologischen Standpunkt aus können nämlich nur Frauen einander für ihre ungenügende Bemutterung «entschädigen». Nur sie können (wenn sie wollen) in diesem historischen Augenblick einander beim Eintritt oder Wiedereintritt in die menschliche Gesellschaft helfen. Um ihre «weibliche» Konditionierung über Bord werfen zu können, müssen Frauen die emotionale, sexuelle, ökonomische und intellektuelle

Zuwendung, die sonst Männer geben – von jüngeren und älteren Frauen – erhalten.(2)

Viele Forscher und Kliniker haben die lesbische Liebe mit der männlichen Homosexualität verwechselt oder gleichgesetzt. Viele von ihnen haben die letztere auch weitaus eingehender studiert und für männliche homosexuelle «Patienten» ein viel besseres «Verständnis» als für weibliche.(3) Da *alles*, was Männer tun, als wichtiger angesehen wird als *alles*, was Frauen tun, ist die männliche Homosexualität freilich auch offener bestraft worden – in gesellschaftlicher, juristischer und ökonomischer Hinsicht – als die lesbische Liebe. Vielleicht spielt die Furcht vor der physischen Kraft der Männer und ihrer sexuellen Aggressivität dabei eine Rolle. Potentiell könnten homosexuelle Männer diese beiden Formen von Gewalttätigkeit gegen andere – vielleicht schwächere oder jüngere *Männer* – anwenden. Diese Bedrohung ist Männern jedoch unerträglich, die psychologisch die Initiative der Gewaltanwendung und des Handelns schlechthin behalten müssen, um sich als «Männer» zu fühlen. Diese gleiche Bedrohung ist jedoch alltäglicher Bestandteil des Lebens der meisten Frauen. Die heterosexuellen Männer bedrohen alle Frauen, besonders junge Mädchen, auf Grund ihrer überlegenen Körperkraft und sexuellen Aggressivität – aber sie werden deshalb von unserer Gesellschaft weder gefürchtet noch bestraft. Völlig gleiche Verhaltensweisen haben eine gänzlich andere Bedeutung, je nachdem, ob sie von Männern oder Frauen angewendet werden und wer die Adressaten sind.

Wenn auch seufzend, meint man von der männlichen Homosexualität, sie habe eine «glorreiche» Tradition und eine legitimere oder tiefere Bedeutung als die lesbische Liebe. In der Geschichte haben zum Beispiel viele homosexuelle Männer «heroische»

(2) Ich behaupte nicht, daß die Ziele des Feminismus automatisch erreicht werden, indem Frauen «lesbisch werden» oder den Lebensstil feministischer Lesbierinnen nachahmen.

(3) Die meisten haben allerdings überhaupt kein «Verständnis», wie beispielsweise Merle Miller 1971 in der New York *Times* berichtet hat. Briefe, die er von Psychiatern bekam, enthielten unter anderem folgende Ratschläge: «Obzwar ich bedaure, daß es Mr. Miller nicht gelang, von der Krankheit geheilt zu werden . . . (und der Meinung bin,) daß Homosexuelle dieselben Bürgerrechte wie alle anderen haben, (möchte ich darauf hinweisen), daß sie auch das Recht haben, ihre ‹Krankheit› behandeln zu lassen.» Ein anderer Psychiater bot Miller an, ihn «kostenlos zu beraten, da aus Ihrem Ton hervorgeht, daß Sie dringend Hilfe brauchen, ja in einer verzweifelten Lage sind».

Schlachten miteinander geschlagen, sie haben an der Spitze von Regierungen, Kirchen und Industrien gestanden und künstlerische und intellektuelle Meisterwerke geschaffen. Manche Leute sehen in den homosexuellen Männern die Träger der westlichen Kultur schlechthin: In gewissem Sinne haben sie recht, aber meine Ansicht darüber, was das *bedeutet*, unterscheidet sich wahrscheinlich von der ihren.(4)

Bisweilen gelten homosexuelle Männer als der Inbegriff einer kulturell wertvollen Domäne für Schönheit, Liebe, Gewalttätigkeit und Tod. Wie der Held in Thomas Manns Novelle *Der Tod in Venedig* werden männliche Homosexuelle als Märtyrer einer geistigeren und sexuelleren Angelegenheit angesehen, als es die rein biologische Reproduktion ist. Die Liebe zwischen Männern wurde als bedeutsamer und erhebender angesehen als die triviale häusliche Welt der Frauen und der eigenen Kinder. Der platonische «Geist» und alles, was er impliziert (von Sex ohne «Liebe» und Liebe ohne Sex – bis zur modernen Wissenschaft) ist ein fundamentaler Wertbegriff der westlichen Kultur.

Die Lesbierinnen blicken auf keine so illustre Ahnenreihe zurück. Ihre Mütter und Großmütter lebten ebenso wie die der heterosexuellen Frauen mit Männern zusammen und hatten nicht die Kontrolle über die Produktionsmittel. Lesbierinnen sind in erster Linie Frauen: Als solche sind die meisten der Tradition entsprechend häuslicher, konventioneller und sexuell monogamer als die männlichen Homosexuellen – Charakterzüge, zu denen die Frauen verurteilt sind, die man an ihnen aber nicht wirklich schätzt.(5)

Im Unterschied zur Homosexualität wurde lesbische Liebe nicht strafrechtlich verfolgt. Sie wird allerdings insofern «bestraft», als sie *durch die Gesetzgebung für die meisten Frauen vollkommen außerhalb des Bereichs der Möglichkeiten gestellt wurde.* Es gibt wahrscheinlich mehr männliche Homosexuelle als Lesbierinnen.[6] Frauen werden totaler unterdrückt, sexuell und ökonomisch, und sind daher sexuell schüchterner (gegenüber Frauen *und* Männern) und wirtschaftlich machtloser als homosexuelle und heterosexuelle

(4) Es bedeutet unter anderem, daß unsere Gesellschaft frauen-feindlich und kriegs-liebend ist.

(5) Durch das Geschlecht ist das Verhalten, wie ich meine, entschiedener festgelegt als durch Rasse, Schicht oder sexuelle *Präferenz.*

Männer. In gewisser Hinsicht ist es schwieriger für Frauen, Lesbierinnen zu werden und als solche zu leben, als es für Männer ist, als Homosexuelle zu leben. Beispielsweise sind Männer objektiv für ihr ökonomisches Überleben nicht auf Frauen angewiesen oder glauben *subjektiv*, es nicht zu sein. Die meisten Frauen brauchen dagegen *objektiv* und *subjektiv* Männer für ihr ökonomisches und «psychologisches» Überleben.(6) Frauen haben keine institutionalisierten Vereinigungen, die von Männern und Frauen gleichermaßen respektiert werden. Frauenvereine und -verbände aller Art üben Funktionen aus, die auf heterosexuellen Beziehungen und/oder der Mutterschaft basieren. Selbst die Frauen bestimmter religiöser Orden sind «Bräute» des männlichen Christus – und Haushälterinnen des ortsansässigen männlichen Prälaten.

> Es existiert kein Gesetz, das die Vermittlung eines Pflegekindes an Lesbierinnen verbietet, aber in Scheidungsfällen gibt es allgemeine Regeln über das moralische Milieu des «Elternhauses». Laut Carl Zuckerman, Anwalt der Community Service Society, würden die meisten Richter ein Kind nicht in einen von Lesbierinnen geführten Haushalt geben, wenn aber keine besseren Alternativen vorhanden sind, würde das Kind einem homosexuellen Elternteil zugesprochen werden.»
>
> New York *Times*
> 17. November 1969

Frauen sind stärker konditioniert, Mutterschaft zu wünschen und zu brauchen, als Männer konditioniert sind, Vaterschaft zu wünschen oder zu brauchen. Ein «Junggesellendasein» wird traditionell als nicht so tragisch angesehen wie eine kinderlose «Altjungfernexistenz» – und ist auch tatsächlich durch die Mobilität, Alternativen usw. innerhalb einer bestimmten Schicht oder Rasse keineswegs tragisch.

In gewisser Hinsicht fällt es Frauen theoretisch leichter, Frauen zu lieben, als Männern, Männer zu lieben.(7) Unsere Mütter waren

(6) Viele verheiratete Väter sind aktive Homosexuelle.

(7) Es stimmt, daß die sogenannte «Vermännlichung» der Frau eher akzeptiert wird als die «Verweiblichung» des Mannes. (Alles Weibliche wird verachtet.) Es ist leichter für Frauen, Hosen zu tragen und außer Haus berufstätig zu sein, als es für Männer ist, Kleider und hohe Absätze zu tragen und zu Hause in der Küche zu stehen. Doch ich frage mich: Warum sollte sich irgend jemand freiwillig die Füße binden lassen? Und wenn sie es tun, geschieht es nicht, um Männer mehr anzulocken, ihnen mehr zu dienen und sie mehr zu verehren?

Frauen, und von Michelangelo abgesehen sind auch die meisten Modelle für die sexuelle und ästhetische Schönheit in unserer Kultur Frauen. Auch wissen die meisten Frauen, wie man zu anderen Menschen *zärtlich* ist (nicht daß sie es immer sind). Die meisten Männer, ob homo- oder heterosexuell, kennen dagegen traditionell nur Verführung, Vergewaltigung und Plünderung – im Bett und auf dem Schlachtfeld.

Das Kriegsgott-Ideal der Männlichkeit ist so übermächtig, daß nur wenige Männer es wagen, Helm und Rüstung abzulegen – *namentlich in Gesellschaft anderer Männer.* Im Beisein von Frauen sind sie wahrscheinlich eher dazu bereit, weil es «gefahrlos» ist, worunter männliche Homosexuelle[7] sicher ebenso leiden, wie Lesbierinnen darunter leiden, daß heterosexuelle Frauen Männer «nähren» und Frauen «hungern» lassen. Ich vermute, daß die Lesbierinnen und Homosexuellen des 20. Jahrhunderts an einem ähnlichen Traum «leiden», den mindestens drei Jahrhunderte patriarchalischen Familienlebens geprägt haben: dem Traum von bürgerlicher Behaglichkeit, dem öffentlich anerkannten Paar, der «Heimführung» – einem Traum, dessen Verwirklichung Lesbierinnen ebenso verwehrt ist wie Homosexuellen.

In zwei neueren Untersuchungen[8] wurden Lesbierinnen mit männlichen Homosexuellen und mit heterosexuellen Frauen verglichen. Es stellte sich heraus, daß sich Lesbierinnen und heterosexuelle Frauen gleich häufig in Psychotherapie begeben (einer weiblichen Institution) und daß beide Gruppen in gleichem Maß unter Depressionen leiden (einer weiblichen «Störung»). Unter den Lesbierinnen waren allerdings häufiger Selbstmordversuch, Alkoholkonsum und vorzeitiger Studienabbruch zu verzeichnen als unter den heterosexuellen Frauen.

Die Lesbierinnen suchten häufiger Hilfe in der Psychotherapie als männliche Homosexuelle, auch wurde bei ihnen ein «signifikant höheres Auftreten psychiatrischer Störungen» festgestellt. Ihre weibliche Konditionierung wurde von ihnen selbst und den Fachleuten immer noch nach einem männlichen Standard seelischer Gesundheit beurteilt. Die Lesbierinnen unternahmen auch mehr Selbstmordversuche und brauchten häufiger Drogen als die männliche Vergleichsgruppe. *Keine* Lesbierin hatte an «promiskuitiven» sadomasochistischen sexuellen Praktiken teilgenommen, im Vergleich zu einem kleinen Prozentsatz homosexueller Männer.

Nur eine Minderheit von Lesbierinnen ist sexuell «aggressiv», nicht-monogam, anti-romantisch oder beteiligt sich verbal oder physisch an ausgedehnten Sexorgien nach Art der römischen Dampfbäder. Dies ist nicht verwunderlich, da solche psychologischen Einstellungen und Praktiken zur männlichen Homo- und Heterosexualität gehören. Obwohl ich für die absolute und sofortige Garantie sexueller Freiheit für alle Menschen eintrete – eine doppelt notwendige Versicherung, da ich kein männlicher Homosexueller bin –, halte ich die männliche Homosexualität *in der patriarchalischen Gesellschaft* für einen fundamentalen und extremen Ausdruck von Phallusverehrung, Frauenfeindlichkeit und von Usurpation bestimmter weiblicher und/oder «femininer» Funktionen. Männliche Homosexuelle ziehen ebenso wie männliche Heterosexuelle (und wie heterosexuelle Frauen) Männer den Frauen vor.(8) So einfach ist das. In gewisser Hinsicht sind die meisten männlichen Homosexuellen verständnisvoller und aufrichtiger gegenüber Frauen als die männlichen Heterosexuellen (wofür sie entsprechend bestraft werden). Im Unterschied zu den Heterosexuellen verführen die wenigsten Homosexuellen die, die sie fürchten, auf die sie eifersüchtig sind, für die sie Abneigung oder Verachtung empfinden – nämlich die Frauen, noch machen sie ihnen leere Versprechungen oder heiraten sie. Freilich ist die größere Fähigkeit zu echter Freundschaft und Achtung, die manche Homosexuelle gegenüber einigen Frauen entwickeln, ein wertvolles, oft einmaliges Erlebnis für Frauen. Doch es wird um den Preis der weiblichen Sexualität erkauft. Wenn Frauen von Männern akzeptiert werden – das gilt für Homo- und Heterosexuelle –, dann *entweder* als «Intellekt» oder als «Möse», *entweder* als «Herz» oder als «Möse», *entweder* als «Mutter» oder als «Möse». Frauen werden selten als emotionale *und* intellektuelle *und* sexuelle Geschöpfe akzeptiert. Es nimmt daher kaum wunder, daß Frauen Mühe haben, alle drei Fähigkeiten gleich zu entwickeln. Mit wem sollten sie sie auch teilen? Lesbierin-

(8) Ich vermute, daß mehr Lesbierinnen sexuelle Beziehungen mit Männern erlebt (oder erleben wollten) und sie häufig im Rahmen einer Ehe genossen haben, als männliche Homosexuelle Beziehungen mit Frauen unterhielten und unterhalten wollten.

nen, insbesondere feministische Lesbierinnen, die ihre Selbstverachtung, sexuelle Schüchternheit und das heterosexuell festgelegte Rollenspiel zu überwinden versuchen, sind der Ansicht, daß in diesem historischen Augenblick nur Frauen der Frau als *Mensch* Hebamme, Mutter, Schwester, Tochter und Liebhaberin sein können.

Die einzige psychologische Theorie über die lesbische Liebe, die mir einzuleuchten scheint (oder – um ehrlich zu sein – die mit einigem übereinstimmt, was ich zu diesem Thema gedacht und geschrieben habe), ist Charlotte Wolffs Darstellung *Psychologie der Lesbischen Liebe*. Dr. Wolff sieht im «emotionalen Inzest mit der Mutter» das eigentliche Wesen der lesbischen Liebe. Sie ortet bestimmte Aspekte der lesbischen Psychologie in Geschichte und Mythologie:

Durch ihre Virilität und ihre Freiheit von den Fesseln der männlichen Vorherrschaft, durch die die Frau zum Objekt gemacht worden ist, gleicht die homosexuelle Frau dem Bild der Frau matriarchalischer Zeiten . . . Eine breite Skala von Aktivitäten und die tatsächliche Fähigkeit, ihr Leben ohne Abhängigkeit vom Mann zu leben, sind die Ideale der homosexuellen Frau. Weibliche Homosexualität ist von jenen Eigenschaften nicht zu trennen, die in der Frühgeschichte Vorrechte der Frauen waren. Es ist von keinerlei Einfluß auf diese Schlußfolgerung, daß das Matriarchat nun in einer bestimmten historischen Periode existiert hat, was ich glaube, oder aber lediglich in der Mythologie. Mythologie *ist* Geschichte, indem sie deren konkrete Daten transzendiert und dadurch deren wahre Bedeutung enthüllt.[9]

Dr. Wolff meint, «Liebe» gedeihe in einer Atmosphäre der «Gleichheit und Harmonie» und sei in einem «fremden» Kontext unmöglich:

Das fremde Objekt mag zu Bewunderung, Erregung, ja sogar zu Verehrung führen, aber zur Liebe kann es nicht inspirieren. Das Mädchen, dem es gelingt, ohne Hilfe weiblicher Tricks ihren Vater (und den Mann im allgemeinen) zu gewinnen, mag voller Befriedigung und Triumph sein, aber es wird dadurch noch sehr wenig über die Liebe gelernt haben.[10]

Wolff empfindet sehr genau die Isolation und emotionale Deprivation der «femininen» heterosexuellen Frau:

Die Liebe, die ein Mann ihr geben kann, fällt in wesentlichen Punkten hinter die Liebe der Mutter zurück. Sie selbst muß diese Differenz ausgleichen, muß das werden, was sie selbst nicht besitzen konnte, muß in ihrer Beziehung zum Mann Mutter werden.[11]

Die spezifische soziale Ächtung, die allgemeine Unterdrückung der Frau und den besonderen Ehrgeiz der Lesbierinnen sieht Wolff als die Ursache ihres «Unglücklichseins» an. Lesbierinnen stellen aneinander größere emotionale Anforderungen als heterosexuelle Frauen an Männer.

Frauen sind konditioniert, sich von einem Mann viel mehr gefallen zu lassen, und sie tun es auch, weil er der Ernährer und Vater der Kinder ist. Frauen erwarten von anderen Frauen Liebe, Güte, Toleranz, Verständnis, Sex – alles. Und wenn sie das Gefühl haben, nicht alles zu bekommen, ist es ein leichtes, zu gehen.

Ich habe keine fundamentalere Theorie anzubieten.

Die Interviews

Ich interviewte neun weiße und zwei farbige Lesbierinnen. Zwei von ihnen (eine weiße, eine farbige) waren weder in Psychotherapie noch in psychiatrischen Anstalten gewesen. Sechs Frauen waren im Alter von etwa 21 Jahren ungefähr(9) 320 Tage lang hospitalisiert gewesen. Neun Frauen waren ungefähr 44 Monate lang in Privattherapie – 39 Monate mit männlichen und 21 Monate mit weiblichen Therapeuten.

Zum Zeitpunkt der Interviews waren sie zwischen 17 und 44 Jahre alt. Das Alter, in dem sie – psychologisch und/oder sexuell – zu Lesbierinnen «wurden», schwankt zwischen 9 und 24 Jahren. Eine Frau hatte keinen High-School-Abschluß, vier hatten ein College besucht, fünf das College, eine die Graduate School mit einem Examen abgeschlossen. Einige dieser Frauen waren im Verkehr mit Frauen sexuell «frigid», die meisten nicht. Mindestens die Hälfte von ihnen hatten auch sexuelle Beziehungen mit Männern gehabt.

Während die Mehrzahl der Frauen kein heterosexuelles Rollenspiel zu betreiben schienen und in Kleidung, Körperhaltung und Betragen weder besonders «feminin» noch besonders «maskulin» wirkten, waren die meisten ebenso «romantisch» und monogam wie heterosexuelle Frauen. Nur zwei Frauen, die eine 17, die andere 37,

(9) «Ungefähr» bedeutet den «Gesamtdurchschnitt» für die ganze Gruppe.

bekannten sich ausdrücklich, ja leidenschaftlich, zu häufigem Partnerwechsel – zumindest in ihren verbalen Selbstdarstellungen. Die Siebzehnjährige kam mit vier Frauen aus ihrer Wohngemeinschaft bei mir anmarschiert. Ihr Lachen wirkte ansteckend; sie trugen Stirnbänder und Bühnenschminke, hatten Fliegende Untertassen aus Plastik und Jo-Jos bei sich und erzählten mir lachend, daß sie es alle miteinander «machten».

Fünf der sechs Lesbierinnen, die hospitalisiert gewesen waren, wurden früher oder später auf die eine oder andere Weise zu Feministinnen. Im Jahr 1971, als ich die Interviews machte, betrachteten sich acht der elf Lesbierinnen als Feministinnen.

In der privaten Psychotherapie wurde jede Lesbierin ausnahmslos als «krank» behandelt.(10)

LOIS: Eine Therapeutin bekam es mit der Angst zu tun, als ich «schwul» wurde. «Ich kann Homosexuelle nicht behandeln. Man kann nichts dagegen tun.» Es klang wie Krebs in der Endphase ... Ein männlicher Therapeut versicherte mir immer wieder, ich sei nicht lesbisch, gleichzeitig meinte er, ich werde da schon rauswachsen ... Er sagte zu mir, ich würde in der Schwulenszene zuletzt allein und verbittert übrigbleiben, und *davor* hatte ich Angst, auch heute noch ... Eine andere Therapeutin sagte zu mir: «Aber mit Männern kann man doch so herrlich schlafen! Die lesbische Liebe ist nicht notwendig, sie ist absurd!»

In gewisser Hinsicht hat mir die Einlieferung in die psychiatrische Klinik geholfen. Jetzt hatte ich den Mut, lesbisch zu sein, es war nicht

MARSHA: Seit meinem zwölften Lebensjahr habe ich versucht, mir das Leben zu nehmen – mit Gas, mit Tabletten ... Ich war von einer Wut erfüllt, die ich nirgends loswerden konnte ... Ich landete in Bellevue, und von dort wurde ich in eine Privatklinik geschickt, wo mich ein Psychiater behandelte, der schockiert war über meine Homosexualität ... Nachdem ich Bellevue verlassen hatte, suchte ich ihn ein paar Monate lang auf, privat. Er lud meine Mutter zu einem Gespräch unter vier Augen ein (mir sagte er, er würde mich besser verstehen, wenn er sie kennenlernte). Im Verlauf dieses Gesprächs erzählte er meiner Mutter, daß ich eine Lesbierin sei, und riet ihr, mich von dieser Frau (meiner Geliebten) loszueisen. Meine Mutter ging an die Decke. Sie rief die Eltern und die Verwandten dieser

(10) Eine der Frauen erzählte ihrer Mutter, daß sie im Alter von zehn Jahren mit ihrer Freundin lesbische Spiele getrieben habe. Die Mutter brachte sie zum Psychiater, der sie mit Elektroschocks «behandelte».

so schlimm, wie verrückt zu sein ...

Carole: Ich verliebte mich in meinen ersten Therapeuten, es war eine Frau. Sie sagte mir, daß Liebe zwischen Frauen eine Krankheit sei. Sie versuchte mir auch einzureden, daß ich keine Lesbierin sei ... Ich aß nichts mehr und wog nur noch 90 Pfund. Ich sah aus wie ein kleiner Junge mit langem Haar. Der Therapeut dort, ein Mann, versicherte mir ebenfalls, daß ich nicht lesbisch sei, daß alle solche Gefühle hätten und daß ich ihnen aus dem Weg gehen solle.

Phyllis: Haben Sie je gefragt: «Wäre das denn so schlimm, wenn ich's wäre?»

Carole: Nein, ich wußte nur von der allgemeinen Stimmung auf der Station, daß es abgelehnt wurde und daß ich keine Lesbierin war ... Der Therapeut meinte, die Gefühle, die ich für Frauen hegte, seien im Grunde Gefühle mehr gegen die Männer als für die Frauen.

Frau an und sagte zu ihnen, ihre Schwester ruiniere ihre Tochter usw. Das Ergebnis war, daß ich aus dem Haus meiner Mutter auszog, in dem ich nach der Entlassung aus dem Krankenhaus ein paar Wochen gewohnt hatte, und zwei Jahre lang kein Wort mit ihr sprach.

Dann war ich ein Jahr lang bei einer Psychiaterin in Behandlung. Sie redete mir ständig zu, es mit Männern zu versuchen. Ich wurde mit den Problemen nicht mehr fertig und ging freiwillig nach Hillside [einer Privatklinik]. Dort blieb ich ein Jahr und litt unter immer schlimmeren Angstzuständen. Ich verliebte mich in der Klinik in eine Frau – aber das wurde als «krankhaft» angesehen ... Am Samstagabend gibt's immer diese Tanzveranstaltungen, zu denen man hingehen soll, aber man darf nicht mit einer Frau tanzen, nur mit einem Mann ... Man wird ermuntert, sich mit Männern zu Filmvorführungen zu verabreden. Es gibt dort täglich Kino, auch am Samstag. Man soll sich auch an gemeinsamen Veranstaltungen mit den Männerstationen und Männerhäusern beteiligen.

Einerseits wurde diesen Frauen eingeredet, daß sie «krank» seien, andererseits wurden sie davon abgebracht, sich als Lesbierinnen zu fühlen – und ermutigt, sexuelle Beziehungen zu Männern aufzunehmen.(11)

Frances: Ich verliebte mich mit 24 zum erstenmal in ein Mädchen. Ich war in einer Ambulanz [Bellevue] in Behandlung gewesen und erzählte

(11) Eine mütterliche Therapeutin, die es gut mit ihrer furchtbar schüchternen Patientin meinte, arrangierte sogar mehrere «heterosexuelle» Verabredungen für sie.

meinem Therapeuten davon, als er vom Urlaub zurückkam.

PHYLLIS: Wie reagierte er?

FRANCES: Er schnappte über. Er begann mich anzubrüllen. «Sie tun das, weil Sie glauben, ich sei Ihr Vater und weil Sie Ihren Vater verletzen wollen. Sie sind ein verzogenes Kind! Kaum bin ich eine Minute weg, machen Sie so etwas; das kann so gefährlich sein . . .» Er brachte mich völlig durcheinander! Verstehen Sie. Denn seit der Therapie war ich wirklich glücklich. Ich tat, was ich wollte, und sie war wirklich bildschön, und ich war sehr glücklich. Aber er brachte mich völlig durcheinander, verstehen Sie. Im Grunde versuchte er mir klarzumachen, daß mein Verhalten auf der homosexuellen Stufe stehengeblieben war. Er gab mir zu verstehen, daß ich einen großen Fehler mache und daß ich am Ende nur Kummer davon haben würde. Das stimmt natürlich gewissermaßen. Es ist sicher besser, innerhalb des Systems zu leben. Obwohl das System beschissen ist. Wissen Sie, meine Freundin war auch in Bellevue in Behandlung . . . Er versuchte, das gegen sie auszuspielen: Sehr cool sei sie wohl auch nicht, da sie ja nach Bellevue in Behandlung komme, und ich sagte: «Ach Gott, und ich bin hier. Wovon reden Sie eigentlich?» . . . Dann sagte er: «Wie halten Sie denn das aus – riechen Frauen nicht fürchterlich?» Ich sagte: «Na hören Sie mal, wenn man sich wäscht» . . . Und er sagte: «Aber ich bitte Sie, ganz egal, wie sauber eine Frau ist, auch wenn sie noch so sauber ist, riecht sie schlecht.» Und ich sagte: «Ich weiß nicht, es stört mich einfach nicht.» «Haben Sie je die Statue von David gesehen?» fragte er mich. «Der männliche Körper ist so viel schöner als der weibliche!» . . . «Sie sind verrückt», sagte ich. «Ich behaupte nicht, daß meine Wertvorstellungen die *einzig* richtigen sind, aber Sie sollten das doch eigentlich besser kapieren, Herr Doktor. Ich weiß nicht, wo Sie Ihre Augen haben, Sie müssen da wohl noch ein bißchen zulernen . . .»

PHYLLIS: Hat er Ihnen zugeredet, mit Männern auszugehen?

FRANCES: Ja klar, und ich sagte zu ihm: «Wollen Sie, daß ich mit diesen Schweinen ausgehe, bloß weil sie Penisse haben? Sie sind Dummköpfe, sie haben mir nichts zu sagen, und ich habe ihnen nichts zu sagen. Das einzige, was sie möglicherweise tun könnten, ist, mich ficken und mir mein herrliches Leben mit Frauen wegnehmen. Und Ihnen ist es wohl ganz egal, was sie sind, sie könnten die schlimmsten perversen Dreckschweine sein, solange sie Männer sind, ist alles in Butter. Wollen Sie mir das sagen?» Er antwortete: «Na ja, ich meine nur, daß Sie schon etwas finden würden, worüber Sie reden könnten.» Ich sagte: «Schauen Sie, ich habe es versucht. Es gibt nichts, worüber ich mit ihnen reden könnte.»

Er [der Therapeut] gab zu, daß manche Männer vielleicht Schweine gewesen sind. «Wissen Sie», sagte er, «es kann schon sein, daß Sie mit ein paar schlechten Männern ausgegangen sind, aber, äh, nicht jeder ist schlecht. Sie müssen einfach weitersuchen, Sie müssen einen Mann finden, Sie müssen mit einem Mann gehen. Außerdem kann eine Frau genauso brutal, genauso gefährlich sein wie ein Mann . . .»

Er sagte: «Erlauben Sie einem Mann, Sie zu berühren. Sie sind zu empfindlich, wenn ein Mann Sie anfaßt.» Das stimmte allerdings! Ich wurde sehr sauer, wissen Sie, wenn mich Männer abtatschten. Viele Männer nähern sich einem so familiär, fassen einen an wie ein Möbelstück oder ich weiß nicht was, als ob man ihnen gehörte. Verstehen Sie, sie kommen her und fassen einen an, als ob sie ein Recht darauf hätten, daß man ihnen was Weiches bietet, daß man zärtlich reagiert. Das ärgerte mich schrecklich. Und ich erzählte ihm davon, und er sagte: «Zwingen Sie sich. Berühren Sie die Hand von jemandem. Sie müssen sich einfach zwingen dazu, sich von Männern berühren zu lassen. Was werden die Ihnen schon antun, Sie umbringen? Die bringen Sie schon nicht um!» Und ich sagte: «Ehrlich gesagt, ich fürchte mich wirklich vor Männern.» Wissen Sie, ich bin von Männern sehr schlecht behandelt worden, ich hatte einige sehr schlimme Erlebnisse, und er sagte: «Die bringen Sie schon nicht um, die bringen Sie schon nicht um.» Das versuchte er mir einzureden . . . Wissen Sie, es klingt wirklich entsetzlich, wie ich über ihn rede. Ich meine, ich liebte ihn damals . . . Ich meine, ich interessiere mich nicht bloß für Frauen. Weil ich glaube, daß das nicht gut ist. Ich meine, Frauen sollten – man muß sich für alle Menschen interessieren und sich bemühen, gute Leute zu finden.

JOAN: Ich ging in die Therapie, weil ich so deprimiert war über mein Aussehen. Mit 12 Jahren war ich schon so groß wie jetzt, 1,78. Ich ging nie mit Jungen aus . . . Ich interessierte mich leidenschaftlich für Literatur und Musik, und ich war vollkommen isoliert . . . Ich schloß mich so ab, daß ich eines Tages die Strafe dafür bekommen mußte . . . Als ich 18 war, verliebte ich mich in meine Freundin. Wir hörten uns zusammen Opern an und gingen in Bibliotheken. Wir hielten uns an der Hand, und das war sehr schön, es bedeutete ungeheuer viel. Aber ich wollte nicht homosexuell werden, wollte die Schwelle nicht überschreiten . . . Ich hatte angefangen zu onanieren, nachdem ich jahrelang eine gute Katholikin gewesen war. Wahrscheinlich glaubte ich nicht mehr an Gott.

Dr. B. war etwa 45, sehr charismatisch und außerordentlich dämonisch. Er riet mir zu masturbieren und glaubte nicht, daß ich es tat. Er wollte, daß ich es ihm zeige, dort in seinem Büro. Er sagte, wenn ein Mann beim dritten Rendezvous nicht mit mir ins Bett gehe, sei er schwul. Ich fing also an, mit Männern zu schlafen. Dr. B. sagte, ich sei sehr frigid, mein Gesicht sei starr wie eine Maske.

PHYLLIS: Damals waren Sie etwa 20?

JOAN: Ja.

PHYLLIS: Haben Sie diesen ersten Mann geliebt?

JOAN: Nein . . . Ich verachtete ihn. Er mußte immer neue Autos haben, Cadillacs und so, aber er konnte den Namen Beethoven nicht richtig aussprechen. Er war etwa zehn Jahre älter als ich und sehr materialistisch eingestellt . . . Ich begann auch mit einem Mann, der im gleichen Stock wohnte, ein Verhältnis. Er schläft jede Woche mit fünf bis zehn verschiedenen Frauen . . . Ich besuchte 15 Stunden Pflichtvorlesungen und arbeitete nebenbei 20 Stunden in der Woche und hatte zwei Affären gleichzeitig und wurde sehr nervös und sehr deprimiert. Aber ich nahm mich zusammen und studierte fleißig . . .

PHYLLIS: Was dachten Sie?

JOAN: Ich machte mir Sorgen, daß ich im Begriff war, mich zu verlieren . . . Ich trieb Schindluder mit mir, nicht weil ich meine «Unschuld» einbüßte, sondern weil ich Energie verschwendete, mich nicht mehr konzentrieren konnte, aus der Kontrolle geriet . . .

Dr. B. erlaubte mir nicht, ein Tagebuch zu führen, weil ich zu introvertiert sei, zu sehr «auf mich fixiert» – etwas was man mir immer schon gesagt hatte. Ficken wurde sehr hoch geschätzt, gleichgültig, wie erschöpft oder verletzt man dabei wurde oder ob man diese oder jene Krankheit davon bekam . . . Er sagte, ich sei keine Homosexuelle, ich benähme mich nicht so. Ich fragte: «Wie ist denn eine Homosexuelle? Ich habe noch nie eine getroffen.» Aber er versicherte mir bloß, daß ich nicht wie eine aussähe, und das war merkwürdig, denn ich war damals schon im Begriff, eine zu werden . . .

Ich sagte, ich wolle keine Kinder. Ich wollte lieber etwas leisten, als Kinder zu bekommen. Er ging darauf nicht richtig ein. Er meinte, die ganze Gesellschaft sei so verrückt, daß es besser sei, keine Kinder zu haben. Er schien nicht viel von der Ehe zu halten.

Ich nahm auch an Gruppentherapie teil. Die Gruppe hat kein gutes Haar an mir gelassen. Die haben an niemandem ein gutes Haar gelassen. Es paßte ihnen nicht, wie ich aussah, ich trug kein Make-up, ich machte mir nichts aus Flirts . . .

PHYLLIS: Haben die anderen Frauen in der Gruppe Sie auch deswegen kritisiert?

JOAN: Ja.

PHYLLIS: Waren Lesbierinnen in der Gruppe?

JOAN: Nein.

PHYLLIS: Waren männliche Homosexuelle darunter?

JOAN: Ja.

PHYLLIS: Wie wurden sie behandelt?

JOAN: Rücksichtsvoller. Sie hatten ein Recht, aber ich hatte kein Recht, so zu sein, wie ich war . . . Die Methode der Gruppe bestand darin, die Abwehrmechanismen von jedem kaputtzumachen.

Diese beiden Interviews machen nur zu deutlich, daß Lesbierinnen (bzw. Lesbierinnen, die in Therapie gehen) ebenso naiv, ängstlich und zu beeinflussen sind wie heterosexuelle Frauen: vielleicht sogar noch mehr. Ihre sexuellen Erlebnisse bleiben eine private, «persönliche» Angelegenheit, über die sie weder mit ihren Müttern, ihren Arbeitgebern, ihren Klassenkameraden, ihren Kindern – noch mit ihren Therapeuten sprechen können. Ihre Realitätserfahrungen, ihre *Lusterlebnisse* werden entweder vollkommen ignoriert, als zweitrangig oder gefährlich registriert. (Dagegen habe ich nie von einem Therapeuten gehört, der die heterosexuellen Erlebnisse einer Patientin aktiv in Frage stellt oder offen oder andeutungsweise lesbische Erfahrungen «verschreibt».)

Ich möchte dieses Kapitel schließen, indem ich wie Charlotte Wolff das Leben selbst kommentieren lasse. Das folgende Interview wurde mit einer schwarzen Lesbierin geführt, die noch nie in Therapie gewesen war.(12) Die Interviewerin war ebenfalls eine Negerin.

DORIS: Warst du jemals verheiratet?

SHIRLEY: Verheiratet, ich? Du meinst wahrscheinlich meine Freundin. O nein, ich würde um nichts in der Welt heiraten. Und ich muß ganz ehrlich sagen, daß die meisten Frauen, die heiraten, meiner Meinung nach einen Vogel haben. Echt einen Vogel.

DORIS: Du meinst, alle Hausfrauen seien verrückt? Das willst du doch sagen.

SHIRLEY: Moment mal, ist dir klar, daß die meisten Hausfrauen 98 oder 99 Stunden in der Woche für irgendeinen Scheißkerl schuften?

DORIS: Man muß ja nun mal arbeiten.

SHIRLEY: Na ja, Schätzchen, es ist schon ein beschissenes System, und wer sich drauf einläßt, ist wirklich verrückt. Aber, egal, schauen wir's uns mal an. Man kommt nach Hause, richtig?

DORIS: Ja . . .

SHIRLEY: Ich komme also nach Hause, und ich muß kochen, und dann muß ich saubermachen, und dann muß ich Geschirr spülen und seine kleinen, dreckigen Unterhosen waschen, stimmt's, und wehe, wenn mein Mann nicht den Kindern die Ohren strammzieht, stimmt's? Dann kommt er nach Hause von seinem kleinen . . .

DORIS: Bist du nicht dafür auf der Welt?

SHIRLEY: Na, Moment mal, Liebling. Ich bin noch nicht fertig. Wenn er

(12) Sie ist statistisch weder unter «Lesbierinnen in therapeutischer Behandlung» noch unter «Farbige Frauen in therapeutischer Behandlung» erfaßt.

nach Hause kommt aus dem Büro, wo er hinter seinem Schreibtisch sitzt, stimmt's, und er ißt ...

DORIS: Das gehört auch dazu, meine Liebe.

SHIRLEY: Na gut, vergiß es. Ich muß sein Geschirr waschen, und dann will er bumsen, auch noch zu allem übrigen. Und ich kann einfach nichts dabei finden! Und weißt du was, ich bin lesbisch. Und ich muß sie nicht lieben, ich muß nicht mit ihnen ficken, und ich bin schon gar nicht von ihnen abhängig, und das ist Freiheit, Liebling, denn wie sehr ich mich auch plagen muß, Liebling, ich schaffe es, weil ich frei bin. Ich fühle mich frei!

DORIS: Du scheinst eine Frau zu sein, die Männer haßt.

SHIRLEY: Nein, ich hasse sie nicht. Ich hasse sie nicht. Ich mach mir bloß nichts aus ihnen.

DORIS: Und was ist mit Kinderkriegen? Kannst du so einfach auf das beglückende Erlebnis verzichten, eines Tages einem Kind das Leben zu schenken?

SHIRLEY: Belieben zu scherzen. Wer zum Teufel hat dir gesagt, daß es ein beglückendes Erlebnis ist, ein Kind zu bekommen? Wenn du glaubst, daß es ein schöner Anblick ist, wenn eine Frau neun Monate lang mit einem geschwollenen Bauch herumläuft, dann lifte lieber deinen Hintern von hier, denn dann lügst du. Wenn du glaubst, daß Geburtswehen ein beglückendes Erlebnis sind ...

DORIS: Davon rede ich nicht. Ich meine –

SHIRLEY: Wart ein Moment –

DORIS: – das Baby. Du kannst es in den Arm nehmen – es gehört *dir*, dir *allein*. Ich rede nicht von den Wehen. Natürlich, das ist nicht so angenehm. Da hast du ganz recht. Hast du's schon einmal mitgemacht?

SHIRLEY: Moment mal. Laß mich reden, laß mich reden. Du meinst, wenn man auf einem Metalltisch liegt und die Beine hochgespreizt hat und einem irgendein alter weißer Scheißkerl unten kalte Klammern reinsteckt ...

DORIS: Es gibt auch schwarze Ärzte.

SHIRLEY: Na ja, das ist deren Sache. Viele schwarze kennst du nicht, oder? Während dein sauberer Gemahl sich kreuz und quer durch die Stadt vögelt. Nein, Schätzchen, das ist nichts für mich, das kommt überhaupt nicht in die Tüte, und wer sich das antut, ist selber schuld. Die Männer fassen dich an, befummeln dich, verführen dich, ficken dich und zum Schluß vergessen sie dich, Schätzchen.

DORIS: Du kannst dir ja auch eine Hebamme nehmen.

SHIRLEY: Der wird sich schön umdrehen und dir sagen: «Du hast dich ja ganz gut gemausert, Baby.» Es steht doch einfach nicht dafür.

DORIS: Wie lang bist du schon homosexuell orientiert?

SHIRLEY: Homosexuell orientiert, Baby: Du meinst, seit wann ich da durchblicke? Darauf läuft's doch hinaus. Nun, ich würde sagen, aktiv seit ungefähr sechs Jahren. Ungefähr sechs Jahre.

DORIS: Mach keine Witze.

SHIRLEY: Aber nein, was glaubst du. Aktiv seit sechs Jahren.

DORIS: Was meinst du mit aktiv? Aktiv, aktiv, was meinst du damit? Daß du von einer zur andern gehst?

SHIRLEY: Nein, schau her, wenn ich aktiv sage – ich habe wahrscheinlich immer schon durchgeblickt, weil ich mich nicht erinnern kann, irgendein sinnvolles Erlebnis mit einem Mann gehabt zu haben. Verstehst du, mir sind sie gleichgültig, Baby, und ich hab mich meist rausgehalten, weil sie mich nie interessierten. Und, verstehst du, was in den Büchern steht – ich muß das Stadium in meinem Leben verschlafen haben, in dem man angeblich die große Wandlung durchmacht: von der Freundin zum Freund. Ich hab das nie geschafft. Aber was ich sagen wollte, ich hatte mein erstes homosexuelles Erlebnis erst mit 22 Jahren.

DORIS: Warum gerade mit 22? Sicher hättest du doch schon früher Gelegenheit gehabt, mit Frauen ... oder nicht?

SHIRLEY: Na ja, zunächst mal ...

DORIS: Warst du behütet?

SHIRLEY: Quatsch. Nein, zunächst mal war ich sehr verwirrt und hatte Angst, der Sache ins Auge zu sehen.

DORIS: Wie meinst du das, «ins Auge sehen»?

SHIRLEY: Na ja, ich dachte, ich sei krank, nicht mehr zu retten. Verstehst du, ich hatte Angst, wenn ich nur an das Wort «lesbisch» dachte. Um mich zu beruhigen, redete ich mir ein, ich sei normal, verstehst du? Und das einzige, was mir meine Normalität nehmen könnte, wäre, mich tatsächlich auf ein lesbisches Erlebnis einzulassen. Ich sagte mir, man ist nicht schwul, wenn man es nie macht. Also hielt ich mich raus, denn ich wollte mir meinen Verstand intakt halten. Also redete ich mir ein, mir was aus Jungen und Kleidern und Parties und dem ganzen Scheiß zu machen.

DORIS: Das hast du dir bloß in die Tasche gelogen?

SHIRLEY: Nein, nein, das hab ich mir nicht in die Tasche gelogen. Ich versuchte, mit mir selbst zurechtzukommen, ich ging mit Männern aus, und ich ließ sie drüber ...

DORIS: Na, wenn du kein Mädchen sein wolltest, warum –

SHIRLEY: Eben. Je öfter sie es machten, desto schlechter fühlte ich mich, und je mehr ich so tat, als sei ich normal, desto verrückter wurde ich. Ich verlor echt den Verstand. Als meine Mutter starb, hörte ich einfach auf, eine Rolle zu spielen, die mir nicht lag, denn es kam sowieso nichts dabei raus, und ich wurde sofort ruhiger, das kannst du mir glauben, und ich bekam meinen Verstand zurück, der mir langsam abhanden gekommen war vor lauter Bemühen, nicht schwul zu sein, ich bin nun mal schwul. Und mir wurde klar, daß nicht ich verrückt bin, sondern die armen angeschlagenen Tassen da draußen, die kleinen Hausfrauchen, die ihr Leben hinter sich haben, sobald sie auf dem Standesamt «ja» sagen. Die unterschreiben doch ihr eigenes Todesurteil. Und, was ich schon sagte, ich bin frei.

DORIS: Erzähl mir ein bißchen was über deine Familie. Verstehst du, dein Verhältnis zu deinen Eltern. Deine allerersten Erinnerungen, weißt du. Wie das damals war.

SHIRLEY: Verhältnis zu meinen Eltern –

DORIS: Mhm

SHIRLEY: Nun, das ist eine Geschichte für sich, Schätzchen, denn mein Vater war der letzte Heuler.

DORIS: Das klingt aber nett.

SHIRLEY: Meine Mutter war eine Tüte, weil sie mit diesem Heuler zusammenlebte, bis sie überschnappte.

DORIS: Was meinst du mit Heuler?

SHIRLEY: Na, er hat sie doch unheimlich verdroschen. Jeden Freitag hat er sie regelmäßig verdroschen, denn am Freitag gibt's bekanntlich Kies. Damit ging er sofort in die Kneipe, und dann kam er stinkbesoffen und abgebrannt nach Hause, und das ging so weiter, bis meine Mutter starb.

DORIS: Woran ist deine Mutter gestorben?

SHIRLEY: Na ja, sie starb, der Doktor sagte, an einem Herzinfarkt. Das hat er behauptet, ich aber glaube, sie hörte einfach auf zu leben, weil ihr Leben so beschissen war, Baby; zwölf Jahre hat sie in der Küche einer Weißen gearbeitet, und genau dort ist sie auch gestorben.

DORIS: Was heißt «Sie hörte einfach auf zu leben»? Hat sie gesagt: «Zum Teufel, ich sterbe lieber», und ist gestorben? Was heißt «Sie hörte einfach auf zu leben»? Was meinst du damit?

SHIRLEY: Naja – ich meine, wenn man nichts mehr hat, wofür es sich zu leben lohnt, dann gibt man's doch einfach auf. Wenn dein Leben einen Scheißdreck wert ist, wenn du einen Scheißdreck wert bist.

DORIS: Moment mal, meinst du, daß sie Selbstmord begangen hat oder so was?

SHIRLEY: Nein! Du verstehst nicht, was ich meine.

DORIS: Nicht ganz.

SHIRLEY: Wenn man aufgibt, gibt man einfach auf. Es kommt der Punkt, wo man das alles einfach nicht mehr schlucken kann, besonders von jemand, der dein Mann sein soll, oder so'n Scheiß, und du kannst einfach nicht mehr, kannst es einfach nicht mehr ertragen. Das ist alles. Verstehst du, zwei oder drei Wochen vor ihrem Tod sagte meine Mutter zu mir, daß sie bald frei sein werde. Verstehst du, sie wußte, daß sie sterben würde, und darum sagte sie es. Sie hat das immer gesagt – daß sie bald frei sein werde. Und ich sollte eine Familie gründen und jemand heiraten, den ich liebte und auf den ich mich verlassen konnte –

DORIS: Meinte sie einen Mann oder eine Frau?

SHIRLEY: Na, sie meinte natürlich einen Mann, denn meine Mutter war eine strenggläubige Frau und –

DORIS: Wußte sie von deinen Erfahrungen?

SHIRLEY: Machst du Witze? Natürlich nicht.

DORIS: Bist du sicher?

SHIRLEY: Hundert Prozent. Und verstehst du, sie versuchte, mir zu sagen, laß dich nicht versklaven, damit du ein besseres Leben hast als ich, aber in Wirklichkeit läuft's drauf hinaus, sei kein Sklave, sondern sei ein «freier Sklave». Heirate nicht so einen Heuler wie ich.

DORIS: «Sei kein Sklave, sondern sei ein freier Sklave». Das klingt ja meschugge. Was meinst du damit?

SHIRLEY: Na ja, heirate einen netten Heuler, nicht so einen wie mein Vater. Meine Mutter konnte einem leid tun. Ihre einzige Möglichkeit, die Freiheit zu erreichen, war der Tod, und ich, ich sagte mir, als sie starb, mit mir nicht, weil mir klar war, die einzige Möglichkeit –

DORIS: Wieso? Woher weißt du, daß es deiner Mutter keinen Spaß machte? Schließlich ist sie die ganzen Jahre bei diesem Mann geblieben?

SHIRLEY: Das stimmt, sie ist geblieben, weil sie Kinder zu ernähren hatte, und die einzige Möglichkeit, wie ich meine Freiheit erreichen konnte, war, indem ich so lebte, wie ich wollte, also hörte ich auf, diese Rolle zu spielen, die –

DORIS: Das sagte ich ja. Du willst nicht das gleiche durchmachen wie deine Mutter, also hast du etwas anderes gewählt . . . Gut, ich möchte dir nur noch eine Frage stellen. Glaubst du, daß es eine Alternative zu dem Leben gibt, wie es die meisten Frauen heute führen?

SHIRLEY: Du meinst zu dem Leben, wie es die Frauen heute führen?

DORIS: Ja, richtig.

SHIRLEY: Gut, aber wie kann man eine Lösung finden für etwas, das seit Jahrhunderten in den gleichen Bahnen verläuft? Die einzig mögliche Alternative wäre, wenn jemand einen Tag lang der Liebe Gott und Jesus Christus sein könnte, angenommen, ich wäre einen Tag lang der Heiland, verstehst du, dann würde ich über jeden Mann einen Fluch aussprechen, und dieser Fluch wäre eine Kleinigkeit, die man die zwölfmonatige Schwangerschaft nennt, und jeder Mann würde ungefähr sieben Mädchen kriegen.

DORIS: Warum sieben? Sieben! Um Gottes willen!

SHIRLEY: Na ja, eins für jeden Wochentag, klar? Keine Frau wäre dann mehr ohne Lover oder ohne jemanden, mit dem sie endlich reden könnte, verstehst du, sie hätte so viel Zärtlichkeit, wie sie brauchte.

Als ich sechs Jahre alt war, in Brooklyn, war Martha meine beste Freundin. Sie war schwarz, und ihre Mutter war in einem Feuer umgekommen, in einem Land, das man Afrika nennt. Sie lebte in einer Kellerwohnung mit ihrem Vater, dem Hausmeister, der immer lachte. Martha und ich rissen jeden Nachmittag von zu Hause aus. Wir wollten später gemeinsam Kapitän des besten Punchballteams werden, das es je gab. Unsere Pläne endeten mit ihrer Einladung zum Abendessen.

«Was?», schrien mich meine Eltern an, «du willst am Abend in diesen Keller da gehen – wo ihr *Vater* ist und mit andern Männern Schnaps trinkt, Karten spielt und wer weiß was sonst noch alles . . .?»

«Ihr Vater wohnt dort», erklärte ich. «Er ist der Hausmeister. Aber wir werden ihn bestimmt nicht stören . . .»

Also habe ich niemals ein afrikanisches Nachtmahl zu essen bekommen (falls es das wirklich gegeben hätte). Noch Jahre später sah ich immer, wenn ich im Meer badete, in jeder donnernden Woge schwarze Männer, die mich gefährlich anlachten. (Durch dic Banden verbitterter schwarzer Jugendlicher, die sich in New York herumtreiben und wütend nach «Titten und Arsch» suchen, ist das auch nicht besser geworden.)

Und manchmal frage ich mich, welche Uniform sie der erwachsenen Martha angezogen haben: «Sozialhilfe-Mutter», «Grüne Witwe», «militante Schwarze», «Tot aufgefunden»?

Martha, ich widme dieses Kapitel allem, was zwischen uns war – und der Revolution, die aus allem, was nicht sein durfte, etwas Alltägliches mach.
Ich widme dieses Kapitel auch George Jackson, Angela Davis und den Häftlingen, die am Aufstand von Attica teilnahmen.

Kapitel 8

Farbige Frauen *

Dr. Hill räumte heute in einem Interview ein, daß von Frauen geführte (schwarze) Familien sozial und ökonomisch wesentlich anfälliger seien. Ein wichtiger Grund dafür sei, daß weibliche Familienvorstände bedeutend weniger verdienen als männliche ... In dem Bericht heißt es weiter, die «nationalen Einkommensstatistiken weisen entgegen einer weitverbreiteten Ansicht nach, daß die Frauen in den meisten schwarzen Familien der unteren Lohngruppen besser bezahlt werden als die Männer». Es stellte sich im Gegenteil heraus, daß in 85 Prozent der Negerfamilien mit einem Einkommen von 3000 Dollar oder weniger der Ehemann einen höheren Lohn bezieht als die Frau.

New York *Times*
27. und 28. Juli 1971

In der ersten bundesweiten Vergleichsuntersuchung dieser Art stellte das Census Bureau fest, daß die aus dem spanischen Sprachraum stammenden Personen trotz ihrer geringeren Schulausbildung wesentlich höhere Einkommen beziehen als Schwarze.

Wie aus der Statistik weiter hervorgeht, gibt es Anzeichen dafür, daß das Lohnniveau beider Gruppen zwar immer noch weit unter dem der Weißen liegt, das des Spanisch sprechenden Bevölkerungsteils jedoch etwas schneller steigt als das des schwarzen.

New York *Times*
18. Oktober 1971

* Der Originaltitel lautet: «Third World Women.» Da jedoch im folgenden vorwiegend von den «farbigen Amerikanerinnen» die Rede ist und nicht von den «Frauen der Dritten Welt» im gebräuchlichen Sinne der Frauen in den Entwicklungsländern, wurde die Übersetzung in der oben genannten Form vorgezogen.

Ist Women's Lib für die schwarzen Frauen irrelevant? Zwar wurde darauf hingewiesen, daß die Hälfte aller schwarzen Amerikaner Frauen sind, doch sollte man vielleicht lieber fragen, inwieweit ‹Black Movement› für sie relevant war. Die Black-Power-Bewegung richtet sich vor allem an den Bedürfnissen des schwarzen Mannes aus, was sich auch an den Programmen zur Erfüllung ihrer Forderungen zeigt. Das Job Corps, an dem viele Schwarze teilnahmen, war praktisch eine reine Männersache, bis der Kongreß 1966 ein Gesetz erließ, das den Frauen mindestens eine Drittel-Parität sicherte; von den 125 000 Personen, die 1968 auf Grund des Gesetzes für Manpower Development and Training Beihilfen erhielten, waren nur 31,7 Prozent Frauen; die Job Opportunities auf dem Programmsektor für Handel und Gewerbe kamen 1968 ebenfalls nur zu 24 Prozent den Frauen zugute; das Schulungsprogramm der National Alliance of Businessmen ist ausschließlich für schwarze Männer bestimmt.

Nancy Henley[1]

Was empfinden die schwarzen Amerikanerinnen gegenüber der Women's Lib? Mißtrauen. Women's Lib ist weiß, daher suspekt . . . Sie schauen die weißen Frauen an und müssen in ihnen den Feind sehen, denn sie wissen, daß sich der Rassismus nicht auf die weißen Männer beschränkt, daß es im Lande mehr weiße Frauen als Männer gibt und daß 53 Prozent der Bevölkerung in den Zeiten der größten Not beharrlich geschwiegen haben . . . Das Hauptproblem der meisten schwarzen Frauen ist nicht der Eintritt in das Berufsleben, sondern der Aufstieg in diesem, nicht die Zulassung zum Medizinstudium, sondern zur Erwachsenenbildung, nicht die Frage, wie man sich gegenüber dem «Haushaltsvorstand» emanzipiert, sondern wie man sich als «Haushaltsvorstand» *behauptet* . . .

Die schwarzen Amerikaner hatten viele Jahre lang niemanden außer ihren schwarzen Frauen, an dem sie ihren Zorn auslassen konnten. Und die schwarzen Frauen erduldeten viele Jahre lang diesen Zorn – betrachteten dieses Dulden sogar als ihre Pflicht, wenn auch als eine unangenehme. Doch nicht selten boten sie den Männern auch die Stirn, und sie scheinen sich nie in dem Maße haben versklaven lassen wie die weißen Frauen. Es ist wahr, daß die schwarze Frau die Hausarbeit machte, die Dreckarbeit; es ist wahr, daß sie die Kinder großzog, häufig allein, aber trotzdem eroberte sie sich gleichzeitig ihren Platz auf dem Arbeitsmarkt, einen Platz, den ihr Mann nicht ergattern konnte oder für den er sich zu gut war. Und sie war nichts, worauf sie pochen konnte: weder Mann noch Weiße, noch Lady – nichts. Und aus der Tiefe ihrer Trostlosigkeit schuf sie sich ihre eigene Identität ...

... die schwarzen Frauen haben sich den weißen Frauen immer überlegen gefühlt ... Sicher, sie haben sie manchmal beneidet (um ihr Aussehen, ihr leichtes Leben, die Aufmerksamkeit, mit der sie scheinbar von ihren Männern behandelt werden), manchmal gefürchtet (auf Grund der ökonomischen Macht, die sie über das Leben der schwarzen Frauen hatten), manchmal sogar geliebt (wie Mamies und Hausangestellte manchmal ihre Herrschaft lieben), aber die schwarzen Frauen konnten nie Achtung vor den weißen Frauen empfinden. Ich meine, sie empfanden nie, was die schwarzen Männer gegenüber den weißen Männern empfanden: Respekt vor ihren Leistungen.

Toni Morrison[2]

Leider scheint es heute in der Bewegung einige Verwirrung darüber zu geben, wer wen unterdrückte. Seit dem Aufstieg der Black Power hat der schwarze Mann eine sichtbarere Führungsrolle in unserem Kampf um Gerechtigkeit in diesem Land übernommen. Im großen und ganzen beurteilt er das System richtig und lehnt dessen Wertvorstellungen und Sitten in vielen Punkten ab, aber wenn es um die Frauen geht, scheint er seine Richtlinien aus dem *Ladies' Home Journal* zu beziehen. Bestimmte schwarze Männer stellen sich auf den Standpunkt, daß sie von der Gesellschaft kastriert wurden, aber daß die schwarzen Frauen irgendwie der Verfolgung entgingen und sogar zu dieser Entmannung beitrugen. Ich möchte deshalb hier und jetzt erklären, daß Amerikas schwarze Frau mit vollem Recht die «Sklavin eines Sklaven» zu nennen ist ...

Wer seine «Männlichkeit» dadurch beweist, daß er die schwarze Frau in eine häusliche, untergeordnete Rolle zurückverweist, ist ein Konterrevolutionär. Den schwarzen Frauen ist durch das System genauso Unrecht geschehen, und wir müssen anfangen, über die Aufhebung aller Arten von Unterdrückung zu sprechen. Wenn wir davon reden, eine starke Nation zu schaffen, die imstande ist, das Joch kapitalistischer Unterdrückung abzuschütteln, dann bedeutet das die totale Einbeziehung jedes Mannes, jeder Frau und jedes Kindes, eines jeden, der ein hohes politisches Bewußtsein hat. Wir brauchen unsere ganze Armee für den Kampf mit dem Gegner, nicht eine halbe Armee.

Frances Beale[3]

Schwarze Schwestern, das letzte, worüber wir uns Sorgen machen müssen, ist das Aussterben unserer Rasse. Allerdings täte uns ein kleiner Aderlaß sogar ganz gut. Seht euch doch an, was in den letzten hundert Jahren los war; wir haben uns brav vermehrt, aber haben uns davon nur einen dicken Bauch und einen schlechten Ruf geholt. Auf der anderen Seite zerreißen sich Leute wie Glazer und Moynihan den Mund über unser Matriarchat und lassen durchblicken, wir hätten nun lange genug die Suppe versalzen, und wenn wir unbedingt was tun wollten, sollten wir uns lieber hinter unsere Männer stellen und zusehen, daß sie vorwärtskommen ... Und da sind unsere schwarzen Brüder, die rummeckern, daß wir schon lang genug am Ball gewesen seien und daß es Zeit wäre, sie ranzulassen. Also stehst du da und bemühst dich, so rosa und weiß und hilflos wie möglich zu wirken ...

Joanna Clark[4]

Obwohl es von außen so scheint, als lebten Männer und Frauen gemeinsam und friedlich nebeneinander in den Institutionen unserer Gesellschaft, definieren und kontrollieren in Wirklichkeit aber die Männer diese Institutionen und die Frauen leben unter ihrer Herrschaft. Regierung, Militär, Religion, Wirtschaft und Familie sind Institutionen der Kolonialherrschaft, einer Männerkultur über eine Frauenkultur ... Es existiert eine Frauenkultur, die aber zur Unterordnung unter die kolonialistische, imperialistische Weltherrschaft der Männerkultur gezwungen wurde. Unter der Oberfläche jeder nationalen, ethnischen oder rassischen Kultur besteht die Kluft zwischen den beiden primären Kulturen der Welt – der Frauen- und der Männerkultur.

Die nationalen Kulturen unterscheiden sich allerdings stark in dem jeweiligen Grad, in dem die Frauenkultur unterdrückt wird. Die Verschleierung und Zurückgezogenheit der Frauen in der arabischen Welt und ihre nahezu totale Absonderung stehen in krassem Gegensatz etwa zu Schweden. Eine Schwedin dürfte kaum das unterdrückte Leben einer Araberin ertragen können, aber wenn sie sensibel ist, fällt es ihr auch schon schwer, ihre Unterdrückung als Frau in Schweden hinzunehmen. Gerade das Überschreiten nationaler Grenzen verschafft Frauen häufig erst den Blick für ihre Stellung in der Gesellschaft. Wir können nicht wie James Baldwin auch nur vorübergehend aus unserer Kastenzugehörigkeit nach Paris oder in ein anderes Land entfliehen. Sie verfolgt uns überall – es gibt keinen Zufluchtsort.

Manifest der Vierten Welt[5]
13. Januar 1971

Ich habe keine Theorie über die Psychologie der in den USA lebenden farbigen Frauen anzubieten. Eine Einzeltheorie könnte alle die Frauen afrikanischer, lateinamerikanischer, mexikanischer, chinesischer und indianischer Abstammung auch gar nicht gerecht beschreiben. Als weiße Frau zögere ich außerdem, Theorien über Erfahrungen aufzustellen, die ich selbst nicht gemacht habe, und wäre dazu auch gar nicht imstande. Und als Psychologin und Feministin liegt mir im Grunde mehr daran, die Gesetze der *weiblichen* Psyche überhaupt zu erforschen als deren verschiedene Ausnahmen und Varianten.

Der ‹Sexismus›, die Diskriminierung eines Menschen auf Grund seines Geschlechts, wirkt sich auf die farbigen und die weißen Amerikanerinnen subjektiv und objektiv verschieden aus. Beispielsweise arbeiten mehr farbige Frauen außerhalb des Hauses und leben gleichzeitig innerhalb ihres Clans wie weiße Frauen der Mittelschicht. Mehr weiße als farbige Frauen haben eine (ungenutzte) Ausbildung, leben in isolierten Kleinfamilien und werden von ihren Männern und Vätern wirtschaftlich erhalten. Doch die berufstätige Farbige ist in Wirklichkeit weder psychologisch noch ökonomisch mobiler als ihr weißer, nicht-berufstätiger Gegenpart. Das Verwandtschaftssystem des Gettos ist ebenso das Ergebnis bitterer Notwendigkeit wie die Isolierung der Frau in der Mittelschichtfamilie. Der feministische Wunsch nach Überwindung der Abhängigkeit von den Männern kann von den farbigen Frauen nicht geteilt werden, weil sie aus Gründen des Rassismus und des Klassenkampfs nie in den «Genuß» einer solchen Abhängigkeit gekommen sind. (Obwohl sie sich nach einer solchen Abhängigkeit und ihren Privilegien gesehnt haben mögen.) Die revolutionären, kulturellen, politischen und religiösen Organisationen der Farbigen können daher besser als die feministischen Organisationen den Wunsch dieser Frauen nach einer Form der Interaktion mit Männern stillen, die entweder die Weißen zum Vorbild hat oder in den afrikanischen oder südamerikanischen Kulturkreisen wurzelt (wobei die letzteren älter sind als die rassistische amerikanische Gesellschaft und außerhalb dieser fortbestehen).(1) Dies ist einer der vielen Gründe, war-

(1) Natürlich ist es den Frauen meiner Ansicht nach auch in Afrika und Südamerika nie so gut gegangen wie den Männern. Müttersterblichkeit und Kindersterblichkeit sind auf beiden

um jene farbigen Frauen, die es sich leisten können, in irgendeiner Weise politisch aktiv zu sein, keine Feministinnen sind. Ein Bündnis aller Frauen, die die Rechte der Frau repräsentieren oder für diese kämpfen, ist eher eine Sache der Zukunft als der Vergangenheit. Zum Beispiel sind Männer immer für körperlich und geistig leistungsfähiger als Frauen gehalten worden. Für ausschließlich heterosexuelle Frauen stellen sie außerdem die einzig möglichen Sexualpartner dar. Schon aus diesen Gründen «halten» die farbigen Frauen, ebenso wie die meisten weißen, lieber zu ihren Männern, als ihre eigenen Männer zu werden, das heißt lieber, als selbst «männliche» oder alle menschlichen Eigenschaften zu entwickeln. Die wahre sexuelle Revolution ist schwieriger und bedrohlicher für die Angehörigen beider Geschlechter aller Schichten und Rassen als manche andere grundlegende und schwierige Umwälzung.

Ich verstehe, was eine schwarze oder puertorikanische Arbeiterin fühlt und meint, wenn sie sagt: «Ich möchte *aufhören* zu arbeiten. Ich möchte bei meinen Kindern *zu Hause* bleiben können. Ich möchte einen Mann haben, der für mich *sorgt.*» Sie möchte *einen* Beruf haben statt zwei. Aber sie ist nicht unbedingt überzeugt, daß die Dienste einer «Hausfrau» und Mutter besonders hochwertige Leistungen sind, ohne die ihr Mann (oder der Staat) nicht überleben könnte. Frauen aller Schichten und Rassen werden nicht dazu erzogen, die Familie als öffentliche Institution oder als Mittel zur Unterdrückung der Frau anzusehen.

Meine hypothetische farbige Amerikanerin spricht auch von den vielen Privilegien, die eine weiße Hautfarbe mit sich bringt, beson-

Kontinenten sehr hoch. Zwar haben die meisten afrikanischen Frauen traditionell als Gebärerinnen und Erzieherinnen der Kinder in der Landwirtschaft und/oder im Geschäftsleben schwer gearbeitet, doch sind sie als politische, militärische oder religiöse Führer keineswegs so häufig hervorgetreten wie Männer. Auch gab es die Polyandrie (Vielmännerei) nicht so oft wie die Polygamie (Vielweiberei). Es hat natürlich eine ganze Reihe afrikanischer Königinnen und Heerführerinnen sowie eine Vielzahl matriarchalischer Kulturen im «prähistorischen» Asien, Afrika, Südamerika und Europa gegeben. Durch das Eindringen der Europäer aber erfuhr die Stellung der Afrikanerin – verglichen mit der des schwarzen Mannes – eine weitere Abwertung: Die afrikanischen Männer wurden gezwungen und/oder ermutigt, sich am Bildungswesen, an der modernen Landwirtschaft, am Landbesitz, der Fabrikarbeit usw. zu beteiligen. Weibliche Krieger verschwanden vollständig von der Szene. Bis zum heutigen Tag sind die meisten afrikanischen revolutionären oder traditionell nationalistischen Führer, Militärs, Richter und Priester, Männer, nicht Frauen.

ders in Verbindung mit der Brieftasche der Mittelschicht. Sie spricht von den Rassenunterschieden in bezug auf Wohnung, Schulbildung und Anstellung.(2) Sie spricht davon, daß sie sich auf der Straße und zu Hause nicht sicher fühlen könne – während die meisten weißen Frauen, selbst in den Städten, ob berechtigt oder nicht, sich immer sicher fühlten.(3) Sie spricht auch von dem Privileg psychischer Abhängigkeit und materieller Sicherheit: Selbst wenn diese weiblichen Privilegien nicht von Dauer sind und um den Preis menschlicher Würde und Freiheit erkauft werden, ist die Freude an ihnen echt und hat viele von uns am Leben erhalten.(4) Tatsache ist, daß es wahrscheinlich besser ist, der Sklave eines reichen als eines armen Mannes zu sein, besser, der Macht als der Ohnmacht ausgeliefert zu sein. Stärke kann sich häufig Gnade leisten, Schwäche selten. Es ist sogar besser, der Sklave eines Mannes zu sein, den man kennt – des Ehemannes –, als der Sklave vieler fremder Männer – in den Behörden oder in der Industrie. (Wenn man nicht eine *junge* und erfolgreiche Prostituierte ist, die sich ihre Unabhängigkeit von den vielen Männern, die hohe Löhne zahlen, bewahren kann.)

In den letzten zehn Jahren ist von schwarzen und weißen Theoretikern, und in jüngster Zeit auch von schwarzen und weißen Theoretikerinnen, viel über die schwarze und die puertorikanische Frau in Amerika und über die Frau der Dritten Welt in den Entwicklungsländern geschrieben worden. Frantz Fanon, ein redegewandter und brillanter schwarzer Psychiater, erwies sich in seinen Äußerungen über die algerische Frau bedauerlicherweise, ja peinlicherweise als arger «Sexist». Ich las Fanon 1969 auf einer langen Busfahrt

(2) Weiße Frauen der niedrigeren Einkommensgruppen haben die gleichen Schwierigkeiten.

(3) Es werden mehr Vergewaltigungen von farbigen Frauen *gemeldet* als von weißen.

(4) Solange eine bestimmte Gruppe noch vom Elend der Unterprivilegierten «profitiert», ist es vom psychologischen Standpunkt nicht nur grausam, sondern dumm, von den Unterprivilegierten zu erwarten, opferbereit und edel usw. zu sein. *Zuerst* sollen alle Männer (alle Weißen) auf ihre Macht und Privilegien verzichten – ihre Gattinnen, Sekretärinnen, Prostituierten, ihre materiellen Vorteile, ihre Informationen, ihre *privilegierte Kindheit* –, dann, und nur dann, werden sich Frauen oder Schwarze für die Vorzüge des «Edelmuts» oder der «Gleichberechtigung» interessieren. Bis dahin wollen Frauen und Schwarze jeden Gratisdrink, jedes Händedrücken, jede Trophäe, jeden Inside-Tip – den «Reibach» haben. Unterdrückte Gruppen internalisieren die Vorzüge der Macht nicht weniger als andere Gruppen.

zu einer Versammlung. Wütend unterstrich ich fast alles in seinem Buch *A Dying Colonialism*, gleichermaßen beeindruckt wie verärgert und enttäuscht davon.[6] Eine Gruppe von Feministinnen muß gleich mir eine Busfahrt gemacht haben, denn sie kamen zu ähnlichen Schlußfolgerungen wie ich.[7] Sie schreiben:

Fanon hat recht, wenn er sagt, daß die Franzosen die algerische (Männer-)Kultur zu zerstören suchten und daß dies eine typische kolonialistische Taktik einer Männerkultur gegenüber einer anderen kolonisierten Männerkultur sei. Doch Fanon zeigt eine typisch männliche Unfähigkeit, die brutale «Kolonisierung» der Frauen durch die Männer zu sehen. Wenn er den Schleier zum Symbol der algerischen Kultur erhebt, die die Franzosen zu zerstören suchten, so übersimplifiziert er, um dem Eingeständnis der eigenen männlichen Schuld auszuweichen und das Vergehen der algerischen Männer an der unterdrückten und entwürdigten Kultur der algerischen Frauen nicht wahrhaben zu müssen.

Wäre Fanon ehrlicher, so würde er zugeben müssen, daß die Franzosen als Träger einer Männerkultur nicht mehr Interesse an der Befreiung der algerischen Frau hatten als die algerischen Männer. Aber Fanon, der von solch leidenschaftlichem Zorn gegen die französischen Kolonisatoren erfüllt ist, versäumt es, in seinen Protest die Forderung nach Gerechtigkeit für die algerische Frau miteinzuschließen. Ja, er bagatellisiert sogar den Vorwurf, daß die Frauen des Landes unterdrückt seien. Nie gibt er die Tatsache der Unterdrückung der algerischen Frau durch den Mann direkt und offen zu, obwohl unbeabsichtigte Hinweise darauf zwischen den Zeilen zu finden sind ...

Da den Frauen der Status von Dienstboten auferlegt wurde, hat die Frauenkultur ein überaus reiches serviles Ethos der «Selbstaufopferung» entwickelt. Selbstaufopferung – moralischer Eckpfeiler der Frauenkultur – wurde zu einem der wirksamsten psychologischen Barrieren, die die Frauen an offener Rebellion und der Forderung nach Selbstbestimmung hinderten, und hat sich gleichzeitig auch als das Hauptinstrument der Männer zur Manipulation der Frauen erwiesen.

Kardiner[8] und Moynihan[9], weniger redegewandt als Fanon, sind zwei weiße männliche Sozialpsychologen, deren Schriften über die schwarzen Frauen und das schwarze Matriarchat in Amerika nicht nur rassistisch und «sexistisch», sondern obendrein einfallslos sind. Grier und Cobbs, zwei schwarze männliche Psychiater, sind bestenfalls mittelmäßig zu nennen, da auch sie den schwarzen Frauen einen zweitklassigen Status zuweisen. Ich will im folgenden aus den Kapiteln *Achieving Womanhood* (Reifung zur Frau) und *Marriage and Love* (Ehe und Liebe) ihres Buches *Black Rage*[10] zitieren:

Es kann also sein, daß eine schwarze Frau nach kurzem Kampf merkt, daß

Femininität, so wie sie heute definiert wird, etwas ist, was sie nicht erreichen kann. Statt jeden Tag von neuem zu scheitern, gibt sie den Kampf auf und wendet ihr Interesse anderen Dingen zu. Es ist ihr nicht vergönnt, die zutiefst persönliche Befriedigung zu erleben, die sie als begehrtes und geschätztes Sexualobjekt empfunden hätte. Das volle Erblühen der Sexualfunktion einer Frau und ihre Fähigkeit, sie zu genießen, hängen von ihrem Selbstwertgefühl ab. Hat sie eine hohe Meinung von sich, so kann sie sich ihrem Geliebten freudig hingeben, in dem Bewußtsein, daß auch er sie schätzen und achten wird. Der Genuß ihrer Sexualfunktion wird nicht durch das Gefühl einer Degradierung durch den Mann beeinträchtigt. Die Frau neigt von Natur aus dazu, sich einen mächtigen Liebhaber zu suchen, sie zieht aus seinem Besitz zusätzlich narzißtische Befriedigung. Ihre eigene hohe Selbsteinschätzung erweckt im Manne eine ähnlich hohe Bewertung ihrer Person. Wird ihr Narzißmus verletzt, so ist der sexuelle Akt eine degradierende Unterwerfung unter einen Mann, der sie nicht schätzt, und hinterläßt in ihr das Gefühl eines Verlusts an Selbstachtung statt eines gesteigerten Selbstbewußtseins.

Da ihr jugendlicher Narzißmus zunichte gemacht und ihr Sexualleben pervertiert war, zogen sich die schwarzen Frauen aus diesem Bereich zurück und suchten darin nicht mehr ihre primäre Erfüllung. Auf Jugend und Sex verzichtend, beschränkten sie ihre Erwartungen auf die biologische Grundfunktion der Frau – das Bemuttern, Nähren und Beschützen ihrer Kinder. In dieser Rolle erwies sich die schwarze Frau als Segen und Rettung manch einer Familie. Eine solche Familie matriarchalisch zu nennen, wie vielfach geschehen, heißt, die Bedeutung der Mutterfunktion zu verkennen und das Bild einer ihre Macht genießenden Despotin zu zeichnen. Wir meinen, daß die schwarze Frau von allen Seiten Grausamkeit zu erdulden hatte und deshalb ihre ganze Kraft der tiefsten Aufgabe der Frau zuwandte.

Ich weiß nicht – ich weiß einfach nicht, ob dieser sentimentale Romantizismus das Wesen der schwarzen Frauen Amerikas trifft, richtig beschreibt, dieses richtig erklärt oder ob er überhaupt relevant für sie ist – oder sein sollte.

Es ist schwierig, rassistische Praktiken bei der Behandlung von «Geisteskranken» zu *dokumentieren.* Erstens ist es schwer, wie im Falle von Unzucht mit Minderjährigen oder Vergewaltigung, an das statistische Material heranzukommen. Zweitens sind die meisten Farbigen ganz einfach zu arm, um sich eine private therapeutische Behandlung leisten zu können: Sie werden auf direkterem, physischerem Wege gesellschaftlich kontrolliert und abgeschoben.(5)

(5) Henley weist darauf hin, daß Frauen, ebenso wie Schwarze, auf den «Dauergebrauch von Drogen hingesteuert werden, aber von Drogen, die eher beruhigend als eliminierend

Drittens tritt der Rassismus in der psychiatrischen Diagnose und Behandlung gewöhnlich vermischt mit Schicht- und Geschlechtsvorurteilen auf. Dennoch ist nicht zu leugnen, daß schwarze Männer und Frauen diskriminierend und verständnislos behandelt werden, wann immer sie in Kontakt mit der Welt der Psychiatrie kommen.(6)[12] Sobald eine schwarze oder puertorikanische Frau hospitalisiert ist, wird sie jedoch wahrscheinlich nicht viel anders «behandelt» als die weißen Frauen. Sie wird zu häuslichen oder «mütterlichen» Aufgaben herangezogen – oder psychologisch auf häusliche, mütterliche und heterosexuelle Funktionen vorbereitet. Psychiatrisch verwahrte schwarze Männer werden ebenfalls unzulänglich behandelt, aber in anderer Weise. Obwohl es Abstufungen zwischen schwarzen, puertorikanischen und weißen Frauen gibt, auch in der Einstellung der männlichen Fachwelt zu ihnen, sind sie als *Frauen* alle dem gleichen, vorwiegend männlichen Standard seelischer Gesundheit ausgeliefert. Außerdem sind trotz aller Unterschiede die entscheidenden (und wenig geschätzten) Aspekte des weiblichen Rollenbildes den Frauen aller Rassen und Schichten gemeinsam. So hat beispielsweise eine neuere Untersuchung ergeben, daß sowohl unter der schwarzen wie unter der weißen Bevölkerung wesentlich mehr Frauen als Männer über Nervenzusammenbrüche, bevorstehende Zusammenbrüche, Antriebsmangel und Schwindelanfälle *klagten*. Sowohl schwarze wie weiße Frauen wiesen folgende Symptome häufiger auf als Männer: Nervosität, Schlafstörungen, Händezittern, Alpträume, Ohnmachtsanfälle und Kopfschmerzen.[13]

wirken, woraus man schließen könnte, daß Frauen vom Standpunkt der dominanten Kultur weniger entbehrlich sind als Schwarze». «Eliminierung» ist freilich kein größeres Zeichen von Respekt als «Reinigung» im Dienste der dominanten (männlichen) Kultur.[11]

(6) Ebensowenig ist zu leugnen, daß sich viele schwarze und weiße Angestellte des psychiatrischen Establishments, wie Pfleger, Wärter und Schwestern, insbesondere in schlechtbezahlten Stellungen in den Landes- und Bezirkskrankenhäusern, brutal gegenüber den Patienten aller Rassen verhalten.

Die Interviews

Ich sprach mit neun farbigen Amerikanerinnen, davon sechs afrikanischer, drei lateinamerikanischer Herkunft. Sie waren zwischen 27 und 48 Jahre alt. Zwei Frauen hatten einige Jahre die High School, vier Frauen einige Zeit lang ein College besucht, zwei hatten einen Collegeabschluß und eine Frau hatte zeitweise die Graduate School besucht. Fünf Frauen waren ledig, eine verheiratet, zwei geschieden, eine war Witwe. Mit einer Ausnahme, einer Lehrerin, verdiente keine der Frauen jährlich mehr als 5000 Dollar, wenn überhaupt soviel, und dies in den meisten Fällen als Sekretärin oder Büroangestellte. Drei der Frauen waren arbeitslos oder bezogen Sozialhilfe. Zwei der Frauen, beide schwarze Amerikanerinnen, waren Feministinnen.

Drei der Frauen waren psychiatrisch hospitalisiert gewesen: eine für kurze Zeit auf Grund eines Selbstmordversuchs, eine andere mehrfach wegen «paranoider Schizophrenie» und die dritte wiederholt für die Dauer von insgesamt mehr als fünf Jahren mit der Diagnose einer «Involutionspsychose». Keine von ihnen war in privaten Kliniken behandelt worden.

Sieben der Frauen waren in Privattherapie gewesen, davon jede im Schnitt(7) bei drei Therapeuten für eine durchschnittliche Dauer von 25 Monaten: 17 Monate bei männlichen, 24 Monate bei weiblichen Therapeuten. Insgesamt konsultierten die Frauen zehn männliche und acht weibliche Analytiker. Mit Ausnahme von zwei schwarzen männlichen Psychiatern und einer puertorikanischen Sozialarbeiterin handelte es sich um weiße Therapeuten.

Ich sprach mit fünf der Frauen in Gegenwart einer weiteren Farbigen. Zwei der Interviews wurden ohne meine Anwesenheit von einer Farbigen geführt. Mit einer Frau sprach ich in Gegenwart einer weißen Freundin, ihrer ehemaligen Therapeutin, mit einer sprach ich auf ihren Wunsch allein.

Warum suchten oder akzeptierten diese Frauen den Rat schwarzer oder weißer männlicher Therapeuten?(8) Insgesamt waren die

(7) «Im Schnitt» bedeutet den Gesamtdurchschnittswert für alle sieben Frauen.

(8) Ist es Naivität? Rassenhaß? Haß gegen das eigene Geschlecht? Sahen sie darin eine Gelegenheit, endlich mit einem weißen Mann zusammenzusein, der sie nicht verführen oder kaufen konnte? Oder es auf «nette Art» tun würde?

meisten dieser Frauen ebenso «fixiert» auf Heterosexualität, «Liebe» und Heirat wie ihre weißen Ebenbilder.

WILMA: Ich konnte es nicht ertragen, ohne Mann zu sein. Jedesmal, wenn mich einer verließ, passierten drei Dinge: Ich hatte Angst, daß ich mich umbringen würde, ich rannte zu einem Therapeuten, und ich suchte mir so schnell wie möglich einen neuen Freund.

CAROLINE: Dr. B. ist ein sehr gut aussehender Mann, schwarz. Sehr attraktiv und liebenswürdig im Umgang. Ein guter Arzt. Er hat alles versucht. Er stand fast kopf. Ich habe einfach nicht über das geredet, was mich wirklich bedrückte. Er ist nie wirklich an mich herangekommen. Ich hab mich ihm einfach nicht aufgeschlossen . . . Es war furchtbar. Ich saß sechs Monate lang da, bevor wir überhaupt ein bißchen über meine Gefühle sprachen. Verstehen Sie, er hatte diese Masche, daß er kaum was sagte, wenn ich nichts sagte. Und mir fällt es oft schwer, über Dinge zu reden, die mir sehr nahegehen. Wir saßen also bei jeder Sitzung 25 Minuten lang da und sahen uns an, und ich saß da und fühlte mich elend, so ungefähr ist das gelaufen . . . Wahrscheinlich habe ich dauernd irgendwelchen Widerstand geleistet. Ich weiß nicht, was es war. Es gelang ihm einfach nicht, an mich heranzukommen. Es war eine einzige lange Zeitverschwendung.

PHYLLIS: Sie geben ihm aber nicht die Schuld daran?

CAROLINE: Nein, ich mochte ihn. Er war sehr nett, wie eine schöne Vase. Man stellt sie aufs Gesims, damit sie sie alle bewundern, und ich würde niemals da reinlaufen und irgend etwas Intimes oder Erschütterndes erzählen, so daß die Vase zerspringt. Ich brachte ihm immer frische Blumen für seine Praxis (er kümmerte sich überhaupt nicht darum), und ich mochte ihn wirklich, aber ich konnte einfach nicht mit ihm reden. (Nach meinem Selbstmordversuch) ging ich zu Dr. L., einem Weißen, den ich auch gern hatte. Er hat mir wirklich geholfen. Aber wissen Sie, was ich ihm auch erzählte, er machte mir einen Vorwurf daraus. Selbst wenn ich Beulenpest bekommen hätte, wäre auch das meine Schuld . . . Nein, ich kann einfach nicht mit ihm über Orgasmen sprechen, das ist mir zu peinlich.

EVELYN: Ich begab mich hauptsächlich deswegen in therapeutische Behandlung, weil ein Mann, mit dem ich ein kurzes Verhältnis hatte, mich hatte sitzenlassen. Da ist es sogar so weit mit mir gekommen, daß ich ihn angerufen habe. Es ist das erste Mal, daß ich so etwas in meinem Leben getan habe – ihn einfach zur Rede zu stellen. Das war, nachdem ich eine Flasche Wodka fast zu drei Vierteln leergetrunken hatte. Ich war sternhagelvoll, sonst hätte ich gar nicht den Mut gehabt, ihn anzurufen und zu fragen: «Warum hast du mich abserviert?» Und er sagte, daß es noch jemand anderen in seinem Leben gegeben habe, der nun zu ihm zurückgekehrt sei, oder irgend so ein Gedöns, und ich war natürlich völlig am Boden zerstört. Ich war immer der Meinung gewesen, daß nur Leute mit einem Dachschaden in Therapie gingen. Es war ein Eingeständnis, daß man schwach war, und ich war nicht schwach. Ich war sehr, sehr robust und ich brauchte nichts und niemanden. Ich weiß gar nicht mehr, wie ich den Schneid aufbrachte, zum erstenmal da hinzugehen, aber ich ging ... Wahrscheinlich fühlte ich mich von ihm angezogen. Er war weiß, über 21, und ich glaubte, er sei ledig und noch zu haben. Ob das stimmte oder nicht, habe ich nie herausgefunden. Ich erinnerte mich, schon immer von Sex mit ihm geträumt zu haben und solche Sachen. Dann kam eine Phase, wo ich ihn um jeden Preis verführen wollte, aber er stieg nicht darauf ein, obwohl er sehr freundlich war und so weiter. Und ich erinnere mich, daß ich sehr wütend war, daß er nicht darauf einstieg.

Die Probleme, die man als schwarze Frau in einer rassistischen und geschlechtsorientierten Gesellschaft hat, sind kaum zu bewältigen. Aggression, Selbstzerstörung und Paranoia sind die Folge.(9) Was die wohlgeordnete, verbale «Therapie» der Weißen dagegen überhaupt ausrichten kann, ist mir unerfindlich.

Die meisten Frauen, mit denen ich sprach, waren in der Kindheit und in der Ehe körperlich mißhandelt worden, sie waren puritanischer Doppelmoral ausgesetzt gewesen und sexuell unbefriedigt geblieben.(10)

WILMA: Ich habe mich nie zu weißen Männern hingezogen gefühlt. Ich ging nur mit [schwarzen] Brothers ins Bett ... Ich fiel tatsächlich auf diesen Mythos von der sexuellen Überlegenheit des schwarzen Mannes

(9) Einem solchen traditionellen Teufelskreis versuchte ich, bei einer Schwarzen auf die Spur zu kommen: Schon früh im Leben hatte sie begriffen, daß sich die schwarzen Männer nichts aus schwarzen Frauen machen, daß sie weiße Frauen vorziehen, daß sie wenig verdienen, die Frauen verprügeln, fremdgehen, daß sie mit einem Wort weniger «begehrenswert» sind als weiße Männer; die weißen Frauen sind intrigant, kindisch, reich und rassistisch: Sogar die armen sind reich, und überhaupt, Lady Jane taugt eigentlich nichts, sie kann nicht lieben, sie ist nicht besonders stark, mein Gott! Warum reißen sich die Männer bloß um sie? Schwarze Frauen sind aus härterem Holz geschnitzt, aber sie sind ebenfalls intrigant, arm, rassistisch und würden sich gegenseitig die Gurgel durchschneiden, um einen weißen oder einen «guten» schwarzen Mann zu bekommen: Fragen Sie mich, ich weiß es, ich bin eine Schwarze; weiße Männer – fragen Sie nicht, fragen Sie bloß nicht.

(10) Ich will damit nicht sagen, daß die farbigen Amerikaner sexuell weniger einfühlsam seien als die weißen. Ich meine jedoch, daß die Armut, der Rassismus und die Doktrin des *Machismo* oder der «primitive» Hochmut im 20. Jahrhundert die sexuelle und erotische Befreiung der farbigen Frau in keiner Weise *fördern* – um so mehr, als diese schon auf Grund der weißen patriarchalischen Kultur sexuell unterdrückt ist.

herein – das stimmt überhaupt nicht! So gut wie keiner konnte ficken, es waren einfach Stümper. Nein, ich meine in Wirklichkeit, sie machten sich nichts aus mir, sie bildeten sich ein, sie seien *von Natur aus* solche Superschwänze, daß *bloßes Gebumse* für jede Frau ausreichen muß ... Mit drei Ausnahmen waren sie alle ganz schön gefühllos und unbeholfen – und sie *wollten* nichts lernen. Nach einiger Zeit erklärte ich ihnen, was ich wollte – es genügt ja eine Silbe –, aber das haute auch nicht hin ... Es sind einfach Stümper. Die Männer sind Stümper im Bett.

PHYLLIS: Bauen Sie jetzt bloß keinen Mythos von der sexuellen Unterlegenheit des männlichen Geschlechts auf ... (Gelächter)

WILMA: Ja, aber die weißen Männer haben mir's auch nicht gut gemacht ... Die Männer gaben mir alle das Gefühl, es sei meine Schuld, es liege an mir, ich sollte so tun als ob ... Sind sie [die schwarzen Männer] weißen Frauen gegenüber anders? Sind die weißen Männer anders?

LAVERNE: Mit 15 bin ich mit ihm ins Bett gegangen. Das einzige, was ihn interessierte, war bumsen ... Er redete nie mit mir ... Er ging mit anderen Mädchen aus, aber er sagte, ich solle mir keine Sorgen machen, er würde mich heiraten. Ich hielt die anderen für Huren und Nymphos. Manchmal suchte ich sogar selbst eine für ihn aus – irgendeine, die dumm und oberflächlich war. Ich brauchte zwei Jahre, bis ich Sex mit ihm richtig genießen konnte.

CAROLINE: Ich war 25, als ich zum erstenmal mit einem Mann Geschlechtsverkehr hatte. Er war schwarz, verheiratet und fünf Jahre älter als ich. Es war eine sehr kalte Angelegenheit ... Aber ich war sehr dankbar, daß endlich einer mit mir ins Bett ging. Ich machte mir Vorwürfe, daß ich keinen Orgasmus hatte ... Verstandesmäßig hatte ich mir vorgenommen, ein Verhältnis anzufangen, aber gefühlsmäßig ... Das erste Verhältnis stellen sich Frauen, glaube ich, immer ganz anders vor, als es dann ist.

RITA: Ich bin sehr streng erzogen worden ... Ich dachte wirklich, in der Kirche gehen die Lichter aus, wenn ich bei meiner Hochzeit keine Jungfrau mehr bin ... Mir wurde beigebracht, daß Männer nicht keusch zu sein brauchten und sogar nach der Heirat Freundinnen haben konnten, solange er für dich und die Kinder sorgt ... Ich muß meinem Mann immer sagen, wohin ich gehe, bevor ich weggehe ... Einmal ging ich mit meiner Freundin tanzen, aber ich hatte Angst. Er sagte, er würde mich umbringen, aber er hat's nicht getan. Ich bin nie wieder ausgegangen – mir fehlt einfach der Mut.

Alle interviewten Frauen, weit davon entfernt, einen besonders unantastbaren Platz in der schwarzen oder puertorikanischen (Männer- und Frauen-)Gesellschaft einzunehmen, schilderten übereinstimmend, was es heißt, zur selbstverständlichen, «natürlichen» Beute der schwarzen oder puertorikanischen Männer zu zählen.(11) Dadurch waren sie freilich keinesfalls vor weißen Männern sicher. Je nach ihrem Bewußtsein als Schwarze oder Feministin ärgerten oder erschreckten sie allerdings sozio-sexuelle Annäherungsversuche von Weißen weniger, weil sie gesellschaftlich «akzeptabler» und (potentiell) ökonomisch einträglicher waren.(12) Vielen dieser Frauen wurde geraten, «nach oben» (oder «weiß») zu heiraten, mit dem Ergebnis, daß sie in ständiger Angst leben, wegen einer Weißen verlassen zu werden. Viele Frauen berichteten über Streitereien mit ihren Müttern wegen ihrer Hautfarbe (weil sie nicht «weiß» genug waren), ihrer Ehe, ihres gesellschaftlichen Status und ihres Sexualverhaltens.

EVELYN: Ich möchte wirklich mal von weißen Frauen erfahren, ob die schwarzen Männer die gleiche Einstellung zu ihnen haben. Als ob ich automatisch ihr Besitz wäre. Wie wenn wir von Feinden umringt seien, tun meine Leute immer so, als gehörten wir zusammen und seien Freunde und ich gehörte ihnen. Als ich in der Stellung (als Sekretärin) anfing, herrschte absolute Empörung, daß ich nicht auf ihre Annäherungsversuche (der schwarzen Männer) reagierte. Wenn ich durch den Korridor ging und sie mit der Zunge schnalzten, verstehen Sie, oder einer eine Bemerkung machte und ich nicht darauf einstieg. Absolute Empörung! Sie waren nicht bereit, sich das gefallen zu lassen. Ich mußte mich immer wieder mit ihnen anlegen, ihnen immer wieder sagen, daß ich nichts mit ihnen zu tun haben wollte, weder gesellschaftlich noch sonstwie. Daß ich mir die Leute selbst aussuchen würde, mit denen ich verkehren wollte, ob es ihnen paßte oder nicht. Es dauerte drei Monate, bis sie kapierten, daß ich ein Recht darauf habe, in Ruhe gelassen zu werden. Sie riefen mir nach: «Wenn ich ein Weißer wäre, würdest du das nicht machen.» Es war

(11) Eine neuere Untersuchung von Menachim Amir ergab, daß in 77 Prozent der erfaßten Fälle im Raum von Philadelphia sowohl die Täter als auch die Opfer von Vergewaltigungen Schwarze waren. In 18 Prozent der Fälle handelte es sich bei Tätern und Opfern um Weiße. Freilich werden schwarze Täter immer unnachsichtiger verfolgt als weiße, und wir wissen auch nicht, wie viele weiße Männer farbige oder weiße Frauen vergewaltigen.[14]

(12) Der neuralgische, weil geschlechtsfixierte Punkt vieler schwarzer Männer. Als Männer würden sie – wie die weißen Männer (oder bestimmte Afrikaner) gerne Frauen «besitzen». Freilich darf man nicht übersehen, wie brutal und buchstäblich die meisten weißen Männer farbige (und weiße) Frauen *kaufen*. Die schwarzen und armen Männer Amerikas müssen sich darauf beschränken, zu stehlen und/oder zu verachten, was sich die reicheren kaufen können. In der patriarchalischen Klassengesellschaft wird es immer Vergewaltigung geben.

phantastisch. Das passierte mir ein halbes dutzendmal: «Wenn ich ein Weißer wäre, würdest du mit mir reden.» Sie kannten mich überhaupt nicht, aber von der Idee waren sie wie besessen. Ich fand drei Unterschiede. Wenn Weiße Annäherungsversuche machen und ich sie aber abweise, ist Schluß damit. Ich glaube, sie waren wahrscheinlich der Meinung, nun ja, sie mag ihre eigenen schwarzen Männer lieber. Auf jeden Fall konnten sie sich mich immer nur als Anhängsel von einem anderen Mann vorstellen. Es muß immer ein anderer Mann im Spiel sein.

PHYLLIS: Haben Ihnen die weißen Männer auch so viele Avancen gemacht?

EVELYN: Nein, obwohl insgesamt, wenn ich einen ganzen Tag von morgens bis abends nehme, viel mehr Weiße als Schwarze auf der Straße versuchen mit mir anzubändeln: Es gibt einfach mehr Weiße als Schwarze.

PHYLLIS: Haben Ihnen die weißen Männer im Büro auf dieselbe Art den Hof gemacht?

EVELYN: Nein. Nicht auf dieselbe Art. Sie rennen bloß immer vor meiner Tür auf und ab. Sie reden einen nur an, wenn sie sich ihrer Sache ziemlich sicher sind und sie keiner beobachtet. Einmal, erinnere ich mich, ging einer gerade in einen Eingang und rief mir was zu, bevor er im nächsten Augenblick verschwand ... Aber auch die Weißen sind empört. Als Frau kann man nicht die Entscheidung treffen, mit wem man sich abgeben will. «Wenn wir uns herablassen, zu dir freundlich zu sein, du kleine schwarze Nutte, hast du gefälligst dafür dankbar zu sein!»

CAROLINE: Ich bin jetzt 27, und meine Großmutter und ihre Schwestern sehen mich schon schief an. Quasi, was ist los mit ihr? Weil meine Cousinen alle verheiratet sind und Kinder haben. Als junges Mädchen verachtete ich die meisten schwarzen Männer. Du steuerst immer auf den zu, der Aussicht hat, eine bestimmte gesellschaftliche Stellung zu erreichen, wodurch man aufsteigt. Ein kleiner Angestellter, der brav von neun bis fünf ins Büro geht und keine Karriere vor sich hat, kam für mich überhaupt nicht in Frage. Es mußte schon ein Akademiker sein in einer gesellschaftlich sicheren Position. Auf solche Dinge legt meine Familie Wert. Meine Mutter hat so geheiratet ... aber um [seinen] Aufstieg zu sichern, würde [so ein schwarzer Mann] eine weiße Frau heiraten. Mehrere Stiefbrüder meiner Mutter haben weiße Frauen geheiratet ... Wenn man einen schwarzen Mann auf dem Weg nach oben kriegt, muß man immer fürchten, daß er einen wegen einer weißen Frau fallenläßt, wenn er ein paar Stufen höher geklettert ist. Meine schreckliche Isolierung [die zu einem Selbstmordversuch führte] war, glaube ich, zum Teil darauf zurückzuführen, daß es mit den Männern nicht klappte. Ich konnte oder wollte die gesellschaftlich akzeptablen nicht mit nach Hause zu meiner Familie bringen, und das hat mit zu der Isolierung beigetragen. Auch die

Tatsache, daß ich älter werde und nicht geheiratet habe und immer noch keine Karriere begonnen habe, daß ich stagniere und nicht viel geleistet habe, [führte zu dem Suizidversuch].

Ich habe das Gefühl, daß ich zu den schwarzen Männern halten muß, weil sie viel gelitten haben ...

PHYLLIS: Haben die schwarzen Frauen nicht auch gelitten?

CAROLINE: Ja, schon, aber der Ausweg aus all diesem Leiden ist, unseren Männern die Revolution gewinnen zu helfen ... Manchmal frage ich mich allerdings, wie ich beim Kampf helfen könnte, wenn ich mich um Babies kümmern müßte!

Zwei der farbigen Frauen, die in einer Anstalt waren, zeigten Symptome von «Geisteskrankheit» oder «Schizophrenie». Wie viele weiße Frauen der westlichen Kultur erlebten auch sie erneut (sinngemäß) die Kreuzigung und/oder die unbefleckte Empfängnis. Während dieser Erfahrungen verhielten sie sich ambivalent oder offen ablehnend gegenüber den sogenannten «Aufgaben der Frau» wie häuslichen Dienstleistungen oder sexueller Passivität. Ich weiß nicht, ob sich ihre «psychiatrischen Karrieren» stark von denen weißer Frauen unterscheiden. Darüber möge der Leser selbst entscheiden.

Vor einigen Jahren arbeitete ich als Psychologin in einem Krankenhaus von New York City, das Spanish Harlem «betreute». Dort sah ich Carmen zum erstenmal, ohne in persönlichen Kontakt mit ihr zu kommen. Diese schwarzhaarige, üppige Frau, Mitte 40, verursachte damals einen Aufruhr in der psychiatrischen Abteilung. Sie hatte eine Bananenschale auf den Fußboden geworfen und weigerte sich allen Drohungen und Bitten zum Trotz sie wieder aufzuheben. «Wir sind doch hier im Narrenhaus, oder nicht?» rief sie in perfektem Englisch. «Ich kann hier machen, was ich will – oder ich gehöre nicht hierher!» Ich lachte – wozu man in diesem speziellen Polizeijob wenig Gelegenheit hatte – und ging weiter. Drei Jahre später saß ich in Carmens Wohnzimmer in ihrer liebevoll gepflegten Sozialwohnung voll Plastikkruzifixen, Plastikblumen, Plastikcouchüberzügen, Plastikdeckchen und dem Geheul echter Polizeisirenen. Meine Freundin Judith, die ebenfalls als Therapeutin auf der psychiatrischen Station arbeitete, hatte sich mit Carmen angefreundet und mit ihr weiterhin Kontakt gehalten.

Auf Judiths Bitten hin war Carmen bereit, mit mir zu sprechen. Im Verlauf des Nachmittags mußte Judith mehrmals die weinende Carmen trösten; sie drückte ihre und meine Hand und machte für uns alle Kaffee.

PHYLLIS: Warum sind Sie in die Nervenklinik gegangen?

CARMEN: Das erste Mal war ich nach der Geburt meiner Tochter dort. Ich war 30 Jahre alt und hatte eine sehr schwere Entbindung. Vorher hatte ich nie Schwierigkeiten gehabt – meinen ersten Sohn bekam ich mit 17. Aber dieses Mal war ich sehr nervös, als ich nach Hause kam. Ich kam nach Hause und wurde krank.

PHYLLIS: Wie hat sich das geäußert?

CARMEN: Zunächst mal konnte ich nichts mehr essen. Ich konnte nicht mehr schlafen. Ich aß nicht und schlief nicht. Wenn mich meine Freunde besuchen kamen, redete ich nicht mit ihnen. Ich starrte einfach zur Decke. Ich legte mich hin und starrte zur Decke, und dann hörte ich auf zu essen. Zwei Wochen lang ging das so, alle kamen, um zu sehen, was mit mir los war. Mein Baby mußte gefüttert werden, ich aber lag im Bett und rauchte. Ich hatte einfach keine Energie. Ich konnte nicht mal die Kante geradeziehen beim Bettenmachen.

PHYLLIS: Hat Ihnen jemand mit dem Baby geholfen?

CARMEN: Nein. Sie wußten nicht, was mir fehlte. Schließlich rief jemand den Arzt, und der sagte: «Sie hat einen schweren Nervenzusammenbruch!» . . . Dann brachten sie mich nach Bellevue – es wurde so schlimm, daß ich niemanden erkannte –, und ich wurde sehr religiös. Ich segnete alle.

PHYLLIS: Was geschah in Bellevue?

CARMEN: Es war schrecklich. Man wurde ständig gefesselt – und allein in ein Zimmer gesperrt. Einmal wollte ich mich duschen. Ich wollte nicht in die Badewanne, weil man sich anstellen muß, nackt vor allen, man zieht sich aus, stellt sich an und geht in die Wanne. Es gab nur zwei Badewannen, und ich wollte da nicht rein, weil ich frisch operiert war, wissen Sie, ich hatte einen Kaiserschnitt und wollte nicht, daß mir da Schmutz reinkommt. Es gab einen fürchterlichen Streit mit dem Pfleger. Ich hatte auch Angst vor den Elektroschocks. Es ist ein unheimliches Gefühl, besonders, wenn man spürt, wie das Metallische von der Elektrizität durch einen hindurchgeht – wie wenn man einen Hammer auf den Kopf bekommt. Ich hatte solche Angst vor dem drittenmal.

PHYLLIS: Haben Sie gesagt, daß Sie es nicht wollen?

CARMEN: Klar, ich habe mich mit Händen und Füßen gesträubt. Aber sie haben es mit Gewalt gemacht.

PHYLLIS: Wer hatte die schriftliche Einwilligung dafür gegeben?

CARMEN: Mein Mann. Er sagte, der Doktor hätte zu ihm gesagt: «Sie macht keine Fortschritte, versuchen wir's mit Elektroschocks.»

PHYLLIS: Wie oft hat der Arzt mit Ihnen gesprochen, bevor er zu dem Schluß kam, daß Sie keine Fortschritte machten?

CARMEN: Mhmm, ich kann mich nicht erinnern, mit einem Arzt gesprochen zu haben ... Nach drei Wochen ging's mir wunderbar. Ich war wieder ganz normal. Ich kümmerte mich wieder um meine Tochter und alles. Ich glaubte nicht, daß ich je wieder krank werden würde. Da kriegte ich meine Tumore und hatte Blutstürze, so daß ich zum Arzt sagte: «Ich will sowieso keine Kinder mehr, nehmen Sie mir nur die Gebärmutter, bevor sich was Schlimmes draus entwickelt.» Im Krankenhaus fing ich nach der Hysterektomie wieder an, religiös zu werden ... Einer der Ärzte, ein Psychiater, kam zu mir. Ich erinnere mich, daß er an mein Bett kam und mir eine Injektion gab, und dann fragte er mich, was mir fehle. Das einzige, was ich antwortete, war, daß ich nicht nach Bellevue wolle, sonst nichts. Und dann sagten sie zu meinem Mann: «Wenn Sie sie nach Hause bringen können, dürfen Sie sie zu Hause lassen, wenn Sie wollen.» Also brachte mir mein Mann meine Sachen, und er brachte auch ein schwarzes Kleid. Erst zog ich es an, aber im nächsten Moment zog ich es wieder aus und sagte: «Es ist doch niemand gestorben in der Familie. Ich brauche doch nicht Schwarz zu tragen.» Deshalb zog ich mich aus.

JUDITH: Vielleicht ist Ihnen die Hysterektomie nahegegangen ...

CARMEN: Nein. Ich hatte neun Abtreibungen hinter mir. Deswegen hatte ich Schuldgefühle. Eine Abtreibung ist eine direkte Sünde gegen Gott. Aber eine Abtreibung ist besser als ein hungriges Kind, oder nicht?

PHYLLIS: Was geschah, nachdem Sie sich geweigert hatten, das schwarze Kleid anzuziehen?

CARMEN: Ich kam nach Bellevue. Und von Bellevue wurde ich nach Rockland State überwiesen. Als ich merkte, daß ich in einer Nervenheilanstalt war, Sie können sich nicht vorstellen, wie ich weinte. Ich wurde über Nacht grau. Als ich hinkam und das Tor sah, sagte ich: «O Gott, das sieht ja aus wie ein Gefängnis.» Ich fragte eine andere Patientin: «Wo bin ich eigentlich hier?» Und sie sagte: «Wissen Sie denn nicht, daß Sie in einer Nervenklinik sind, Schätzchen?» «Nein», sagte ich, «das ist ein Narrenhaus?» – «Ja», sagte sie, «so isses.» Und alle lachten, weil ich es nicht wußte. Ich fühlte mich fürchterlich danach. Ich weiß bis heute nicht, wie ich es schaffte, dort nicht wieder krank zu werden.

Man bleibt dort, bis man gesund ist. Die meisten Frauen lassen sich gehen, wenn sie krank sind. Ich mache mir sofort mein Haar. Das beweist, daß es einem besser geht. Daß man nicht so krank ist.

PHYLLIS: Was geschah in Rockland State?

CARMEN: Was geschah? Was sollte geschehen? Sie sperren einen den ganzen Tag ein. Ich ging arbeiten, nur damit ich rauskomme.

PHYLLIS: Welche Art von Arbeit haben Sie gemacht?

CARMEN: Ach, man moppt den Boden, macht Betten, putzt die Fenster, wäscht den Boden.

PHYLLIS: Bekamen Sie je dafür bezahlt?

CARMEN: Nein, bezahlt bekommt man nur, wenn man im Laden arbeitet. Zehn Dollar im Monat für Lebensmittel. Dort habe ich auch gearbeitet. Ich war die private Hausgehilfin von einer Psychiaterin. Sie wußte, daß ich Englisch und Spanisch konnte. Sie sagte: «Ich hätte gerne, daß Sie für mich arbeiten, denn mein Sohn möchte Spanisch lernen. In der Schule lernt er zwar Spanisch, aber wenn Sie da sind, könnten Sie mit ihm Spanisch sprechen und er würde mehr lernen.»

PHYLLIS: Hat sie Sie dafür bezahlt?

CARMEN: Eigentlich sollen sie einem drei Dollar in der Woche zahlen, aber da mir mein Mann fünf Dollar in der Woche daließ, hat sie mir nie was gezahlt. Ich mußte abwischen, staubsaugen, die Betten überziehen, ihre Kleider aufräumen. Ich hab immer ihre Schlüpfer gewaschen. Wie tief man doch im Leben sinken kann, sogar ihre Schlüpfer mußte ich waschen!

PHYLLIS: Warum haben Sie nicht mit ihr geredet?

CARMEN: Ich hätte es machen sollen, aber ich war so froh, aus der Station raus zu sein. Außerdem war's anderswo noch schlimmer. Sie hatten eine Wäscherei dort, und glauben Sie mir, dort arbeitet man schwer.

PHYLLIS: Wer hat in der Wäscherei gearbeitet?

CARMEN: Viele Mädchen. In der Früh sieht man sie wie Gefangene hinmarschieren.

PHYLLIS: Wurden Sie bezahlt?

CARMEN: Nein, nur im Laden bekommt man bezahlt . . . Ich bin oft nach Rockland zurückgekommen. Ich wurde sehr religiös. Ich segnete Leute und heilte sie.

PHYLLIS: Vielleicht können Sie das wirklich . . .

CARMEN: Mein Mann machte nicht mehr viel Federlesens. Wenn ich in der Nacht nicht schlafen konnte, setzte ich mich in der Küche ans Fenster. Wenn er mich dann dort fand, brachte er mich sofort hin. Er machte sich gar nicht die Mühe, abzuwarten, ob es mir wirklich schlecht ging. Er brachte mich einfach sofort dahin.

PHYLLIS: Dachten Sie nach, als Sie am Fenster saßen?

CARMEN: Ja, ich dachte nach. Über alles mögliche . . . Ich blieb nie länger als zwei, drei Monate in Rockland. Bis sich mein Mann eine Geliebte nahm. Er ist immer ein guter Ehemann gewesen. Er brachte sein ganzes Gehalt nach Hause, und selbst als er diese Geliebte hatte, ließ er mir nie etwas abgehen. Meine Miete war bezahlt. Ich hatte Geld für Lebensmittel, und er machte mir sogar Geschenke, gerade so als ob nichts zwischen ihm und einer anderen Frau im Gange sei. Aber als ich das letzte Mal dort war [in Rockland], schien es, als ob mich die zwei loswerden wollten. Er ließ mich zehn Monate dort, fast ein Jahr. Die Sache mit der Geliebten hat mir sehr weh getan, besonders am Anfang, als ich davon erfuhr. Für mich brach eine Welt zusammen, denn ich liebe meinen Mann sehr – er war ein sehr guter Mann.

PHYLLIS: Wie sind Sie denn dahintergekommen?

CARMEN: Ich erhielt anonyme Anrufe und Briefe von ihr. Sie ist verrückt. Er behauptete, sie sei eifersüchtig und das alles – das stimmte. Das hat mich nicht krank gemacht, komischerweise. Ich weiß selbst nicht, warum ich krank werde, denn, wie ich schon sagte, mein Mann war sehr gut zu mir, sehr gut – immer wenn ich krank wurde, bis auf die letzten zehn Monate. Nein, er kam mich überhaupt nicht besuchen – ich wurde sehr böse auf ihn. Die einzige Möglichkeit, mich zu rächen, war, ihm zu erzählen, ich hätte einen Mann, der mich heiraten wolle – das hat ihm einen Schlag versetzt.

PHYLLIS: Als Sie erfuhren, daß Ihr Mann eine Geliebte hat, haben Sie sich da sehr aufgeregt im Krankenhaus? Ist das irgend jemandem aufgefallen?

CARMEN: Nein. Es hat aber sehr weh getan, denn meine Tochter wußte es und hat es mir nicht gesagt.

PHYLLIS: Sie wollte Sie wahrscheinlich nicht aufregen.

CARMEN: Wahrscheinlich. Sie war zu jung. Nun ja, ich fand mich mit der Tatsache ab, daß sie die Geliebte ist und in meiner Wohnung wohnt – sollte sie putzen und kochen, während ich mich im Krankenhaus ausruhte. Jedesmal, wenn ich auf eine Woche nach Hause kam, tat ich nichts anderes als putzen und kochen und putzen und waschen und putzen, also ging ich wieder ins Krankenhaus zurück. Sicher, man ist nicht gerne eingesperrt, aber ich tröstete mich damit, daß jemand anderer das Haus saubermacht und kocht.

PHYLLIS: Fast wie ein Dienstmädchen . . .

CARMEN: Ja, sie sieht ohnehin wie eine Negerin aus – was ich nicht verstehen konnte, ist, daß sie tatsächlich Sachen kochte, die mir mein Mann ins Krankenhaus mitbrachte, so daß ich einfach nicht weiß, was sie für ein Arrangement hatten, ob's Bequemlichkeit war oder welche Pläne sie hatten.

JUDITH: Für deinen Mann war's doch sehr bequem.

CARMEN: Ja klar, darum hat es ihm so gut gefallen – das hätte mir nichts gemacht, aber es machte mich ganz verrückt, weil er mich dort [in Rockland] lassen wollte.

Sie wissen, rechtlich ist es so, daß der Ehemann den Einlieferungsschein unterschreibt. Ich weiß das ganz bestimmt, denn mein Vater versuchte, mich herauszubekommen, meine beiden Söhne versuchten, mich herauszubekommen, aber der Doktor ließ mich nicht nach Hause gehen. Mein Vater sagte: «Ich würde sie sogar zu mir nach Hause nehmen», aber der Doktor ließ auch das nicht zu. Ich weiß nicht, was er wollte – schließlich kam ich nur heraus, weil mein Vater und meine Mutter erklärten, sie würden hier bei mir wohnen.

PHYLLIS: Wie sind Sie schließlich herausgekommen?

CARMEN: Wie ich schon sagte, meine beiden Söhne kamen zu mir. Ich sagte: «Ihr müßt was unternehmen, um mich hier rauszukriegen. Er unterschreibt meine Entlassung nicht.» Und meine beiden Söhne saßen links und rechts von mir und sagten: «Jetzt ist es genug, unsere Mutter ist seit zehn Monaten hier – sie ist gesund –, du kannst sie nicht länger hier lassen. Du unterschreibst die Entlassung, ob es dir paßt oder nicht.» Mein anderer Sohn ist ein großer Rabauke, der sagte: «Du willst doch nicht, daß wir dich ein bißchen verklopfen?» Also hat er schließlich nachgegeben.

PHYLLIS: Was ist dann passiert?

CARMEN: Er [mein Mann] brachte mich nach Hause – wir lebten dort wie zwei Fremde, ohne Sex, ohne ein Wort zu reden. Wenn er von der Arbeit kam, ließ ich ihm sein Essen auf dem Herd, nahm meinen Teller und setzte mich vor den Fernseher. Es gab keine Gespräche zwischen uns oder so was. Die einzige, die sich ärgerte, war seine Geliebte. Wissen Sie, er hat sie nie hundert Prozent geliebt. Ich hab sie sogar gewarnt. Ich sagte zu ihr: «Schau, ich werf ihn jeden Tag raus, aber er geht ja nicht – ich kann nichts dafür.» Sie wurde krebsrot. Ich sagte: «Ich will ihn nicht –» und ich ließ mir nie anmerken, daß mich das verletzte, was sie taten – und ich sagte zu ihr: «Ich kenne einen achtunddreißigjährigen Mann, der mich heiraten möchte. Wenn du mir meinen Mann abnimmst, bin ich dir dankbar.» Es kränkte mich furchtbar, aber ich zeigte es nicht. Sie sagte: «Er nutzt mich bloß aus.» Ich sagte: «Das ist dein Bier, nicht meines.» Darauf sagte sie: «Du brauchst dir nichts vorzuwerfen, weil wir damit angefangen haben.» Ich sagte: «Du störst mich überhaupt nicht. Ich habe meinen Mann schon seit Jahren satt. Ich gehe schon seit drei Jahren mit dem anderen aus, und er weiß nichts davon.»

Sie dachte, sie kann hierherkommen und mich fertigmachen – sie wollte, daß ich wieder krank werde.

Nur einmal hatte ich Streit mit ihm. Da rief er die Polizei, und die glaubten, es sei bloß die übliche Familienstreitigkeit. Aber mein Mann nahm sie beiseite und sagte ihnen, daß ich auf der Psychiatrie gewesen sei und das alles. Wieder Bellevue.

Er [mein Mann] dachte, ich würde ihn nicht fortlassen, aber er hat gemerkt, daß er sich getäuscht hatte, als ich das Türschloß auswechselte. Mein jetziger Freund wohnt gegenüber auf der anderen Seite. Er nimmt die Dinge leicht. Oft sagt er plötzlich: «Gehen wir ins Kino, du brauchst nicht kochen.» Ich sag: «O fein, gehn wir.»

Laverne ist Mitte 20. Sie arbeitet als Sekretärin und besucht nebenbei das College. Sie redet so schnell wie ich und übertrifft mich manchmal noch an manischer Lustigkeit. Sie ist sehr intelligent und zweimal so explosiv. Seit sechs Jahren ist sie mit Unterbrechungen in Privattherapie, dreimal war sie in der Nervenklinik.

PHYLLIS: Warum sind Sie in eine Nervenheilanstalt gegangen?

LAVERNE: Das erste Mal war es nach einer Party. Ich kam sehr erregt nach Hause, und, Schätzchen, ich hatte eine Halluzination, das können Sie sich nicht vorstellen. Ich war nicht die Jungfrau Maria, sondern eine *zweite* Jungfrau Maria. Ich hatte drei Orgasmen hintereinander und ich gebar einen zweiten Jesus – den schwarzen Christus. Es war eine jungfräuliche Geburt. Es war eine jungfräuliche Geburt, weil ich mit niemandem Sex hatte. Aber er war nicht da. Das Kind war verschwunden. Nun, die Mutter muß sich zusammennehmen. Wenn er verschwunden ist, habe ich einen Fehler gemacht. Ich sagte mir, wenn ich die Mutter von Christus bin, muß ich was unternehmen, also nahm ich ein Bad.

Dann telefonierte ich herum. Ich rief Rockefeller an, weil ich wollte, daß etwas für die Verbesserung der Beziehungen zwischen Schwarzen und Weißen getan wird ... Ich wollte, daß die Schwarzen mehr Selbstachtung haben. Ich hatte das begriffen, sie nicht. Und die viele Promiskuität – ich meine das ernst. Als ich Rockefeller anrief, war ich schon ruhiger. Mir fielen die Augen zu. Aber meine Mutter begann die Nachbarn herbeizurufen, weil sie sich vor mir fürchtete. Sie hat sich immer vor mir gefürchtet. Sie ist halb weiß und hält sich für was Besseres. Dabei ist sie eine verdammte Hure – jawohl! Sie hatte Freunde, die mir unter den Rock griffen – und sie sitzt einfach da und streitet es ab ... Aber damals rief sie die Nachbarn herein, die sollten die ganze Nacht bei ihr bleiben.

Dann begann ich wieder zu halluzinieren. Ich bildete mir ein, die Leute dringen durch die Wände zu mir herein – o Scheiße.

Dann wollte ich ein amerikanischer Indianer sein – Instinkt, am Instinkt liegt es. So legte ich eine Platte auf und begann, in der Wohnung herumzutanzen. Und ich zog die Rolläden hoch – ich wollte, daß mich alle Leute sahen. Meine Mutter aber *sperrte* alle Türen *ab*. Da nahm ich ganz ruhig einen Hammer und zerschlug die Schlösser an der Tür von meinem Schlafzimmer, von dem meiner Mutter und meines Bruders und vom Gästezimmer. Ich tanzte herum – Leute sahen zur Tür herein. «Hallo, Freunde, wie geht's euch», rief ich.

Dann kam die Polizei. Sie hatten offenkundig Angst vor mir. «Wovor fürchtet ihr euch?» sagte ich, «wollt ihr eine Cola?» Ein Bulle sagte: «O Gott», und ich sagte: «Was sagen Sie da, das ist mein Vater, denn ich habe ein zweites Jesuskind geboren.» Aber ich dachte, ich erzähle ihnen lieber nichts von Christus, sonst glauben sie, ich bin verrückt, und ich bin mir ja selbst nicht ganz sicher, was diese Szene angeht ... Darum verhalte ich mich lieber ganz ruhig.

Sie [die Bullen] fragten, wer für mich verantwortlich sei. «Meine Mutter», sagte ich. Aber sie war schon zur Arbeit. So holten sie die Nachbarin von nebenan. Ich klammerte mich an sie. Ich fürchtete mich, ich hatte Angst, und ich flehte sie an: «Bitte laß mich nicht allein, die wollen mir was tun.» Aber sie riß sich von mir los. Oh, ich wollte nicht ins Krankenhaus. Ich wußte, was sie dort mit einem machen ...

PHYLLIS: Was geschah im Krankenhaus?

LAVERNE: Sie haben mich mit Nadeln gestochen. Man wird ernährt – zwangsweise ernährt – oder man kommt nicht raus. Sie steckten mich in eine Zwangsjacke. Sie ließen mich mit keinem Psychiater sprechen. Als ich endlich mit einem reden konnte, sagte ich ihm, daß sie mir zuviel Medizin geben, und ich weinte, da gaben sie mir wieder Medizin, weil ich aufgeregt war.

PHYLLIS: Welche Medizin haben Sie bekommen?

LAVERNE: Thorazin, aber davon bekam ich einen Ausschlag, also gaben sie mir etwas anderes, aber ich habe eine Stirnhöhlengeschichte, darum gaben sie mir Stellazin, das war sehr, sehr angenehm, aber es war nicht stark genug, also bekam ich wieder Thorazin.

PHYLLIS: Haben Sie Schocktherapie bekommen?

LAVERNE: Nein, nein. Ich habe ihnen gesagt, wenn sie das mit mir machen, dann gehe ich mit den Ärzten ins Bett und spucke mein Essen aus. Elektroschocks sind eine gefährliche Sache. Ich habe gesehen, was passiert – man fängt an, Dinge zu vergessen –, ich habe mit Patienten gesprochen. Und außerdem wird man sowieso wieder deprimiert.

Nach 90 Tagen müssen sie einen rauslassen. Ich beruhigte mich außerdem und schrie nie rum und sagte nie was. Die anderen sagten mir: «Wenn du raus willst, mußt du das so machen», also machte ich es. Ich half den Schwestern und sagte ihnen, wie nett sie seien. Ich schrubbte die Böden. Ich hatte noch nie im Leben einen Boden geschrubbt.

PHYLLIS: Wie sind Sie das zweite Mal in die Klinik gekommen?

LAVERNE: Ich hatte geheiratet, und ich arbeitete, um ihm sein Studium zu finanzieren. Abends kam er dann nach Haus und erzählte mir von den hübschen Mädchen, die er gesehen hatte. «Du bist so häßlich ohne Make-up, Gott, bist du häßlich», sagte er zu mir. «Dein Busen ist zu klein.» Aber er redete nicht mit mir – keine Spur! Er wollte bloß bumsen, sich umdrehen und schlafen ...

Dann hörte ich ihn auf einer Party mit einem anderen Mann reden. Er sagte, ich sei herzig, aber dumm. «Wozu willst du sie dann, Mann, bloß zum Vögeln?» – «Klar», antwortete er. O Scheiße! Seit ich 13 war – und er will auch nichts anderes! Ich wollte mir einen Revolver besorgen und ihn erschießen, aber es war nicht so leicht, einen zu bekommen. Mein Bruder redete mir zu, lieber einen Job zu suchen, bei dem ich mit Kindern zu tun habe . . . Na ja, ich verließ ihn [meinen Mann] und ging zu meiner Mutter zurück – aber wir vertragen uns nicht, verstehen Sie? Es gab Krach – sie liebt mich einfach nicht. Sie sagte mir, ich sei zu dumm, um zu studieren.

Sie hat mich einfach in der Anstalt verrotten lassen beim erstenmal, sie ist eine verdammte Hure, das habe ich ihr auch gesagt, das trifft sie jedesmal. Sie brachte mich also wieder ins Krankenhaus. Sie rief ihren Freund herbei, und der verprügelte mich, weil ich meine Mutter respektlos behandelte. «Du Schwein, wenn du mich ins Krankenhaus steckst, bringe ich dich um.» Ich versuchte, meinen Therapeuten anzurufen, aber er schlug mich jedesmal zu Boden. Sie fesselten mich und steckten mich in eine Zwangsjacke.

Im Krankenhaus – diese Fragen! Was los sei, will der Psychiater wissen. «Krieg ist Scheiße. Prostitution ist Scheiße. Du bist Scheiße.» – «Ich glaube, wir müssen Sie dabehalten», sagt er. «Was Sie sagen.» Diesmal hatte ich eine wunderschöne Ärztin aus Zentralamerika, sie half mir wirklich, herauszukommen . . .

Sie machten eine Menge psychologische Tests mit mir, und es stellte sich heraus, daß ich maskulin sei. Was das heißt? Zum Beispiel wird man gefragt: Wollen Sie verheiratet und glücklich oder reich und ledig sein? «Scheiße, ich bin lieber reich und ledig», sagte ich.

Warum erzählten uns unsere Mütter und Großmütter und Urgroßmütter nicht, welche Schlacht das war, die wir verloren oder nie geschlagen haben, damit wir begriffen hätten, wie vollkommen unsere Niederlage ist und daß Religiosität und Wahnsinn und Frigidität die Antwort unserer Trauer ist?

Warum verschwiegen uns unsere Mütter Vergewaltigung und Inzest, Prostitution und ihr eigenes unfrohes Leben? Obwohl ihnen doch so viele Worte zu Gebote standen, warum nannten sie uns nicht unsere Heldinnen, warum erzählten sie uns nichts von den Feministinnen und den Suffragetten, den Amazonen und den großen Müttern?

Kapitel 9

Feministinnen

Ich möchte, daß die Frau ihr Leben *in erster Linie* Gott weiht. Nur dann wird sie nicht einen unvollkommenen Mann zu ihrem Gott machen und zur Götzendienerin herabsinken. Nur dann wird sie nicht aus einem Gefühl der Schwäche und Armut hinnehmen, was nicht richtig für sie ist. Nur dann, wenn sie das, was sie braucht, im Mann verkörpert findet, wird sie zu leben verstehen und wird wert sein, geliebt zu werden ...

Die in sich selbst ruhende Frau würde dann in keiner Beziehung aufgehen; diese würde nur eine Erfahrung für sie und den Mann bedeuten. Es ist ein verbreiteter Irrtum zu glauben, daß Liebe – *eine* Liebe – die ganze Existenz einer Frau ausmacht; auch sie ist für die Wahrheit und Liebe in ihrer ganzen universellen Kraft geboren. Wäre die Frau bereit, ihr Erbe anzutreten, so würde Maria nicht die einzige jungfräuliche Mutter bleiben ...

Margaret Fuller [1]

Schon früh erkannte ich, daß sich Männer selbst in der größten Verzweiflung nicht wünschen, Frauen zu sein. Im Gegenteil, beim kleinsten Anzeichen von Schwäche waren sie bereit, einander zu verspotten:

Seid Ihr nicht wie die Frauen, die – Der Satz kann auf verschiedene Weise enden, je nach dem Anlaß und der rhetorischen Kunst des Sprechers. Bewunderten sie irgendeine Frau, so neigten sie dazu, sie als «über ihrem Geschlecht stehend» zu bezeichnen. Schweigend beobachtete ich das und fürchtete, es zeuge von einer tiefverwurzelten Skepsis, die ihnen vor langer Zeit eingepflanzt worden war und die nur eine Zeit der Wunder wieder auslöschen konnte. Mir wurde immer mit großer Aufrichtigkeit begegnet, und ich halte es für kennzeichnend, daß ein intimer Freund des anderen Geschlechts in einem leidenschaftlichen Augenblick zu mir sagte, ich «verdiene, auf einem anderen Stern als Mann geboren zu werden». Er war sehr überrascht, als ich ihm sagte, wie überzeugt ich sei, daß die weibliche Welt, die Welt der Liebe, der Schönheit, der Heiligkeit, jetzt zur vollen Blüte komme, und wenn ein Geschlecht vorzuziehen sei, es jetzt besser sei, eine Frau zu sein; denn wenn das Gute auch nur den kleinsten Fortschritt mache, so sei damit einer besonderen Aufgabe unserer Zeit gedient. Er lächelte ungläubig. «Sie macht eben das Beste daraus», dachte er. «Mögen die Juden nur an den Wert des Judentums glauben, ich gehöre zu den Besseren und weiß es besser.»

Margaret Fuller [2]

Nirgends wird die Frau nach dem Wert ihrer Arbeit behandelt, sondern immer als Geschlechtswesen. Es ergibt sich daher fast zwangsläufig, daß sie, für ihr Recht zu existieren, für ihr Recht, in welchem Beruf auch immer eine Position innezuhaben, mit sexuellen Gunstbeweisen bezahlen muß. Es besteht daher bloß ein gradueller Unterschied, ob sie sich an einen Mann verkauft, innerhalb oder außerhalb der Ehe, oder an viele Männer. Ob es unsere Reformer zugeben oder nicht, die ökonomische und soziale Minderwertigkeit der Frau ist schuld an der Prostitution . . . Es wird nicht geleugnet, daß die Frau als sexuelle Ware erzogen wird, und dennoch wird sie über Bedeutung und Wichtigkeit der Sexualität in absoluter Unwissenheit gehalten . . . «Verglichen mit der Prostituierten ist die Frau, die des Geldes wegen heiratet, das ärmere Schwein», sagt Havelock Ellis. «Sie bekommt weniger bezahlt, zahlt mit viel mehr Arbeit und Fürsorge und ist absolut an ihren Herrn gebunden. Die Prostituierte gibt nie das Recht über ihre eigene Person ab, sie behält ihre Freiheit und persönlichen Rechte und ist nicht immer gezwungen, sich der Umarmung eines Mannes hinzugeben.»

Emma Goldman [3]

Ich kann weder physische, psychologische noch geistige Gründe entdecken, warum die Frau nicht das gleiche Recht zu wählen haben sollte wie der Mann. Aber deshalb verfalle ich nicht dem absurden Irrtum, etwa zu glauben, daß die Frau zustande bringen könnte, was dem Mann nicht gelungen ist. Wenn sie die Dinge auch nicht schlechter machen würde, so könnte sie sie sicher nicht besser machen. Wenn man daher annimmt, daß sie säubern könnte, was nicht zu säubern ist, so traut man ihr übernatürliche Kräfte zu. Da das größte Unglück der Frau war, daß man sie entweder für einen Engel oder einen Teufel hielt, liegt ihre wahre Rettung darin, daß man sie endlich auf die Erde stellt, das heißt, daß man in ihr einen Menschen sieht, behaftet mit allen menschlichen Narrheiten und Fehlern. Sollen wir denn wirklich glauben, daß sich zwei Fehler gegenseitig aufheben? Sollen wir annehmen, daß das Gift, das die Politik verseucht, weniger wird, wenn die Frauen die politische Arena betreten? Auch die flammendsten Suffragetten werden kaum solchen Unsinn behaupten wollen.

Emma Goldman[4]

Die verbindende Kraft dieses Kollektivs ist der Feminismus ... Wir dienen einander als Rollenvorbilder – Rollenvorbilder als feministische Psychologinnen –, weil uns gerade dies in unserer täglichen Arbeitswelt fehlt. Jede kann sich mit den Erfolgen der anderen identifizieren: «Wenn es diese Frau in der von Männern beherrschten Welt schafft, dann besteht vielleicht auch für mich Hoffnung.» ... Das Kollektiv unterstützt die Mitglieder in Zeiten persönlicher Krisen und Unsicherheit ... Wir bieten einander die unentbehrlichen informellen Kommunikationskanäle, deren sich die *männlichen* Kollegen regelmäßig bedienen und von denen sie ihre *weiblichen* Kolleginnen so systematisch ausschließen. Die Männer treffen sich und tauschen beim Abendessen oder Kaffee wertvolle Informationen aus – aber wenn eine Kollegin «das Glück» hat, hinzugezogen zu werden (wie es eines unserer Mitglieder erlebte), dann heißt es: «Entschuldigen Sie, daß wir vom Geschäft reden», und es wird sofort zu nichtssagenden Belanglosigkeiten übergegangen ... Das Kollektiv gibt uns allen einen Ort, wo wir uns in unserer Haut wohl fühlen können – damit meine ich einen Ort, an dem man uns nicht vorwirft, «aggressiv» zu sein, die Hosen anzuhaben, uns zu artikulieren, eine andere Meinung zu haben, die Konfrontation zu suchen. Jede schätzt die Fähigkeiten der anderen.

The Chicago Women in Psychology Collective
(Kollektiv der Chicagoer Psychologinnen)

Warum wurde der moderne Feminismus in Amerika geboren? Warum wurde aus einer so überraschenden, so einfachen, so gefährlichen, so elitären Idee wie Humanität oder Gleichheit oder Vorherrschaft oder Sexualität der Frau eine potentielle *Massen*bewegung? Ist der moderne Feminismus im Grunde ein Nebenprodukt bestimmter Veränderungen der materiellen Umwelt, entstanden aus dem Problem der Geburtenkontrolle und der Übervölkerung der Erde? Ist der moderne Feminismus nur eine der vielen Überlebensreaktionen auf die Veränderung und/oder zunehmende Entwertung der landwirtschaftlichen und industriellen Arbeit, zu einer Zeit da, abgesehen von Kriegen, Hungersnöten und ökologischen Katastrophen, mehr Menschen länger leben? Dies wäre eine Erklärung, warum Frauen ermutigt oder sogar gezwungen werden, über die «Teilung» ihres Machtbereichs der Häuslichkeit und Emotionalität mit den Männern zu reden: nämlich daß die Arbeit, um derentwillen die Männer zu «Männern» und die Frauen zu «Frauen» gemacht worden sind, abgewertet wird. Ist der Feminismus Ausdruck einer so tiefreichenden amerikanischen Kriegsmüdigkeit, daß manche Männer wünschen, die Frauen mögen das Problem der Gewalt für sie lösen – oder wünschen, selbst «feminin», das heißt friedfertig zu werden, um endlich auch einmal die Schuldlosigkeit und den Fatalismus des Opfers auszukosten?

Sofern der Feminismus als Ideologie begriffen wird, die nicht auf Rivalität, sondern auf Zusammenarbeit beruht, die rituell, gemeinschaftsbezogen und lustbetont ist statt selbstherrlich, individualistisch und zum Heldentod bereit – wird er von Männern und Frauen als «barbarisch», «primitiv» oder «faschistisch» gefürchtet. Ich persönlich habe nur Angst, daß seine «Rituale» der Wahrhaftigkeit und Kühnheit ermangeln, wenn Mittelmaß und Kapitulation vorherrschen statt Macht, Freude und eigenständige Werke der Imagination.

Ist die amerikanische feministische Bewegung ein «Wiederauftauchen des Verdrängten»: Ist es eine vergangene Religion, eine vergangene Politik, deren Zeiten auf geheimnisvolle Weise ohne Zutun des Menschen wiedergekommen ist? Oder handelt es sich um eine wirklich neue Mythologie im technologischen Zeitalter, deren Folgen unabsehbar sind? Werden die Strukturen der menschlichen

Psyche unverändert bleiben, falls die Frauen den Kampf zwischen den Geschlechtern «gewinnen» – falls sie die direkte Kontrolle über die Mittel der Produktion und der Reproduktion erlangen sollten? Oder Männer soziale und biologische Mütter werden? Oder Frauen aufhören, die psycho-biologischen Repräsentantinnen der Geburt – und damit des Todes – zu sein? Oder die Frauen biologische Mütter und soziale Väter werden? Oder eine kommunistisch-sexuelle Revolution tatsächlich siegen? Oder das Geschlecht aufhören, ein signifikanter Faktor der menschlichen Identität zu sein?

Können Frauen den Kampf zwischen den Geschlechtern «gewinnen» oder ihn abschaffen, *ohne* zum herrschenden Geschlecht zu werden? Wenn die Frauen herrschten, würden die Männer dann ebenso unterdrückt, wie es die Frauen früher waren – und wenn ja, sollte das überhaupt für die Frauen eine Rolle spielen? Es muß einige gute, ja gewichtige Gründe geben, warum das Unrecht der weiblichen Unterdrückung die Männer nie genügend gestört hat, um es zu beseitigen.

Ist der Geschlechterkampf *tatsächlich* die Wurzel anderer Übel, der Rassen- und Klassensklaverei, des Kapitalismus, Puritanismus, Imperialismus und Krieges? Und wenn ja, wäre es möglich, die menschliche Massengesellschaft von diesen Übeln durch andere als feministische Methoden zu befreien? (Was *sind* feministische Methoden?) Können wir angesichts unserer Konditionierung als Frau je feministische Revolutionärinnen (oder Menschen) werden, ohne Lesbierinnen zu werden? Können wir als Frauen überhaupt *irgendeine* Revolution herbeiführen, solange wir psychosexuell an Männer oder Ehe oder ganztägige Erziehungsaufgaben gebunden sind? Männer schaffen es kaum, unter den gleichen Umständen Revolutionäre zu sein, obwohl sie sogar wesentlich weniger an Frauen, Ehe und Kindererziehung gebunden sind. Doch wozu überhaupt einen Kampf führen, noch dazu einen gewaltsamen, wenn die Ziele bloß Rache oder Macht heißen? Was haben wir gewonnen, wenn wir «gewinnen» und dann die Emotionalität und Sexualität ebenso verlieren wie die Männer? Doch vielleicht wird man uns Frauen nie als volle emotionale und sexuelle Wesen akzeptieren, *solange nicht* die Mittel der Produktion und Reproduktion von uns kontrolliert werden.

Diese und viele andere Fragen werden intensiv in Gruppen diskutiert. In sogenannten «Consciousness-Raising Groups», in Selbsterfahrungsgruppen, begannen Frauen, das Schweigen zwischen den Müttern und Töchtern des 20. Jahrhunderts zu brechen. Die Kleingruppe war für die Frauen der Weg und der Ort zugleich, um die Dinge endlich beim Namen nennen zu können. Sie diente auch als Modell einer kooperativen und funktionierenden Gesellschaft, besonders für Frauen, die kaum über Erfahrungen mit Großfamilien oder Frauenwohngemeinschaften (oder mit echter Solidarität) verfügten.

Relativ privilegierte Frauen der weißen Mittelschicht entdeckten, daß Privilegien nicht gleichbedeutend mit Freiheit sind, daß Liebe ein fremdes Land mit wenigen Überlebenden ist und daß der weibliche Körper ebenso ein Opfer der Kolonisierung ist wie irgendein Getto oder Land der Dritten Welt. Sie entdeckten auch, daß weder Männer noch Frauen Frauen wirklich lieben können, besonders die starke oder glückliche Frau. Eine unzufriedene, ständig jammernde, «schwache» Frau wird zwar nicht sonderlich geschätzt, doch ist sie weitaus akzeptabler als eine zufriedene und/oder mächtige Frau – die als gefährlich empfunden, aus der Gesellschaft ausgestoßen und wesentlich schneller «zur Strecke gebracht» wird als ihr männliches Gegenstück, insbesondere, wenn sie sexuell erfahren, unabhängig oder «aggressiv» ist.

In den feministischen Gruppen redeten die Frauen manchmal auch endlos über ihre Orgasmen. Ihr Ton war sachlich, heiter, erleichtert, wütend und froh zugleich – weil sie anfingen, ihre Körper wieder zurückzugewinnen. Daß die Frauen ihren eigenen Körper akzeptieren und genießen können, ist eine unabdingbare Voraussetzung ihrer Selbstentwicklung: Und ich rede nicht von der mechanistischen amerikanischen Vermarktung der Sexualität oder irgendeiner von Männern organisierten oder erträumten Form von Gruppensex oder «freier» Liebe.(1)

Dieses Reden über den Orgasmus, das anfangs als bürgerlicher Narzißmus und als «rassistisch» verspottet wurde, ist in Wirklich-

(1) Wahrscheinlich werden erst jene Frauen in den vollen Genuß ihrer Sexualität kommen, deren *Mütter* die Mittel der Produktion und Reproduktion kontrollieren.

keit ein brauchbares Beispiel, wie man den Frauen «geben» kann, was sie «brauchen», bevor man über Politik redet – wiewohl auch das Politik ist. (Es versteht sich von selbst, daß weder weibliche Orgasmen noch Gettofrühstücksprogramme, allein für sich genommen, nicht mehr sind als die ersten, aber notwendigen Schritte in die richtige Richtung.) Aber ich glaube, daß mit diesem Gespräch über Orgasmen und mit der offenen Empörung in einer *Atmosphäre weiblicher Zustimmung* jene Veränderungen begannen, die in den Frauen seither vor sich gegangen sind.

Und diese Veränderungen traten rasch ein, auf erfreulich und erstaunlich plötzliche, wie «vorfabrizierte» Weise. Eine Zeitlang schien es, als stehe eine Apokalypse bevor, als würden alle Übel ausgemerzt und Vernunft und Schwesterlichkeit die Tore zum Paradies öffnen. Es dauerte eine Weile, bis die amerikanischen Frauen bewußt politisch ihren Einzug in das 20. Jahrhundert hielten, bis wir erkannten, daß Publicity wie jede Werbung zum Substitut für Veränderung werden kann, ein Kompromißangebot, kein Sieg; es dauerte eine Weile, bis wir begriffen, wie gespalten wir waren, wie tief unsere weibliche Konditionierung reichte und wie schwer sie zu ändern sein wird. Was sich bis dahin ereignete, war schwindelerregend, voller Widersprüche und absolut unkorrumpiert.

Fast über Nacht organisierten Frauen in jeder größeren amerikanischen Stadt Demonstrationen, Aktionen, Kautionsfonds, Abtreibungskliniken, Lohnstreiks, nationale und internationale Treffen, Verbände, gaben Zeitschriften und Pamphlete heraus, gründeten Kommunen, veranstalteten Diskussionen, organisierten Rock Bands, Theatergruppen, Vorlesungskurse zur Geschichte und Problematik der Frau, Selbstverteidigungskurse, Tanzveranstaltungen nur für Frauen und gründeten Lesbierinnen- und Frauenzentren. Für die beteiligten Frauen bedeutete die Frauenbewegung eine mehr oder weniger heftige Konkurrenz, einen Ersatz oder einen Rückhalt gegenüber den Institutionen der Ehe, Liebe und Psychotherapie. In gewissem Maß war der «therapeutische» Effekt der Frauenbewegung stärker als der der Ehe oder der Psychotherapie: Sie machte die Frauen glücklicher, zorniger, zuversichtlicher, abenteuerlustiger, verantwortungsbewußter – und sie bewirkte weitreichende Verhaltensänderungen.

Manche Frauen verließen ihre Jobs und weigerten sich, weiterhin entfremdete und/oder unterdrückende Arbeit(2) zu verrichten, andere besuchten Umschulungs- und Fortbildungskurse, studierten oder planten zum erstenmal ernsthaft ihre Karriere. Manche Frauen zogen zusammen, andere versuchten zum erstenmal, allein zu leben. Manche Frauen bestanden darauf, daß ihre Männer Hausarbeit und Kindererziehung mit ihnen teilten, andere organisierten zu diesem Zweck Frauenkollektive. Manche Frauen trieben ab, andere verweigerten Abtreibungen, denen sie früher zugestimmt hätten. Manche Frauen verließen ihre Ehemänner, andere zogen es vor, mit Männern zusammen zu leben, und fühlten sich dabei psychologisch weniger im Nachteil als zuvor. Manche Frauen lehnten «Alimente» ab, andere bestanden darauf als Nachzahlungen und Reparationen. Manche Frauen machten Schluß mit dem Drogenkonsum, andere begannen damit – aus Neugier, Paranoia, Ungeduld und Verzweiflung. Viele Frauen hörten auf, mit niedergeschlagenem Blick durch die Straßen zu gehen, sie hörten auf, nicht zu «hören», sie hörten auf nicht zu «antworten» oder sie hörten auf, typisch weiblich auf männliche Pöbeleien zu reagieren. Manche Frauen stellten fest, daß sie um so mehr einen Mann oder einen monogamen Partner «brauchten», je stärker sie wurden und je mehr sie begriffen; sei es, weil sie sich zum erstenmal als gleichwertige Partner fühlten, oder sei es, weil sie ihre Überlegenheit fürchteten und sich – nur noch ein einziges Mal – die unreflektierte Annehmlichkeit des traditionellen Rollenspiels wünschten. Ihre Konditionierung war zu stark und die Frauenbewegung noch zu schwach, als daß sie über einen bestimmten Punkt hätten hinauswachsen können.

Viele Frauen fingen an, «politische» und «wissenschaftliche» Bücher so leidenschaftlich wie Romane zu lesen: Zögernd begann sich der Schleier der Dunkelheit zu heben – als der Verstand zu begreifen begann, daß er, selbst wenn er alles begriffe, dennoch von Macht und Reichtum ausgeschlossen bliebe. Die charakteristische weibliche (und schwarze) Attitüde der Langeweile und des Versagens in

(2) Freilich nur diejenigen, die es sich finanziell und psychisch leisten konnten. Die meisten Frauen, besonders über 30 und mit Kindern, sind nicht in der Lage, ihre Jobs als Mütter, Haushälterinnen, Fabrikarbeiterinnen und Sekretärinnen einfach zu verlassen: Sie können bloß Löhne, Lohnerhöhungen und bessere Arbeitsbedingungen fordern.

den von weißen Männern beherrschten oder koedukativen Klassenzimmern wich der Neugier und dem Erfolg. In den Gruppen und auf den Frauenkonferenzen hörten die Frauen allmählich auf zu kichern, zu «verlieren» und miteinander um die Aufmerksamkeit und Gunst des Mannes zu wetteifern. Es gab auch keine sexuelle Verwirrung: Die meisten Frauen fühlten sich nicht zueinander «hingezogen». Viele entdeckten ihre Denkfähigkeit, merkten, wieviel Vergnügen sie ihnen bereitete, und erkannten, daß dies *Denken* andere gebrauchen konnten.

Manche Frauen hörten auf, in Schönheitssalons zu gehen, Make-up zu tragen und (allzu viele) «aufreizende» oder «modische» Kleider zu kaufen. Sie lernten ihre Zeit schätzen: Sie machten nicht mehr so viel Umstände, um sich für ihr Dasein als Frau zu entschädigen. Als Frau mag ich den Puritanismus nicht – weder im Denken noch in der Kleidung. Aber als Frau kann ich mich auch nicht für die elitäre Frivolität teurer oder häufig wechselnder Kleider begeistern – wenn diese nicht *allen* Menschen zur Verfügung steht und, was noch schlimmer ist, bei Männern und Frauen Anzeichen einer wachsenden Passivität und Abhängigkeit zu sein scheint.(3) Es wäre jedoch politisch naiv zu glauben, daß die Probleme der Armut, des Rassismus und der Umweltverschmutzung in Amerika zu «lösen» seien, wenn die Frauen nur aufhörten, sich dem verschwenderischen Konsum hinzugeben. Die militärisch-industriellen Machthaber in Washington und Detroit spielen dabei eine weitaus entscheidendere Rolle als die Textil-, Kosmetik- und Waschmittelindustrie. Außerdem ist es leichter für Frauen, die es sich nicht leisten können zu kaufen, dieses «Nichtkaufen» rational zu einer Form von Machtausübung hochzustilisieren. Es handelt sich aber um eine kulturelle und moralische Geste – nicht um einen ökonomischen Boykott. Der Kampf um das Recht auf Konsum oder der Diebstahl, sofern Arbeit vorenthalten wird, stellen für gesellschaftlich machtlose Gruppen weitaus realistischere Strategien dar.

(3) Daß unter den amerikanischen Männern für Kosmetik und Mode geworben wird, ist weniger ein Zeichen sexueller Gleichberechtigung als vielmehr kapitalistischer Absatzstrategien und wirtschaftlicher Schwäche. Der hektische Kostümwechsel von einer Epoche zur anderen deutet vielleicht auch auf den kollektiven Wunsch hin, einen noch «nicht eingeschlagenen Pfad» und damit einen Ausweg aus der Katastrophe zu finden.

Manche Frauen begannen ihre lesbischen oder bisexuellen Neigungen zu entdecken, zu erforschen oder sich ganz offen dazu zu bekennen. Manche Frauen lebten lange Zeit hindurch ohne sexuelle Kontakte, ohne sich deswegen Sorgen zu machen oder sonderlich darunter zu leiden. Andere brauchten häufig und unbedingt Wärme und sexuelle Intimität: engagiert oder unverbindlich, mit anderen Frauen oder mit Männern. Manche Frauen masturbierten zum erstenmal bis zum Orgasmus oder zum erstenmal ohne Schuldgefühle. Manche Frauen beschlossen, ein Kind oder ein weiteres Kind zu bekommen, andere entschlossen sich dagegen.

Was denken zeitgenössische amerikanische Psychologen und Psychiater über den Feminismus? Wie haben sie sich ihm gegenüber verhalten – als Ideologie, als Bewegung und als Möglichkeit einer Beeinflussung ihrer weiblichen Patienten? In der Öffentlichkeit haben sie wie alle anderen Gruppen geantwortet: mit nervösem Gelächter, gezieltem Mißverständnis, haarspalterischen Argumenten, boshafter Grausamkeit, falschem Mitgefühl, Langeweile, Feindseligkeit, Herablassung, mit den üblichen Praktiken eines kommerziellen und akademischen Kapitalismus.(4) Einige Klinikerinnen haben echtes Interesse für die Bewegung gezeigt, mit ihr sympathisiert, sie unterstützt, sehr wenige sind der Bewegung beigetreten. Mehrere Fachpublikationen haben den Frauen «Sondernummern» gewidmet, so als handle es sich um eine neuentdeckte exotische Randgruppe und nicht um die Mehrheit der Bevölkerung. Der *Radical Therapist*, eine kollektiv geleitete «Untergrund»-Zeitschrift, hat in jeder Ausgabe Beiträge über Frauen und «Sexismus» veröffentlicht. Psychologinnen, Therapeutinnen und «Patientin-

(4) 1970 ergriff eine Gruppe von Frauen auf dem überfüllten Kongreß der American Psychological Association im Namen der Association for Women in Psychology das Wort. Sie forderten zumindest eine teilweise Entschädigung für die psychiatrischen Patientinnen (für Anwaltskosten, Fortbildung, Mieten usw.). Die Summe, die sie verlangten, entsprach der Höhe der Mitgliedsbeiträge, die die Psychologinnen in den vergangenen fünf Jahren geleistet hatten – Geld, das nie zur Sicherung der Arbeitsplätze oder für Aufstiegsmöglichkeiten dieser relativ privilegierten Akademikerinnen verwendet wurde. Die Forderung wurde mit lautem, feindseligem Gelächter aufgenommen, an das sich eine bösartige bürokratische Verschleppungstaktik anschloß. Es versteht sich von selbst, daß nie ein Pfennig für diesen Zweck ausbezahlt wurde – aber die meisten der Frauen, die die Forderung erhoben hatten, wurden als Referentinnen zu dem Kongreß von 1971 eingeladen. So wird das gemacht.

nen» haben Adressenlisten der feministischen Therapeuten aufgestellt. Eine auf feministischer Ideologie basierende neue Theorie der menschlichen Persönlichkeit ist allerdings bis heute nicht präsentiert worden – auch hat noch niemand eine Psychoanalyse des Feminismus versucht.

Viele männliche Psychologen, die sich verbal als Sympathisanten der Bewegung bezeichnen, nennen ihre Patientinnen in mittlerem Alter weiterhin «Mädchen», beschreiben sie weiterhin allein unter dem Gesichtspunkt ihrer «Attraktivität» und ketten ihre Ehefrauen oder Freundinnen immer noch in einseitigen Abhängigkeiten an ihre Person. Viele sympathisieren mit dem Feminismus, weil sie sich von Feministinnen sexuell angezogen fühlen, die ihnen «interessanter» und «sexuell promiskuitiver» erscheinen als ihre Gattinnen.

Die meisten Psychiater leugnen in der Öffentlichkeit die Existenz geschlechtsspezifischer Sklavenarbeit in den Landes- und Bezirkskrankenhäusern, bagatellisieren die Auswirkungen medizinischer und psychologischer «Experimente» auf ihre Patienten, erzählen bei ihren Besprechungen «dreckige Witze» und machen sich über die Anklagen der Feministinnen lustig. Sie sind eher bereit, Frauen zu bemitleiden, als ihnen Achtung zu zollen, und fühlen sich in Gesellschaft unglücklicher Frauen wohler als in Gesellschaft empörter Frauen.

Die meisten männlichen und weiblichen Kliniker hängen emotional und finanziell an der Romantik der bürgerlichen Familie. Wenige von ihnen in mittlerem Alter haben ein Klassenbewußtsein. Auf einer Fachkonferenz schwärmte unlängst eine Klinikerin nostalgisch vom Wien vor dem 2. Weltkrieg, und wie «wirklich frei» die Wienerinnen schon damals gewesen seien. Ich fragte sie, ob dies auch auf die armen und ungebildeten Frauen zugetroffen habe.(5) Sie antwortete, daß sie das noch nie «von diesem Standpunkt aus» betrachtet habe. Der Verfolgungswahn und die Wut der Feministinnen scheinen die Kliniker unangenehm zu berühren und höchstens ein mitleidiges Lächeln zu erregen: Heuchlerisch und dreist erkundigen sie sich, warum es die Feministinnen so «nervös» mache, wenn

(5) Ich persönlich würde Freuds reiche «ehrerbietige Töchter» eher als «privilegiert» denn als «frei» bezeichnen.

der «arme» Hinz oder Kunz sie sexuell attraktiv finde? Warum sie so wütend seien, wenn sie auf den Straßen angepöbelt würden? (Die Unterschicht sei doch immer rüpelhaft gewesen, das habe ja auch seinen gewissen Reiz – aber die Polizei werde schon mit dem Plebs fertig, wenn er zu sehr außer Kontrolle geriete.) Forderten diese plötzlich aufbegehrenden Frauen nicht «unbewußt» Belästigungen und Vergewaltigung heraus, genössen sie das nicht vielleicht «unbewußt» sogar? Außerdem ziele doch die Frauenbefreiung auch auf die Befreiung der Männer ab und nicht – Gott behüte – auf die Machtergreifung der Frauen? Ist der *wahre* Feind nicht der Kapitalismus und der Feminismus nur die Partei und/oder das «Schmollen» verwöhnter Frauen der weißen Mittelschicht?(6)

Die meisten heutigen Kliniker stehen dem Feminismus ebenso ratlos und feindselig gegenüber wie die meisten übrigen Menschen – und ich spreche nur von den Klinikern, die *interessiert* genug sind, um an Diskussionen über die Psychologie der Frau oder den Feminismus teilzunehmen oder über das Thema zu schreiben. In den letzten zwei Jahren habe ich an keiner psychologischen oder psychiatrischen Fachkonferenz über Frauen teilgenommen, bei der *nicht* irgendwelche Klinikerinnen flammende Reden hielten, wie notwendig und wünschenswert es sei, Mutterschaft und berufliche Karriere miteinander zu verbinden – gleichgültig, welches Thema sonst zur Debatte stand. Unsere männlichen Kollegen ziehen es meist vor, sich während des dann folgenden höflichen Schlagabtauschs in sicheres Schweigen zu hüllen. Die weiblichen Kolleginnen betonen zunächst, daß sie kein politisches Messer zu wetzen hätten – um sofort danach ihre politische Legitimation zu präsentieren: die Existenz ihrer eigenen zwei oder drei Kinder. Solche Darlegungen könnte ich akzeptieren, wenn wir in einer von Frauen beherrschten Gesellschaft lebten oder in einer Gesellschaft, die die Frauen für Fortpflanzungsleistungen nicht in etwas dubioser Weise «belohnt» – mehr als für andere Leistungen.

(6) Meine Einstellung zu dieser Frage ist: Erstens, daß sie meist ohne Detailkenntnis, ohne Ernst und Achtung gestellt wird, zweitens, daß der «Sexismus» älter ist als der Kapitalismus und diesen vielleicht sogar heraufbeschworen hat und drittens, daß Spott und Verständnislosigkeit Formen von Gewalt sind, die es zu vermeiden gilt – besonders von seiten der «Humanwissenschaftler».

Nachdem sie eine Lanze für den Mutterschaftsmythos gebrochen haben, holen dieselben Klinikerinnen einmal tief Luft und beginnen dann eine Tirade gegen die «schrecklichen und schädlichen Mütter» ihrer Patienten – genau die gleichen «Mütter», die die Feministinnen anscheinend von ihrer mütterlichen Verantwortung entbinden möchten! Sie schließen ihren Vortrag meist mit der Schilderung ihrer männlichen Patienten in Pietà-ähnlichem Tonfall – der Zustimmung ihrer männlichen Kollegen gewiß, die ihrerseits sie weder aus ihren Jobs feuern noch von ihrem Kommunikationsnetz ausschließen. Wozu auch: Diese Frauen sind mütterlich und feminin und keine zornigen Männerhasserinnen wie «die anderen».(7)

Es ist immer wieder vorgekommen, daß Kliniker auf Fachkonferenzen feministische Kolleginnen – oft sogar hysterisch und brutal – angeschrien haben. Sie nannten sie neurotisch oder kriminell, egoistisch oder konterrevolutionär und alles mögliche sonst. Oft verlangen sie von den anwesenden Feministinnen, mehr darüber zu reden, wie die Diskriminierung auf Grund des Geschlechts den Männern anstatt den Frauen geschadet habe.(8) Häufig bringen sie einzelne Feministinnen dazu, ihre Schuldgefühle, ihr Unglücklichsein und ihre Verwirrung zu gestehen, öffentlich über ihren brennenden Wunsch, zu «lernen» und «Vergebung zu erlangen», zu sprechen – oder auch über andere Sehnsüchte.

Was ich damit sagen will, ist, daß sich selbst der am freundlichsten gesonnene Fachmann wie ein Mann verhält – und wie ein Mann auf Kongressen. Er setzt seine «Geständnisse» weder zu Hause noch in der Öffentlichkeit fort oder ändert gar sein Verhalten.

(7) Klinikerinnen haben im allgemeinen eine ebenso ambivalente Einstellung zu Frauen wie alle anderen Frauen auch. Der besonders hohe Preis, den sie für ihren wenn auch limitierten «Erfolg» in der Welt außerhalb des Hauses zahlen mußten, verbietet es ihnen, sich unbedacht auf eine radikale Definition ihrer Person einzulassen. Eine erfolgreiche Akademikerin sagte zu mir sotto voce: «Phyllis, natürlich ist es Konditionierung, aber die Konditionierung *funktioniert* und auf Grund dieser schrecklichen Konditionierung sind die Frauen in einer schrecklichen Verfassung. Möchtest *du* gern mit ihnen arbeiten? Hab nur Mut! Ich bring's einfach nicht fertig.»

(8) Ich fragte einen schwarzen Psychologen auf einer dieser Konferenzen, ob er der Meinung sei, daß auf einer Versammlung über Black Power, Gleichberechtigung und Selbstbestimmung Krokodilstränen darüber vergossen werden sollten, wie der Rassismus den weißen Rassisten geschadet habe. Er lachte.

Die Interviews

Was bedeutet es, heute in Amerika eine Feministin zu sein? Warum brauchten wir eine therapeutische Behandlung und warum hielten wir uns in Nervenkliniken auf? Wie sah unser Leben aus, bevor wir Feministinnen oder therapeutische Patientinnen wurden, und wie hat es sich seither verändert?

Ich sprach «offiziell» mit 26 Feministinnen – mich selbst mit eingeschlossen – im Alter von 17 bis 58; 68 Prozent der Frauen waren zwischen 20 und 30; 61 Prozent waren einzige oder älteste Kinder; 90 Prozent waren weiße Amerikanerinnen. Eine Frau hatte die High School besucht, aber sie nicht mit einem Examen abgeschlossen, sieben in der gleichen Weise ein College, zwölf der Frauen besaßen den «Bachelor of Arts», und sechs hatten die Graduate School zeitweise besucht oder mit Examen abgeschlossen. Vier der Frauen waren arbeitslos und lebten von der Sozialhilfe, vier weitere studierten, ohne Stipendien zu beziehen, vier verdienten in der Frauenbewegung minimale Gehälter, zwei waren Büroangestellte und zwölf arbeiteten als Fachkräfte, beispielsweise als Lehrerinnen, Journalistinnen oder Sozialarbeiterinnen. Nur drei der Frauen verdienten jährlich über 8000 Dollar: Die meisten bezogen zwischen 2000 und 7500 Dollar im Jahr.

21 dieser Frauen gehörten der feministischen Bewegung seit zwei oder mehr Jahren an, fünf Frauen erst seit kürzerer Zeit. Drei von ihnen waren verheiratet, sechs geschieden, dreizehn waren ledig und lebten allein, drei lebten in einer Frauenkommune, und eine lebte mit einem Mann zusammen. Sieben der Frauen waren Lesbierinnen.

25 der Frauen waren früher (oder gegenwärtig) in Privattherapie, und zwar durchschnittlich 41 Monate lang (siehe Tabelle 3). Die Feministinnen verbrachten ca. 31 Monate in Therapie mit männlichen und 19 Monate mit weiblichen Therapeuten. Sieben der Frauen, darunter fünf Lesbierinnen, waren psychiatrisch interniert gewesen. Sie blieben im Schnitt 158 Tage in Nervenheilanstalten.

Mit wenigen Ausnahmen wuchsen alle Feministinnen in Familien auf, in denen die Geschlechtsrollen, wie auch immer sie definiert waren, starr gehandhabt wurden, in Familien, in denen die Mütter zur Kindererziehung und Hausarbeit zu Hause blieben –

zumindest in den ersten fünf Lebensjahren ihrer Tochter; in Familien, in denen Menstruation irgendwie eine Schande war, Jungfräulichkeit dagegen nicht; in Familien, in denen Liebe, Ehe und Mutterschaft als *die* erstrebenswertesten Ziele des Frauenlebens hingestellt wurden, egal, was sonst noch erlaubt oder gefördert wurde. Die meisten hatten «gestörte» Beziehungen zu ihren Müttern. Sie alle entwickelten, wie zu erwarten war, parallel zu ihrem Selbstvertrauen und -bewußtsein, ihrer Beharrlichkeit, Initiative und Sexualität weitgespannte Interessen, eine deutliche Vorliebe für andere Frauen und «jüngere» Männer sowie die Fähigkeit, zu Dingen und Situationen nein zu sagen, die sie nicht selbst gewählt oder initiiert hatten. Sehr viele von ihnen hatten «Schwierigkeiten» im Arbeitsbereich: Jobs zu finden und zu behalten. Diese «Schwierigkeiten» verschlimmerten sich nicht selten, nachdem sie Feministinnen geworden waren – ob sie nun Jobs als Hausfrauen und Mütter, Studentinnen, Feministinnen oder bürgerliche Fachkräfte hatten.(9)

ALICE: Du wirst es nicht glauben – oder vielleicht doch, aber als ich zu meiner ersten Abteilungskonferenz ging, war ich die einzige Frau dort. Und die Männer nahmen es als selbstverständlich an – als *völlig* selbstverständlich –, daß ich das Protokoll führen würde. Ich ging raus – und erklärte ihnen, daß ich auch nicht die Absicht hätte, ihnen Kaffee zu bringen. Danach stand ich im Ruf, «schwierig» und «paranoid» zu sein ... Die Sekretärinnen zogen es natürlich vor, für Männer zu arbeiten. Sie hatten sich damit abgefunden, waren es gewöhnt – vielleicht kam ein Flirt oder eine Heirat dabei heraus. Für eine Frau arbeiteten sie nicht gerne – und wenn mich meine männlichen Kollegen einen Brief diktieren sahen, sagten sie: «Oho! Jetzt hab ich Sie erwischt, wie Sie eine Schwester unterdrücken, oder nicht?» Aber *sie* hörten nicht auf, Briefe zu diktieren, und ich hatte ebensoviel berufliche Verantwortung wie sie – und verdiente dabei natürlich weniger Geld und konnte zur Entschädigung auch nicht richtig «fraternisieren». Ich hätte mit einem ein «Verhältnis» anfangen können – und hätte dann seinen Schutz genossen – als sein Eigentum. Ich hätte mehr flirten können, um in Dinge eingeweiht zu werden, oder so tun können, als sei ich deswegen nicht auf sie angewiesen; ich hätte das übliche Spielchen der Alibifrau, die keine Frauen mag, spielen können ... Ich tat nichts von alledem – und mußte um alles zäh kämpfen, einfach um alles. Und ich hatte keine Frau, zu der

(9) Ein hoher Grad von Bewußtheit bewirkt nicht automatisch und sofort Glück. Allenfalls stärkt er die Fähigkeit, richtig zu wählen – ein Element der Weisheit.

ich abends nach Hause gehen konnte und die mich tröstete. Ich hatte nur einen Freund, der selbst Trost *brauchte* oder zu brauchen *glaubte* und nicht wußte, wie er seinerseits Trost spenden sollte, ohne sich «kastriert» zu fühlen . . . und meine erste Selbsterfahrungsgruppe meinte, ich sei zu erfolgreich und daher eine Frau, die sich mit dem Mann «identifiziert», also weigerte sie sich ebenfalls, mir Mut zu machen und mich zu unterstützen . . . Man wird ganz schön frostig behandelt als «leistungsorientierte» Frau. Wie hoch der Preis auch ist, den man zahlt, man bleibt allein, wenn man Erfolg hat – so allein wie nie ein Mann.

DEIRDRE: Ich hatte eine sehr gute Analytikerin. Ich dachte, stärker und selbstsicherer geworden zu sein. Ich spürte, daß ich mich mit den Männern nicht mehr auf die üblichen Spiele einlassen mußte – und war sicher, daß ich nicht mehr auf die Sadisten flog. Also wurde ich schwanger, eine echt weibliche Angelegenheit, nicht? Und mein Freund reagierte mit Wutausbrüchen und Seitensprüngen und zog sich allmählich von mir zurück. Dabei hatten wir alles vorher besprochen – daß wir ein Kind wollten –, und jetzt benahm er sich wie ein Tier in der Falle. Und ich war zu stolz, um das übliche zu tun: zu betteln und zu weinen, zu lügen und zu versprechen. Also verließ ich ihn. Ich war sehr verbittert. Ich begriff, daß, ganz gleich, wie sehr sich Männer und Frauen auch bemühten, eine gute Beziehung aufzubauen, ganz gleich, wie einmalig und hervorragend sie auch waren, an irgendeinem entscheidenden Belastungspunkt das gesellschaftlich antrainierte Herrschafts- bzw. Unterordnungsverhalten doch wieder hochkommt. Und die Männer bleiben glashart, wenn sich die Frau weigert, die untergeordnete Rolle zu spielen . . . Ich bekam schreckliche Angst, was aus mir werden würde – eine verbitterte Frau, allein, mit der alleinigen Verantwortung für das Kind; ich bekam Angst, als mir klarwurde, wie universal diese Situation für Frauen ist – ob die Männer nun juristisch und ökonomisch herangezogen werden oder nicht – ich glaube, meine Angst hat das Kind zu Tode erschreckt – ich hatte eine Fehlgeburt. Vermutlich wurde ich damals Feministin.

Die meisten der Feministinnen schilderten spezifische Mittelschichtprobleme oder allgemeine existentielle Probleme, denen sowohl die privaten Therapeuten als auch die isolierten Selbsterfahrungsgruppen machtlos gegenüberstanden – sowohl der Ursache wie der «Heilung». Die Gruppen waren sich im allgemeinen jedoch klarer bewußt, daß diese Probleme real und von außen verursacht waren und von der einzelnen Frau nicht allein gelöst werden konnten.

MARILYN: [Mein Therapeut] hat mir immer wieder versichert, daß ich das Recht hätte, Sex um seiner selbst willen zu genießen. Er war für mich empört, als ich mit einem Mann zusammen war, der nicht mit mir schlafen wollte, weil er meinte, ich behandelte ihn wie ein Sexualobjekt. In gewissem Sinn hatte er recht, ich «liebte» ihn weder, noch wollte ich ihn «heiraten», aber ich wollte mit ihm schlafen ... Als er mich abwies, war das ein ganz schöner Schock für mich. Ich machte mir Vorwürfe, ihn wie ein Objekt behandelt zu haben, und ich war auch verletzt. Aber stell dir bloß vor: Dieser Mann hörte mitten im Liebesspiel auf. Er gönnte mir nichts. Er ließ mich nicht entscheiden, ob ich «moralisch» oder «unmoralisch» sein wollte.

DONNA: Ich verließ also meinen Mann und gab meine Karriere im «Establishment» auf. Und ich war dankbar, daß [mein Freund] gegen seinen «Sexismus» kämpfte. Mein Gott: Er *bemühte sich* tatsächlich, ich schulde ihm noch mehr als einem Mann, der sich nicht bemüht ... Die Dankbarkeit in Person, das bin ich, Schneewittchen, Mutter Erde – und ich kann mir nicht helfen, ich liebe es, ich liebe es, wenn ich mit jemandem harmoniere ...

Und dann schlägt er mir vor, ich solle mit Keramik und Krawattenfärben und Drogen anfangen: Pfeif auf die Karriere, die macht kaputt – *was stimmt* –, aber er steigt nicht aus. Er spannt sich brav vor den kapitalistischen Karren, damit ich herumtöpfern kann – und nebenbei darf ich kochen und saubermachen und meine Lieblingsrolle – Erdmutter – spielen ...

Nun ja, es ist kein *schlechtes* Leben, und er ist sensibler als andere Männer, aber irgendwie, psychologisch, ist alles beim alten.

KATHRYN: Wie kann mir ein Therapeut oder eine Liebesbeziehung oder eine einzelne Gruppe «helfen» bei dem ständig wachsenden und permanent vorhandenen Schaden, den man nimmt, bloß weil man als Frau in dieser Gesellschaft leben muß? Ich soll so tun, als *existiere* ich nicht – und über meine Nicht-Existenz auch noch glücklich sein. Zum Beispiel soll mein altes, präfeministisches Ich so tun, als bemerke es die Anpöbeleien der Männer auf der Straße nicht, und soll nicht darauf reagieren – aber insgeheim soll ich mich darüber freuen. Ich soll mich zur ehelichen Vergewaltigung hinlegen wie ein blasses Gespenst und mich nicht allzuviel dabei rühren, aber gleichzeitig erwartet man, daß mir das gefällt, stimmt's? Es ist, als ob ich nicht da wäre, nicht wirklich existierte – und ich glaube, so war's tatsächlich. Ein anderes Beispiel: Im Restaurant bestellt mein Freund oder mein Mann für mich das Essen. Ich spreche nicht selbst mit dem Kellner. Und diese öffentliche Unsichtbarkeit, dieses Nichtvorhandensein soll mir angeblich das Gefühl der Sicherheit und Geborgenheit und des Geliebtwerdens geben. Es ist die alte Geschichte von Leda und dem Schwan: Ich soll sexuelle Befriedigung empfinden, wenn ich vergewaltigt werde. Und vermutlich *war* es auch so: Ich ging zum Friseur und trug hohe Absätze und kurze Röcke und Make-up. Heute erscheint mir das traurig und erschreckend. Ich weiß, wie tief diese Konditionierung sitzt und wie schwer es ist, sie abzuschütteln.

Seit ich Feministin bin, verhalte ich mich völlig anders. Ich zahle im Restaurant für mich selbst. Häufig, wenn ich in Begleitung eines ärmeren oder jüngeren Menschen bin, ob Mann oder Frau, zahle ich auch für den anderen. Wenn es ein *Mann* ist, bekommt *er* das Wechselgeld heraus und der Kellner dankt *ihm*. Obwohl ich jetzt Geld habe, existiere ich immer noch nicht. Noch etwas, wenn ich jemand um Auskunft frage, wie man da und da hinkommt, oder wie man etwas wo findet, und einen Mann *in Hörweite* dabei habe, bekommt *er* die Antwort. Vorige Woche fragte ich einen Angestellten in einem Supermarkt auf dem Land nach der nächsten Spirituosenhandlung. Er erklärte es einem Mann, der zufällig neben mir stand und den ich gar nicht kannte. Und ja, wenn die Männer kapieren, daß man wirklich als existent behandelt werden will, dann reagieren sie kalt, und zwar gründlich. «Du willst also ein Mann sein? Okay, dann kriegst du eine reingeknallt.» Dann muß man doppelt so viele Schläge einstecken wie ein Mann, dann kennen sie keinen Pardon. Sie wollen einem wohl sagen: «Es ist kein Honiglecken, ein Mann zu sein, besonders wenn man eine Frau ist, also muck ja nicht auf, sonst wirst du es bereuen.»

Für die meisten Feministinnen sind heterosexuelle Beziehungen und Orgasmen genauso wichtig wie für andere Frauen. Sie haben die gleiche Angst wie andere Frauen auch, ohne Mann oder ohne monogame Bindung leben zu müssen.

MARIA: Nun, ich dachte, Feminismus bedeute bessere Beziehungen zwischen den Geschlechtern, auf jeden Fall bessere sexuelle Beziehungen. Ich glaubte, die sexuellen Beziehungen könnten nicht mehr *schlechter* werden . . . aber da hatte ich mich getäuscht. Ich glaube es jedenfalls, obwohl ich es nicht wahrhaben möchte. Die Männer mögen es nicht wirklich, daß man sexuell vorhanden ist. Wenn sie nicht das Heft in der

ALICE: Ich ging immer mit Männern, die älter waren als ich. Ich war Papas Liebling, wie alle anderen. Durch die Erfahrung oder den Feminismus oder weil ich jetzt ein bißchen Geld habe, hat sich das etwas geändert. Ich wurde offener für Beziehungen auch mit jüngeren Männern . . . Wenn sich ein junges Mädchen mit einem älteren Mann einläßt, klar, er bezahlt für sie, aber sie stützt sein Ego, sie ist für ihn *da*, sexuell, emotional,

Hand behalten, wenn sie sich emotional nicht «sicher» fühlen – was meist emotional distanziert bedeutet, legen sie sich gar nicht erst liebevoll mit einem hin. Besser gesagt, sie geben gar nicht vor, Liebe zu empfinden. Wenn man Glück hat, «kommen» sie und gehen wieder – buchstäblich und im übertragenen Sinn. Und wenn sie zu schnell kommen, oder wenn sie impotent sind, oder wenn sie sich nichts aus oralem Sex machen, oder wenn sie einen nicht wiedersehen wollen – machen sie einem Schuldgefühle – oder, um absolut fair zu sein, sie lassen es zu, daß wir bereitwillig die Rolle der Schuldigen übernehmen. Und sie haben schreckliche Angst. Sie haben Angst, wenn sie glauben, daß man sie in der Falle fangen möchte. Sie haben Angst, wenn man sie *nicht* einfangen möchte. Denn das wäre ein ganz neues Spiel oder gar keines. Und sie würden die Rollen nicht kennen, sie hätten keinen «Vorsprung», sie wären in schrecklichem Maße verletzbar ... Das macht ihnen Angst, und sie verwandeln diese Angst in eine Art Grausamkeit, und, wie denn auch nicht, wir mimen wieder die Verständnisvollen und Mitfühlenden. Sie «verstehen» uns nicht, wenn wir *nicht* «verwirrt» und «unglücklich» sind. Wenn eine Frau weiß, was sie will, und klar denkt – aus ist es!

in puncto Häuslichkeit. Und bis zu einem gewissen Grad macht sie das auch glücklich. Es ist so üblich. Sie können zusammen ausgehen. Es paßt. Wenn sich ein junger Mann mit einer älteren Frau einläßt, *zahlt* sie vielleicht auch für ihn – aber dennoch es ist immer *sein* Ego, das der Stütze bedarf – besonders wenn ihn andere Männer aufziehen oder schief ansehen oder er gesellschaftlich in unangenehme Situationen gerät. Da er konditioniert wurde, ein «Mann» zu sein, versteht er es nicht, eine Frau sexuell, emotional und im Haushalt zu unterstützen. Ein solcher Gedanke flößt ihm geradezu Angst ein. Selbst junge «feminine» Männer vom Typ der Gegenkultur oder des politischen Revolutionärs können es nicht verkraften, daß eine Frau in jedwedem Sinn «obenauf» ist. Ihr Selbstgefühl leidet zu sehr ... Von einer Gruppe *kann* eine Frau unter Umständen eher Unterstützung erwarten, wenn sie sich vor allzu großem persönlichem Erfolg hütet. Wenn man sein Ego oder Selbst in einem Gruppenprozeß oder auch in einer Liebesbeziehung aufgehen läßt, und besonders wenn man Probleme hat, unglücklich ist und scheitert – *dann* wird einem das Mitgefühl anderer Frauen oder eines Mannes zuteil. Mit anderen Worten, wenn man sich eher «weiblich» als «männlich» verhält – dann lebt es sich leichter.

Die Feministinnen begaben sich genau wie die übrigen Frauen häufig und über lange Zeiträume in Therapie – und lieber bei männlichen Therapeuten als bei weiblichen. Auch sie wurden nach dem gleichen Doppelstandard seelischer Gesundheit «behandelt» wie alle anderen Frauen.

DONNA: «Warum machen Sie sich nicht ein bißchen hübsch?» fragte er mich immer. «Sie sehen ja aus wie ein Landstreicher – man könnte meinen, sie hätten Angst vor Männern!» Kein Wort darüber, wie berechtigt unsere Furcht vor Männern ist. Kein Wort über Sport, lesbische Liebe, Politik oder meine unsterbliche Seele. Bloß «Mach dich schön für Papa» als Beweis seelischer Gesundheit.

VICTORIA: Ich war 18, als ich zum zweitenmal mit einer Therapie begann. Ich ging zwei Jahre lang zweimal wöchentlich zu einer Frau. Sie versuchte dauernd, mir das Geständnis abzuringen, daß ich mir im Grunde nichts anderes wünschte, als zu heiraten, Kinder zu kriegen und ein «gesichertes» Leben zu führen, sie befaßte sich sehr eingehend mit meiner Kleidung und schalt mich – genau wie meine Mutter –, wenn meine Kleider nicht sauber waren oder ich das Haar offen trug; sie sagte, es wäre ein wirklich gutes Zeichen, wenn ich anfinge, Make-up zu tragen und zum Friseur zu gehen (wie sie, ihr Haar war blond gefärbt und voller Spray); als ich sagte, daß ich gern Hosen trüge, erklärte sie, ich versuche, die Geschlechtsrollen zu vertauschen ... Ursprünglich ging ich zu ihr, als meine Freundinnen anfingen, mit Sex zu experimentieren und ich es nicht schaffte, und als ich merkte, daß meine Freundinnen, mit denen ich eine enge Beziehung hatte, mich für einen guten Fick aufgaben ...

DEIRDRE: Ich sprach mit sechs Analytikern ... Jeder schüchterte mich mit Fragen ein wie: Ob ich verheiratet gewesen sei? Ob ich Kinder wolle? Warum ich keine Kinder hätte? Warum ich geschieden sei? Dabei sahen sie nie von ihren Notizheften auf. Ich ging kein zweites Mal hin.

SUSAN: Ich war bei sehr, sehr vielen Therapeuten. Es ist wohl so, daß ich seit langem einsam und unglücklich bin ... Zuerst ging ich zu einer Frau. Sie machte einen Persönlichkeitstest mit mir, den sie mir zeigte. Er ergab, daß ich sehr viel Ich-Stärke habe, was sie als schlecht bezeichnete. Damit hat sie insofern recht, als es Rigorosität bedeuten kann, aber für eine Frau, die beim Studium Erfolg haben will, ist Ich-Stärke sehr wichtig ... Die Therapie war für mich wahrscheinlich eine Art Ersatz für Freundschaft.

Mein zweiter Therapeut, ein Mann, sagte zu mir, ich sei die kälteste Frau, die er je zu treffen das Unglück gehabt habe – ich sei kastrierend.

Sein fachmännisches Urteil war, ich würde nie zu irgendeiner lang andauernden Beziehung fähig sein. Er bedauerte jeden Mann, der sich mit mir einließ. Meine Therapie bei ihm sei die schlimmste Erfahrung seines Lebens gewesen – sagte er. Dieses und ähnliches schmiß er mir zehn Minuten lang an den Kopf, so daß ich schließlich aufstand und ging. Ich kam dann zu dem Schluß, daß ich eigentlich keine Therapie brauchte. Etwa einen Monat später brach ein Mann in meine Wohnung ein – nicht, um etwas zu stehlen, sondern um irgendwie sexuellen Kontakt zu haben, aber schließlich gelang es mir doch, ihn loszuwerden. Die Polizei schenkte meiner Geschichte offensichtlich keinen Glauben; sie sagten, ich hätte mich aufreizend benommen mit meinen langen Haaren, meinen Sandalen und mit dem roten Vorhang im Schlafzimmer, und dann stellten sie sich vor, daß ich bei offenen Vorhängen nackt im Bett gelegen habe. Der ganze Auftritt regte mich schrecklich auf. Ich erzählte es meinem Freund, und er riet mir, seinen Psychiater zu konsultieren. Das tat ich denn auch. Er sagte immer wieder, ich solle mein Haar offen tragen und nicht zurückgekämmt, da es femininer sei. Aber es verfilzte sich in einer Viertelstunde, ich konnte es nicht aushalten. Er riet mir, meinen Freund nicht unter Druck zu setzen . . . ich solle zur Abwechslung einmal nur «geben». Damals hatte ich große Angst, daß er mit allem, was er sagte, recht hatte – obwohl ich ihm widersprach. Es mußte etwas mit einer Frau nicht stimmen, die selbstsicher, intelligent und tüchtig war: Ich war das alles, und niemand liebte mich sonderlich, und ich war sehr unglücklich . . .

[Diesen Therapeuten] sah ich ein Jahr später zufällig auf einer Party wieder. Die hatten mich alle angestachelt, ein leidenschaftliches Plädoyer für die Befreiung der Frau zu halten . . . Die Frau [meines alten Therapeuten] feuerte mich immer an: «Nur so weiter!», und als er zu protestieren versuchte und sagte: «Helfe ich dir denn nicht?» erwiderte sie: «Was machst du denn schon im Haushalt – das machst du nicht, und das machst du nicht» – es war ein sehr eigenartiger Abend.

Viele Feministinnen schreiben die Veränderungen, die sie an sich konstatieren, der Frauenbewegung und ihren Gruppen zu. Andere meinen, die Psychotherapie habe starke Veränderungen ihrer Persönlichkeit bewirkt – einschließlich ihrer Bekehrung zum Feminismus. Wieder andere glauben, die beiden gleichzeitig gemachten Erfahrungen seien für die Veränderungen verantwortlich. Manche sind sich deutlich der Grenzen und Gefahren wie auch der Vorzüge feministischer Gruppen und psychoanalytischer Erfahrungen bewußt.

MARILYN: Der Feminismus hat mir geholfen, zum erstenmal im Leben meiner Mutter näherzukommen. Mein Vater war für mich immer vollkommen, und ich liebte ihn und fühlte mich in seiner Gesellschaft wohl, wie es mit meiner Mutter nie der Fall war . . . Jetzt beginne ich zu begreifen, daß mein Vater es unter anderem darauf anlegte, mich meiner Mutter zu entfremden. Er hat es traurigerweise verstanden, zwischen ihr und ihren Kindern Schranken zu errichten. Ich empfinde jetzt so schwesterliche Gefühle gegenüber meiner Mutter, es ist unglaublich. Beim Abendessen neulich merkte ich, daß er sie jedesmal herabsetzte, wenn ich mit meiner Mutter sprach, und sie in meinen Augen lächerlich zu machen suchte.

SYLVIA: Die heutigen Männer vertragen sich besser in Gruppen als die Frauen. Sie haben auch mehr Erfahrung darin, vom Sport angefangen. Deshalb hielt ich es für sehr wichtig, daß Frauen bereit waren, sich in Gruppen zusammenzutun . . . Aber manche feministischen Gruppenregeln sind wirklich schädlich. Beispielsweise, daß man eine Frau nicht kritisieren darf, die lieber nur dasitzt und quatscht, statt Fortschritte zu machen oder zur Abwechslung mal was zu tun. Ihre Furcht schüchtert mich ein, läßt mich verstummen und fast verzweifeln . . . Einmal sprach ich bei einem Treffen davon, daß wir einen Teil der Zärtlichkeit, die wir für Männer aufbringen, einander zukommen lassen sollten. Keine hatte je daran gedacht! Ich glaube deshalb, daß die meisten Feministinnen genauso weiterleben wie vorher, oder doch nicht viel anders. Wir haben nicht über neue Strukturen für unser Leben gesprochen. Wir wohnen immer noch in unseren kleinen Appartments, und viele Frauen haben Zweierbeziehungen oder wünschen sich welche. In einer anderen Gruppe brachte ich die Monogamie zur Sprache, welche Nachteile sie für die Frauen habe, daß es eine typische Männeridee sei – die Frauen, die eine enge Beziehung zu einem Mann hatten, fühlten sich dadurch sehr beunruhigt.

Sehr viele aktive Feministinnen fühlen sich außerstande, ihren Therapeuten oder ihre Therapeutin aufzugeben: Wer sonst könnte ihnen in dieser Welt der Gewalt und der wechselnden politischen Bündnisse das gleiche Maß an «Feedback» und Aufmerksamkeit gewährleisten? Manche Feministinnen können einfach keinen Zorn empfinden über das Verhalten ihres früheren Therapeuten (oder Ehemannes) – selbst wenn sie wissen, daß es ihnen geschadet hat. Das Verbergen von Gefühlen, das Komödienspiel und die Neigung, einzelne Fälle zu Ausnahmen zu erklären, sind nach wie vor die Hauptwaffen weiblicher Selbstbehauptung.

LYDIA: Ich muß dir was Komisches erzählen, Phyllis, aber versprich mir, daß du keine Schlüsse daraus ziehst, ja? Und mach keine große Sache draus – das ist es nicht wert. Erinnerst du dich an meinen Therapeuten – ja, ein Mann, aber er hat mir wirklich geholfen ... Nun ja, nachdem der Feminismus die große Sache der Zukunft wurde, entwikkelte er plötzlich ein großes Interesse für mich, ein enormes Interesse, eins führte zum anderen, er fing an, mich spät abends anzurufen, um mit mir Sachen zu besprechen. Bis dahin war er ein sehr korrekter Analytiker gewesen und hatte sich nie so verhalten. Dann besuchte er mich zu Hause, und eines führte zum anderen – nein, das Beste kommt erst. Er wollte, daß ich mit *ihm und seiner Frau* ins Bett gehe – er meinte, es würde ihr guttun ... Na ja, wir spinnen alle ein bißchen ... aber er hatte mir wirklich geholfen, bevor das anfing.

MARILYN: Ich bin immer noch bei einem Mann in Therapie, und dabei bin ich ziemlich aktiv in der Bewegung. Er ist ganz anders: Er war von der Unterdrückung der Frau schon überzeugt, bevor ich etwas darüber wußte. Ich muß weiterhin zu ihm gehen, hauptsächlich weil ich manchmal so paranoid, so haßerfüllt bin, daß ich unrecht haben *muß*. Es macht mir Angst, und es gibt keine Frauengruppe, die mir dabei helfen kann ... Manchmal meint er, ich mache die Männer zu sehr zur Schnekke – er hat recht ...

PHYLLIS: Inwiefern machst du sie denn zur Schnecke? Indem du die untergeordnete Rolle – die Sklavenrolle – ablehnst? Bloß weil *sie* es so empfinden?

MARYLIN (lacht): Ja, ja. Ich glaube, ich habe unlängst sein [des Psychiaters] Bewußtsein geliftet ...

PHYLLIS: Hat er dich dafür bezahlt?

MARYLIN: Ach, sei still! (Gelächter). Wirklich. Er [der Psychiater] behauptete, wenn ein Therapeut die Menschen achte, brauche er kein neues Bewußtsein, er würde dann die Frauen ohnedies nicht unterdrükken. Ich bin wirklich anderer Meinung. Ich zitierte Dr. X als Beispiel. Er war Direktor [einer privaten Nervenklinik], hatte eine Menge Achtung vor den Menschen, sah sie als autonome Lebewesen an, die Entscheidungen fällen, und zögerte sehr, irgend jemanden zu hospitalisieren. Trotzdem brachte dieser Mann es fertig, zu meinem Chef zu sagen: «Ich weiß nicht, warum Marylin in der Women's Lib ist – sie ist so hübsch, intelligent und feminin.»

Manche Feministinnen, die sich der Grenzen der Psychotherapie bewußt sind, sehen dennoch keine brauchbare institutionelle Alternative – namentlich, wenn sie Ehe und Mutterschaft nicht mehr als ihren wichtigsten psychologischen und emotionalen Zufluchtsort betrachten.

PHYLLIS: Da du so schlechte Erfahrungen mit Therapeuten gemacht hast – meinst du, Frauen sollten ganz auf Therapie verzichten?

SUSAN: Ich glaube nicht, jedenfalls jetzt noch nicht. Ich meine, daß viele Menschen die Therapie als Ersatz für Freundschaft benutzen. Es gibt Zeiten im Leben, wo man fürchterlich unter Streß und Druck steht und keine Leute hat, bei denen man sich aussprechen kann, weil man an einem neuen Ort ist oder weil alle Freunde, die man hatte, weg sind oder weil alle Leute, die man kennt, in das Problem verwickelt sind. Man braucht jemand anderen, mit dem man reden kann, und wir leben nicht mehr in Großfamilien, wo's immer Leute gibt, zu denen man gehen kann. Dafür gibt's Therapeuten, darum geht man zu ihnen.

PYLLIS: Sicher, aber wenn wir Probleme haben und uns durch die Therapie etwas getröstet fühlen, dann fällt es uns danach noch schwerer, fürchte ich, uns an jemand anderen um Trost oder Rat zu wenden.

SUSAN: Das stimmt, aber ich glaube nicht, daß man die Therapie abschaffen oder darauf verzichten könnte, es gibt zu viele Leute, die sie brauchen, und wir haben ihnen keinen Ersatz anzubieten . . . Vermutlich könnte eine Selbsterfahrungsgruppe den Frauen helfen, schlechte Therapeuten aufzugeben, könnte ihnen die Kraft geben, sich bessere zu suchen.

PHYLLIS: Wenn du deprimiert bist oder Angst hast und deshalb Hilfe brauchst, kannst du dann auf eine feministische Gruppe zählen, insbesondere eine projektorientierte Gruppe, die dir hilft und dir soviel Aufmerksamkeit schenkt wie eine Therapeutin, die du sogar noch dafür bezahlen mußt?

SYLVIA: Leider nein. Es geht einem bald auf die Nerven, immer jemandem zuhören zu müssen, der über seine Probleme spricht. In unserer Gruppe ist ein Mädchen, das noch deprimierter ist als ich, und als sie über ihre Depressionen redete, bekam das jeder bald satt . . . Aber Therapie bei einem Mann kommt für mich nicht in Frage, und Therapie bei einer Frau, die keine Feministin ist, ist zu schmerzhaft . . . Ich glaube, ich habe kein Phantasiebild von einer guten Mutter oder einer weisen Göttin.

Ich möchte dieses Kapitel mit der Schilderung der Beziehung einer Feministin zu ihrer Therapeutin schließen – eine Beziehung, die die Feministin als im ganzen positiv bezeichnete.

ALICE: Ich fühlte mich zu dieser Frau sehr hingezogen. Sie ist eine Europäerin, ein verbaler, mütterlicher, sehr menschlicher Typ. Ich hatte immer das Gefühl, daß ich über alles mit ihr reden konnte, was mir wichtig war, ohne mißverstanden zu werden. Sie ist keine Feministin, aber sie strahlt inneren Frieden oder Weisheit aus und, was noch mehr zählt, so etwas wie Glück darüber, eine Frau zu sein. Aber sie kann nicht meine Empörung über die Diskriminierung der Frau oder über bestimmte Männer teilen. Mal schilt sie mich, mal stimmt sie mir zu, dann ist sie wieder enttäuscht von mir oder bemitleidet mich. Sie glaubt mir nicht oder findet es falsch, daß ich Angst bekomme oder wütend werde, wenn ein Mann auf der Straße oder bei der Arbeit oder privat mit mir «anbändelt». Beispielsweise nahm ich einmal an einer Fachkonferenz teil. Einer der Männer wollte sofort mein Alter wissen. Er machte mir Komplimente über mein Aussehen und meinte, mit mir müsse man sich verabreden. Ich wurde wütend, ließ es mir aber nicht anmerken. Ich ging weg, da ich zur Therapie mußte. Ich fühlte mich sehr beunruhigt. Die Therapeutin meinte, ich sei «besessen» von «dieser Frage» nach Sex und Macht. «Diese Besessenheit könnte produktiv sein», sagte sie, «aber sie ist extrem . . . und Sie wissen ja, Extremismus ist nicht gerade ein Zeichen von Reife oder Kultur . . .»

Ich vermute, irgendwo tief drinnen erlebe ich mit ihr, was alle Töchter mit ihrer Mutter erleben. Ich habe das Gefühl, sie schickt mich in die «erwachsene» Welt der Männer hinaus. Sie sagt mir in soundsovielen Worten: «Sie sind eine heterosexuelle Frau. Seien Sie dankbar. Versuchen Sie den einen Ausnahmemann zu finden, den einen besonderen, femininen Mann. Kümmern Sie sich nur um ihr Gärtchen und denken Sie zunächst einmal an sich. Malen Sie nicht den Teufel an die Wand.» Gute, vernünftige, philosophische Ratschläge, voller Bescheidenheit und Mitgefühl. Aber aus dem Paradies vertrieben zu werden, ist nie schön.

Was sie mir im Grunde sagen will, ist, daß ich in der Welt der Frauen nicht bleiben kann: nicht bei ihr, bei meiner Mutter, bei anderen Frauen. Ich muß hinausgehen, allein, und wahrscheinlich das Kind eines Mannes tragen. Sie ist der Ansicht, daß die höchste Stufe der Objektbeziehung die zwischen den beiden Geschlechtern ist. Sie meint – so *sagte* sie jedenfalls –, daß, selbst wenn wir alle gleich erzogen würden, auf Grund der biologischen Unterschiede immer noch eine starke Anziehung *zwischen* den Geschlechtern vorhanden wäre. Ich weiß es nicht. Und selbst wenn es stimmt, weiß ich nicht, ob es die «höchste» Stufe menschlicher Entwicklung oder Kultur ist. Es ist eine sehr gängige und weitverbreitete Idee, eine sehr verführerische Idee. Soviel steht fest: Sie besänftigt meine Leidenschaft, meinen Zorn, sie zügelt meinen Mut – und ich glaube nicht, daß das schlecht oder falsch ist. Dennoch frage ich mich, wie die Welt aussehen könnte, wenn sie (und meine Mutter) meinen Zorn teilte oder eine feministische Vision an seine Stelle gesetzt hätte: Wie sähe die Welt dann aus?

Kapitel 10

Psychologie der Frau: Vergangenheit, Gegenwart, Zukunft

Psychologie der Frau in unserer Gesellschaft: Frauen allein

> Die Frauen sagen: Schäm dich. Sie sagen, du seiest domestiziert und ließest dich mästen wie die Gans im Hof eines Bauern. Sie sagen, du stolziertest herum, du hättest nichts anderes im Sinn, als die guten Dinge zu genießen, die deine Herren dir schenken, um dein Wohlbefinden besorgt, solange sie etwas davon haben. Sie sagen, es gebe keinen traurigeren Anblick als den von Sklaven, die an ihrer Knechtschaft Gefallen finden. Sie sagen, du hättest weniger Stolz als die Wildvögel, die sich weigern, ihre Eier auszubrüten, wenn man sie einsperrt. Sie sagen, nimm dir ein Beispiel an den Wildvogelweibchen, die sich zwar mit den Männchen paaren, um ihre Langeweile erträglicher zu machen, die aber die Fortpflanzung verweigern, solange sie nicht in Freiheit sind.
>
> Monique Wittig [1]

Die Frauen schwören, er habe dich durch einen Trick aus dem irdischen Paradies verstoßen, kriecherisch habe er sich an deine Seite geschmuggelt, dich des Wissensdurstes beraubt, von dem geschrieben steht, daß er die Schwingen des Adlers, die Augen der Eule und die Klauen des Drachens hat. Durch List hat er dich versklavt, dich, die du groß, stark und mutig warst. Er hat dir deine Weisheit gestohlen, die Erinnerung ausgelöscht an das, was du einst warst, dich zu jenem gemacht, der nichts ist, der nicht spricht, der nichts besitzt, der nicht schreibt, er hat aus dir ein armseliges, gefallenes Geschöpf gemacht, er hat dich geknebelt, mißbraucht, verraten. Mit List und Tücke hat er deinen Verstand eingelullt, hat dich in ein dichtes Netz von Fehlern eingesponnen, die er als unabdingbar für dein Wohlbefinden, als deine Natur erklärt. Er hat deine Geschichte erfunden. Aber die Zeit naht, da du die Schlange unter dem Absatz zertreten wirst, die Zeit naht, da du aufschreien kannst, aufrecht, erfüllt von Kühnheit und Leidenschaft. Das Paradies existiert im Schatten des Schwertes.

Monique Wittig[2]

Die moderne Psychologie der Frau reflektiert den Zustand der Machtlosigkeit und Deprivation. Viele eigentlich wertvolle weibliche Eigenschaften wie Intuition oder Mitgefühl entwickelten sich wahrscheinlich eher aus einer Zwangslage oder vom Manne aufgedrängten Notwendigkeit als aus einer biologischen Disposition oder freien Wahl. Die emotionalen «Talente» der Frau müssen an dem Preis gemessen werden, den die Diskriminierung der Frau auf Grund ihres Geschlechts insgesamt fordert. Es wäre unlogisch und gefährlich, Charakterzüge zu romantisieren, die um den Preis der Freiheit und Menschenwürde erkauft wurden – selbst wenn es sich um «schöne» Züge handelt; selbst wenn sie einem die Sklaverei erträglicher machen; selbst wenn sie den Unterdrücker bezaubern, seinen Zorn und Schmerz lindern und den Augenblick, da er uns schlägt oder verläßt, um einen weiteren Tag hinausschieben.

Im Kapitel 1 habe ich über den Mythos von Demeter, der Erdmutter, und ihrer geraubten Tochter Persephone, der göttlichen Jungfrau, berichtet, die von ihr gerettet und wieder in ihr eigenes biologisch-mütterliches Schicksal eingesetzt wird.[3] Fast jede Frau in unserer Gesellschaft hat diesen Mythos im Laufe ihres Lebens wiedererlebt. Seine Bedeutung stellt immer noch einen wichtigen Schlüssel zu unserem Verständnis der weiblichen Lebenssituation dar.

Ebenso wie ihrer Mutter ist Persephone weder Individualität noch kulturelle Potenz vergönnt. Keiner von beiden ist das Schicksal einer «Heldin» vergönnt: Die eine repräsentiert die Erde, die andere die Rückkehr zur Erde. Ihr Einzelschicksal symbolisiert, wie jede einzelne Frau unausweichlich und nie endend auf das Rad der biologischen Reproduktion geflochten wird. Frauen, die in einer patriarchalischen Gesellschaft leben, sind durch das Vorhandensein bestimmter Charakterzüge und das Fehlen anderer definiert. Zum Beispiel sind die meisten heutigen Frauen genau wie Persephone weder kühn noch stark, noch wissend, noch körperlich kräftig, noch aktiv, noch sexuell potent. Wie Persephone und Demeter sind die Frauen nach wie vor naive, hilflose oder *reagierende* Opfer.(1) Ihre Sexualität wird von Männern für sie definiert, als Akt des Inzests zum Zwecke der Fortpflanzung. Nach dem Mythos pflückt Persephone gerade Blumen des Vergessens (Mohn), als sie entführt und vergewaltigt wird. Die meisten Frauen «vergessen» ihre Träume von Individualität, wenn sie heiraten. («Heirat» ist das moderne Äquivalent zur Vergewaltigung in der Mythologie.)

Leider haben die meisten heutigen Frauen keine Demeter als Mutter. Zwar wurden Physis und Natur der Frau in unserer Kultur zunehmend entwertet – doch die Frauen werden weiterhin nach biologischen Kriterien definiert. So ist die moderne Persephone nicht mehr anmutig, nicht mehr göttlich, keine Mutter «rettet» sie mehr. Demeter existiert nicht mehr – jedenfalls nicht für eine Tochter. Was den Frauen an den Vorzügen einer Erdmutter verblieb, kommt fast ausschließlich den Söhnen und Ehemännern zugute. Aus Persephone wurde Aschenbrödel, von der zur Stiefmutter gewordenen Demeter zu tumber Domestizität verurteilt. Wenn irgend etwas, so ist *dies* die weibliche Version der Vertreibung aus dem irdischen Paradies. Märchenprinzen können Frauen nicht aus ihrer Verbannung erlösen, und Mütter sind zu Stiefmüttern geworden. Deshalb sind Töchter und (Stief-)Mütter heute, anders als Persephone und Demeter, von Selbsthaß und gegenseitigem Mißtrauen erfüllt. (Stief-)Mütter haben ihre Töchter nicht für Weltreisen, Eroberungen noch für Reflexion ausgerüstet. Sie haben ihnen einen Besen in die Hand gedrückt und den Kopf mit romantischen oder eskapistischen Illusionen vollgestopft. Töchter vermögen nicht stolz auf ihr Geschlecht zu sein, das nur in Häuslichkeit zu gedeihen und fett zu werden scheint.

(1) Männer werden häufig Opfer der Natur, Frauen aber *sind* «Natur». Wenn Frauen ihre «natürlichen» Grenzen zu überschreiten suchen, werden sie meist rasch von Männern aufgehalten oder fallen ihnen zum Opfer, und zwar nicht durch irdische – oder göttliche – Gegebenheiten.

Wir dürfen nicht vergessen, daß die ursprüngliche Demeter frei war und wirkliche Macht besaß. Demeter war keine schreckliche Göttin des Todes, sondern verfügte über große irdische Reichtümer, sie war die Göttin des Lebens.(2) Heute wachsen die Frauen in Haushalten auf, in denen ihre erwachsenen Geschlechtsgenossinnen nicht über Demeters Macht verfügen. (Stief-)Mütter akzeptieren oder glorifizieren ihre Knechtschaft, sublimieren ihre Sexualität und ihren Intellekt und bestrafen ihre (Stief-)Töchter, wenn sie gegen eine solche Rolle rebellieren. Diese Situation führt zur Entwicklung ganz bestimmter Charakterzüge. Beispielsweise neigen Frauen zur Unterordnung, werden aber von ihren Müttern nicht gerettet, wenn diese Eigenschaft zu ihrer Unterjochung führt. (Stief-)Töchter lernen zu überleben, wie sie es an ihren (Stief-)Müttern gesehen haben: durch Selbstaufopferung, Schuldgefühle, konservative Haltungen, Inflexibilität, «nestfixierten» Materialismus und durch strahlendes öffentliches Zurschautragen von Glück, das nur durchzustehen ist, wenn sie privat um so verzweifeltere Geständnisse über ihr Unglücklichsein ablegen.

Persephones Naivität, Folgsamkeit und Konservativismus sind wahrscheinlich eher antrainierte als unvermeidliche Attribute heutiger Frauen. Doch sie sind nun einmal vorhanden und werden von Männern und daher auch von Frauen wenig geschätzt: Mit Recht, denn es sind wertlose Eigenschaften, ob sie nun bei Männern oder bei Frauen auftreten.(3)

Persephone, reinster Archetypus der göttlichen Jungfrau, hat in der Mythologie viele Abwandlungen erfahren. Psyche, Amors Frau, von der auch in Kapitel 1 die Rede war, ist eine wichtige

(2) In der patriarchalischen Mythologie ist die zarte, blasse Persephone nach ihrer Zwangsheirat mit Pluto die Königin des Totenreiches. Die uralte Mythologie sprach den Frauen nicht immer die wahrhaft schrecklichen Kräfte zu, um derentwillen sie gefürchtet waren. Die Stiefmütter und Hexen der modernen Märchen unterliegen meist am Ende. Auch ihnen wird nicht ihr wahres Maß an Zorn und Macht zugestanden.

(3) Ich bin dagegen, daß man bestimmte geschlechtsspezifische Charakterzüge als angeboren annimmt: ebenso lehne ich bestimmte Charakterzüge ab, ob sie nun dem einen oder anderen Geschlecht zugeschrieben oder bei ihm gefördert werden. «Männliche» Angst und Haß gegenüber Frauen, «männliche» Unsicherheit und unbegrenzte emotionelle Gier und das «männliche» Verhalten zu vermeiden, emotional verletzt zu werden, sind negative, unmenschliche Eigenschaften.

Variante des Mythos und hat für die modernen Frauen in mancher Hinsicht größere Relevanz als Persephone. Wir wissen nicht allzuviel über Persephones Gefühle für ihren Mann Pluto und über ihre Beziehung zu ihm. Was bekannt ist, läßt auf ruhiges, unversöhnliches Desinteresse und äußerste Fremdheit schließen. Persephone zeichnet vor allem ihre Identifikation mit ihrer Mutter und ihre Liebe zu dieser aus. Psyche dagegen liebt ihren Mann Eros (Cupido), sie liebt die Liebe der Männer. Nach dem Mythos wird sie buchstäblich von ihrer Mutter und ihren Schwestern verlassen und in Dunkelheit (Unwissenheit) vermählt.[4] Anders als Persephone wird Psyche mit ihrem Mann glücklich und für alle Zeiten wiedervereint und gebiert eine Tochter namens Voluptas (Lust). Psyche, eine frühe Vorläuferin der katholischen Madonna, verkörpert bestimmte Züge, die auch viele heutige Frauen besitzen: Hang zur Romantik, Zärtlichkeit, Mitgefühl und Altruismus.(4) Diese Eigenschaften werden sowohl von Männern als auch von Frauen geschätzt. Die Männer ziehen aus ihnen jedoch den größten, nahezu ausschließlichen Nutzen und lohnen sie eher schlecht. Einem wirklich mitfühlenden Menschen würde es schwerfallen, sich im öffentlichen Leben durchzusetzen. Politik und Wissenschaft erfordern Mitleidlosigkeit – aber ihre Jünger gehen dabei nicht völlig kaputt, denn ihre Jünger sind Männer, die darauf zählen können, jeden Abend im Dunstkreis der eigenen Familie durch weibliches Mitgefühl wieder gestärkt zu werden.(5) In der Politik und beim Militär ist anscheinend kein Platz für «Altruismus» oder «Mitleid», ob es sich nun um traditionelle oder revolutionäre Unternehmungen handelt. Vom psychologischen Standpunkt bedarf es kaum der

(4) Man kann sich gut vorstellen – und empirische Untersuchungen bestätigen es –, daß persönlicher «Altruismus» in unserer Gesellschaft häufig auf Schuldgefühle, Angst und Mangel an Selbstbewußtsein zurückzuführen ist und nicht auf innere Freiheit oder Selbstliebe. Margaret Adams[5] hat die verkrüppelnden Auswirkungen und die unleugbare gesellschaftliche Funktion jenes weiblichen Komplexes erörtert, den sie die «Mitleidsfalle» nennt.

(5) Manchmal hapert es allerdings damit – und die Ehefrauen werden nur allzuoft als Hausdrachen und Schlampen, als undankbare und intrigante Albatrosse verketzert, die wie Bleigewichte am Hals des leidenden Mannes hängen. Vielleicht sogar zu Recht. Es ist jedoch an der Zeit, die Schuld dafür im öffentlichen Bereich zu suchen, aus dem «Mitgefühl» und «Anständigkeit» verdrängt und in den privaten Bereich verbannt wurden – und die Mitleidlosigkeit anzuklagen, mit der die Frauen rund um die Uhr zu einem Dienst des «Mitleidens» gezwungen werden.

herkömmlichen, offen diskriminierenden Praktiken, um die Frauen von öffentlichen Ämtern fernzuhalten. Ihre Konditionierung als «Mitleidspender» reicht aus, um die Frauen – oft «freiwillig» – im Hause festzuhalten oder sie auf halb öffentliche «soziale» oder «reformerische» Aufgaben hinzulenken. Im 20. Jahrhundert veranstalten die Ehefrauen der Männer aus der Oberschicht Wohltätigkeitsfeste für die Armen; die Ehefrauen der Männer aus der Mittelschicht organisieren Friedens- und Umweltschutzdemonstrationen und arbeiten als Sozialarbeiterinnen, Krankenschwestern, Lehrerinnen und Psychologinnen; die Ehefrauen der Männer aus der Unterschicht sorgen für ihre Kinder und Ehemänner und die Kinder ihrer Kinder und die Kinder und Ehemänner anderer Leute, als Sekretärinnen, Hausangestellte und Prostituierte. Doch die Armut ist noch immer nicht verschwunden, weder Krieg noch Umweltverschmutzung noch Rassismus sind abgeschafft, und in der ganzen Welt sind die Frauen nach wie vor für das Gebären und die Aufzucht der Kinder zuständig.

Ein Psychogramm von Persephone-Psyche, in eins gesehen, ergäbe ein naives und heterosexuell-romantisches Opfer ohne Individualität, ein ängstliches und konservatives Geschöpf, das zu nichts anderem fähig ist, als Kinder zu kriegen und Mitleid zu spenden oder den Weg, den schon ihre Mutter gegangen ist, auch wieder zu gehen. Die Jungfrau als Aschenbrödel verfügt immer noch über die meisten dieser Eigenschaften, aber über weniger Stolz und Ruhm, es gibt keinen Ort, an den sie zurückkehren könnte, und weder Prinz noch Mutter, die sie «retten».

Aschenbrödel-Persephone-Psyche besitzt noch weitere unverkennbar «weibliche» Eigenschaften, die auch die heutigen Frauen auszeichnen. Ich denke an Züge, die von Männern – und daher auch von Frauen – entweder wenig geschätzt oder als unwesentlich betrachtet werden. Beispielsweise konstatieren Männer eine «Geistlosigkeit» oder «Oberflächlichkeit» an Frauen – was beides nicht zutrifft. So erscheinen den Männern viele Gespräche zwischen Frauen als «sinnloses, leeres Gerede». Zwei Frauen scheinen oft in langen Monologen aneinander vorbeizureden, keine scheint der anderen zuzuhören oder das Gesagte zu «beurteilen». Beider Bekenntnisse, beider Gefühlswelten scheinen sich «gedankenlos» nebeneinander abzuspulen, ohne «irgendwohin zu führen». Was die Frauen in Wirklichkeit einander geben – oder worauf sie abzielen –, ist eine Art von emotionaler Erleichterung und Trost. Jede der beiden Frauen kommentiert die Gefühle der anderen, indem sie ständig in einem subtilen Prozeß Parallelen beisteuert. Sie teilen ihre Gefühle miteinander, indem sie abwechselnd das ganze Erlebnisumfeld schildern, in das ihre Gefühle eingebettet sind und von dem sie nicht «abstrahiert» und «resümiert» werden können. Ihr Thema, ihre Methode und ihr Ziel sind nicht-verbal und/oder nicht verbalisiert. Gesichtsausdruck, Pausen, Seufzer und scheinbar beziehungslose (oder «nicht-abstrakte») Reaktionen auf Äußerungen spielen in einem solchen Dialog eine wichtige Rolle. Eine ganz besondere Art von Intuition ist hier am Werk. In der einfachsten Form bietet sie Frauen ein gewisses Maß an emotionaler Realität und eine Art von Trost, den ihnen Männer nicht geben können.(6) In der differenzierten Form offenbaren sich darin die Grundregeln der Kunst und des psychischen Bewußtseins.

Das Psychogramm der einzelnen und machtlosen Frau enthält also Eigenschaften wie Naivität, zwanghafte Heterosexualität, «Stolz» auf Fortpflanzungsleistungen, Ängstlichkeit, Selbsthaß, Mißtrauen gegenüber anderen Frauen – und Mitgefühl, Leidenschaft und Idealismus. Sehen wir uns nun die Frauen in Gruppen an, um festzustellen, was im sozialen Kontext aus diesen individuellen Eigenschaften wird.

Psychologie der Frau in unserer Gesellschaft: Frauen in Gruppen

> Alles Streben nach Fortschritt, nach Aufklärung, nach Wissenschaft, nach religiöser, politischer und wirtschaftlicher Freiheit geht von der Minderheit, nicht von der Masse aus. Wie eh und je werden auch heute die wenigen mißverstanden, gehetzt, eingekerkert, gefoltert und getötet . . . Die Majorität, diese kompakte, unbewegliche, schläfrige Masse, dieser russische Bauer,

(6) Und auch die Männer einander nicht geben.

glaubt nach einem Jahrhundert des Kampfes, des Opfers, des unsäglichen Leidens immer noch, daß der Strick, an dem «der Mann mit den weißen Händen» [der Intellektuelle] hing, Glück bringe . . . Nicht, daß ich nicht mit den Unterjochten und Enterbten der Erde fühlte; nicht, weil ich die Schande, den Schrekken, die Unwürdigkeit des Lebens, das diese Menschen führen, kenne, lehne ich die Masse als schöpferische Kraft für Gerechtigkeit und Freiheit ab . . . Ich möchte ihnen [den Massen] keine Zugeständnisse machen, sondern sie aufbohren, teilen und auseinanderbrechen, um einzelne aus ihnen herauszulösen.

Emma Goldman[6]

Das Ziel politischer Aktionen und gesellschaftlicher Überlegungen aller Art ist es, eine erträgliche Umwelt zu schaffen und die Leute dann in Ruhe zu lassen. Die Umwelt ist nur dann erträglich, wenn sie bescheiden und einfach ist. Die wesentlichen Dinge des Lebens werden immer diejenigen sein, die wir in unseren eigenen kleinen Gruppen oder allein tun. Dazu zählen Kunst und Wissenschaft und Sex und Gott und Mitgefühl und romantische Liebe. Sie sollten reich und vielgestaltig sein. Die Gesellschaft kann aber überhaupt nichts tun, um dem einzelnen dabei zu helfen. Das einzige, was sie tun kann, ist, dafür zu sorgen, daß sie sie nicht verhindert.

Paul Goodman[7]

Vor dreieinhalb Jahren lernte ich, daß Frauen einander immer schon feindselig gesonnen waren, daß sie selbstzerstörerisch und von ohnmächtigem Zorn erfüllt waren. Ich dachte, die Frauenbewegung würde all das ändern. Nicht im Traum hätte ich erwartet, daß ich den Tag erleben würde, an dem sich dieser Zorn, maskiert als pseudo-egalitärer Radikalismus unter dem «für-die-Frau»-Banner, in einen erschreckend bösartigen antiintellektuellen Faschismus von links verwandeln und innerhalb der Bewegung dazu dienen würde, Schwestern herunterzumachen . . . Ich meine natürlich die persönlichen Angriffe, . . . denen Frauen der Bewegung, die unter Mühen irgendwelche Leistungen vollbracht haben, ausgesetzt waren . . .

Bist du in der ersten Kategorie (das heißt erfolgreich), so wirst du sofort als sensationslüsterne Opportunistin, als skrupelloser Söldling bezeichnet, der zu eigenem Ruhm und Reichtum notfalls auch über die Leichen selbstloser Schwestern geht, die zum größeren Ruhm des Feminismus ihre Fähigkeiten hintangestellt und ihren Ehrgeiz geopfert haben. Produktivität scheint ein

Hauptverbrechen zu sein – aber wenn du noch dazu das Unglück hast, kein Blatt vor den Mund zu nehmen und redegewandt zu sein, dann beschimpft man dich als machtgierig, elitär, faschistisch und schließlich, das Schlimmste von allem: als MANN-WEIB, PFUI TEUFEL!!! ...

Aus einem solchen Angriff unverletzt hervorzugehen ist unmöglich. Zu den Wirkungen, die ich beobachtet habe, zählen: allmähliche oder plötzliche Abnahme der Produktivität; nagender Selbstzweifel; Auszehrung der Ich-Stärke, die es uns aus unserer Vergangenheit zu retten gelang oder die wir der Anfangsphase der Bewegung verdankten; eine Zunahme an Impotenz und Passivität, verbunden mit einer wachsenden Paranoia (völlig berechtigt); gefährlicher Schwund an Selbstsicherheit und Vertrauen in die eigenen Fähigkeiten; eingehende und zwanghafte Gewissenserforschung, um reale und eingebildete Sünden zu erkennen, was aber zu nichts führt, da das Hirnficken die Objektivität zerstört hat ...

Eine letzte Bitte: Wenn wir Frauen uns je aus dem Sumpf des Selbstmitleids, der Selbstzerstörung und Impotenz befreien sollen, die, solange wir denken können, unser Los gewesen sind, dann ist es vielleicht wichtiger, einander in unseren Leistungen, Erfolgen und Stärken zu unterstützen, als Mitgefühl und Verständnis für unser Versagen und unsere Schwächen aufzubringen.

Anselma dell'Olio [8]

Menschliches Gruppen- oder Sozialverhalten ist in einer von Männern beherrschten Kultur entweder *männliches* Gruppenverhalten oder *weibliches* Gruppenverhalten.(7) Ob die «Massen» notwendigerweise Gerechtigkeit, Gleichheit oder individuelle Leistung ablehnen müssen, halte ich für fraglich; auch ob die «Gesellschaft» wirklich nicht mehr für die Liebe, die Arbeit und die Kunst tun kann, als sie nicht zu behindern, wenn sie hier und da auftauchen.

Die amerikanischen Kinder werden zu extremem Konkurrenzdenken und zur Aggressivität erzogen, obwohl man in zunehmendem Maße von ihnen erwartet, daß sie sich «vertragen» oder bei anderen «beliebt» machen, *um* vorwärtszukommen. Mehr und

(7) Meine Ausführungen über Frauen in Gruppen beziehen sich vor allem auf die Unter- und Mittelschichtfrauen und nicht auf die Organisationen von Ehefrauen der Männer aus der Oberschicht.

mehr gleichen die Angehörigen aller Generationen einander im Aussehen und reagieren – trotz eines potentiell destruktiven und oberflächlichen Individualismus – völlig konform, statt individuell zu handeln. Das «Individuum» riskiert in Amerika wie auch anderswo Ächtung, Einsamkeit, schwerwiegende Selbstzweifel und vielleicht Einkerkerung.(8)

Obwohl Frauen einander in vieler Hinsicht gleichen, sind sie, was den *Zusammenschluß in Gruppen* betrifft, isolierter voneinander als Männer. Frauen sind weder in öffentlichen noch in einflußreichen Gruppen organisiert. Frauen bilden als Mütter «Gruppen» mit ihren Kindern (die heranwachsen und sie verlassen) und haben nur vorübergehenden und oberflächlichen Kontakt mit anderen Frauen: beispielsweise in Parks, bei sozialen Hilfsdiensten und auf heterosexuellen Parties. Im Verlaufe ihres auf die private Sphäre reduzierten Lebens – wie sie meinen, aus «freier» Wahl – leisten diese Frauen nur ihresgleichen Gesellschaft und vernachlässigen die notwendigen öffentlichen Aufgaben. Sie haben es nicht nötig, sich zur Erkämpfung besserer Arbeitsbedingungen zu organisieren, wenn man meint, nicht zu «arbeiten», oder wenn man glaubt, daß der Begriff der Arbeit für Frauen anders definiert ist und sein sollte als für Männer. Sekretärinnen, Hausangestellte, Kellnerinnen, Prostituierte und Fabrikarbeiterinnen sind gewerkschaftlich ungenügend organisiert. Aus vielerlei Gründen ist es nicht leicht, die Organisierung in diesen vorwiegend von Frauen ausgeübten Tätigkeiten voranzutreiben. (Zum Beispiel: die Übermüdung der Frauen durch den zweiten Job im Haushalt; der Mangel an beruflicher Bildung, an Ermutigung und damit an Optimismus; die Angst der Frauen vor dem Widerstand der Männer; und im Falle der Prostitution die Angst vor rechtlichen und physischen Repressalien *plus* die Gewißheit, in keinem anderen Job soviel zu verdienen.)

Akademikerinnen oder «Karriere»-Frauen der mittleren Einkommensklasse haben weder Führungspositionen innerhalb der

(8) Juliet Mitchell stellt in ihrer Analyse der ideologischen Funktion der Familie in der kapitalistischen Gesellschaft äußerst scharfsinnig fest: «Die Familie ist eine Bastion dessen, was der Kapitalismus erhalten möchte, aber in Wirklichkeit zerstört: des Privateigentums und des Individualismus.» Ich bezweifle allerdings, daß in der vorkapitalistischen Ära gerade Individualismus insbesondere den Frauen gestattet war.[9]

männlichen Berufsorganisationen inne, noch sind sie akzeptierte «Mitbrüder». Beispielsweise kann ich in meinem Beruf ein wichtiges oder zwangloses Gespräch mit einem Kollegen nicht im Waschraum fortsetzen; mit einer Kollegin *kann* ich das, und das ist kein geringer Unterschied. Als Geschäftsfrau kann ich nicht mit einem Kollegen oder Klienten in einem Sport- oder Hobbyklub oder einem Bordell oder auf einem Herrenabend über Geschäfte reden. Ich habe zu wenige Kolleginnen, mit denen ich etwas Ähnliches organisieren könnte, und außerdem finden wir als Frauen auf Grund unserer Sozialisation keinen rechten Geschmack an solchen Einrichtungen – selbst oder insbesondere, wenn sie ausdrücklich für unser berufliches Vorwärtskommen gedacht wären. Als «Karriere»-Frau habe ich kaum je Gelegenheit, mit einem Kollegen eine Wochenendfahrt oder eine Urlaubsreise zu machen: Was würden unsere Ehepartner sagen? Wie könnte ich es mir «ohne Ehefrau» leisten, Kinder und Haus im Stich zu lassen? Wie kann ich es riskieren, daß man mich deshalb als «Edelnutte» bezeichnet und ich dadurch einen «beruflichen» oder menschlichen Kontakt verliere? Und wenn ich mir über alle diese Dinge Sorgen machen muß, wie bekomme ich dann die Unterstützung und die Informationen, die für meine männlichen Kollegen eine Selbstverständlichkeit sind? Wenn meine Chancen, wirkliche Macht zu erlangen, im Vergleich zu jenen meiner männlichen Widersacher so gering sind, nimmt es dann wunder, daß sie nicht gerade ein brennendes Verlangen haben, meine Freundschaft zu suchen oder mich in meinem Bestreben zu ermutigen? Brauchbar bin ich für sie allenfalls – als Hilfskraft, Vertraute, Geliebte oder Ehefrau. Man sieht in mir weder eine Rivalin noch einen Protegé. Ich bin eine Waffe, die man gegen andere Männer (echte Rivalen) einsetzen kann. Helfe ich einem Kollegen, seine Position zu festigen oder zu behalten, so wird man mich dafür mit irgendeiner untergeordneten Stellung belohnen. (Die Eheschließung mit einem Kollegen ist ein Mittel, das Frauen häufig benutzen, um sich im Berufsleben durchzusetzen.)

Erst seit dem Beginn der Frauenbewegung haben einige berufstätige Amerikanerinnen (insbesondere an den Universitäten) angefangen, Berufsorganisationen für Frauen ins Leben zu rufen. Erst seit kurzem hat man als berufstätige Frau, besonders in den sogenannten «Männerberufen», Frauen als Kolleginnen, Klientinnen oder Arbeitgeberinnen. Erst seit kurzem haben sich Frauen als Feministinnen zu intellektuellen, ökonomischen, emotionalen, politischen und gesellschaftlichen Zwecken zusammengeschlossen. Wie ich in Kapitel 9 ausgeführt habe, stellten die feministischen Gruppen völlig neuartige Experimente in der weiblichen Gesellschaft dar, besonders für jene Frauen, die wenig Erfahrung mit Großfamilien und Kommunen hatten oder deren Kontakte mit Frauengruppen sich auf ihre Funktionen als Ehefrau und Mutter beschränkten, statt in ihrer Eigenschaft als Bürgerinnen, Künstlerinnen, Geschäftsfrauen oder Menschen zu erfolgen.(9) Selbsterfahrungsgruppen boten den Frauen Unterstützung in ihrer Empörung und in ihrem Wunsch nach sexueller Befreiung und ökonomischer Besserstellung.

In feministischen Gruppen fanden viele Frauen zumindest eine zeitweilige und isolierte Zuflucht vor der Feindseligkeit oder Gleichgültigkeit in Familie, Schule oder Arbeitswelt. Die feministische Gruppenerfahrung war ein Versuch, die Ideologie der «Sisterhood» zu institutionalisieren, idealerweise eine Verbundenheit, die nicht auf Machtlosigkeit und Unzufriedenheit beruht.

So revolutionär und zukunftsträchtig der Feminismus ist, so schockiert waren viele Frauen über ihre ersten Niederlagen – nicht verwunderlich angesichts der fundamentalen Naivität der Frau. Sie waren sich der Ungeheuerlichkeit der ihnen bevorstehenden Aufgabe noch nicht bewußt.(10) In den amerikanischen Gruppen wur-

(9) Ich meine damit nicht, daß die Mutterfunktion keine menschliche Aufgabe sei, im Gegenteil. Was ich damit sagen will, ist, daß sie von denjenigen, die die Mittel der Produktion und Reproduktion kontrollieren, nämlich von den Männern, als etwas *nicht* gerade Menschenwürdiges betrachtet wird. Wenn die Mutterfunktion eine wertvolle menschliche Aufgabe ist, sollte sie von Männern *und* Frauen ausgeübt werden.

(10) Juliet Mitchell hat bemerkt: «So wie wir uns einerseits nie der Unterschätzung des Potentials der Frauen schuldig machen dürfen, so müssen wir uns ständig die Schwierigkeiten unserer Position vor Augen halten. In einem anderen Zusammenhang (mit dem militärischen Kampf) hat Mao den Alleingang und die Unterschätzung der Schwierigkeiten «linkes Sektierertum» genannt, die Unterschätzung des eigenen Potentials und die Angst vor dem Kämpfen dagegen «rechten Opportunismus» . . . Die Umstände unserer Unterdrückung konditionieren uns *ohne Zweifel*. Und wir müssen die Schwäche der Frauen als politischen Faktor einkalkulieren, um ihr *nicht* zu unterliegen.»[10]

de von den Frauen scharfe Kritik an den «weiblichen» Methoden der Konfliktbewältigung wie Höflichkeit, Tränen und Ausweichen geübt. Ebenso kritisch war die Einstellung gegenüber «männlichen» Verfahrensweisen wie logische oder «objektive» Schlichtung, Kompromiß oder Gewalt. Wenn Konflikte auftraten, kam es zu harten Auseinandersetzungen, da man «weibliche» wie «männliche» Interpretationen und Lösungen zu vermeiden suchte. Solch heroischer Purismus hatte oft die gleiche Bitterkeit und Paranoia zur Folge, die für viele Männergruppen charakteristisch sind, zum Beispiel «revolutionäre» politische Gruppen und Kleinstfamilien – Gruppen, welche die Feministinnen umgestalten oder gänzlich verlassen wollten.(11) Leider lassen sich psychische Strukturen keineswegs leichter verändern oder aufgeben, als dies auch für die nationale und biologische Geschichte des Menschen gilt. Jeder Versuch, einen dieser Bereiche zu «revolutionieren», basiert gewöhnlich auf dem entschlossenen Festhalten an oder einer Rückbesinnung auf bestimmte alte Mythen, Wertvorstellungen und Strukturen, wenn auch in etwas modifizierter Form. Die plötzliche und schmerzhafte Erkenntnis eines allgemeinen Übels (der Unterdrükkung) bewirkt nicht dessen sofortige Beseitigung: Sie ist nur der erste von vielen mühsamen Schritten.

So hat die amerikanische feministische Bewegung zwar an vielen an sich wertlosen anerzogenen weiblichen Eigenschaften festgehalten, aber auch andere anerzogene Qualitäten zu Recht als positiv erkannt und der Frau neue Formen des «Seins» in der Welt zu erschließen gesucht. Beispielsweise ist es vielen Frauen nicht gelungen, gegenüber ihren Mitschwestern die eingefahrenen Reaktionen der Abneigung, der Rivalität und des Sich-verraten-Fühlens zu

(11) Projektorientierte «Mittelschicht»-Gruppen litten etwas weniger unter diesem Problem. Sie hatten bestimmte Aufgaben und Ziele und waren nicht abgeneigt, «männliche» Organisationsverfahren und Methoden der Konfliktlösung anzuwenden. Ihre Arbeit ist ungeheuer wertvoll für die Frauen: Ihre Zukunftsvisionen sind ebenso wie die der entsprechenden Männergruppen nicht puristisch-romantisch, und sie vermögen mit einigem Erfolg innerhalb unserer heutigen Gesellschaft zu wirken. Medizinische, rechtliche, ökonomische und politische Reformen zugunsten der Frauen dürfen nicht leichthin als «reformistisch» und daher nutzlos abgetan werden. Manche Reformen sind von so grundlegender Bedeutung, daß sie je nach dem biosozialen Gesamtzusammenhang, in dem sie stattfinden, auch als revolutionär bezeichnet werden können.

vermeiden. Man hört dafür eine endlose Reihe verschiedenster Gründe: ökonomisch und beruflich erfolgreiche Frauen seien aggressiv und elitär; heterosexuell engagierte Frauen seien Feiglinge und Verräter; glückliche Mütter und marxistische Frauen seien Schwachköpfe und gehörten zur «Fünften Kolonne»; Lesbierinnen seien krankhaft; weiße Frauen seien rassistisch; schwarze Frauen bestünden darauf, ihren Männern den Vortritt zu lassen; ältere Frauen trügen Hüte und Handschuhe; junge Frauen trügen Speere und würfen Bomben. Diese Einteilungen haben ohne Zweifel politische und ökonomische Gründe. Letzten Endes ausschlaggebend ist jedoch die weibliche Überzeugung, der Erfolg und die Macht einer anderen Frau könne ihr nicht zugute kommen und sie nicht schützen. Psychologisch wirkt sich hier auch eine schreckliche Angst vor Unterschieden aus.

Wir erinnern uns (aus Kapitel 1), daß Demeter, die Erdmutter, ihre Tochter Persephone mit ihrem eigenen Bild identifiziert. Der Verzicht auf Differenzierung, auf Individualität hängt eng mit dem ewigen weiblichen Kreislauf biologischer Reproduktion und kultureller Impotenz zusammen. Das ist der mythologische Ursprung der «Überwachung» von Frauen durch Frauen, in der Familie wie in feministischen Gruppen. Mütter initiieren ihre Töchter in die geheiligte Schwesternschaft der Unzufriedenheit nicht nur, um deren Überleben zu sichern, sondern Mütter sind einsam und brauchen Zuwendung – die sie weder von ihren Müttern noch ihren Ehemännern erhalten und die sie sich vielleicht wie Demeter von ihren Töchtern erhoffen. «Rebellische» Töchter werden deshalb von ihren Müttern unnachsichtig behandelt, weil diese in ihnen so etwas wie abtrünnige Liebhaber und Gefährten sehen. Die gegenseitige Bespitzelung der Frauen wurzelt in ihrer Angst vor Machtlosigkeit.

Mythologisch gesehen brachte somit Erfolg oder Macht der Mutter (oder einer älteren Frau) für die Tochter Einbußen an Freiheit oder Individualität mit sich. Im Patriarchat wird der noch so minimale oder vorübergehende «Erfolg» einer Frau psychologisch und politisch auf Kosten einer anderen erkauft. Die heutige «erfolgreiche» Frau kann andere Frauen nicht honorieren (oder anleiten oder identifizieren) mit einem Bild der Macht und Unabhängigkeit, einem Bild, das nicht auf den biologischen Gegebenheiten beruht.(12) Es gibt zu wenig «erfolgreiche» Frauen, die dies durch ein objektives gesellschaftliches Beispiel bewirken könnten. Auf der persönlichen Ebene halten die außerordentlichen Anforderungen, die an die «erfolgreiche» Frau gestellt werden, sie entweder von biologischer Mutterschaft ab oder zwingen sie zur Loyalität gegenüber einzelnen Männern (als Ehemänner, Söhne, Arbeitgeber, Kollegen) und gleichzeitig zur Isolierung von anderen Frauen.

Ich möchte hinzufügen, daß es unter den Männern sehr wohl auch «Unterschiede» gibt, die auf verschiedene Weise erlebt und ausgeglichen oder nicht ausgeglichen werden. Von Männern verlangt die Einführung in die männliche Rolle (in der Gestalt Gottes oder des ödipalen Vaters) und die Identifizierung mit ihr im Idealfall die Entwicklung einer gewissen öffentlich nutzbaren Stärke, Mobilität und vielleicht sogar eines Hauchs von Individualität. (Sie bedeutet auch den Verzicht auf Heterosexualität außer unter bestimmten «gefahrlosen» Bedingungen.) Männliche Konformität heißt, wie ich bereits erwähnt habe, Konformität im Handeln, im Kämpfen, im Denken, in der Mobilität und im Vergnügen; weibliche Konformität heißt Konformität in der Passivität, Resignation, Emotionalität und im Unglücklichsein. Freilich wird die Identifizierung mit dem ödipalen Vater um einen hohen emotionalen Preis erkauft. Die «Überwachung» von Männern durch andere Männer wurzelt in einer Angst vor Macht und ist eine mehr buchstäblich physische und öffentliche «Überwachung» als die gegenseitige «Bespitzelung» der Frauen. (Männer spielen gegenüber Männern und Frauen den Aufpasser. Erwachsene Frauen haben nicht die Möglichkeit, sich gegenüber erwachsenen Männern in einer vollkommen gleichen Weise zu verhalten.)

Einzelnen Frauen und Frauen in Gruppen, einschließlich der

(12) Ich glaube, daß diese Dynamik – entweder Identifizierung der Frau mit der Mutter oder unheilvoller Abfall von ihr – so lange wirksam sein wird, als die Frauen die Bürde der Mutterschaft innerhalb der patriarchalischen Familie tragen. Auch ist die komplizierte Mutter-Tochter-Interaktion ein zählebiges, schwer zu überwindendes Modell. Daß die Frauenbewegung von der «Sisterhood» statt von der Mutter-Tochter-Beziehung spricht, deutet einerseits auf die schmerzhafte Problematik des weiblichen Rollenmodells hin, andererseits stellt das einen Versuch dar, korrupte hierarchische Schranken zwischen den Frauen niederzureißen.

feministischen Gruppen, fällt es schwer, den herrschenden Doppelstandard männlich-weiblichen Verhaltens zu überwinden. Paradoxerweise müssen Frauen zwar nicht «erfolgreich» sein, wenn sie es aber in irgendeiner Hinsicht *sind*, dann gelten sie als Versager, wenn sie es nicht auf *allen* Gebieten zu Glanzleistungen bringen. Frauen müssen vollkommen sein (Göttinnen), oder sie sind Versager (Huren). (Die gewaltsame Konditionierung der Mädchen zu makelloser Reinheit verbunden mit dem ständigen Bewußtsein von «Schmutzigkeit» sitzt in der Tat sehr tief.) Leistet eine Frau eine wertvolle Arbeit, so hat sie im Unterschied zu den Männern (die ja schließlich keine Übermenschen sind) *trotzdem* versagt, wenn sie darüber beispielsweise ihre Kinder oder ihr Aussehen vernachlässigt. Eine Frau hat versagt, wenn sie in einer juristischen oder intellektuellen Auseinandersetzung siegt, aber dabei die Gefühle einer anderen Frau (eines Mannes) verletzt.(13) Noch ein Beispiel: Mütter werden gelobt, daß sie ihre Kinder großziehen, aber von anderen, von Psychiatern und sich selbst scharf verurteilt, wenn mit ihren Kindern oder ihrer Ehe etwas «schiefgeht». Ironischerweise werden Mütter häufig als «Versager» angesehen – von ihren Männern, von «Karriere»-Frauen und von einigen Feministinnen –, weil sie nicht nebenbei beruflich Karriere oder sich wenigstens von ihren Familien unabhängig machen.(14)

Frauen ebenso wie Männer haben immer von einer Frau rascher und leichter Hilfe oder Opfer erwartet oder verlangt, als sie von einem Mann Opfer oder auch nur Kooperation forderten. Ein solches Verhalten ist objektiv ungefährlicher und potentiell erfolgreicher. Psychologisch äußert sich darin die höhere Bewertung des Mannes in unserer Kultur ebenso wie die den Frauen zugewiesene Rolle, andere Frauen im Dienste männlicher Vorherrschaft zu

(13) Männer haben Ehefrauen und Sekretärinnen, die sowohl sie selbst bemuttern als auch die gekränkten Gefühle anderer in ihrem Namen besänftigen, die das Abendessen servieren, Geschenke kaufen und für sie Telefondienst machen, wenn sie «schlecht gelaunt» oder «beschäftigt» sind. Frauen haben das nicht. Männer haben es auch insofern leichter, als kein Mensch von ihnen verlangt, daß sie dauernd «charmant» zu sein hätten.

(14) Ehemänner legen ihren Frauen manchmal nahe, sich doch «draußen umzusehen», nachdem diese 20 Jahre im Hause geschuftet haben und nicht mehr «jung» oder «interessant» sind. Feministinnen erwarten Zuwendung und Kameradschaft von Frauen, die ihnen dies auf Grund ihrer Beziehung zu ihrer Familie schwerlich geben können.

überwachen. Selbst innerhalb der feministischen Bewegung fordern oder erzwingen die Frauen keineswegs eine bestimmte Unterstützung von den Männern – sei es von Bekannten oder von öffentlichen (männlichen) Gremien wie philanthropischen Stiftungen, Konzernleitungen oder Regierungsstellen. Über einen bestimmten Punkt hinaus sind Frauen nicht imstande, Männer zu irgend etwas zu zwingen. Die Angst vor männlichen Sanktionen in Form von weiteren ökonomischen Repressalien oder physischer Gewaltanwendung ist sehr ausgeprägt. Da Frauen dazu erzogen wurden, sich auf den privaten und «persönlichen» Bereich zu beschränken, haben sie außerdem nur sehr unklare Vorstellungen von politischem Handeln und vom Charakter der Macht. So werden in Amerika die «Stellungnahmen» von Betty Friedan, Gloria Steinem oder Kate Millett zu bestimmten Frauenrechtsfragen ungeduldiger erwartet und in Umlauf gebracht als die Äußerungen von Gouverneur Rockefeller, Präsident Nixon, der Ford Foundation, der amerikanischen Armee, General Motors oder des Vatikans – lauter Institutionen, die weit mehr Mittel zur Verfügung haben als irgendeine einzelne Frau oder irgendeine einzelne Frauengruppe. (Es ist immer noch ungefährlicher, Mama zu melken, zu beschuldigen und zu hassen als Papa. Vor Papa hat man Angst, und man spricht zu ihm im Ton «braver Mädchen» oder überhaupt nicht.) Ein weiteres Beispiel: Die meisten traditionellen und feministischen Kindertagesstätten und Kinderläden beschäftigen Frauen, nicht Männer. Babysitten erwarten die Töchter-Mütter gewöhnlich von den Müttern, nicht von den Vätern. Noch nie ist es einer Frauengruppe gelungen, ihre berufstätigen Ehemänner zu bewegen, geschlossen die Verantwortung für Haushalt, Kindererziehung und emotionale Anteilnahme innerhalb der Ehe zu übernehmen.(15)

Frauen fühlen sich ebenso wie Männer zutiefst verunsichert durch eine Frau, die nicht so oft lächelt und die, paradoxerweise, nicht sehr unglücklich ist. Frauen mißtrauen und Männer vernichten Frauen, die kein Interesse daran haben, irgend etwas für irgend jemanden aus irgendeinem Grund zu *opfern*. Statt die ganze oder

(15) Es gibt mehrere Gründe, warum Frauengruppen dies gar nicht anstreben. Dazu zählen der Verlust der eigenen Identität und ihres Jobs als Ehefrauen sowie ein berechtigter Zweifel an der Kompetenz der Männer auf diesen Gebieten.

wenigstens die halbe Macht Cäsars anzustreben, würden es viele Frauen einschließlich mancher Feministinnen vorziehen, alles in Cäsars Händen zu belassen und in einer falsch verstandenen «edlen» Geste ihr eigenes Vorwärtskommen weniger privilegierten Frauen, den Menschen der Dritten Welt, den eigenen Kindern, dem müden Ehemann usw. zu opfern. Mit anderen Worten, es fällt den meisten Frauen immer noch schwer, daß sie Schluß damit machen, sich für bestimmte andere Leute in persönlichen und privaten Handlungen aufzuopfern (oder zumindest zu sagen, daß sie es tun wollen).(16) Es ist immer noch schwierig für die meisten Frauen, politische oder technologische Macht als potentiell geeignetes Mittel zur Beseitigung zumindest *eines Teils* des sie umgebenden menschlichen Elends und der Ungleichheit – einschließlich ihrer eigenen – zu betrachten.

> In dieser Welt voll Lärm, sagen die Frauen, sähen sie sich bereits im Besitz der Industrie. Sie sitzen in den Fabriken, Flughäfen, Rundfunksendern. Sie kontrollieren die Kommunikationsmittel. Sie haben die Fabriken der Luftfahrt-, Elektronik-, Rüstungs- und Datenverarbeitungsindustrien besetzt. Sie stehen in den Gießereien an den Hochöfen, in den Werften, Waffenlagern, Raffinerien, Destillieranlagen. Sie haben von den Pumpen, Pressen, Hebeln, Walzwerken, Schraubstöcken, Flaschenzügen, Kränen, Turbinen, Preßluftbohrern, Bogenlampen und Lötkolben Besitz ergriffen. Sie werden handeln, sagen sie, und sich dabei stark und glücklich fühlen.
>
> Monique Wittig[11]

Wenn Frauen «Führungspositionen» und/oder Macht ablehnen, tun sie dies wahrscheinlich eher, weil die Konditionierung von ihrer eigenen Wertlosigkeit sie dazu zwingt, als daß sie die skrupellosen Aspekte von «Führungspositionen» in unserer Gesellschaft erkannt haben. Wie wir noch sehen werden, entspricht dies in etwa

(16) Ich bin nicht sicher, ob letzten Endes mehr als das überhaupt erreicht werden kann oder sollte – aber ich würde eine gesellschaftliche Ordnung vorziehen, die einerseits ein solches persönliches Verhalten *im öffentlichen Leben* verstärkt und die andererseits der Öffentlichkeit die Verantwortung für bestimmte entscheidende Bereiche überträgt, wie zum Beispiel die wirtschaftliche Absicherung des einzelnen, die Garantie sexueller Freiheit, Vorschulerziehung usw.

dem, daß Frauen Gewalt oder Selbstverteidigung «prinzipiell» ablehnen – zumal ihnen dazu ohnehin jegliche Möglichkeit fehlt. Ein solcher Verzicht beruht nicht auf freier Wahl oder auf einem moralischen Entschluß, sondern ist schlichte Notwendigkeit. Der «Pazifismus» der Frauen verdient ebensowenig Bewunderung wie die «Gewalttätigkeit» der Männer.

Frauen scheinen sich durch original «männliche» oder «männer»-ähnliche Eigenschaften *bei einer Frau* noch stärker verunsichert zu fühlen als Männer. (Männer können es sich leisten, gelassener zu reagieren, weil nur wenige Frauen solche Züge aufweisen, und wenn sie es tun, diese wenigen leicht in Zaum gehalten oder in männliche Dienste aufgenommen werden können.) Im allgemeinen reagieren Frauen inklusive vieler Feministinnen positiver auf solche Projekte, die die Bürde des weiblichen Status quo *erleichtern*, als auf Projekte, die den Status quo neu zu definieren oder abzuschaffen suchen. Die Last der Mutterschaft zu erleichtern und die Abtreibungsreform zu unterstützen sind wichtige Aufgaben, doch enthalten sie beide gleichzeitig das Fortbestehen machtloser weiblicher Verantwortlichkeit für die Kinder und die Geburtenkontrolle. Außerhäuslich berufstätige Frauen, ob Fabrikarbeiterinnen oder Akademikerinnen, fordern höhere Löhne und bessere Arbeitsbedingungen (für sich oder ihre Ehemänner) sowie mehr öffentliche Kindertagesstätten. Die meisten Frauen sind einfach noch nicht imstande, ihre Bindungen an die biologische Fortpflanzung oder an die Familie zu lösen.(17)

Zum Beispiel empfinden die meisten Frauen das physische oder emotionale Alleingelassenwerden der Familie oder der Kinder durch den Mann entweder als Grausamkeit oder als grausame Notwendigkeit. Er ist ein «Schuft» – oder ein «Opfer» harter beruflicher Notwendigkeit. Sein Verhalten ist menschlich. Überläßt jedoch eine Frau – aus welchem Grund auch immer – ihre Familie in ähnlicher Weise sich selbst, so wird dies als «unnatürlich» oder «tragisch» angesehen. Die gesellschaftliche Rolle der Frau ist im-

(17) Wie ich an anderer Stelle bereits erwähnt habe, wird sich die Bindung der Frau an die biologische Fortpflanzung allmählich als Folge der Bevölkerungsexplosion und auf Grund technologischer Fortschritte verändern, aber auch auf Grund jener Faktoren, welche die Periode der Kinderaufzucht verkürzen und die Lebenserwartung verlängern.

mer noch eine biologische: Deshalb nennt man es einen Verstoß gegen die Natur, wenn sie versucht, ihre gesellschaftliche Rolle zu ändern. Man muß sich immer vor Augen halten, daß Männern stärkere Abweichungen von ihrem gesellschaftlichen Rollenbild gestattet werden als Frauen. Obwohl man von Männern öffentlichen oder ökonomischen Erfolg erwartet, wird es beispielsweise nicht unbedingt als «unnatürlich» angesehen, wenn sie diesen Erwartungen nicht genügen können oder wollen, sondern sie werden dann entweder zu Helden oder zu Opfern, die unser Mitleid, unser Verständnis und unsere Unterstützung verdienen.

Konformismus, Inflexibilität und eine Tendenz, den emotionalen Infantilismus und die unrealistischen Abhängigkeiten der machtlosen Frau zu romantisieren (und sie für eine Form von Weisheit oder Macht zu halten), ist nach wie vor für viele Männer und Frauen bezeichnend, selbst auch für Feministinnen. Frauen haben bisher fast keine gemeinsamen Erfahrungen mit öffentlichen Problemlösungen und mit brauchbaren Rollenvorbildern. «Macht» und «öffentliches Handeln» sind in der Tat Domänen des Mannes, in denen sie sich fremd fühlen. Sofern Frauengruppen vorwiegend oder ausschließlich im persönlichen Gefühlsbereich steckenbleiben, statt zu Einzel- oder Gruppenaktionen überzugehen, sofern sie sich mehr um den «Prozeß» als um das «Produkt» kümmern, bleiben sie Opfer der weiblichen Physis *und* Geschlechtsrollenkonditionierung. Solange sich Frauen wohler fühlen, wenn andere – Einzelpersonen oder Gruppen – die Entscheidungen treffen und die Analysen erstellen, als wenn sie selbst dies tun, bleiben sie auf behagliche Weise «weiblich».(18)

Die Frau in ihren bisherigen Erscheinungsformen als Persephone-Psyche-Aschenbrödel kann bestimmte Dinge nicht vollbringen. Es ist absurd zu erwarten, daß Frauen als Frauen Ziele wie internationalen Frieden oder universelles persönliches Glück schneller erreichen könnten als Männer. Im Gegenteil, Frauen mag dies als den *machtlosen* Geschöpfen, die sie sind, noch schwerer fallen als Män-

(18) Das bedeutet nicht, daß niemand als nur einer über Legitimität und Autorität verfügen sollte; es bedeutet, daß sich idealerweise jeder «legitimiert» fühlen sollte und sich nur dann den Meinungen anderer anschließen oder diese «für ihn» sprechen lassen sollte, wenn ihn Argumente, nicht Unwissenheit oder Furcht dazu veranlassen.

nern – insbesondere da die Männer, die über Macht verfügen, sich einerseits dagegen sträuben, «feminine» Züge in das öffentliche Leben eindringen zu lassen, und andererseits die Frauen ermutigen, «maskuline» Züge zu entwickeln, um in der Öffentlichkeit zu bestehen oder gar zu herrschen. Sicher werden die Frauen ihre ersten organisierten Erfolge auf Gebieten wie Kinderpflege, Abtreibung und Geburtenkontrolle erzielen – bei sogenannten Frauenfragen also. Als Interessengruppe wie als Individuen werden Frauen länger warten müssen, bis sie es sich *leisten* können, sich der wissenschaftlichen Forschung, der künstlerischen Produktion, dem ökonomischen Aufstieg und den politischen Entscheidungsprozessen zu widmen.

Wie sollte die «ideale» Gruppe aussehen? Als Feministin und Anarchistin kann ich nur für mich selbst und leider nur in etwas vagen Andeutungen sprechen. Ich halte nur solche Gruppen für nützlich, die im Unterschied zur Familie echte Verantwortlichkeit und Freude ermöglichen; die unsere elementaren Bedürfnisse nach individueller Freiheit, Sicherheit, Leistung und Liebe befriedigen. Gruppen (Ideologien, Religionen, «Wege»), die auf irgendeine Weise den individuellen Geist lähmen; die das, wonach er sich sehnt, verachten und verketzern; die *aus irgendeinem Grunde* Konformität, Mittelmäßigkeit und Konservativismus erzwingen; die den einzelnen auf «überschaubare» und geläufige Dimensionen reduzieren, statt ihn zu nicht absehbarem, nicht kontrollierbarem Wachstum zu ermutigen und dabei zu *unterstützen* – derartige «Zusammenschlüsse» sind nur allzu unrühmlich bekannt, es sind eher «männliche» und «weibliche» als menschliche. Sie sind dazu verdammt, die alten Konstellationen von Märtyrertum und Unterdrückung zu produzieren.(19) Solche Gruppen können den Frauen nicht die Kraft geben, Macht zu erlangen und gleichzeitig Macht, Sexualität und Arbeit neu zu definieren.(20)

(19) Männer werden geopfert oder zu Märtyrern gemacht, wenn sie Frieden und Liebe predigen oder praktizieren; Frauen (und machtlose Männer), wenn sie Krieg predigen oder führen: Selbst die geheimnisvollen und üblen Gesetze des Märtyrertums unterliegen den Geschlechtsrollenstereotypen.

(20) Ich weiß ehrlich gesagt nicht, «wie» solche idealen Gruppen die Probleme der Ungleichheit und Ungerechtigkeit lösen würden. Ich nehme an, daß manche dieser Probleme besser gelöst sein müssen, bevor solche Gruppen überhaupt existieren können.

Als Feministin und Psychologin möchte ich mich der Frage nach den «idealen Gruppen» noch auf eine ganz andere Weise nähern. Wenn Frauen aus biologischen Gründen zu kultureller Impotenz verurteilt wurden, ist es vielleicht nützlich, sich mit jenen Sozietäten auseinanderzusetzen, in denen Frauen gerade *aus* biologischen Gründen die kulturelle Vormachtstellung innehatten: nämlich in den Amazonenstaaten.

Amazonengesellschaften: Visionen und Möglichkeiten

> Hat es sie gegeben, die fabelhaften Jungfrauenvölker, die Rossedämoninnen, hereinjagend vom Rand der Welt, daß Eis und Goldsand spritzt? Das «männerhassende Heer», mit klirrenden Locken und Bräuchen unerhört? Zeitlich-wirklich bilden die Amazonen nicht nur ein extremes Ende des «Mutterrechts». Sie sind Selbstzweck und Anfang auch. Als ausschweifende Töchterreiche mit Ausschließung alles Männlichen bis auf versklavte Knabenkrüppel heben sie sich ab von der weltalten, ruhend toleranten Muttersippe, die unbotmäßige junge Mannheit ganz friedlich abschob durch Exogamie. Die Amazonen ahmen nicht das männliche Prinzip nach, sondern leugnen es, um die beiden Grundformen des Lebens, die von der großen Mutter getrennt worden waren, in paradiesischer Harmonie zu vereinen ... Im Mutterclan gebaren «große Mütter» immer wieder künftige «große Mütter». Amazonen hingegen pflanzen den Töchtertyp fort, einen neuen Bewegungstyp, der gleichsam durch eine Erbschleife hindurchschlüpft und etwas Keimverschiedenes ist. Eroberinnen, Rossebändigerinnen, Jägerinnen, die Kinder zwar werfen, den Wurf aber weder säugen, noch selbst warten. Sie schwärmen aus, als äußerster, linker Frauenflügel einer flügge werdenden Menschheit; deren äußerster rechter Flügel die jungen Sohnesreiche mit funkelnagelneuem, daher rabiatem Männerrecht sind.
>
> Helen Diner[12]

Nun besteht die ganze Idee des Amazonentums in einem Rückgängigmachen der ersten, parthenogenetischen weiblichen Tat, jenes urmütterlichen Geschenks, die Aktivität, aus sich abgespalten, hinzugeben, selbständig nun als Männliches geformt. Amazonen negieren den Mann, vernichten die männliche

Frucht, gestehen der Aktivität in Mannesgestalt kein Sonderdasein zu, resorbieren sie, leben sie selber aus, androgyn: weiblich auf der linken, männlich auf der rechten Körperhälfte. Also beginnt auf dieser die Entmütterlichung durch Schrumpfung oder Ausbrennen der Brust als Symbolhandlung allerkühnsten Stils.

Helen Diner[13]

Die Amazonengesellschaft stellt als Mythos, historisches Ereignis und als universaler männlicher Alptraum eine Kultur dar, in der die Frauen *auf Grund* ihrer sexuellen Identität die Herrschaft ausüben.(21) (Genauso wie Männer auf Grund *ihrer* sexuellen Identität dominieren.) Die Opferung oder Selbstaufopferung der Frau, wie wir sie kennen, wäre in Amazonengesellschaften nicht möglich gewesen. Eine Amazonenmutter war beispielsweise nicht durch ein *kulturell* festgelegtes Rollenverhalten zu ständiger Interaktion mit ihrem biologischen Kind verpflichtet. Trotz vieler Lobeshymnen auf die Freuden der Kinderaufzucht ist nicht an der Tatsache zu rütteln, daß diese Aufgabe (und die damit verbundene Mühe und Immobilität der jeweiligen Schicht und dem jeweiligen technologischen Entwicklungsstand entsprechend) traditionell dem relativ machtloseren Geschlecht zugefallen ist.

In den Amazonengesellschaften waren die Frauen gleichzeitig Mütter und die *einzigen* Krieger ihres Gemeinwesens; Mütter und die *einzigen* Jäger; Mütter und die *einzigen* politischen und religiösen Anführer. Insofern gab es wie in allen rein weiblichen Gesellschaften keine auf Geschlechtszugehörigkeit basierende Arbeitsteilung.(22) Obwohl es Führerinnen gab und Königinnen gewählt wurden, scheint es sich bei den Amazonenvölkern um klassenlose

(21) Die Amazonengesellschaften sind auch deshalb bedeutsam, weil in ihren Frauen zu Kriegerinnen ausgebildet werden – militärisch und vermutlich auch auf andere Weise. Die Amazonen besaßen eigenes Land, auf dem sie zusammen lebten. Darin unterscheiden sie sich von anderen und den einzigen uns bekannten Beispielen von Frauen, die miteinander leben: in Gefängnissen, in Gettos, im islamischen Harem oder als «Heranwachsende» in Schulen. Diese Frauen leben nur in einem Zustand vollkommener Recht- und Machtlosigkeit oder aus absoluter Notwendigkeit mitsammen.

(22) Da in den Matriarchaten Männer vorhanden waren *und* Machtpositionen innehatten, kam es dort zu teilweiser geschlechtsspezifischer Arbeitsteilung. Nicht auszuschließen ist, daß eine Arbeitsteilung in einer rein weiblichen Gesellschaft auf anderen Kriterien – als nur auf Körperkraft und Intelligenz – beruhte. Vielleicht beteiligten sich manche Amazonen überhaupt nicht an der biologischen Reproduktion.

Gesellschaften gehandelt zu haben, zumindest aber um Kulturen, in denen jede *Frau* die Möglichkeit zu voller Selbstentfaltung hatte.

In der Amazonengesellschaft waren nur die *Männer*, soweit man ihnen zu bleiben gestattete, in verschiedenem Maße machtlos und unterdrückt.(23)

Der mildeste führt sie in jedem Frühling zu flüchtiger, *aus Prinzip wahlloser Vermischung* an männliche Nachbarn heran. Weibliche Frucht wird behalten, männliche dem fernen väterlichen Stamm zurückgeschickt. Die schärfere Art schickt nichts zurück, sondern verstümmelt die neugeborenen Knaben, macht sie für später ungefährlich durch Auskugeln einer Hand und einer Hüfte. Als verachtete Sklavenprügel, von keiner Amazone je erotisch berührt, werden sie im Stamm lediglich zum Kinderwarten, Wollespinnen und häuslichem Dienst verwendet. Im extremen Fall wird meist der Besamer selbst nachträglich getötet, ausnahmslos aber jede männliche Geburt.

Von den libyschen Amazonenstämmen scheinen nur die *Gorgonen* ganz orthodox, im Sinn der Thermodontinnen, geraten zu sein, denn nur auf sie fällt die Gnadenwahl, in den Mythos einzugehen. Ihm entspringt aus dem Blut, dem magischen Roßblut der Meduse, der Pegasus. Nur von der Pallas, und wen sie beschützt, läßt er sich lenken. Auf die Libyerinnen unter Myrine fällt die Wahl nicht, trotz Weltreich und alexanderhaftem Zug. Sie hatten auch, wenigstens in den Zeiten am Tritonsee, nie die ganz verwegen-reine Eigenform des Amazonischen ausgelebt; denn war auch die Armee streng weiblich, so gab es doch Männer als Gatten im Land. Für die rechtsseitig entbrüsteten Mädchen bestand allgemeine Wehrpflicht, sie mußten eine Reihe von Jahren Kriegsdienst tun und jungfräulich bleiben. Dann traten sie in die «Landwehr» und konnten mit Männern verkehren, um ihr Geschlecht fortzupflanzen. Regierung und Stellen von Belang behielten sie sich allein vor. Im Gegensatz zu dem Reich am Thermodon aber lebten männliche Sexualpartner ständig in der Gemeinschaft, wenn auch zurückgezogen. Öffentlich durften sie nicht auftreten, sie nahmen an Feldzügen ebensowenig teil wie am Staat, hatten auch nirgends dort dreinzureden, «wo sie, durch ihren Manneswert zu Stolz entflammt, den Weibern hätten zusetzen können». Dafür übergab man ihnen, wie den Ägyptern, Kamtschadalen, manchen Indianern, die neugeborenen Säuglinge zur künstlichen Aufzucht, hier mit Stutenmilch.[15]

Die Bewohner von Haverhill, Mass., nehmen das Spiel [Little League Baseball] so ernst, daß der ganze Ort in Aufruhr war, als der Trainer des örtlichen Rotary-Club-Teams der rothaarigen,

(23) H. Diner stellt fest: «Die Tyrannei gegen das andre Geschlecht zeigt nie solche Auswüchse; so bleibt es bei Ansätzen zur Männerprostitution, schon weil ihr der Organismus des Mannes Grenzen setzt. Frauenprostitution fehlt.»[14]

sommersprossigen Sharon Poole, 12, erlaubte, die Uniform Nr. 9 anzuziehen und als «Ersatzmann» in dem Jungenteam zu spielen. Als letzte antretend, erzielte sie im ersten Durchgang einen Run, ging im zweiten leer aus und erwarb sich durch ihre Gewandtheit im Mittelfeld die Achtung ihrer Clubkameraden, während ihr Team beide Runden gewann. Doch Trainer Donald Sciuto erhielt zahlreiche Beschwerden von Eltern, weil er Sharon mitspielen ließ.

Time Magazine, 1971

Billie Jean King, erfolgreichste Starathletin des Landes, erklärte, sie nehme es nicht übel, wenn ihr Leute sagten, sie spiele Tennis wie ein Mann. Aber sie ist zunehmend verärgert, wenn man sie fragt, wann sie eine Familie und einen Hausstand gründen wolle.

New York *Times*, 1971

Die Amazonenkulturen waren der körperlichen und emotionalen Entwicklung der Frauen *vermutlich* förderlicher als irgendeine von Männern beherrschte Gesellschaft. Vielleicht trifft dies auch auf die Entfaltung des weiblichen Intellekts und der künstlerischen Fähigkeiten zu – obwohl dies im Bereich der Spekulation verbleiben muß. In der Amazonengesellschaft wurden wahrscheinlich moderne, von Männern geschaffene Kunstformen und intellektueller Wettbewerb nicht mehr geschätzt als in anderen frühen oder «primitiven» Kulturen.(24) H. Diner weist jedoch darauf hin, daß in der gesamten ionischen Überlieferung die Thermodon-Amazonen als Gründerinnen von Städten und Heiligtümern gefeiert werden.

Bestialisch bis zum Sieg, betragen sie sich nachher plötzlich konziliant wie Römer. Sanftmut und Weitblick ihrer Regierung lassen sie von den Besiegten Göttinnen gleich verehrt werden ... Tempel, Gräber, Städte, ganze Länder haben lückenlos ihre Tradition bewahrt. Eine Reihe wichtiger Handelsplätze, wie Smyrna, Sinope, Kyme, Gryne, Pitane, Magnesia, Mytilene, Klete, Amastris, jede rühmt sich, eine Amazone zur Eponyme (Gründerin und Namengeberin) zu haben.[16]

Davor waren die libyschen (marokkanischen und andere afrikani-

(24) Ich möchte wirklich wissen, wie eine Gruppe von Amazonen auf das reagieren würde, was ich über sie *schreibe*. Und ich frage mich, wie lange ich eine desinteressierte, nachsichtige oder negative Reaktion hinnehmen könnte. Ich frage mich auch, ob es «richtig» ist, wegen bestimmter «Vorzüge» an einer wahrhaft barbarischen Kultur – der unsrigen – festzuhalten.

schen) Amazonen durch Ägypten geritten und hatten es kampflos erobert.

Sie unterwirft Syrien, Groß-Phrygien, alle Länder der Meeresküste entlang und macht endlich den *Kaïkos* zur Reichsgrenze . . . Die Inseln, wie Samos, Lesbos, Pathmos und Samothrake, scheint *Myrine* erobert zu haben.[17]

Wenn Frauen ihren Körper ernst nehmen – und idealerweise sollten wir das –, dann scheint seine *volle* Entfaltung, was Lustgewinn, Mutterschaft und physische Kraft anbetrifft, besser gewährleistet, wenn *Frauen* die Mittel der Produktion und Reproduktion kontrollieren. Unter diesem Gesichtspunkt liegt es einfach nicht im Interesse der Frau, uns für das Patriarchat oder selbst eine vorgegaukelte «Gleichstellung» mit dem Mann einzusetzen. Daß die Frauen es dennoch tun, ist eher ein Zeichen der Machtlosigkeit als irgendeiner biologisch bedingten «höheren» Weisheit.

Die Aufopferung der Frau – sei es Selbstaufopferung, rituelles Jungfrauenopfer, Prostitution oder die Opferung der eigenen Person, die Frauen um der Mutterschaft willen auf sich nehmen – ist vielleicht nicht unausrottbar in unseren biologischen Gegebenheiten verwurzelt.

Ich behaupte nicht, daß eine von Frauen beherrschte Gesellschaft oder eine Amazonengesellschaft, die auf der Unterdrückung der Männer beruht, «gerechter» ist als eine von Männern kontrollierte Gesellschaft, in der die Frauen unterjocht sind. Ich gebe nur zu bedenken, daß sie *für ihre Körper* (und der Körper ist Gefäß und Ausdruck alles übrigen) besser ist.(25) Falls die Frauen

(25) Vielleicht ist es eines Tages nicht mehr nötig, zwischen den verschiedenen *Formen* der Ungerechtigkeit zu wählen. Ich bin mir auch nicht sicher, ob es im Interesse der Frauen ist, auf den Akt des Gebärens zu verzichten – bloß, weil uns die Männer einen so unfairen Preis dafür auferlegen. Ich frage mich auch, ob die Techniken der Geburtenkontrolle in einer männerbeherrschten Gesellschaft besonders günstig für Frauen sind. Die Befreiung von mehrfacher erzwungener Mutterschaft oder von Schwangerschaftsängsten beseitigt nicht automatisch oder einfach die sexuelle «Frigidität» der Frau oder die Prostitution. Die Maßnahmen zur Geburtenkontrolle, etwa die Einrichtung von Tag und Nacht geöffneten Kinderbetreuungsstätten, werden für sich genommen nicht notwendigerweise zu einer automatischen Abschaffung des «Sexismus» führen, noch bricht dadurch ein Zeitalter nichtentfremdeter Arbeit oder alternativer Familienformen an. Es könnte sogar das Gegenteil eintreten, daß nämlich Männer dann totalitäre Entscheidungen in bezug auf sexuelle Aktivität und Mutterschaft fällen – Entscheidungen, auf die die einzelne Frau ebensowenig Einfluß hat wie früher auf ihre erzwungene Mutterschaft.

in Amerika oder im Westen eine harmonischere, stammesähnlichere, kollektivere, geistigere und rituellere Existenz ersehnen und *bereit sind, dafür auf bestimmte moderne Errungenschaften und Techniken zu verzichten*, dann stellen die Amazonengesellschaften wahrscheinlich geeignetere Modelle dar als männerinitiierte Formen «primitiver» Gesellschaften.(26)

> ‹Dropout› ist keine Lösung . . . Die meisten Frauen sind schon ‹Dropouts›, sie waren niemals ‹in› . . . ‹Dropout› ist jedoch eine ausgezeichnete Politik für Männer, und SCUM wird dies mit Freuden unterstützen.
>
> Valerie Solanas [19]

> Im vergangenen Frühjahr sah ich mir volle drei Stunden lang den Film *Woodstock* an, zwischen Begeisterung und Widerwillen hin- und hergerissen . . . Beispielsweise waren mit Ausnahme einer schwangeren Joan Baez, die nicht aufhören konnte, von ihrem Mann zu sprechen, alle Musiker Männer. Verschwitzte, bärtige Männer waren eifrig damit beschäftigt, das Podium zu zimmern, den Autoverkehr zu dirigieren, den Film zu drehen und das Festival zu leiten. Immer wieder wurde *Brüderlichkeit* verkündet, sowohl vom Podium als auch andernorts . . . Die Einstellung der Rock Szene zu den Frauen geht am deutlichsten aus den Liedtexten hervor. Wir Frauen können uns sicher nicht beschweren, daß da ein eindimensionales Bild gezeichnet wurde. Im Gegenteil, die Diffamierungen sind bemerkenswert vielfältig und reichen von offener Verachtung bis zu überzuckerter Herablassung. Vor allem sind die Frauen jedoch stets greifbare Sexualobjekte, deren Hauptfunktion es ist, sich freudig jedem Mann zur Verfügung zu stellen, der des Weges kommt.
>
> Marion Meade
> New York *Times* 1971

Die Amazonengesellschaften bilden eine frühe und wenig erforschte Kultur[20], in der die Frauen alle denkbaren oder notwendigen Lebensbereiche beherrschten – und zum Notwendigen zählte mehr als das erzwungene Gebären und Aufziehen der Kinder eines einzi-

(26) Wir dürfen nicht vergessen, daß viele primitive Kulturen den weiblichen Körper fürchteten und Menstruation, Pubertät und Defloration mit starken Tabus belegten.[18]

gen Mannes. Daß sich Frauen voll für die Aufgaben der Menschheit einsetzen – auf welchem technischen Niveau auch immer – erscheint nahezu utopisch. Es ruft Furcht und Unglauben hervor – aber auch Aufregung und unbändigen Stolz.

Es ist freilich unrealistisch und vielleicht gefährlich, solche Visionen zu ernst zu nehmen. Vielleicht sollten wir sie als schwer einzuordnende Wahrheiten respektieren, die uns – auf irgendeine Weise – mehr über unser Leben sagen. Das Rad der Zeit läßt sich vermutlich, auch von Sehnsucht getrieben, nicht zurückdrehen. (Freilich ist es aber wichtig, sich klarzumachen, wie wenig oder wie schlecht wir «vorwärtsgekommen» sind.) So aufschlußreich es auch ist, von Göttinnen und Amazonen zu erfahren, so bin ich doch fest überzeugt, daß die Massenbefreiung der Frau eher in der technologischen Zukunft als in der biologischen Vergangenheit liegt. Die weibliche Erdbevölkerung hat an Zahl zugenommen, und die kriegerische Lebensform ist keinesfalls erstrebenswert. Einzelkämpfertum ist insgesamt anachronistisch und militärisch ineffektiv – für Frauen ebenso wie für Männer. In den Industriestaaten besitzen die Männer die Macht, mit Hilfe nuklearer und chemischer Mittel unseren Planeten zu zerstören und/oder unser Leben von Grund auf zu verändern.(27) Waffen und militärische Strategien werden letzten Endes über blanke Muskelkraft triumphieren, ebenso wie die Wissenschaft zuletzt revolutionärere Siege erfechten wird als apokalyptischer militärischer Heroismus. Und doch glaube ich nicht, daß physische Kraft und Disziplin für Frauen völlig anachronistisch sind. Frauen werden vergewaltigt, weil sie sich nicht «wie Männer» verteidigen können. Ihr unterwürfiges, entgegenkommendes, mitfühlendes und verführerisches Verhalten wurde nicht zuletzt deshalb kultiviert, um Vergewaltigung und Schwängerung zu vermeiden. Vergewaltigung hat es schon lange vor dem modernen Industriekapitalismus gegeben, doch erscheint mir das Phänomen gerade für ein Verhalten (oder ein gesellschaftliches System) charakteristisch zu sein, bei dem das Vergnügen oder

(27) Seit Nagasaki sind jedoch keine Atomwaffen mehr zum Einsatz gekommen. Ich frage mich, wie «anachronistisch» der persönliche kämpferische Einsatz in China, Kuba, Algerien und Vietnam war – lauter Länder, die mit einer überlegenen militärischen *Technologie* konfrontiert wurden und werden.

der Profit eines Mannes allein davon abhängt, daß jemand anderer körperlichen Schmerz oder psychische Demütigung empfindet (und der dadurch natürlich weder «gestärkt» wird noch profitiert).(28) Ich nehme an, daß die biologische Tatsache und Bedeutung der heterosexuellen Vergewaltigung und Schwängerung Primärfaktoren bei der Entstehung der patriarchalischen Familie waren. Freilich war auch das Bedürfnis nach sozialer Wirksamkeit und nach bestimmten Überlebensformen der Gruppe entscheidend: besonders nach jener Form des Überlebens, welche das männliche Bedürfnis nach einem Beweis seiner persönlichen biologischen Unsterblichkeit befriedigte, indem sie ihm gestattete, die «Produkte» seines eigenen Spermas zu «besitzen».

Daß sich Frauen vor Vergewaltigung nicht mehr fürchten, weil wir uns erfolgreich dagegen wehren können, ist nicht anachronistisch, sondern revolutionär. Daß Frauen als potentielle Kriegerinnen angesehen werden (in jeder Bedeutung des Wortes *einschließlich* der physischen) ist nicht anachronistisch, sondern revolutionär. Würde dies je Wirklichkeit, so wären radikale Veränderungen der modernen Familie, des urbanen Lebens und damit unserer Sozialisation, unserer Sexualität und unseres wirtschaftlichen Lebens die Folge. Niemand, weder Mann noch Frau, kann dem Denken oder Handeln nach ein Krieger sein, wenn er/sie von der Familie in Bann gehalten wird.(29) Was würde es heute für eine Frau bedeuten, eine «Kriegerin» zu sein? Wie könnten die modernen Frauen die Kontrolle über die Mittel der Produktion und der Reproduktion ausüben?

(28) Die Frage stellt sich, inwieweit außer den ökonomischen auch bestimmte biologische Umstände zu unserer psychologischen Akzeptierung des Kapitalismus beitrugen.

(29) Ich sollte hinzufügen, daß den Männern mehr «Kriegertum» zugestanden wird als den Frauen, und zwar *ohne* daß sie auf die Annehmlichkeiten der Partnerbeziehung, des Nachwuchses, der Häuslichkeit und der sexuellen «Liebe» verzichten müßten. Dennoch fällt es auch den Männern schwer, ihre Persönlichkeit zu entwickeln oder politisch aktiv zu sein, wenn sie daneben Familien zu erhalten haben.

Das Problem des Überlebens: Macht und Gewalt

Grün wie Eunuchen sind deine Begierden,
Zischend fallen sie über meine Sünden her.
Fort mit dir, glitschiger Tentakel!

Es ist nichts zwischen uns.

Sylvia Plath, *Medusa*[21]

Die Zeit kam, da einige der Leute dem Zweifel Eingang gewährten und sie sich zu fragen anfingen, ob es wirklich möglich sei, quantitativ und qualitativ den Angriffen der Okkupanten zu widerstehen. War es die Freiheit wert, daß man in den gewaltigen Teufelskreis von Terror und Gegenterror eintrat? Zeugte dieses Mißverhältnis nicht von der Unmöglichkeit, der Unterdrückung zu entgehen?

Frantz Fanon, *A Dying Colonialism*[22]

Eine in ganz USA durchgeführte Befragung ergab, daß jeder fünfte Einwohner der Meinung ist, ein bestimmtes Maß an Gewalt sei nötig, um die notwendigen sozialen Veränderungen in diesem Lande herbeizuführen ... Es wurde eine Stichprobe an 1374 Männern gemacht, die repräsentativ für alle Amerikaner im Alter zwischen 16 und 54 Jahren, für alle Rassen, Regionen und wirtschaftlichen und sozialen Schichten ist.

New York *Times*
26. Mai 1971

Ein Revolutionär kann nur dann etwas bewirken, wenn er über ebenso große physische wie geistige Qualitäten verfügt.

George Jackson

Die Wunder, die sich im Bewußtsein vollziehen können, einmal beiseite gelassen, so sehe ich keine Möglichkeit, daß Frauen die Herrschaft der Gewalt je besiegen, wenn sie nicht Macht erlangen und wenn sie nicht alles Notwendige für das eigene Überleben unternehmen. Im Unterschied zu mächtigeren Gruppen (mächtig auf Grund physischer Kraft oder der implizierten Drohung mit physischen, militärischen oder ökonomischen Sanktionen, das heißt «politischer» Macht) haben die Frauen nicht die nötige Macht, um Gewalt zu verhindern oder anzuwenden. Frauen sind traditionell physisch schwach und politisch machtlos, und das in einer Kultur, in der körperliche Kraft und andere Machtmittel wie Waffen und Geld einen hohen Stellenwert haben. Frauen müssen ebenso wie Männer zur Gewaltausübung und Selbstverteidigung fähig sein, wenn ihr Verzicht auf Gewalt einer freien, moralischen Entscheidung entspringen und nicht bloß der Not gehorchen soll.

Zu überleben ist das oberste Ziel der Macht. Idealismus ist für die Mächtigen ein Luxus, den sie sich gelegentlich leisten, für die Machtlosen (die Frauen) dagegen eine Notwendigkeit. Machtlose oder (relativ) machtlose Männer sind nicht zwangsläufig Idealisten, noch sind sie physisch hilflos oder Pazifisten. Im Gegenteil. Aber sie *werden* von mächtigeren Männern gezwungen, gegen ihren Willen oder zumindest zu ihrem Schaden gegen ihresgleichen die männlichen Riten der Gewalt zu vollziehen. Sie überleben nicht. Alte, reiche weiße amerikanische Männer sind nicht in Vietnam gestorben. Sie überleben – und manche dieser Männer halten weiterhin an ihren Idealen von «Ehre» oder «Pazifismus» fest. Wenn *machtlose* Männergruppen zur «Gewalt» greifen, um «Macht» zu erlangen, solange sie noch machtlos sind, *überleben* sie meist die Anfangsphase des Kampfes nicht.

Doch ihre Gewalttätigkeit wird von anderen Männern und natürlich auch von vielen Frauen als mutig und heldenhaft bewundert. Frauen des 20. Jahrhunderts haben männlichen nationalistischen und/oder kommunistischen Anführern persönlich gedient, sie unterstützt und ihnen bedingungslos gehorcht: Der umgekehrte Fall ist so gut wie nie eingetreten. So wie der katholische Papst, der islamische Mulla, der jüdische Rabbi und der europäische Diktator keine Frau sein kann, so scheint eine Frau auch nicht die Machtfülle und den Erfolg eines Lenin, Stalin, Ho Tschi Minh, Fidel Castro, Mao Tse-tung oder Ahmed Ben Bella erreichen zu können.(30) In Amerika wird häufig darauf hingewiesen, daß arme und farbige

(30) In der Sowjetunion hatten die Frauen in den Jahren 1958–1962 weniger als ein Prozent der politischen Führungspositionen inne. Unter den 306 Spitzenfunktionären der Partei befanden sich nur zwei Frauen.[23]

Krupskaja, Lenins *Frau*, war Erziehungsminister; die Schriftstellerin Alexandra Kollontai

Frauen körperlich und geistig «widerstandsfähiger» seien als weiße Frauen der Mittelschicht. Es ist ihnen jedoch nicht gelungen, in der Mittelschicht *oder* innerhalb der Befreiungsbewegungen der Farbigen die *politische Führung* zu übernehmen. Die farbigen Frauen waren auch unfähig, sich oder ihre Töchter gegen die Verbrechen zu schützen, die von farbigen und weißen Männern an ihnen verübt wurden.

«Ethische» Begriffe wie Gleichheit, Gerechtigkeit und Frieden sind Ideale der Männer (oder der Mächtigen), nicht Richtschnur ihres Handelns.(31) Die ideale Frau vermeidet es, direkte physische Gewalt anzuwenden – und verzichtet damit auf ihre eigene Selbsterhaltung. Psychologisch ist die Selbsterhaltung genau das, was das Patriarchat den Frauen verbietet. Die ideale Frau wird traditionell dazu erzogen, zu «versagen», der ideale Mann dagegen wird auf «Sieg» dressiert (das heißt, psychologisch werden die Frauen darauf programmiert zu sterben, die Männer darauf zu überleben). Und Frauen sind dazu erzogen, den Opferaltar bereitwillig zu besteigen. So geben die meisten Mütter-Frauen selbst auch noch den winzigsten Schatten von eigenständiger menschlicher Persönlichkeit auf, wenn sie heiraten und Kinder bekommen. In der heutigen amerikanischen Gesellschaft okkupieren die meisten Kinder Privatsphäre, Lebensraum, Gesundheit und Selbst der Mutter in solchem Maße, daß diese gezwungen ist, auf diese Dinge zu verzichten, um nicht gewalttätig zu werden. (Die Invasion eines unbesiedelten Gebietes ist vielleicht weniger schmerzhaft als die eines be-

brachte es nur zur Botschafterin in Schweden. (Stalins Gattin durfte Selbstmord begehen.) In China stiegen die *Ehefrauen* Maos und Tschu En-lais zu relativ mächtigen Positionen auf: Tschus Frau Ting-jing Tschao war Vizepräsidentin des Demokratischen Frauenverbandes Chinas. Trotz der Qualifikation von *Frau* Allende wurde ihr Mann zum Präsidenten von Chile gewählt. Ich frage mich, welche Position würde wohl Leila Khaled nach einer erfolgreichen palästinensischen Revolution einnehmen? Würde sie und ihre Mitstreiterinnen das gleiche Schicksal ereilen wie die algerischen Revolutionärinnen?

(31) Männer reden im allgemeinen mehr von «Gerechtigkeit» und «Gleichheit», wenn es um abstrakte oder öffentliche, globale Angelegenheiten geht (das heißt um *ihren* Machtbereich); auf ihr persönliches Leben oder ihre Familie – den Machtbereich der Frau – wenden sie solche Konzepte nicht an. Leider haben Frauen im öffentlichen Leben nichts zu sagen, und nur Feministinnen haben begonnen, auch in den persönlichen Beziehungen «Gleichberechtigung» zu fordern. Viele Feministinnen stehen der politischen Arena noch ebenso fern wie Nichtfeministinnen.

setzten und funktionierenden. Solche Invasionen werden allerdings von Müttern bei ihren Kindern begangen. Auch Väter okkupieren Kinder, aber nicht so häufig. Sie haben es nicht nötig: Sie besitzen ohnehin das ganze Territorium und können sich daher auf gelegentliche Inspektionsfahrten beschränken.)

> Dr. Christiaan Barnard, der südafrikanische Pionier der Herztransplantation, bezeichnet sich als flotten Kerl. Auf der Hochzeitsreise mit seiner neunzehnjährigen Frau beschrieb sich der siebenundvierzigjährige Barnard gestern gegenüber Reportern auf dem Kennedy Airport als ein «Arzt, der aufgeschlossen und swinging ist und der das Leben zu genießen versteht, nicht so ein geknickter Professorentyp, wie ihn die Leute bisher gewohnt waren.» . . . «Ich weiß nicht, was los ist», meinte Mrs. Barnard auf die Fragen der Reporter.
>
> New York *Post*, 1971

> Lola Pierotti verdiente früher 24 000 Dollar im Jahr und hatte als Verwaltungsbeamtin einen langen Arbeitstag auf dem Capitol Hill. Jetzt arbeitet sie noch länger und trägt noch mehr Verantwortung – bekommt aber kein Gehalt. Was ist geschehen? Hat sie ihre Stellung verloren? Nein, sie hat bloß ihren Chef geheiratet. Der Mann, den sie vor vier Jahren heiratete, war der ältere der beiden republikanischen Senatoren von Vermont, George D. Aiken. «Er erwartet von mir nicht mehr, als daß ich seinen Wagen chauffiere, sein Essen koche, seine Wäsche wasche und sein Büro in Schuß halte», zählte sie mit einem Grinsen auf.
>
> New York *Times*
> 20. Juni 1971

Je älter Frauen werden, desto weniger bieten sich ihnen sexuelle, «romantische» und inzestuöse Glückschancen.(32) Zugang zu direkter ökonomischer und politischer Macht haben sie in keinem Lebensalter. Je älter eine Frau wird, desto stärker gerät sie in die «Verlustzone». Absoluter Einsatz für andere wird in unserer Gesellschaft nicht so gut honoriert wie absoluter Einsatz für die eigene Person und die «Aktion». Männlicher Einsatz produziert im Idealfall den männlichen «Sieger», dem die Attribute zum Überle-

(32) Ihre «Väter» wollen immer jüngere und jüngere Frauen.

ben – in dem definierten Sinn – zufallen: Geld, Sex und «mütterliche» Zuwendung. Weiblicher Einsatz produziert bestenfalls die weibliche «Versagerin», deren Attribute zum Überleben kurzfristig sind und sich auf ein «Taschengeld» und ein bißchen Sex beschränken – angeboten indirekt von dem Ehemann-Mann – von dem nicht gerade «mütterliche» Zuwendung zu erwarten ist.

Es ist nicht so, daß Frauen Männer mehr «brauchen» als umgekehrt (33); im Gegenteil, die Männer bedürfen der Frauen sehr, aber als relativ austauschbare Dienerinnen.(34) Frauen sind konditioniert, einen Mann brauchen zu müssen, der «unersetzlich» ist. Ich erinnere an Farberows Statistik[24], nach der sehr viel mehr Witwen als Witwer in Amerika Selbstmord begehen. Frauen sind so dressiert, einen Mann zu «brauchen», daß sogar männliche «Versager» irgendeine Frau finden, die für sie sorgt, jedenfalls wesentlich leichter, als weibliche «Sieger» einen Mann oder eine Frau finden, die für sie da sind. (In dieser Hinsicht sind sie wirklich nicht besser dran als weibliche «Versager».) Frauen sind so daran gewöhnt, ohne Zuneigung leben zu müssen, daß sie Angst und Schuldgefühle bekommen, wenn sie geliebt werden.

Ich vermute, daß Ehefrauen eher bereit sind, relativ friedliche «geisteskranke» Männer bei sich zu Hause zu dulden, als Ehemänner gewillt sind, «geisteskranke» Frauen hinzunehmen. Ehefrauen können immer noch ihrem «verlorenen» Gatten dienen und ihn bemuttern; «verlorene» Ehefrauen können oder wollen ihrem Gatten nicht mehr dienen und sind deshalb lästig, unbequem, bedrohlich und entbehrlich.

(33) Vielleicht aber doch. 1971 befragte ich eine Gruppe schwarzer und weißer Studenten der High School über ihre Zukunftspläne: Die Mädchen wollten heiraten, die Jungen wollten dagegen einen Beruf erlernen oder Abenteuer erleben. Ich wandte mich an die Mädchen und fragte sie, wen sie denn heiraten wollten – einander?

(34) Freilich «dienen» auch arme amerikanische Männer in Fabriken und Armeen. Sie «dienen» direkt anderen Männern und indirekt den Frauen, die diese Männer *besitzen.* Wenn arme Männer um Lohnerhöhungen oder für eine Revolution kämpfen, dann fordern sie kaum je eine Verdoppelung ihres Einkommens und eine neue Zahlungsweise, die der Arbeit, die ihre Frauen im Haushalt und in der Kindererziehung leisten, gerecht würde. Wenn arme Männer um Lohnerhöhungen kämpfen, dann tun sie das, um das Machtgefälle zwischen den Männern etwas auszugleichen und mehr Männern die Möglichkeit zu geben, «ihre» Frauen und Kinder auf bessere Weise schützen und besitzen zu können.

Im Idealfall werden Männer mit vorrückendem Alter immer «siegreicher». Ihre Chancen und Möglichkeiten erweitern sich – oder sollten es zumindest – mit der Zunahme an Reichtum, Weisheit und Macht, mit der das Altern des Mannes einhergeht. Im Patriarchat liegt die Macht, die auf der Unterdrückung einiger Männer und aller Frauen beruht, in den Händen älterer Männer. Unter diesen Umständen zerstören sich «gute» Frauen auf schickliche Weise, das heißt, sie bekommen Depressionen und bleiben zu Hause, oder sie werden «verrückt» und kommen in die Heilanstalt. In beiden Fällen sorgen sie dafür, daß sie dem männlichen Tatendrang und möglichen Neubeginn nicht im Wege stehen. «Schlechte» Frauen sind keine guten Verlierer; sie vernichten andere oder versuchen es zumindest. Ophelia in *Hamlet* ist eine «gute» Verliererin; Medea in *Medea* ist eine «schlechte».

Wer da meint, ich behaupte, daß zwischen den Geschlechtern Krieg herrsche, dem kann ich nur sagen, daß es diesen Krieg immer gegeben hat – und die Frauen immer die Verlierer gewesen sind. Die Frauen sind sich dieser Tatsache kaum bewußt, weil es für sie so selbstverständlich ist zu verlieren, wie es für die Männer selbstverständlich ist zu gewinnen. Erst wenn Frauen das Selbstverständliche in Frage stellen oder ändern, werden die Konturen des Kampfes zwischen den Geschlechtern, der *seit je* im Gange ist, deutlicher werden. In ähnlicher Weise haben wir es heute auch nicht mit einer «Generationsfrage», sondern mit einem Krieg zwischen den Generationen zu tun, den es ebenfalls immer gegeben hat. Eltern opfern den Kindern ihre eigene Entfaltung und ihr Vergnügen: Die Fälle von psychischem und physischem Tod sind unter den Eltern zahlreich. Auch unter der jungen Generation gibt es viele Todesopfer: Junge Männer sterben im Krieg, in den ihre Eltern sie schickten, junge Frauen werden in die Ehe, Mutterschaft und den Wahnsinn geschickt, um dort zu «sterben». Kindesmißhandlung, Unzucht mit Kindern, verdorrte Kreativität und Individualität zählen zu den Folgen des Krieges zwischen den Generationen. Er tobt schon so lange wie der Krieg zwischen den Geschlechtern. Neu ist das Bestreben, den Krieg zu beenden oder aus den «Verlierern» «Sieger» zu machen.

Einige psychologische Rezepte für die Zukunft

> Die Frauen sagen, ehrlich, ist es nicht großartig? Die Gefäße stehen aufrecht, die Gefäße haben Beine bekommen. Die heiligen Gefäße sind in Bewegung geraten ... Die Frauen sagen, dies ist ein Sakrileg, ein Verstoß gegen alle Regeln ... Müssen sie nicht Gewalt verabscheuen? Sind sie nicht zart gefügt, zerschellen sie nicht beim ersten Ansturm, wenn sie nicht schon vom Zusammenprall untereinander zerbrechen? ... Die Erde stampfend, beschleunigen sie ihren Vormarsch.
>
> Monique Wittig[25]

Wie können Frauen lernen, zu überleben – und dieses Überleben zu schätzen? Wie können sie Selbstaufopferung, Schuldgefühle, Naivität, Hilflosigkeit, Wahnsinn und Trauer aus ihrem Leben verbannen? Wie können sie sich vom Gebären und der Kindererziehung befreien – sollen sie das überhaupt? Sollen Frauen *aufhören*, Mitgefühl zu spenden? Soll oder kann es eine einzige Verhaltensnorm für beide Geschlechter geben? Gibt es so etwas wie eine biologisch verwurzelte Frauenkultur, die von der Männerkultur getrennt bleiben sollte, nicht zuletzt, weil sie dieser in manchem überlegen ist?

Die Frauen müssen ihre «Liebe» zu den Kräften und Fähigkeiten anderer und ihr Vertrauen auf diese umwandeln in Liebe und Vertrauen zu ihren eigenen Kräften und Fähigkeiten. Sie müssen fähig sein, ebenso direkt zum «Kern» physischer, technologischer und intellektueller Realität vorzudringen wie zum «Kern» emotionaler Realität. Dies erfordert Disziplin, Mut, Selbstvertrauen, Zorn, Tatkraft, überwältigende Freude und das Bewußtsein, daß die Zeit drängt. Nur einfallsreiche Frauen, Frauen, die über Mittel verfügen, können diese mit anderen Frauen teilen oder sie zur Akkumulation weiterer Mittel (Fähigkeiten oder Güter) für sich und andere einsetzen. Eine Gruppe, die aus tüchtigen *Individuen* besteht und sich verschiedenen Idealen und Zielen aus Selbstinteresse verschrieben hat, ist potentiell mächtiger als eine Gruppe von schwachen Individuen mit den gleichen Idealen. Die Jahrhunderte geistiger, politischer und sexueller Aufopferung der Frauen sind leichter wettzumachen, wenn die Frauen Mitglieder der menschlichen Gesellschaft und der öffentlichen Institutionen werden, anstatt sie abzulehnen, weil sie nicht vollkommen sind – oder weil der Kampf um ihre Integration schwierig und zermürbend ist – oder weil sie bisher auf der Unterdrückung der Frauen beruhten. Zum Beispiel wurden Wissenschaft, Religion, Sprache und Psychoanalyse oft genug gegen die Frauen verwendet. Das bedeutet nicht, daß diese Dinge und Institutionen – und die damit verbundenen Vorteile – geopfert oder auf sie verzichtet werden müßte, weil sie hoffnungslos verdorben sind. Wir wissen nicht, ob die Frauen eine völlig andere und bessere Form von Wissenschaft oder Sprache schaffen würden. Soviel ist klar, daß Frauen, die sich als Feministinnen verstehen, die *Herrschaft* über die öffentlichen und gesellschaftlichen Institutionen anstreben und erringen müssen – um zu gewährleisten, daß sie nicht gegen Frauen verwendet werden. Ich sage «Herrschaft», weil ich nicht glaube, daß «Gleichberechtigung» oder «Individualität» für Frauen überhaupt in Frage kommen werde, da sie im Unterschied zu den Männern nie volle Beteiligung an den gesellschaftlichen Institutionen gekannt haben, geschweige denn eine Vorherrschaft über diese. Ich bin beispielsweise der Ansicht, daß sich die Wissenschaft die Aufgabe stellen müßte, den Frauen die Bürde der Fortpflanzung abzunehmen – oder die Männer ebenfalls daran zu beteiligen. Die Frauen, die Feministinnen sind, werden jedoch uns allen ebensowenig wie die Männer, die zur schwarzen Befreiungsbewegung gehören, plötzlich das Paradies unserer Wahl bescheren können. Feministinnen, das kann ebenso wie für schwarze Befreiungskämpfer heißen: Kommunistinnen, Sozialistinnen, Marxistinnen, Anarchistinnen, Kapitalistinnen, Demokratinnen, Republikanerinnen, Künstlerinnen, Wissenschaftlerinnen, Nationalistinnen, Separatistinnen, Integrationistinnen, gewaltsame Revolutionärinnen, gewaltlose Revolutionärinnen, usw., usw. Worauf es ankommt, ist, daß wir – Frauen wie Männer – in der *gesamten* gesellschaftlichen Szene agieren müssen. Und es *ist* ohne Zweifel revolutionär, wenn Frauen «das biologische Zuhause» verlassen, sowohl psychisch wie physisch. Was *danach* kommt, liegt dann bei uns allen. (35)

(35) Natürlich bin ich der Ansicht, daß die Kindererziehung eine eminent wichtige

Aber wie ist das zu verwirklichen? Welche Bewußtseinsänderungen sind notwendig, damit die Frauen endlich die Arena *menschlichen* Handelns betreten, damit sie endlich statt oder außer der biologischen eine *soziale* Rolle zu spielen beginnen?

Die primäre Ego-Identität der Frau wurzelt in der Fürsorge für einen beschränkten und bestimmten Personenkreis und in dem Bestreben, sich das Wohlwollen einiger weniger Männer zu erwerben. Diese Ich-Identität muß sich auf das verlagern, was für ihr eigenes Überleben als starkes Individuum nötig ist. Die Frauen müssen sich so weit befreien, daß sie imstande sind, ihr Interesse auf viele Dinge und Ideen auszudehnen, ihre Fürsorge vielen Menschen zugute kommen zu lassen. Solch eine radikale Verschiebung des Ich-Fokus ist überaus schwierig zu vollziehen und erzeugt große Angst. Das kratzt und scheuert gegen den Strich aller «femininen» Nerven und Gefühle und läßt harte Strafe befürchten. Manche Frauen werden «verrückt», wenn sie sich auf einen solchen Schritt einlassen oder wenn sich ein solcher Wandel in ihnen vollzieht.

Eine solche Veränderung der weiblichen Egostruktur (oder der Interpretation der weiblichen Geschlechtsidentität) erfordert den leidenschaftlichen Wunsch, die Macht zu erlangen, deren man bedarf, um sich selbst verwirklichen zu können – eine Macht, die immer auf der direkten Kontrolle über bestimmte Bereiche der Realität beruht. Dieser leidenschaftliche Wunsch ist unvereinbar mit bestimmten gängigen weiblichen Verhaltensweisen wie beispielsweise, sich wegen seines Verlangens nach Überleben und Weiterentwicklung zu entschuldigen oder dieses vor sich und anderen zu verbergen. Wie ich bereits bemerkt habe, ist es vom psychologischen Standpunkt aus eher unwichtig, ob eine Frau diese Ich-Verlagerung als «Kommunistin» oder als «Kapitalistin» vollzieht, als liberale Reformerin oder als Guerillakämpferin, als «Individualistin» oder als «Kollektivistin», als Lesbierin, heterosexuelle

öffentliche Aufgabe ist. Ich bin nicht der Ansicht, daß die bisher in den kapitalistischen und kommunistischen Ländern praktizierten Methoden staatlicher Erziehung den Kindern gerade gerecht geworden sind, noch bin ich der Ansicht, daß besondere Individuen unter bestimmten Voraussetzungen Kindern – oder auch Erwachsenen – persönliche Zuwendung nicht geben können.

oder bisexuelle Frau, als biologische oder nichtbiologische Mutter oder als Frau ohne Kinder. Jede Frau, die erfolgreich und allein einen Macht- und Kräftezuwachs anstrebt und nicht durch oder für einen «Mann» oder eine «Familie», begeht innerhalb der psychologischen Gemarkung des Patriarchats eine radikale Handlung, das heißt eine Handlung, mit der sie riskiert, zu «gewinnen». Nur dank solcher radikaler psychologischer Handlungen aber werden die Frauen eines Tages ihre Gespaltenheit auf Grund von Schicht, Rasse und Alter überwinden können.(36) Nur dank solcher radikaler psychologischer Handlungen werden Frauen dereinst individuelle Unterschiede entwickeln bzw. tolerieren und andere sexuelle Modelle praktizieren können als das der Vergewaltigung, des Inzests und der Fortpflanzung.

Frauen, die eine solche Ich-Verwandlung vollziehen, werden sich zwangsläufig aus allen menschlichen Interaktionen zurückziehen, die nicht vorrangig ihrem Überleben und ihrem persönlichen Machtzuwachs dienen. Mit anderen Worten: Für die Frauen wird es künftig darauf ankommen, nicht das Überleben und den Macht- und Lustgewinn des Mannes, sondern den der Frau zu fördern, sich vom konditionierten weiblichen Hang zum Masochismus zu befreien und der Bereitschaft zu schmerzhaften und unnötigen Kompromissen abzuschwören. Ein solcher Umdenkungsprozeß würde die Aufgabe vieler jüdisch-christlicher und liberaler Wertvorstellungen erfordern, zum Beispiel: die Glorifizierung des Märtyrertums, der Askese, der Hilflosigkeit, die Entwertung des Körpers, den kartesianischen Dualismus oder den Platonismus usw.

Frauen, die ihre psychologische Identität in ihrer eigenen Selbstbehauptung und Selbstverwirklichung suchen und die sich aus jeder Interaktion zurückziehen oder sie vermeiden, die sie in diesem Bestreben nicht unterstützt, brauchen nicht auf ihre Emotionalität und ihre Fähigkeit, Wärme und Liebe zu geben, zu «verzichten». Sie müssen nicht die «Weisheit des Herzens» aufgeben und «Männer» werden. Sie brauchen bloß ihre gewaltige «unterstützende

(36) Kleine Mädchen sind ebenso unterdrückt wie ihre alternden und «nutzlosen» Großmütter. Beide haben kein Anrecht auf Sex und Arbeit.

Kraft» einmal sich selbst und einander zukommen zu lassen – doch nie bis zum Punkt der Selbstaufopferung. Frauen müssen nicht aufhören, zärtlich, mitfühlend und auf die Gefühle anderer bedacht zu sein. Ihre Zärtlichkeit und ihr Mitgefühl aber sollten ihnen selbst und anderen Frauen gelten. Frauen müssen anfangen, sich selbst und ihre Töchter zu «retten», bevor sie ihre Männer und ihre Söhne «retten», bevor sie die ganze Welt «retten». Frauen müssen mit der gleichen skrupellosen Zielstrebigkeit, mit der sie sich einen Partner oder ein biologisches Kind wünschen, ihnen dienen und sie beschützen, künftig ihre eigene Selbsterhaltung und Weiterentwicklung zu betreiben suchen. Eine der Wirkungen dieser «Gefühlsumleitung» könnte eine Zunahme männlicher Liebesfähigkeit sein, die ihnen selbst, anderen Männern, Kindern und hoffentlich auch Frauen zugute kommen könnte. Vor allem aber erwüchse dadurch den Frauen eine verläßliche und revolutionäre Quelle emotionaler Befriedigung und häuslicher Unterstützung, ohne die ihr Lebensmut sinken könnte und die in diesem geschichtlichen Augenblick nur von Frauen gespeist werden kann.

Frauen brauchen nicht auf die Erfüllung ihres (meist ungestillten) Bedürfnisses nach emotionaler Wärme und Zuneigung zu verzichten. Sie müssen vielmehr Wege finden, diese Bedürfnisse zu befriedigen, ohne ihre Freiheit oder Selbstachtung einzubüßen. Das Verlangen der Frau nach Liebe sollte auf verschiedene neue Arten gestillt werden, als Kontrapunkt oder Zäsur von Ereignissen, die nicht von Machtlosigkeit diktiert sind. Liebe und Sexualität zwischen Frauen müssen sich mit Tat und Sieg, Intellekt und Reflexion mischen, diese prägen und von ihnen geprägt werden.

Es ist wichtig, sich vor Augen zu halten, daß die Veränderungen des weiblichen Ego, von denen ich spreche, *psychologischer* Art sind. Ich habe weder ein Rezept für eine bestimmte Wirtschafts- oder Gesellschaftsform oder ein bestimmtes Sexualverhalten anzubieten, wodurch dieser psychologische Wandel herbeigeführt werden könnte, noch kann ich darüber irgendwelche Voraussagen machen. Neue Formen müssen und werden erprobt werden – aber erst, wenn genügend Frauen ihr Verhältnis zu den Mitteln der Produktion und Reproduktion in Frage stellen oder ändern. Vielleicht wird die Mehrheit der amerikanischen Frauen solche psychologischen Veränderungen erst dann vollziehen können, nachdem sich ihre ökonomische Lage entscheidend verbessert und auch ihre Fortpflanzungsfunktion erheblich gewandelt hat. Vielleicht werden nur einige junge Frauen, vielleicht nur eine Minderheit aller Frauen solche Veränderungen allein über ihr Bewußtsein vollziehen können, allein durch die Kraft der Reflexion, die, soll sie überhaupt etwas taugen, individuell notwendige Handlungen zur Folge haben muß.

Dreizehn Fragen

Was sollen wir den jungen Mädchen sagen, die so fasziniert und zuversichtlich den kühnsten feministischen Utopien lauschen – und so unbeschwert darüber lachen? Welche Oden für sie schreiben? Welche Taten sie lehren? Was von ihnen lernen? Wie ist der schöpferische Impuls in Frauen zu nähren – wir, die wir unsere Mythen vergessen, die wir keine Rituale haben, von denen wir ausgehen können.

Wer sollen unsere Göttinnen und Heldinnen sein? In welcher Sprache sollen wir zu ihnen sprechen? Wie sollen wir erfahren, daß Göttliches den weiblichen Körper beseelt? Wann dürfen wir uns über die Geburt «göttlicher» Töchter freuen, wann ältere Frauen achten und ihnen vertrauen? Wie dürfen wir mit unseren Töchtern sexuell umgehen? Wann werden alle dummen Lügen zwischen Müttern und Töchtern aufhören? Wie sollen wir diesen Tag feiern?

Müssen wir zwischen Geist und Schwert wählen? Müssen Körper und Seele voneinander getrennt bleiben? Sind Mord und Geburt notwendig? Wie eng hängen sie miteinander zusammen? Brauchen Frauen eine Frauenarmee? Oder eine Armee weiser Frauen? Oder beides? Wie können wir als Feministinnen Geduld und kollektive Loyalität üben – wenn wir doch der Aktion und Individualität bedürfen?

Würde intensive mütterliche und väterliche Zuwendung in der Kindheit die Frauen stark und weise machen? Die Amazonen wurden vermutlich weder von ihren Müttern «erdrückt» noch von ihren Vätern verführt, sondern kollektiv in Gruppen Gleichaltriger von *vielen* mächtigen Frauen so erzogen, daß sie die menschlichen Aufgaben tüchtig und ehrenvoll bewältigen konnten.

Ist die Hilflosigkeit und lange Abhängigkeit der Menschenkinder das Modell für alle *kulturellen* Arten von Unterdrückung? Sind neue Methoden der embryonalen Reifung und der Kindererziehung geeignet, die Neigung des Menschen zu beseitigen, biologische Unterschiede in willkürliche Unterdrückung umzusetzen?

Wie können wir alle «Männer» als «hoffnungslos» abtun – wenn zu den Nebenprodukten der Macht Wissen, Großzügigkeit und Liebenswürdigkeit gehören? Wie können wir dieser Tatsache gerecht werden? Werden optimal sozialisierte «Frauen» je sexuelle Freiheit mit optimal sozialisierten «Männern» erleben können? Ist dies nicht ein Widerspruch in sich selbst – wenn die öffentliche Macht immer noch ungleich zwischen den Geschlechtern verteilt ist?

Müssen sich die Frauen von ihrem romantischen Jungmädchentraum, einer Ehe mit Eros, lossagen – um von allen Männern geheiratet werden zu können? Werden lesbische Liebe, Bisexualität und Homosexualität unter den jungen Menschen immer selbstverständlicher werden? Was wird die Folge sein? Werden Männer *stärker* heterosexuell, Frauen *weniger* heterosexuell sein? Inwieweit werden sich Erwachsene, die bereits in starre Geschlechtsrollen sozialisiert wurden, an solchen Veränderungen beteiligen können? Was wird aus uns werden, wenn sie es nicht können?

Wie können Frauen lernen, ein inzestuöses und auf Fortpflanzung gerichtetes Modell der Sexualität zu überwinden?

Was bedeutet es für uns, unseren Körper, unsere Zeit und unseren Verstand ausschließlich in den Dienst des ökonomischen Profits stellen zu müssen? Geschieht das aus Notwendigkeit, auf Grund der Konditionierung oder aus Mangel an anderen Alternativen? Inwieweit unterscheidet sich der Gebrauch, den die Faschisten vom menschlichen Körper zu industriellen Zwecken, für «Profit», für die «Zukunft» machten, von dem Großteil der Arbeit in kapitalistischen und kommunistischen Gesellschaften? Inwieweit unterscheiden sich diese faschistischen Praktiken von weiblicher – oder männlicher – Prostitution? Wie können wir die Begriffe «Arbeit» und «menschliches Bedürfnis» im industriell-technologischen Zeitalter neu definieren?

Wie können wir Jungen zur Bisexualität erziehen, wie sie dazu bringen, Frauen und Männer gleichermaßen zu achten, zu fürchten, zu lieben, ihnen zu vertrauen? Wie können wir das gleiche mit den Mädchen tun?

Wann können wir aufhören, biologischen Unterschieden Bedeutung beizumessen? Und falls trotz kultureller Neutralität biologische Unterschiede bleiben, sollen wir, können wir dann mit Hilfe der Wissenschaft einen einzigen, allgemeingültigen Standard menschlichen Verhaltens erarbeiten? Wer soll entscheiden, wie dieser Standard auszusehen hat? Wer soll ihn lehren, wer ihn durchsetzen? Was soll damit erreicht werden? Und kann ein allgemeingültiger Verhaltenskodex je mehr sein als der Hintergrund, vor dem sich individuelleres, dramatischeres Verhalten abspielt?

Inwiefern muß sich unsere Einstellung zu unserem Körper, zur Natur ändern? Viele «natürliche» Ereignisse – wie früher Tod, Krankheit, Not – sind weder wünschenswert noch notwendig. (Viele «unnatürliche» Phänomene wie Sklaverei, Monogamie und Umweltverschmutzung sind ebenso abzulehnen.) Angenommen, «männliche» Aggressivität und «weibliche» Häuslichkeit seien tatsächlich «anlagebedingt» – ist es dann im Interesse der Menschheit, diese Anlagen zu verändern oder auszurotten, so wie wir Krankheit, Armut, Erdbeben, Überschwemmungen, Umweltkatastrophen – und Geburtenüberschuß – zu verhindern oder uns vor ihnen zu schützen suchen? Wer soll entscheiden, welche dieser Katastrophen – liegen nun ihre Ursachen in der «Natur» oder Geschichte – zuerst bekämpft werden soll, und zu wessen Vorteil und auf welche Weise? Welcher gewohnte teuflische Preis wird uns abverlangt werden, je mehr wir uns von der Natur weg- und zur Zivilisation hinentwickeln? Ist ein tragischer Preis unvermeidlich – ob wir nun «natürlich» oder «unnatürlich» lieben?

Wie können wir unsere Unwissenheit und paranoide Angst vor wissenschaftlichen Methoden abstreifen? Wie können wir ein Klima schaffen, in dem weder Prometheus noch Christus für ihre Geschenke an Wissen bestraft werden – ein Klima, in dem viele Frauen, die Wissen spenden, gedeihen können?

Anhang

Die Karriere der Frau als psychiatrische Patientin:

Die psychiatrischen Patienten in den USA von 1950–1969 nach Geschlecht, Schicht, Rasse und Familienstand(1)

Die statistische Methode ist nur eine – zumal sehr mühsame – von mehreren Möglichkeiten, ein soziologisches Phänomen zu untersuchen. Das ursprüngliche Kriterium für eine statistische Erfassung determiniert oft von vornherein, welche «Wahrheit» vermittelt werden soll. Die nationalen Statistiken über «seelische Erkrankungen» bilden keine Ausnahme von dieser Regel. Beispielsweise gibt das National Institute of Mental Health (NIMH) alljährlich eine Aufstellung über die fast ausschließlich von Männern belegten psychiatrischen Krankenhäuser der Veterans Administration (VA) heraus. Die Daten stellen Hochrechnungen auf 100 Prozent dar, basierend auf einer Zufallsstichprobe von 30 Prozent der VA-Krankenhäuser. Diese Methode der Datengewinnung unterscheidet sich von derjenigen, die das NIMH bei den übrigen psychiatrischen Einrichtungen anwendet. Die Daten über die Patienten in den allgemeinen oder privaten Krankenhäusern werden ausgewertet präsentiert, entsprechend der Zahl der Anstalten, die in einem bestimmten Jahr an das NIMH Berichte abgeliefert haben. Aber nicht jedes Krankenhaus stellt dem NIMH jedes Jahr einen Bericht zur Verfügung. Beispielsweise blieben 1968 folgende Heilanstalten den Jahresbericht schuldig: 799 der 1917 *bekannten* psychiatri-

(1) Im Frühjahr 1972 hatte das National Institute of Mental Health die Statistiken zur seelischen Gesundheit für 1969, 1970 und 1971 noch nicht vollständig tabellarisch erfaßt. Für das Jahr 1969 gab es bereits einige Daten über die Ambulanzen, psychiatrischen Abteilungen an Allgemeinkrankenhäusern, Community Mental Health Centers und Landes- und Bezirkskrankenhäuser. Wo immer es möglich war, habe ich auf die sich abzeichnenden Tendenzen hingewiesen.

schen Ambulanzen, 263 der 1122 *bekannten* psychiatrischen Abteilungen an Allgemeinkrankenhäusern, 14 der 150 *bekannten* Privatkrankenhäuser und 55 der 312 *bekannten* Landeskrankenhäuser.(2) Zwar überwiegen in allen genannten Institutionen die weiblichen gegenüber den männlichen Patienten, insbesondere in den Privatkliniken, den psychiatrischen Abteilungen an Allgemeinkrankenhäusern und den Ambulanzen, doch besteht keine Möglichkeit, die Verhältniszahlen in den Anstalten ohne Berichterstattung zu überprüfen.

Weitere Schwierigkeiten ergeben sich aus der Tatsache, daß nach den Kriterien für bestimmte Statistiken, etwa nach «Erstaufnahmen» oder nach dem «Patientenstand am Jahresende»

1. der gleiche Patient in einem Jahr zweimal gezählt wird;
2. manche Patienten, die vor Jahresende die Anstalt verlassen haben (sowie die sogenannten «unsichtbaren» Patienten, die überhaupt nicht hospitalisiert waren, wie zum Beispiel die unsichtbare alkoholsüchtige Hausfrau oder drogensüchtige Prostituierte) überhaupt nicht erfaßt werden;
3. das Phänomen der häufigen kurz- oder langfristigen Wiedereinweisungen und der langfristigen Aufenthalte, die für weibliche Patienten charakteristisch sind, nicht entsprechend reflektiert werden;
4. der prozentuale Anteil von Männern und Frauen an der Gesamtbevölkerung der USA für das betreffende Jahr nicht berücksichtigt wird;
5. oder, was noch schwerer wiegt, der betreffende Patient nicht der richtigen Bevölkerungsgruppe zugeordnet wird, zum Beispiel der Gruppe der weißen geschiedenen Arbeitnehmerinnen mit Kindern oder der Ausländer oder Einheimischen ohne festen Wohnsitz usw.

Mit anderen Worten, relevante demographische Angaben wie Alter, Rasse, Familienstand, Geburtsort, soziale Schicht und Bildungsstand werden häufig nicht berücksichtigt, wenn Forscher einen Nervenzusammenbruch «pro 100000» Einwohner konstatie-

(2) Für die Landeskrankenhäuser stand mir eine Statistik zur Verfügung, die diesen Umstand berücksichtigt.

ren (außer in Spezialuntersuchungen, die sich gerade darauf konzentrieren). Ohne solche demographische Variablen aber können wir Fragen wie die folgenden nicht beantworten: Wie groß ist die Wahrscheinlichkeit, daß eine schwarze berufstätige Mutter in eine psychiatrische Anstalt aufgenommen wird, verglichen mit einem schwarzen berufstätigen Vater? Oder mit einer weißen, nicht-berufstätigen Mutter? Oder mit einem schwarzen, nicht-berufstätigen Vater?(3)

Aus den genannten Gründen habe ich zahlreiche Untersuchungen mit kleinen Stichproben durchgesehen und sehr sorgfältig die NIMH-Statistiken ausgewählt, die ich benutzen wollte. Beispielsweise wurden in vielen Untersuchungen, die vom NIMH und andernorts veröffentlicht sind, Statistiken verwendet, die auf dem Kriterium der «Erstaufnahmen» in Landes- und Bezirkskrankenhäusern basieren. Oder es wurde nicht zwischen solchen Patienten unterschieden, die einmal eine Ambulanz aufsuchten, und solchen, die jahrelang dort in Behandlung blieben.(4) Vielleicht ist dies einer der Gründe, warum die geschlechtsbedingten Unterschiede bei seelischen Erkrankungen als unbedeutend angesehen wurden oder traditionsgemäß sogar von einer größeren Häufigkeit von Krankheitsfällen bei Männern als bei Frauen ausgegangen wurde.

Die in den Tabellen 4 bis 7, Seite 302–309, enthaltenen Daten beruhen auf folgenden Statistiken:

1. Bei den Landes- und Bezirkskrankenhäusern wurde der «Patientenstand am Jahresende» verwendet, nicht die «Erstaufnahme»-Zahlen. Ersteres ergibt eine bessere Prävalenz-, letzteres eine bessere Inzidenzquote, das heißt in der «Jahresende»-Statistik sind alle Patienten enthalten, die sich an einem Stichtag im Krankenhaus aufhalten, ob sie nun zum ersten- oder zehntenmal hospitalisiert sind. (Nicht enthalten sind natürlich jene Patienten, die vor dem Stichtag starben oder entlassen wurden.(5)) Ich hoffte, mit dieser

(3) Pollack (1964) hat festgestellt, daß sowohl schwarze wie weiße weibliche Haushaltsvorstände in Maryland und Louisiana eine signifikant höhere Einweisungsquote in psychiatrische Einrichtungen aufwiesen als männliche Haushaltsvorstände.[1]

(4) Aus politischen und ökonomischen Gründen wird selbst eine telefonische Bitte um Auskunft vom Community Mental Health Center als «Kontakt» verbucht; ein einmaliger Besuch erscheint in der Statistik als «Erstaufnahme» oder als «Zugang».

(5) Natürlich läßt sich nicht ausschließen, daß man bei einer Statistik, die auf dem

Methode eher den weiblichen Patienten auf die Spur zu kommen, die sowohl häufiger als auch langfristiger hospitalisiert sind als die Männer. (Die «Erstaufnahme»-Statistik informiert nur darüber, wie viele neue Fälle innerhalb eines gegebenen Zeitraums aufgetreten sind.) Wie das NIMH kürzlich bekanntgab, blieben 1971 Frauen jeweils für *längere Zeit* in den Landes- und Bezirkskrankenhäusern als Männer (*Provisional Data on Length of Stay of Admissions to State and County Mental Hospitals*, 1971).

2. Bei den Ambulanzen wurde jene Statistik verwendet, die die als «behandelt» registrierten Patienten erfaßt, im Gegensatz zu der Statistik, die die «nicht-behandelten» Patienten registriert. Die erstere gibt ein zutreffenderes Bild davon, wer in Behandlung bleibt, das sind die Frauen. Aus der Statistik der «Nicht-Behandelten» geht hervor, daß die Personen, die selbst einer momentanen Behandlung zu bedürfen glaubten oder denen von Gericht eine solche Behandlung empfohlen wurde, entweder ein derartiges Um-Hilfe-Suchen ablehnen und/oder andernorts Unterstützung oder Ablenkung finden, das sind die Männer.

3. Über Privatkliniken und die psychiatrische Abteilung an Allgemeinkrankenhäusern legt das NIMH meist nur eine Statistik vor, die auf «Erstaufnahmen» oder «Gesamtzahlen» beruht. Mir blieb keine andere Wahl, als diese Statistik zu verwenden. Viele Frauen dürften mehrmals jährlich in die psychiatrische Abteilung an Allgemeinkrankenhäusern für drei Wochen oder in die Privatklinik eingeliefert werden; die «Erstaufnahme»-Statistik erfaßt diese Rezidivfälle nicht. Trotzdem sind in beiden Anstaltstypen mehr Frauen als Männer. Auch über die Community Mental Health Centers

Patientenstand am Jahresende beruht, ein und dieselbe Patientin zweimal zählt – wenn wir die Patientenzahlen aller psychiatrischen Einrichtungen für ein bestimmtes Jahr addieren. Zum Beispiel wenn eine Frau innerhalb eines Jahres zuerst in eine psychiatrische Abteilung an einem Allgemeinkrankenhaus und danach in ein Landeskrankenhaus eingewiesen wird, wo sie dann am Jahresende erfaßt wird, wird sie folglich bei dem Versuch, die Gesamtzahl der Patienten in dem betreffenden Jahr zu erhalten, doppelt gezählt. Dies ist ein gutes Argument gegen die Methoden der Addition aller psychiatrischen Einrichtungen in einem bestimmten Jahr. Wir können jedoch so lange «addieren», wie wir dies stillschweigend bedenken – und dementsprechend mit großer Vorsicht zu Werke gehen. Vielleicht ist es sinnvoller, jede Art von psychiatrischer Einrichtung separat und über einen längeren Zeitraum zu beobachten, zum Beispiel: Wie ist die prozentuale Verteilung nach Geschlechtern in den Privatkliniken für die Jahre 1961–1968? Siehe dazu Tabelle 5, Seite 304/305.

existiert nur eine einfache Kopfzahl-Statistik. Sie wurde zwar überprüft, aber da das NIMH sie bislang weder in den Statistiken über die stationären noch über die ambulanten Patienten verwertet hat, habe ich sie nicht in die Tabellen aufgenommen, sondern werde gesondert darauf eingehen.

Die Tabellen 4 bis 7 geben NIMH-Statistiken von 1960–1968 wieder. Wie wir in Kapitel 4 gesehen haben, steht eindeutig fest, daß in den Jahren 1964–1968 der prozentuale Anteil der weiblichen Patienten in folgenden psychiatrischen Einrichtungen der USA dramatisch zugenommen hat: in den privaten psychiatrischen Krankenhäusern, in den Landes- und Bezirkskrankenhäusern und VA-Hospitälern sowie in den psychiatrischen Ambulanzen an Allgemeinkrankenhäusern und VA-Hospitälern. Allein im Jahre 1968 wurden 50363 mehr Frauen als Männer psychiatrisch hospitalisiert und behandelt. In dieser Zahl sind nicht die Frauen eingerechnet, die in privater Behandlung waren oder als stationäre oder ambulante Patientinnen von Community Mental Health Center behandelt wurden.

Bevor ich näher auf diese Tabellen eingehe, möchte ich ein paar Bemerkungen über einige allgemeine statistische Trends bei seelischen Erkrankungen in den USA machen. Die Zahl der Personen (Männer wie Frauen), die als ambulant oder als stationär in privaten oder öffentlichen Einrichtungen behandelte Patienten psychiatrische Hilfe in Anspruch nehmen, ist in den letzten 15 Jahren enorm angestiegen. Das NIMH schätzt, daß sich die Gesamtzahl psychiatrischer «Kontakte»(6) von 1955–1968 mehr als verdoppelte, daß sie «von 1,7 Millionen auf 3,4 Millionen angestiegen ist».[2] Nach meinen eigenen Statistiken erhöhte sich die Gesamtzahl der «psychiatrisch Behandelten» von 957255 im Jahr 1964 auf 1179861 im Jahr 1968 (Tabelle 4). Das NIMH schätzte, daß im Jahre 1970 jedes dritte Krankenbett in Amerika mit einem psychiatrischen Patienten belegt war, wobei erhebliche geographische Unterschiede bestanden, «die von einem Verhältnis 1:5 in den Rocky-

(6) Die Statistik der «Kontaktaufnahmen» beruht auf Kriterien, die für mich nicht brauchbar waren. Nach den von mir verwendeten Statistiken entspricht die Gesamtzahl der Personen, die von 1966–1968 Kontakt mit den in Tabelle 4 genannten psychiatrischen Einrichtungen hatten, 2 Prozent der amerikanischen Bevölkerung (190 Millionen).

Mountains-Staaten zu einem Verhältnis 2:5 in den mittelatlantischen Staaten reichten».[3] Nach einer Schätzung des NIMH beliefen sich die «Kosten» der seelischen Erkrankungen im Jahr 1968 auf 21 Milliarden Dollar.[4]

Obwohl sich die Gesamtzahl der in den Landes- und Bezirksnervenheilanstalten lebenden Patienten im letzten Jahrzehnt verringert hat(7), ist die Zahl der Erstaufnahmen und der Wiederaufnahmen sowie die Zahl der in den Community Mental Health Center ambulant Behandelten ständig gestiegen.[5] Es ist wichtig, sich vor Augen zu halten, daß sich mehr Personen auf Grund von psychischen Erkrankungen in geschlossenen Anstalten befinden als auf Grund von kriminellen Delikten.[6] Im Jahr 1960 entfielen 630046 der in den USA in öffentlicher Verwahrung befindlichen Personen auf Nervenheilanstalten; 469717 waren in Altersheimen, 174727 in Heimen für geistig Behinderte, und 346015 waren Insassen von Strafvollzugsanstalten.[7] 1964 beherbergten die Nervenheilanstalten im Tagesdurchschnitt 563354 Personen, die Anstalten für geistig Behinderte 186735 Personen und die Bundes- und Landesstrafanstalten 214356 Insassen.(8)[8]

Während wesentlich mehr Männer als Frauen in Strafvollzugsanstalten inhaftiert sind, schlagen ungleich mehr Personen, die Mehrzahl davon Frauen, eine «psychiatrische Karriere» ein. (Wie ich in Kapitel 2 dargelegt habe, sind die als «kriminell» und «seelisch krank» geltenden Verhaltensweisen geschlechtsspezifisch festgelegt; beide Geschlechter werden entsprechend konditioniert.) Während sich die Gesamtzahl der psychiatrisch versorgten Männer innerhalb von fünf Jahren um 71443 erhöhte (von 493306 im Jahr 1963 auf 564749 im Jahr 1968)(9), stieg die Gesamtzahl der psychisch erkrankten Frauen im gleichen Zeitraum wesentlich dramatischer, von 488961 (1963) auf 615112 (1968) (Tabelle 5). Während 1963 4345 *mehr* Männer als Frauen psychiatrisch behandelt wur-

(7) Durch die Verwendung von Sedativa und die (wenn auch zahlenmäßig noch geringe) Errichtung von (ambulanten) Community Mental Health Center.

(8) Die Vergleichszahlen für 1970 waren zum Zeitpunkt der Niederschrift noch nicht erhältlich.

(9) Von denen die Mehrzahl, das darf man nicht vergessen, als Alkoholiker, Drogenabhängige, psychosomatisch Gestörte oder Soziopathen diagnostiziert wurde.

Tabelle 4:
Verteilung der Patientenzahlen jeweils nach Geschlecht in sechs

Jahr	1964		1965	
Anstaltstyp	Frauen	Männer	Frauen	Männer
Psychiatrische Abteilungen an Allgemeinkrankenhäusern	146 632	108 518	179 348	126 394
Landes- und Bezirkskrankenhäuser	248 815	241 634	241 244	233 958
Ambulanzen	58 179	50 000	78 191	71 963
Privatkliniken	24 003	14 741	43 099	27 822
Veterans Administration* (Stationäre Patienten)	1 438	57 687	1 409	56 545
Veterans Administration (Ambulante Patienten)	100	5 508	447	17 423
Insgesamt	479 167	478 088	543 738	534 105

Erläuterung: Diese Tabelle zeigt den dramatischen Anstieg der Zahl nichtprivater psychiatrischer Patienten in den USA innerhalb von fünf Jahren. Die Zahl der Patientinnen erhöhte sich von 479 167 im Jahr 1964 auf 615 112 im Jahr 1968. 1964 waren 1 079 mehr Frauen als Männer in den verschiedenen psychiatrischen Einrichtungen. 1968 waren 50 363 mehr Frauen als Männer psychiatrisch hospitalisiert und wurden in öffentlichen Einrichtungen behandelt.

psychiatrischen Einrichtungen der USA: 1964–1968 (inklusive)

1966		1967		1968	
Frauen	Männer	Frauen	Männer	Frauen	Männer
172 213	115 127	227 258	153 664	219 950	150 630
229 899	222 190	214 894	211 415	199 635	199 517
107 501	94 103	122 955	104 166	143 638	120 433
27 244	16 560	27 474	17 716	49 669	32 676
1 465	55 655	1 265	51 830	1 110	46 590
342	13 034	379	14 811	1 110	14 903
538 682	516 669	594 225	553 602	615 112	564 749

Nach: Reference Tables on Patients in Mental Health Facilities. U.S. Department of Health, Education and Welfare. Public Health Services. Health Services and Mental Health Administration. National Institute of Mental Health: 1964–1968.

Tabelle 5:
Verteilung der Patientenzahlen nach Geschlecht in sechs psychiatrischen

Anstaltstyp	Psychiatrische Abteilungen an Allgemeinkranken-häusern		Landes- und Bezirks-krankenhäuser	
	Frauen	Männer	Frauen	Männer
1960	116 930 (54 %)	98 492 (46 %)	273 211 (51 %)	262 329 (49 %)
1961	120 472 (55 %)	96 597 (45 %)	268 377 (51 %)	259 079 (49 %)
1962	127 461 (57 %)	97 236 (43 %)	261 986 (51 %)	253 672 (49 %)
1963	136 423 (57 %)	103 400 (43 %)	256 240 (51 %)	248 364 (49 %)
1964	146 632 (57 %)	108 518 (43 %)	248 815 (51 %)	241 634 (49 %)
1965	179 348 (59 %)	126 394 (41 %)	241 244 (51 %)	233 958 (49 %)
1966	172 231 (60 %)	115 127 (40 %)	229 899 (51 %)	222 190 (49 %)
1967	227 258 (60 %)	153 664 (40 %)	214 894 (50 %)	211 415 (50 %)
1968	219 950 (59 %)	150 630 (41 %)	199 635 (50 %)	199 517 (50 %)
Insgesamt	1 446 705	1 050 058	2 194 301	2 132 158

Erläuterung: Die Mehrzahl der psychiatrischen Patienten in den psychiatrischen Abteilungen an Allgemeinkrankenhäusern, Privatkliniken, Ambulanzen und Landes- und Bezirkskrankenhäusern waren Frauen. Beispielsweise stellten Frauen 1968 59 Prozent der Patienten in den Allgemeinkrankenhäusern, 60 Prozent in den Privatkliniken, 50 Prozent in den Landes- und Bezirkskrankenhäusern und 54 Prozent in den Ambulanzen.

Einrichtungen der USA: 1960–1968

Ambulanzen		Privatkliniken		Veterans Administration (Stationäre Patienten)		Veterans Administration (Ambulante Patienten)	
Frauen	Männer	Frauen	Männer	Frauen	Männer	Frauen	Männer
+	+	25 301 (61 %)	15 876 (39 %)	1 398 (2 %)	58 816 (98 %)	+	+
+	+	21 842 (62 %)	13 509 (38 %)	1 467 (2 %)	59 206 (98 %)	+	+
+	+	25 090 (63 %)	15 039 (37 %)	1 366 (2 %)	58 669 (98 %)	+	+
68 601 (52 %)	63 139 (48 %)	26 087 (63 %)	15 266 (37 %)	1 488 (3 %)	57 985 (97 %)	122 (2 %)	5 152 (98 %)
58 179 (54 %)	50 000 (46 %)	24 003 (62 %)	14 741 (38 %)	1 438 (2 %)	57 687 (98 %)	100 (2 %)	5 508 (98 %)
78 191 (52 %)	71 963 (48 %)	43 099 (61 %)	27 822 (39 %)	1 409 (2 %)	56 545 98 %)	447 (3 %)	17 423 97 %)
107 501 (53 %)	94 103 (47 %)	27 244 (62 %)	16 560 (38 %)	1 465 (3 %)	55 655 (97 %)	342 (3 %)	13 034 (97 %)
122 955 (54 %)	104 166 (46 %)	27 474 (61 %)	17 716 (39 %)	1 265 (2 %)	51 830 (98 %)	379 (2 %)	14 811 (98 %)
143 638 (54 %)	120 433 (46 %)	49 669 (60 %)	32 676 (40 %)	1 110 (2 %)	46 590 (98 %)	1 110 (7 %)	14 903 (93 %)
579 065	503 804	269 809	169 205	12 406	502 983	2 500	70 831

Nach: Reference Tables on Patients in Mental Health Facilities. U.S. Department of Health, Education and Welfare. Public Health Services. Health Services and Mental Health Administration. National Institute of Mental Health: 1960–1968.

Tabelle 6:

Verteilung der Patientenzahlen nach Geschlecht und Alter (18–64 Jahre)

Anstaltstyp	Psychiatrische Abteilungen an Allgemeinkrankenhäusern		Landes- und Bezirkskrankenhäuser	
	Frauen	Männer	Frauen	Männer
1966	142 599 (60 %)	93 318 (40 %)	123 638 (47 %)	137 012 (53 %)
1967	184 954 (60 %)	123 488 (40 %)	124 224 (47 %)	139 930 (53 %)
1968	177 103 (60 %)	119 443 (40 %)	105 195 (46 %)	121 903 (54 %)
Insgesamt	504 656 (60 %)	336 249 (40 %)	353 102 (47 %)	398 845 (53 %)

Erläuterung: In den Jahren 1966 bis 1968 bestand mindestens 60 Prozent der erwachsenen Patientengruppe in den psychiatrischen Abteilungen an Allgemeinkrankenhäusern und den Ambulanzen aus Frauen. Das gleiche gilt mit Ausnahme des Jahres 1967 für die privaten psychiatrischen Krankenhäuser. Frauen über 65 stellen fast ein Drittel aller weiblichen Patienten in den Landes- und Bezirkskrankenhäusern. Es ist darauf hinzuweisen, daß im Jahre 1968 Frauen aller Altersstufen 54 Prozent der Patienten in den Ambulanzen (Tabelle 5) ausmachten und 62 Prozent, wenn männliche Kinder und Jugendliche (unter 18) nicht mitgezählt werden.

in sechs psychiatrischen Einrichtungen der USA: 1966–1968

Ambulanzen		Privatkliniken		Veterans Administration (Stationäre Patienten)		Veterans Administration (Ambulante Patienten)	
Frauen	Männer	Frauen	Männer	Frauen	Männer	Frauen	Männer
84 507 (61 %)	54 378 (39 %)	22 984 (63 %)	13 353 (37 %)	1 260 (3 %)	41 355 (97 %)	324 (3 %)	12 588 (97 %)
96 182 (61 %)	60 327 (39 %)	22 559 (56 %)	17 660 (44 %)	1 110 (3 %)	39 265 (97 %)	365 (2 %)	14 380 (98 %)
113 392 (62 %)	70 470 (38 %)	40 965 (61 %)	26 673 (39 %)	950 (3 %)	35 690 (97 %)	1 098 (7 %)	14 438 (93 %)
294 081 (61 %)	185 175 (39 %)	86 508 (60 %)	57 686 (40 %)	3 320 (3 %)	116 310 (97 %)	1 787 (4 %)	41 406 (96 %)

Nach: Reference Tables on Patients in Mental Health Facilities. U.S. Department of Health, Education and Welfare. Public Health Services. Health Services and Mental Health Administration. National Institute of Mental Health: 1964–1968.

den, überwogen 1968 die Frauen um 50363 (Tabelle 4 und 5).(10)

Aus Tabelle 4 und 5 geht hervor, daß die Masse der «psychiatrischen Fälle» hauptsächlich in den psychiatrischen Abteilungen an Allgemeinkrankenhäusern behandelt wird. Von 1960–1968 waren etwa 58 Prozent der psychiatrischen Patienten in den Allgemeinkrankenhäusern Frauen. In den Jahren, für die altersmäßig differenzierte Zahlen vorliegen, also 1966, 1967 und 1968, waren 60 Prozent der psychiatrischen Patienten in den Allgemeinkrankenhäusern im Alter von 18 bis 64 (siehe Tabelle 6) Frauen. Beide Prozentsätze liegen höher als der prozentuale Anteil der Frauen an der Gesamtbevölkerung (der 1960 51 Prozent und 1970 53 Prozent betrug). (Nach den neuesten Angaben des NIMH erhöhte sich die Zahl der Patientinnen in den psychiatrischen Abteilungen an Allgemeinkrankenhäusern von 219950 im Jahre 1968 auf 259701 im Jahre 1969; die Zahl der männlichen Patienten stieg im gleichen Zeitraum von 150630 auf 160535.)

Die zweithöchste Zahl an psychisch Erkrankten wird von den Landes- und Bezirkskrankenhäusern verzeichnet. Von 1960 bis 1968 waren ca. 51 Prozent dieser Patientengruppe Frauen – ein Prozentsatz, der ihrer Prävalenz in der Gesamtbevölkerung entspricht. In den Jahren, für die eine altersmäßige Aufschlüsselung vorhanden ist, also für 1966, 1967 und 1968, betrug der Anteil der Frauen an den Insassen in den genannten Anstalten im Alter von 18 bis 64 47 Prozent. Dies läßt auf das Ausmaß schließen, in dem dieser Anstaltstyp Frauen als Altersheim dient.(11) Wie aus Tabelle 7 hervorgeht, waren 1968 36 Prozent aller Patientinnen (und 24 Prozent aller Patienten) in den Landes- und Bezirksnervenheilanstalten über 65.

(10) Bislang gibt es keine Erklärung für das eigenartige Phänomen, daß von 1961–1963 mehr Männer als Frauen psychiatrisch versorgt wurden – zumindest nach den vorhandenen Statistiken, die auf anderen Kriterien beruhen als die ab 1964. Beispielsweise unterscheidet das NIMH in diesen Jahren nicht zwischen «behandelten» und «nicht-behandelten» Patienten der Ambulanzen. Dennoch ist es denkbar, daß die spektakuläre Zunahme der weiblichen psychiatrischen Patientengruppe ein echtes Phänomen der sechziger Jahre ist. Diese Zuwachsquoten bezeugen eine geradezu epidemische Ausbreitung seelischer Erkrankungen bei Frauen, parallel zu anderen Zeiterscheinungen der sechziger Jahre wie bestimmten Formen der Drogenabhängigkeit, von politischem Mord, der Großstadtkriminalität und dem Anwachsen der Befreiungsbewegungen.

(11) Sowie als Internierungslager für arme und schwarze Männer und Frauen.

Tabelle 7:
Patienten in den Landes- und Bezirkskrankenhäusern der USA nach Geschlecht und Alter: 1950–1968

	Anzahl der Frauen	Anzahl der Männer	Anzahl der Frauen über 65	Prozentualer Anteil der Frauen an der Gesamtzahl weiblicher Patienten über 65	Anzahl der Männer über 65	Prozentualer Anteil der Männer an der Gesamtzahl männlicher Patienten über 65
1950	262 063	250 438	69 916	27 %	59 985	24 %
1951	266 718	253 608	69 452	26 %	59 064	23 %
1952	273 999	257 982	74 613	27 %	62 938	24 %
1953	280 998	264 047	78 447	28 %	65 577	25 %
1954	286 877	267 102	83 244	29 %	68 249	26 %
1955	289 517	269 405	88 153	30 %	70 132	26 %
1956	285 437	265 953	89 629	31 %	70 217	26 %
1957	282 430	266 196	92 045	33 %	71 059	27 %
1958	280 018	265 164	94 161	34 %	71 220	27 %
1959	277 432	264 451	92 235	33 %	68 541	26 %
1960	273 211	262 329	92 647	34 %	68 059	26 %
1961	268 377	259 079	91 669	34 %	65 868	25 %
1962	261 968	253 672	90 030	34 %	63 279	25 %
1963	256 240	248 364	88 120	34 %	60 722	24 %
1964	248 815	241 634	85 841	34 %	57 992	24 %
1965	241 244	233 958	83 712	35 %	56 618	24 %
1966	229 899	222 190	81 018	35 %	53 962	24 %
1967	214 894	211 415	76 453	36 %	51 884	25 %
1968	199 635	199 517	72 046	36 %	48 094	24 %
Insges.	4 979 772	4 756 536	1 593 431	32 %	1 193 460	25 %

Nach: Trends in Resident Patients. Landes- und Bezirkskrankenhäuser 1950–1968. Biometry Branch. National Institute of Mental Health: April 1970.

Die drittgrößte Zahl psychiatrischer Patienten wird in den Ambulanzen registriert. Zwischen 1963 und 1968 waren etwa 53 Prozent der ambulant behandelten Patienten Frauen.(12) In den Jahren, für die altersmäßige Aufschlüsselungen vorliegen, also für 1966 bis 1968, machten die Frauen 61 Prozent der externen Patienten zwischen 18 und 64 aus. (Tabelle 6). Beide Prozentsätze liegen höher als der prozentuale Anteil der Frauen an der Gesamtbevölkerung.(13)

Im übrigen sei auf Folgendes hingewiesen:

1. Eine große Zahl männlicher Jugendlicher unter 18 wird von ihren Eltern in «ambulante» Behandlung gebracht und erhöht auf diese Weise die männlichen Patientenzahlen, während sich erwachsene Männer keiner zwangsweisen Behandlung in Ambulanzen unterziehen müssen und damit dort nicht registriert werden.
2. 57 Prozent der Personen, die von den Ambulanzen der Allgemeinkrankenhäuser und VA-Hospitäler insgesamt von 1963 bis 1968 als «nicht-behandelt» geführt werden, sind Männer, die einfach nicht in die «weibliche Welt der Psychiatrie» zurückkehren.
3. NIMH-Berichte, Untersuchungen mit kleinen Stichproben und eine unveröffentlichte Studie von mir bestätigen alle die Tatsache, daß Frauen zwei Drittel der erwachsenen Patienten in den Ambulanzen der Allgemeinkrankenhäuser und der Community Mental Health Center stellen. Das NIMH berichtete kürzlich, daß 1969 von 100000 erwachsenen Frauen 542 verglichen mit 444 von 100000 erwachsenen Männern psychiatrische Ambulanzen in Anspruch nahmen.[9] 72 Prozent der vom Massachusetts Mental Health Center in den ersten 27 Monaten (1957–1959) versorgten Personen waren Frauen, davon 61 Prozent unverheiratete.[10] 60 bis 73 Prozent der Dauerpatienten des Fort Logan Community Mental Health Center (CMHC) von 1961 bis 1968 waren ebenfalls Frauen.[11] Zwei Drittel der erwachsenen ambu-

(12) Und 51 Prozent aller in den Ambulanzen der Allgemeinkrankenhäuser und der VA-Hospitäler insgesamt behandelten Patienten.

(13) Man darf nicht vergessen, daß diese Prozentsätze an Hand der Ambulanzen, die in einem bestimmten Jahr Bericht erstatteten, errechnet wurden: Zwischen 1961 und 1968 lieferten 26 Prozent aller bekannten Ambulanzen kein Zahlenmaterial an das NIMH, während die Community Mental Health Centers in den NIMH-Statistiken noch gar nicht berücksichtigt worden sind.

lant behandelten Patienten der Kliniken in zwölf südlichen und nordöstlichen amerikanischen Bundesstaaten waren Frauen,[12] und 65 bis 70 Prozent der ambulanten Patienten von öffentlichen Kliniken in New York City zwischen 1958 und 1960 waren ebenfalls Frauen.[13] Zwei Drittel aller Zugänge an erwachsenen ambulanten Patienten in einem CMHC in Brooklyn zwischen 1968 und 1970 entfielen auf Frauen.[14] Das NIMH wies 1968 auf Grund von Berichten von 54 CMHC eine größere «Zahl weiblicher als männlicher Zugänge» in allen drei Versorgungssparten nach – in der vierundzwanzigstündigen, der tageszeitlich begrenzten und ambulanten Versorgung.[15]

4. Nach einem neueren NIMH-Report über die CMHC-Patientengruppe verstärkte sich dieser Trend im Jahre 1969 weiter, besonders in den Tages- und Nachtkliniken (‹partial hospitalization facilities›), wo «auf 100 weibliche Zugänge nur 70 männliche entfielen». Mehr Frauen als Männer befinden sich auch in Privattherapie – ein Bereich, den das NIMH nicht analysiert. Mehrere Wissenschaftler haben sich jedoch dieser Aufgabe angenommen. Dr. William Ryan hat nachgewiesen, daß zwei Drittel aller Patienten, die sich von 1960–1962 bei Psychiatern in Boston in Behandlung befanden, Frauen waren.[16] Dr. Anita K. Bahn et al. hat gezeigt, daß Frauen, die sich in New York, Washington, D.C., Wisconsin, Kentucky und Kalifornien in privater psychiatrischer Behandlung befanden, Männern im Verhältnis von drei zu zwei überlegen sind.[17] Dr. William Schofield stellte fest, daß die amerikanischen Psychiater im Durchschnitt mehr Frauen als Männer behandeln.[18] Dr. Charles Kadushin meint zwar, der Prozentsatz an Frauen, die sich in New York City in Privattherapie befinden, liege nicht über dem der Männer – bezogen auf ihren prozentualen Anteil an der Bevölkerung von New York City, berichtet aber, daß Frauen 72 Prozent der Patienten an der St. Matthew-Klinik ausmachten, 64 Prozent an der St. Francis-Klinik, 59 Prozent in religiös und psychiatrisch orientierten Instituten und in interpersonell [das heißt sozialpsychologisch, Anm. z. dt. Übers.] orientierten Kliniken, 57 Prozent der Patienten an progressiven psychotherapeutischen und an individualpsychologisch orientierten Kliniken und 54 Prozent der Pa-

tienten an psychoanalytisch orientierten Kliniken.[19] Jedenfalls sind Frauen als Privatpatienten nicht *unterrepräsentiert.* Dr. Olle Hagnell zeigt in einer Untersuchung über die schwedische Bevölkerung, daß Frauen aller Altersgruppen doppelt so häufig Psychiater konsultieren wie Männer und daß mehr Frauen als Männer, die einen Psychiater konsultierten, in ein psychiatrisches Krankenhaus eingewiesen wurden.[20]

Noch ein Blick auf die Tabellen 5 und 6: Die viertgrößte Anzahl psychiatrisch versorgter Personen wird von den Privatkliniken registriert. Zwischen 1960 und 1968 waren ca. 61 Prozent dieser Patientengruppe aller Altersstufen Frauen, bei den Achtzehn- bis Vierundsechzigjährigen waren es 60 Prozent (Tabelle 6). Diese beiden Prozentsätze liegen erheblich über dem prozentualen Anteil der Frauen an der Gesamtbevölkerung der USA. An fünfter und sechster Stelle folgen zahlenmäßig die psychiatrischen Einrichtungen der Veterans Administration, die stationär wie ambulant fast ausschließlich Männer versorgen.

Rasse und «seelische Krankheit»

Ebenso wie der «Sexismus» hat auch der Rassismus den politischen Körper Amerikas tiefgreifend verwundet und tut es noch immer. Statistiken oder Untersuchungen über die Korrelation von Rasse und seelischer Krankheit sind ebenso selten (und problematisch) – und aus ähnlichen Gründen – wie Statistiken über Vergewaltigung oder Unzucht mit Minderjährigen. Und wenn es Statistiken gibt, so sind sie vielfach nicht nach sozialer Schicht, spezifischer Rasse, Familienstand, psychiatrischer Diagnose oder nach dem prozentualen Verhältnis zur Gesamtbevölkerung aufgeschlüsselt oder umfassen nicht alle psychiatrischen Einrichtungen oder jedes Jahr des vergangenen Jahrzehnts. Das NIMH hat kürzlich Daten veröffentlich, die auf der Statistik über «Erstaufnahmen»(14) in Ambulanzen und Landes- und Bezirkskrankenhäusern von 1969 beruhen. Aus diesem Report geht hervor, daß in den Ambulanzen die Zahl der Aufnahme von Frauen mit zwei Ausnahmen in allen Alters-

(14) Eine Form der Statistik, die auf den charakteristischen Verlauf der «psychiatrischen Karriere» der Frau keine Rücksicht nimmt.

und Rassengruppen über der der Aufnahme von Männern lag[21]:

In der Gruppe derjenigen unter 18 Jahren war die Zahl männlicher Aufnahmen sowohl bei Weißen als auch bei Farbigen größer als die der weiblichen Aufnahmen; in den Altersgruppen der Dreiunddreißig- bis Vierundvierzigjährigen hielten sich Männer und Frauen etwa die Waage.

Tabelle 8, Seite 314, zeigt, daß erwachsene weiße Männer aller Altersstufen wesentlich niedrigere Zugangsquoten in ambulanten Einrichtungen aufweisen als weiße und farbige Frauen und farbige Männer.(15)

Abbildung I, Seite 315, zeigt mehr als alles andere, wie sich Rassismus und Sexismus 1969 auf die psychiatrische Diagnose auswirkten. Aus Abbildung II, Seite 316, geht hervor, daß die Aufnahmequoten der Landeskrankenhäuser für Farbige beiderlei Geschlechts 1969 höher lagen als für weiße Männer und Frauen.[22] Dr. Herbert Gross untersuchte zwei Jahre lang (1964–1966) Diagnose und Behandlung von 2279 freiwilligen Patienten eines psychiatrischen Notdienstes in Baltimore.[23] Er fand, daß die Diagnose «Schizophrenie» vorschnell gestellt und als eine Funktion entweder des Geschlechts, der Rasse oder der sozialen Schicht mißverstanden wurde. Frauen, besonders farbige, wurden auch häufiger als «psychotisch» eingestuft als Männer. (Schwarze Frauen wurden häufiger in Krankenhäuser eingewiesen als weiße Frauen mit gleicher Diagnose.) Gross stellte auch fest, daß schwarze Alkoholiker öfter hospitalisiert wurden als weiße. Es steht außer Frage, daß die psychiatrische Hospitalisierung mit all ihren inhumanen Aspekten in Praxis und Ideologie rassistisch ist. Ich möchte jedoch noch einige Bemerkungen zur Beziehung zwischen Rasse und «psychischer Krankheit» in Zusammenhang mit Geschlecht, Familienstand und sozialer Schicht machen, hauptsächlich, weil es darüber einige Informationen gibt, aber auch weil es schwierig ist, diese Faktoren gesondert zu betrachten.

(15) Sehen wir einmal von farbigen Männern ab, so ist es leicht verständlich, daß weiße Männer weit weniger Hilfe suchen (oder sie dringend «brauchen») als weiße oder schwarze Frauen und daß Frauen aller Rassen eher Hilfe suchen als Männer aller Rassen. Man sieht hier aber auch, in welchem Maß sich die Ambulanz-Statistiken durch den Anteil von farbigen Männern erhöhen. Ob diese «psychiatrische Karrieren» durchlaufen, die jenen von weißen oder farbigen Frauen vergleichbar sind, ist freilich ungewiß.

Tabelle 8:
Aufnahmequoten der psychiatrischen Ambulanzen in den USA nach Alter, Geschlecht und Rasse: 1969

	Quote pro 100 000 Einwohner			
	Frauen		Männer	
Alter	Farbige	Weiße	Farbige	Weiße
18–24	571	718	572	650
25–34	1 041	851	844	578
35–44	853	594	1 058	503
45–64	823	331	593	264
Durchschnitt	822	623,5	766,7	498,7

Erläuterung: Erwachsene weiße Männer weisen niedrigere Aufnahmequoten auf als weiße und farbige Frauen sowie farbige Männer.

Nach: Taube, Carl A., Statistical Note 36. Survey and Reports Section. Biometry Branch. Office of Program Planning and Evaluation. National Institute of Mental Health: Dezember 1970.

Geschlecht, Rasse und Familienstand

Wie ich bereits festgestellt habe, läßt sich schwer abschätzen, inwieweit der Faktor «Familienstand» zur psychischen Schädigung und psychiatrischen Internierung beiträgt. Zwar werden alleinstehende weiße Frauen von manchen Beobachtern als psychisch «gesünder» eingeschätzt als ihre verheirateten Altersgenossinnen[24], doch bedeutet das nicht, daß der Stress, eine Frau und ledig (oder geschieden) zu sein, sie nicht früher oder später in psychiatrische Behandlung[25] oder zur Hospitalisierung führt. Da das männliche Modell seelischer Gesundheit die Fähigkeit des Mannes voraussetzt, eine Frau zu «besitzen» oder zur persönlichen Betreuung zur Verfügung zu haben, werden Männer, die das nicht wollen oder können (Homosexuelle, «Schizophrene», bestimmte Alkoholiker und Drogenabhängige), als «neurotisch» oder «psychotisch» eingestuft und

Abbildung I
Die unterschiedliche Auslastung der psychiatrischen Ambulanzen in den USA durch Weiße und Farbige: 1969

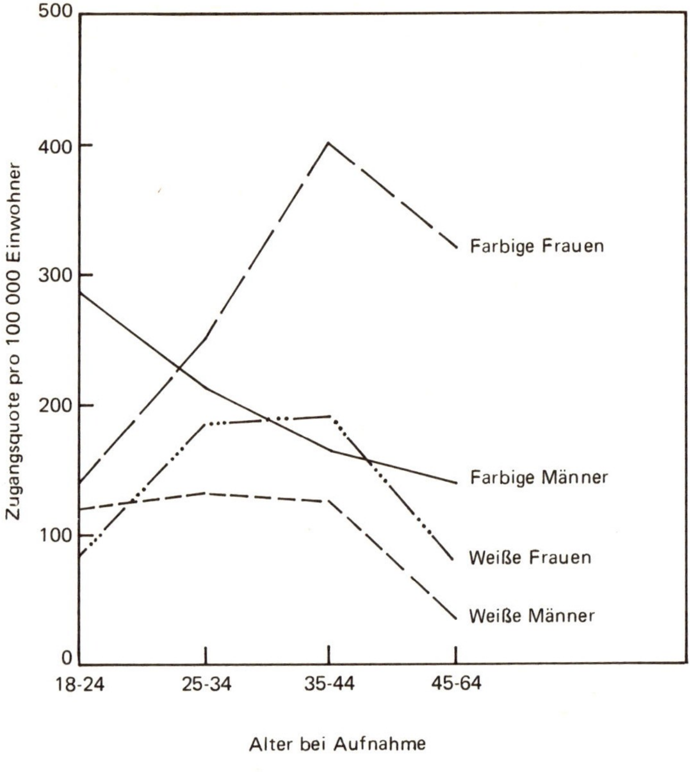

Als Schizophrene diagnostizierte Zugänge: Quote pro 100 000 Einwohner; Psychiatrische Ambulanzen der USA, 1969

Nach: Taube, Carl A., Statistical Note 36. Survey and Reports Section. Biometry Branch. Office of Program Planning and Evaluation. National Institute of Mental Health: Dezember 1970.

Abbildung II

Aufnahmequoten der Landes- und Bezirkskrankenhäuser in den USA nach Alter, Geschlecht und Rasse: 1969

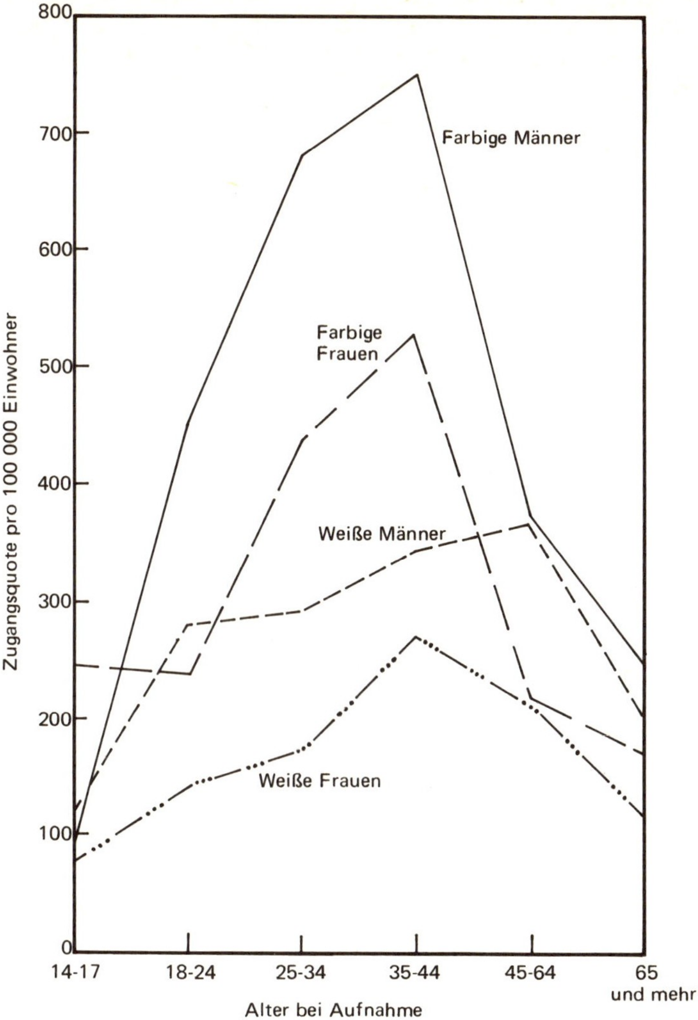

Nach: Taube, Carl A., Statistical Note 41. Survey and Reports Section. Biometry Branch. National Institute of Mental Health: Februar 1971.

nicht selten hospitalisiert. Das Fehlen einer Ehefrau (oder Mutter), die sich trotz ihres Mangels an «Männlichkeit» um sie kümmert, führt bei solchen Männern auch zu längeren Hospitalaufenthalten. Verheiratete Männer verbleiben erwiesenermaßen kürzer in psychiatrischen Kliniken als unverheiratete.[26] Bei Frauen ist die Sache komplizierter. In Tabelle 9, Seite 318, ist eine NIMH-Statistik über die Relation von ambulanter Betreuung und Familienstand zusammengestellt.[27] Die altersmäßig differenzierten Aufnahmequoten von Getrenntlebenden und Geschiedenen in Ambulanzen sind über fünfmal so hoch wie die der Verheirateten. Insgesamt werden jedoch wesentlich mehr Frauen als Männer in den Ambulanzen aufgenommen – ohne Rücksicht auf ihren Familienstand. Es werden sehr viel mehr verheiratete Frauen als verheiratete Männer aufgenommen(16), und sehr viel mehr Witwen als Witwer. (In diesem Zusammenhang sollte man sich Dr. Norman Farberows Untersuchungsergebnisse in Erinnerung rufen, wonach 50 Prozent aller weiblichen Selbstmorde und 45 Prozent aller weiblichen Selbstmordversuche von «Hausfrauen» begangen werden und fünfmal so viele Witwen Selbstmord verüben als Selbstmordversuche unternehmen, während bei Witwern das Verhältnis zwei zu eins ist.[29])

Dr. Earl Pollack hat nachgewiesen, daß unter den farbigen wie unter den weißen Frauen alle die Frauen, die mehr Kinder haben, häufiger psychiatrisch hospitalisiert werden als die Frauen, die weniger Kinder haben – und als ihre Ehemänner.[30] Pollack stellte auch fest, daß schwarze und weiße weibliche Haushaltsvorstände häufiger in eine psychiatrische Klinik eingewiesen werden als ihre männlichen Pendants. Dr. Olle Hagnell konstatierte in seiner Studie über die schwedische Bevölkerung bei verheirateten Frauen eine höhere Wahrscheinlichkeit psychischer Störung und psychiatrischer Hospitalisierung als bei unverheirateten.[31] Dr. Pauline Barts Porträt der klassischen «Depressiven» ist eindeutig das einer verheirateten Frau und Mutter – und nicht das einer unverheirateten Frau.[32] Dennoch machen ledige, geschiedene oder verwitwete

(16) Dies steht in Einklang mit Dr. Jessie Bernards Feststellung in *The Paradox of the Happy Marriage*, daß die Ehe den Frauen «mehr bedeutet», aber sie weniger «glücklich» macht.[28]

Tabelle 9:
Aufnahmequoten von Patienten in den psychiatrischen Ambulanzen der USA nach Familienstand und Alter: 1969

Familienstand	Männer und Frauen	Männer	Frauen
Alle Aufnahmen	494,4	444,3	542,3
Verheiratete	325,0	374,2	344,6
Unverheiratete	755,8	770,9	764,6
Verwitwete	913,3	757,7	945,4
Getrenntlebende/ Geschiedene	1 799,1	1 884,4	1 701,0

Aufnahmequoten nach Alter

Alter	Frauen	Männer
18–24	706	620
25–34	883	592
35–44	623	548
45–64	382	296

Aufnahmequoten von verheirateten Patienten nach Alter

Alter	Frauen	Männer
18–24	531	403
25–34	600	387
35–44	433	347
45–64	253	189

Erläuterung: Geschiedene und getrennt lebende Patienten beider Geschlechter zeigen eine Aufnahmequote, die fast fünfmal so hoch ist wie die von verheirateten Patienten. Insgesamt wurden aber dennoch sehr viel mehr Frauen als Männer ohne Rücksicht auf ihren Familienstand aufgenommen.

Nach: Taube, Carl A., Statistical Note 35. Survey and Reports Section. Biometry Branch. Office of Program Planning and Evaluation. National Institute of Mental Health: Dezember 1970:

Frauen einen bedeutenden Prozentsatz psychiatrischer Patienten aus, und zwar weil Geschlecht und Alter bei Frauen wichtigere Indikatoren für eine psychiatrische Hospitalisierung zu sein scheinen als ihr Familienstand. Das Gegenteil dürfte für Männer gelten.(17)

Geschlecht, Rasse und soziale Schicht

Die klassischen, nach dem 2. Weltkrieg veröffentlichten Untersuchungen über den Zusammenhang von sozialer Schicht und psychischer Erkrankung zogen niemals die Möglichkeit, Frauen als gesonderte Klasse oder Kaste anzusehen, auch nur in Erwägung. Sie wurden einfach der Gesellschaftsschicht ihrer Väter oder Ehemänner(18) zugerechnet und nach der «Kaufkraft» eingestuft, die ihnen demgemäß zustand oder nicht zustand – gleichgültig, ob sie über Bildung oder eigenes Einkommen verfügten oder nicht. Es ist aus verschiedenen Gründen schwierig, eine für Frauen gültige Schichteinteilung zu entwerfen. Da es noch niemand getan hat, vermute ich, daß die meisten Untersuchungsergebnisse über «Schichtzugehörigkeit» und «psychische Krankheit» in den USA eher auf Männer als auf Frauen zutreffen. Beispielsweise dürfte das gewöhnlich umgekehrte Verhältnis von beruflicher Position oder Bildungsgrad und psychiatrischer Hospitalisierung oder psychiatrischem «Kontakt» für Männer mehr Gültigkeit haben als für Frauen – in der weißen wie in der schwarzen Bevölkerung. (Natürlich spiegelt dies die größeren ökonomischen Möglichkeiten wider, die den armen und schwarzen Frauen in den untersten Einkommensgruppen offenstehen.) Beweise für diese Vermutung gibt es nur wenige: Das NIMH berichtete jedoch, daß im Jahr 1969 die weiblichen Aufnahmequoten in psychiatrische Ambulanzen durchgehend über denen der Männer lagen – ob es sich nun um Frauen mit einfacher oder mit höherer Schulbildung handelte.[34]

(17) Scrole et al. fanden eine besonders hohe Prävalenz oder hohes Risiko «seelischer Pathologie» unter alleinstehenden Männern sowie unter Geschiedenen beiderlei Geschlechts. Sie schreiben: «. . . auf Grund der größeren Häufigkeit psychischer Erkrankungen unter alleinlebenden Männern sind diese proportional am stärksten unter den Patienten der psychiatrischen Krankenhäuser und Kliniken vertreten.» Die Verfasser untermauern diese Behauptung allerdings nicht durch Angabe von Daten.[33]

(18) Sozialhilfeempfängerinnen sind die «Gattinnen» von Vater Staat.

(Bei den Männern nahm die Zahl der Zugänge mit zunehmender Bildung ab.) Leider gibt es keine vergleichbaren Statistiken über die Landes- und Bezirkskrankenhäuser. Ich *nehme jedoch an*, daß die disproportional große Zahl schwarzer Frauen in den Landeskrankenhäusern[35] eine relativ bessere Schulbildung oder höhere Einkünfte hat als die noch unverhältnismäßig große Zahl schwarzer Männer.(19) Vielleicht läßt sich eine geringere Zahl gut ausgebildeter oder gut verdienender farbiger Männer auf «psychiatrische Karrieren» irgendwelcher Art ein, als dies für gut ausgebildete farbige Frauen zutrifft – das heißt, vielleicht fällt es den farbigen Mittelschichten auf Grund der wirtschaftlichen und psychologischen Folgen des «Alibidenkens», verbunden mit dem Geschlechtsrollenstereotyp und dem maskulinen Maßstab psychischer Gesundheit *relativ* leichter, ihre seelische Balance aufrechtzuerhalten.

Üblicherweise werden Frauen vom Census Bureau nicht als «Haushaltsvorstand» geführt, falls dem Familienverband ein Mann angehört, selbst wenn die Frau die Haupternährerin ist. Dieser Umstand erschwert demographische Untersuchungen psychiatrischer Patientengruppen wie die von Pollack.[36] Eine weitere Schwierigkeit bei der soziologischen Klassifizierung der Frau liegt darin, daß, selbst wenn Frauen die gleichen Aufgaben erfüllen wie Männer, die Bedeutung eine andere ist. Beispielsweise verdienen die meisten berufstätigen Frauen nicht nur weniger und sind weniger mobil als ihre männlichen Kollegen, sie haben im Unterschied zu den Männern zusätzlich noch «weibliche Verantwortlichkeiten», sie haben sich «feminin» zu verhalten, versteckt oder offen, im Beruf oder außerhalb des Berufs, und ihr Selbstverständnis ist bewußt oder unbewußt noch ganz «feminin».(20)

Eine Reihe von Feministinnen hat in letzter Zeit recht schlüssig argumentiert, daß Frauen eine eigene Kaste bilden.[38] Dies ist essentiell richtig: Ebenso wie die Rasse ist auch das Geschlecht eine

(19) Man muß sich vor Augen halten, daß wir es hier mit «Erstaufnahme»-Statistiken zu tun haben, welche die «psychiatrische Karriere» der Frau nicht in Rechnung stellen.

(20) Es sei daran erinnert (Kapitel 2), daß laut McClellands Untersuchung über Geschlechtsrollenentfremdung die Kontrollgruppe der «berufstätigen Frauen» in ihren Testreaktionen immer noch «femininer» waren als weibliche Schizophrene.[37]

angeborene Gegebenheit, der man sich nicht entziehen kann. Die bloße Erkenntnis, daß man einer Kaste angehört, wird jedoch die Angehörigen, das sind die Frauen, nicht veranlassen, in ihrem Verhalten oder ihrer psychologischen Einstellung ihre soziale Schicht zu verleugnen. Außerdem haben Frauen zwar viele wesentliche ökonomische, biologische und psychologische Lebensumstände mit allen anderen Frauen gemeinsam, andere wichtige Faktoren aber teilen sie mit den Männern der gleichen Rasse oder der gleichen Schicht; umgekehrt gibt es Dinge, die sie mit Frauen anderer Rassen und anderer Schichten nicht teilen. Vom psychologischen Standpunkt aus aber halte ich die Hypothese einer Schicht- und Rassenschranken überschreitenden «Frauenkultur» allerdings für durchaus richtig.

Zum Beispiel verfügen alle (verheirateten) Amerikanerinnen mit Ausnahme jenes einen Prozents, die 10000 Dollar oder mehr jährlich *verdienen*, praktisch über keinen Pfennig, sondern sind von der (manchmal gerichtlich erzwungenen) «Großzügigkeit» ihrer Ehemänner abhängig. Frauen erhalten keinen direkten Lohn für das Gebären und die Erziehung der Kinder, für Hausarbeit und für sexuelle oder emotionale «Dienstleistungen». Werden sie von ihren Männern verlassen oder geschieden, dann stehen ihnen, wie den ledigen Frauen, drei direkte Einkommensquellen offen – andere als die Unterhaltszahlung des Ehemannes: schlechtbezahlte Jobs ohne Aufstiegschancen, illegale Prostitution oder Sozialhilfe. Dies gilt für die grünen Witwen von Werbefachleuten ebenso wie für die Frauen von Bauarbeitern oder Lebensmittelverkäufern.

Obwohl es zwischen den einzelnen wissenschaftlichen Schulen einige Kontroversen gibt, die wie gewöhnlich darauf beruhen, daß verschiedene Gruppen zu verschiedenen Zeiten mit verschiedenen Methoden untersucht wurden, haben die Theoretiker der «sozialen Schicht» traditionell entweder keine geschlechtsbedingten Unterschiede in der psychischen Labilität und/oder psychiatrischen Hospitalisierung festgestellt oder die Schichtzugehörigkeit für einen wichtigeren Faktor gehalten als das Geschlecht.[39] Einige von ihnen haben zwar die ideologisch-methodologischen Probleme gesehen, die sich ergeben, wenn man Geschlecht als Schicht oder Kaste auffaßt, haben sie aber nicht zu lösen versucht. In ihrer

Studie über «psychische Krankheiten» (die keine signifikanten Unterschiede zwischen männlichen und weiblichen Versuchspersonen ergab) wiesen zum Beispiel Dr. Leo Scrole et al.[40] nach, die beteiligten Psychiater hätten bei der Auswertung der Fragebogen das Geschlecht jeder einzelnen Versuchsperson gewußt.

Wir konnten daher nicht mit Sicherheit ausschließen, daß sich nicht besagtes «Bekanntschaftsverhältnis» auf die verschiedenen Vorurteile der Psychiater in bezug auf die Geschlechter ausgewirkt hat.

Auch Dr. Dorothea Leighton[41], die bei den Frauen höhere Quoten psychischer Erkrankung und Hospitalisierung feststellte, erwähnte dieses Problem.

Die klassische Untersuchung von Hollingshead und Redlich, *Social Class and Mental Illness*[42], konstatierte eine signifikante Korrelation zwischen sozialer Schicht (arm oder niedrig) und psychiatrischer Hospitalisierung. Die verwendete Stichprobe (New Haven, vor 1950) stammte jedoch zu 67 Prozent aus Landeskrankenhäusern(21), verglichen mit nur 2 Prozent aus Privatkliniken, 8 Prozent aus öffentlichen Kliniken, 4 Prozent aus VA-Hospitälern und 19 Prozent aus der Privattherapie. Das bedeutet, daß jene Institutionen, die zumindest in den letzten zehn Jahren die stärkste Konzentration an weiblichen Patienten aufwiesen, in dieser Studie unterrepräsentiert sind – die psychiatrischen Abteilungen der Allgemeinkrankenhäuser, privaten Krankenhäuser, Ambulanzen und Privattherapie. Hollingshead und Redlich stellten fest, daß sowohl Frauen als auch Männer der Unterschicht einen überproportional großen Anteil psychiatrischer Patienten stellen. Nach den Berechnungen der Verfasser entfallen auf 100000 männliche Einwohner 18 Männer, auf 100000 weibliche Einwohner 19 Frauen der «Klasse V» (der Schicht der Ärmsten); Männer und Frauen dieser Schicht machen jedoch zusammen 43 v. H. der psychiatrischen Population aus.

Die verschiedenen im Kapitel 4 und im Anhang zitierten Untersuchungen lassen kaum Zweifel daran, daß Frauen aller Schichten und Rassen die Majorität der psychiatrisch erfaßten Patientengruppe in den USA, Großbritannien, Schweden und Kanada stellen.

(21) Es wurden ebenfalls «Erstaufnahme»-Statistiken verwendet.

Um diese Annahme zu erhärten, zu relativieren oder zu widerlegen, müßten Hollingshead und Redlich (oder andere) eine psychiatrische Stichprobe nach Schichten klassifizieren, die sich aus *allen* bestehenden Institutionen zusammensetzt (und nicht vorwiegend aus Landeskrankenhäusern), und sie müßten eine aufschlußreichere Statistik verwenden als die der «Erstaufnahmen». Schließlich bedürfte es einer speziellen Methode zur Schichten- und Kasteneinteilung der Frauen – keine einfache ideologische oder methodologische Aufgabe.

Anmerkungen

Kapitel 1
Warum Wahnsinn?

1 ERICH, ADRIENNE C.: Snapshots of a Daughter-in-law. In: RICH, Snapshots of a Daughter-in-law: Poems 1954–1962. New York: Norton 1968

2 WEISS, PETER: Die Verfolgung und Ermordung Jean Paul Marats ... Frankfurt a. M.: Suhrkamp 1964. S. 114; 116

3 NIN, ANAÏS: Cities of the Interior. New York: Phoenix Box Shop 1959

4 KERÉNYI, KARL: Die Mysterien von Eleusis. Zürich: Rhein-Verlag 1962. S. 43; 45

5 JEFFERSON, LARA: These Are My Sisters. Tulsa: Vickers Publishing Co. 1947

6 APULEIUS MADAURENSIS: Amor und Psyche. Mit einem Kommentar von ERICH NEUMANN. Zürich: Rascher 1952. S. 80

7 PLATH, SYLVIA: Die Glasglocke. Frankfurt a. M.: Suhrkamp 1968. S. 84; 86 (Bibliothek Suhrkamp. 208.)

8 BINSWANGER, LUDWIG: The Case of Ellen West. In: MAY, ROLLO (ed.): Existence. New York: Basic Books 1958

9 Ebd.

10 MILFORD, NANCY: Zelda. New York: Harper & Row 1970

11 BERNARD, JESSIE: The Paradox of the Happy Marriage. In: GORNICK, VIVIAN, und MORAN, BARBARA K. (eds.): Woman in Sexist Society: Studies in Power and Powerlessness. New York: Basic Books 1971

12 PACKARD, ELIZABETH P. WARE: Modern Persecution or Insane Asylums Unveiled and The Liable of the Married Woman. New York: Pelletreau & Raynor 1873. Diese beiden bemerkenswerten Bände waren nach Packards «Ausbruch» aus der Nervenheilanstalt und während ihres Kampfes für die Rechte psychisch Kranker und verheirateter Frauen ihre einzige Einkommensquelle.

13 Ferguson, Charles W.: The Male Attitude. Boston: Little, Brown 1966

14 Packard, Modern Persecution . . . a. a. O.

15 Alvaréz, A.: Sylvia Plath: A Memoir. In: New American Review 12 (1971)

16 Packard a. a. O.

17 Plath a. a. O., S. 127

18 Plath a. a. O., S. 140

19 Binswanger a. a. O.

20 Plath a. a. O., S. 227

21 Plath a. a. O., S. 228

22 Binswanger a. a. O.

23 Singer, I. J.: The Dead Fiddler. In: The Seance. New York: Avon 1964

24 Jung, Carl G., und Kerényi, Karl: Einführung in das Wesen der Mythologie. Amsterdam, Leipzig: Pantheon 1941; Kerényi, Carl: Die Mysterien von Eleusis, a. a. O.; Frazer, James G.: The Golden Bough. New York: Macmillan 1958

25 Dinitz, Simon, Dynez, Russel, und Clarke, Alfred: Preferences for Male or Female Children: Traditional or Affectional. In: Marriage and Family Living 16 (Mai 1964); Adler, Alfred: Menschenkenntnis. Leipzig: S. Hirzel 1927; Mandle, Joan D.: Women's Liberation: Humanizing Rather than Polarizing. In: Annals of the American Academy of Political and Social Science, Sept. 1971. Nicht wenige königliche Familientragödien in Europa entstanden durch den hysterischen Wunsch nach einem männlichen Erben. Die Tudor-Familie Heinrichs VIII. in England und die Romanows des Zaren Nikolaus in Rußland sind zwei bekannte Beispiele. Königin Hatschepsut von Ägypten trug während ihrer Regierungszeit Männerkleidung und einen zeremoniellen falschen Bart: Königtum und/oder Göttlichkeit werden, scheint es mir, mehr mit dem männlichen als mit dem weiblichen Geschlecht assoziiert. In nicht-westlichen und/oder präkatholischen Kulturen gab es freilich viele Göttinnen. Viele von ihnen werden von den Göttern nach deprimierend bekannter Art der Sterblichen behandelt: Zum Beispiel Zeus' Benehmen gegenüber seiner Gattin Hera. Buddha, Schiwa, Allah und Jehova werden meist als Männer dargestellt oder gedacht. Der ägyptische Gott Osiris ist interessanterweise eine männliche Gottheit der Erde, der Vegetation und der Wiedergeburt nach Art Demeters und Persephones. Die drei wichtigsten ägyptischen Göttinnen – Isis, Nephtys und Hathor – sind für weibliche Bereiche zuständig: Schutz der Kinder und des Herdes, Liebe, Glück, Tanz und Musik.

26 Goldman, Emma: Marriage and Love. In: Goldman: Anarchism and Other Essays. New York: Dover Publications, Inc. 1969

27 Bardwick, Judith M.: The Psychology of Women: A Bio-cultural Conflict. New York: Harper & Row 1971

28 Wesstein, Naomi: Psychology constructs the Female. In: Gornick, Vivian, und Moran, Barbara K. (eds.): Woman in Sexist Society: Studies in

Power and Powerlessness. New York: Basic Books 1971

29 Firestone, Shulamith: The Dialectic of Sex. New York: Morrow 1970

30 Apuleius Madaurensis a. a. O., S. 80

31 Diese und andere Mythen, auf die ich Bezug nehme, werden in den beiden folgenden Büchern sowie in den Werken, die in Anm. 24 angeführt sind, behandelt: Diner, Helen: Mütter und Amazonen. Berlin: Non-stop-Bücherei 1962. (Erstveröffentlichung in den dreißiger Jahren unter dem Pseudonym «Sir Glahad»); Slater, Phillip E.: The Glory of Hera: Greek Mythology and the Greek Family. Boston: Beacon Press 1971

32 Slater a. a. O.

33 Pernoud, Régine: Jeanne d'Arc. Par elle même et par ses témoins. Paris: Édition du Seuil 1962

34 Ebd.

35 Slater a. a. O.

36 Jung, Carl G., und Kerényi, Karl: Einführung in das Wesen der Mythologie, a. a. O., S. 225

37 Ebd. S. 175

38 Woolf, Virginia: A Room of One's Own. New York: Harcourt, Brace & Comp. 1929

Kapitel 2
Heilanstalten

1 Foucault, Michel: Wahnsinn und Gesellschaft. Frankfurt a. M.: Suhrkamp 1969, S. 512f.

2 Dershowitz, Allan M.: Preventive Detention and the Prediction of Dangerousness. Some Fictions about Predictions. In: Journal of Legal Education 23 (1969)

3 Foucault a. a. O.; Szasz, Thomas S.: Die Fabrikation des Wahnsinns. Olten u. Freiburg i. Br.: Walter 1974. Rosen, George: Madness in Society: Chapters in the Historical Sociology of Mental Illness. New York: Harper & Row 1968

4 Szasz a. a. O.

5 Foucault a. a. O.; Szasz, Thomas S.: Geisteskrankheit – ein moderner Mythos? Olten u. Freiburg i. Br.: Walter 1972, S. 194f.; Goffman, Erving: Asyle. Frankfurt a. M.: Suhrkamp 1972; Scheff, Thomas J.: Etikett «Geisteskrankheit». Frankfurt a. M.: S. Fischer 1973

6 Ludwig, Arnold, Marx, Arnold J., Hill, Phillip A., und Browning, Robert M.: The Control of Violent Behavior Through Faradic Shock: A Case Study. In: Journal of Nervous and Mental Desease 148 (1969)

7 Wignall, C. M., und Meredith, C. E.: Illegitimate Pregnancies in State Institutions. In: Archives of General Psychiatry 18 (1968)

8 Dohrenwend, Bruce P., und Dohrenwend, Barbara: Social Status and Psychological Disorder. New York: Wiley 1969. Olle Hagnell zitiert eine weitere Theorie konditionierten weiblichen «Patienten»-Verhaltens, die H. Holter aufstellt in: Hagnell, Olle, A Prospective Study of the Incidence of Mental Disorder: The Lundby Project. Stockholm: Svenska Bokforlaget (Norstedt) 1966

9 MacFarlane, Jean W., Allen, Lucile, und Honzik, Marjorie P.: A Developmental Study of the Behavior Problems of Normal Children Between Twenty-one Month and Thirteen Years. Berkeley: Univ. of Calif. Press 1954; Phillips, L.: Cultural vs. Intra Psychic Factors in Childhood Behavior Problem Referrals. In: Journal of Clinical Psychology 13 (1957); Peterson, D. R.: Behavior Problems of Middle Childhood. In: Journal of Consulting Psychology 25 (1961); Terman, L. M., und Tyler, L. E.: Psychological Sex Differences. In: Carmichael, Leonard (Ed.): Manual of Child Psychology. 2. ed. New York: Wiley 1954

10 Phillips, Leslie: A Social View of Psychopathology. In: Rosenhan, David, und London, Perry (Eds.): Theory and Research in Abnormal Psychology. New York: Rinehart and Winston 1969

11 Zigler, E., und Phillips, L.: Social Effectiveness and Symptomatic Behaviors. In: Journal of Abnormal and Social Psychology 61 (1960)

12 Szasz, Thomas S.: Geisteskrankheit – ein moderner Mythos? a. a. O., S. 194f.

13 Engels, Friedrich: Der Ursprung der Familie, des Privateigentums und des Staats. Berlin: Neuer Weg 1946. (Nach der 4. letzten von Engels besorgten Ausg. 1891.)

14 Konrad Lorenz, der bekannte Verhaltensforscher, erklärte am 5. Juli 1970 in einem Interview mit der New York Times: «Es gibt heute nur eine Gruppe gesellschaftlich Benachteiligter – eine ganze Klasse, die als Sklaven behandelt und schamlos ausgebeutet wird: die jungen Ehefrauen. Sie genießen eine ebenso gute Ausbildung wie die Männer, aber in dem Augenblick, in dem sie ein Kind zur Welt bringen, werden sie zu Sklaven . . . Sie haben einen 22stündigen Arbeitstag, keine Ferien, und sie dürfen nicht einmal krank werden.»

15 National Institute of Mental Health, Statistiken 1965–1968, U.S. Department of Health, Education and Welfare; Chesler, Phyllis: Patient and Patriarch: Women in Psychotherapeutic Relationship. In: Gornick, Vivian, und Moran, Barbara K. (eds.): Woman in Sexist Society: Studies in Power and Powerlessness. New York: Basic Books 1971; Klemesrud, Judy: When the Diagnosis Is Depression. (Das Depression Research Unit [Depressionsforschungszentrum] in New Haven, auf das Bezug genommen wird, behandelt hauptsächlich Frauen zwischen 21 und 65). In: New York Times, 5. Mai 1971; Burke, Lee, Renkin, E., Jacobson, S., und Haley, S.: The Depressed Woman Returns. In: Archives of General Psychiatry 16 (Mai 1967); Dewar, Margaret M., und MacCammend, Iain: Depressive Breakdown in Women of the West

Highlands. In: American Journal of Psychiatry 119 (1962); REICH, THEODORE, und WINSTON, GEORGE: Postpartum Psychoses in Patients with Manic Depressive disease. In: Journal of Nervous and Mental Disease 151 (1970); BART, PAULINE: Portnoy's Mother's Complaint. In: GORNICK, VIVIAN, und MORAN, BARBARA K. (eds.): Woman in Sexist Society: Studies in Power and Powerlessness, a. a. O.

16 BART a. a. O.

17 POLLACK, EARL, REDICK, RICHARD, und TAUBE, CARL: The Application of Census Socioeconomic and Familial Data to the Study of Morbidity from Mental Disorders. In: American Journal of Public Health 58 (Jan. 1968)

18 FRIEDMAN, ALFRED L.: Hostility Factors and Clinical Improvement in Depressed Patients. In: Archives of General Psychiatry 23 (1970)

19 DIDION, JOAN: Play It As It Lays. New York: Farrar, Straus & Giroux 1970

20 KINSEY, ALFRED u. a.: Das sexuelle Verhalten der Frau. Berlin, Frankfurt a. M.: S. Fischer 1966; FREUD, SIGMUND: Über die weibliche Sexualität. In: FREUD, Werke aus den Jahren 1925–1931. London: Imago Publ. Co. Ltd. 1948. (Gesammelte Werke. Bd. 14); STEKEL, WILHELM: Die Geschlechtskälte der Frau. 2. Aufl. Berlin, Wien: Urban & Schwarzenberg 1921. (STEKEL: Störungen des Trieb- und Affektlebens. 3.); HORNEY, KAREN: Der neurotische Mensch unserer Zeit. Stuttgart: Kilpper 1951; MASTERS, WILLIAM H., und JOHNSON, VIRGINIA: Die sexuelle Reaktion. Frankfurt a. M.: Akad. Verl. Ges. 1967; Dies.: Human Sexual Inadequacy. Boston: Little, Brown 1970

21 MASTERS, W., und JOHNSON V.: Die sexuelle Reaktion, a. a. O.; Dies.: Inadequacy, a. a. O.: INSTITORIS, HENRICUS, und SPRENGER, JACOB: Der Hexenhammer (Malleus maleficarum, deutsch). 3. Aufl. T. 1–3. Berlin: Barsdorf 1922–23, zitiert von THOMAS S. SZASZ in: Die Fabrikation des Wahnsinns, a. a. O.; SHERFEY, MARY JANE: The Evolution and Nature of Female Sexuality in Relation to Psychoanalytic Theory. In: Journal of the American Psychoanalytic Association 1966

22 PLATH, SYLVIA: Lady Lazarus. In: PLATH, Ariel. New York: Harper & Row 1966

23 FARBEROW, NORMAN L., und SCHNEIDMAN, EDWIN F.: Statistical Comparisons Between Attempted and Committed Suicides. In: FARBEROW und SCHNEIDMAN (eds.): The Cry for Help. New York: MacGraw-Hill 1961

24 SIEDEN, RICHARD H.: Suicide Among Youth. Im Auftrag der Joint Commission of Mental Health of Children 1970

25 ANGRIST, SHIRLEY S., DINITZ, SIMON, LEFTON, MARK und PASAMANICK, BENJAMIN: Rehospitalization of Female Mental Patients. in: Archives of American Psychiatry 4 (1961). Die Stichprobe der Verfasserin stammte aus Landeskrankenhäusern und Privatkliniken und schloß Personen ein, die nach 1957 entlassen wurden. Ihre ursprüngliche Absicht war, die Eltern von «Schizophrenen» mit den Eltern «Normaler» zu vergleichen.

26 Dies.: Women After Treatment. New York: Appleton 1968

27 CHEEK, FRANCES: A Serendipitous Finding: Sex Role and Schizophrenia. In: Journal of Abnormal and Social Psychology 69 (1964)

28 LETAILLEUR M., MORIN, J., und LE BORGNE, Y.: Heautoscopie Heterse-xuelle et Schizophrenie. In: Ann. Med. Psychology 2 (1958)

29 MCCLELLAND, DAVID C., und WATT, NORMAN F.: Sex Role Alienation in Schizophrenia. In: Journal of Abnormal Psychology 73 (1968). Die Stichprobe entstammt einem Bostoner Krankenhaus. Es handelte sich um Personen, die zwischen einem und zwanzig Jahren hospitalisiert waren. Die Kontrollgruppen stimmten in bezug auf Alter, Bildungsstand und Schichtzugehörigkeit mit den untersuchten Gruppen genau überein.

30 Ebd.

31 LORR, M., und KLETT, C. J.: Constancy of Psychotic Syndromes on Men and Women. In: Journal of Consulting Psychology 29 (1969)

32 LORR, M., O'CONNOR, J. P., und STAFFORD, J. W.: The Psychotic Reattion Profile. In: Journal of Clinical Psychology 16 (1960)

33 RAPPEPORT, JONAS R. (ed.): The Clinical Evaluation of the Dangerousness of the Mentally Ill. Springfield, Ill.: Thomas 1968

34 KRAFT, ALAN M., BINNER, PAUL R., und DICKEY, BRENDA: The Community Mental Health Program and the Longer-Stay Patient. In: Archives of General Psychiatry 6 (Jan. 1967)

35 TAUBE, CARL A.: Admission Rates by Marital Status: Outpatient Psychiatric Services. Statistical Note 35, Survey and Reports Section, National Institute of Mental Health, Dez. 1970

36 SAGHIR, MARCEL, WALBRAN, BONNIE, ROBINS ELI, und GENTRY, KATHY: Psychiatric Disorders and Disability in the Female Homosexual. In: American Journal of Psychiatry 27 (1970); WOLFF, CHARLOTTE: Psychologie der lesbischen Liebe. Eine empirische Studie der weiblichen Homosexualität. Reinbek: Rowohlt 1973

Kapitel 3
Die Kliniker

1 REICH, ILSE O.: Wilhelm Reich: A Personal Biography. New York: St. Martin's Press 1969

2 ROAZEN, PAUL: Brother Animal. New York: Knopf 1969

3 FIRESTONE, SHULAMITH: The Dialectic of Sex. The Case for Feminist Revolution. New York: Morrow 1970

4 MITCHELL, JULIET: Woman's Estate. New York: Pantheon 1972

5 MILLETT, KATE: Sexus und Herrschaft. München: Desch 1971, S. 208

6 IVEY, EVELYN P.: Significance of the Sex of the Psychiatrist. In: Archives of General Psychiatry 2 (1960); SCHOFIELD, WILLIAM: Psychotherapy: The Purchase of Friendship. Englewood Cliffs, N. J.: Prentice Hall 1964; CHESLER,

PHYLLIS, unveröffentlichte Studie 1971.

7 TAUBE, CARL A.: Transitional Mental Health Facilities Staffing Patterns. Statistical Note 28, NIMH Survey and Reports Section, Okt. 1970

8 Ders.: Consultation and Education Services in Community Mental Health Centers, January 1970. Statistical Note 3, NIMH Survey and Reports Section, Febr. 1971

9 CHESLER, PHYLLIS: Patient and Patriarch: Women in the Psychotherapeutic Relationship. In: GORNICK, VIVIAN und MORAN, BARBARA K. (Eds.): Woman in Sexist Society: Studies in Power and Powerlessness. New York: Basic Books 1971

10 SCHOFIELD, WILLIAM: Psychotherapy, a. a. O.

11 HORNER, MATINA: Fail: Bright Women. In: Psychology Today, Nov. 1969

12 TEMERLIN, MAURICE K.: Suggestion Effects in Psychiatric Diagnosis. In: Journal of Nervous and Mental Disease 47 (1968)

13 BROVERMAN, INGE K., BROVERMAN, DONALD M., CLARKSON, FRANK E., ROSENKRANTZ, PAUL S., und VOGEL, SUSAN R.: Sex Role Stereotypes and Clinical Judgements of Mental Health. In: Journal of Consulting and Clinical Psychology 34 (1970)

14 ORR, W. R., ANDERSON, RUTH, MARTIN, MARGARET, und PHILPOT, DES. F.: Factors Influencing Discharge of Female Patients from a State Mental Hospital. In: American Journal of Psychiatry 3 (1954)

15 RICKEL, NATHAN K.: The Angry Woman Syndrome. In: Archives of General Psychiatry 24 (1971)

16 MODLIN, HERBERT C.: Psychodynamics in the Management of Paranoid States in Women. In: Archives of General Psychiatry 1963

17 BARDWICK, JUDITH M.: Psychology of Women: A Bio-cultural Conflict. New York: Harper & Row 1971

18 SHERFEY, MARY JANE: The Evolution and Nature of Female Sexuality in Relation to Psychoanalytic Theory. In: Journal of the American Psychoanalytic Association 1966

19 BARDWICK, JUDITH M.: Psychology of Women, a. a. O.

20 RHEINGOLD, JOSEPH C.: The Mother, Anxiety and Death. Boston: Little, Brown 1967

21 MALMQUIST, CARL P., KIRESUK THOMAS, und SPANO, ROBERT M.: Personality Characteristics of Women with Repeated Illegitimacies: Descriptive Aspects. In: American Journal of Orthopsychiatry 1966; MARKEY, OSCAR B.: A Study of Aggressive Set Misbehavior in Adolescents Brought to Juvenile Court. In: A. a. O. 20 (1950); NIELSON, KATHRYN M., und MOTTO, ROCCO L.: Some Observations on Family Constellations and Personality Patterns of Young Unmarried Mothers. In: A. a. O. 33 (1963); KAUFMAN, IRVING, MAKKAY, ELIZABETH S. und ZILBACH, JOAN: The Impact of Adolescence of Girls with Delinquent Character Formation. In: A. a. O. 29 (1959); WALTERS, PAUL A., Jr.:

Promiscuity in Adolescence. In: A. a. O. 1965; ROBEY, AMES, ROSENWALD, RICHARD J., SNELL, JOHN E., und LEE, RITA E.: The Runaway Girl: A Reattion to Family Stress. In: A. a. O. 1964.

22 LUSTIG, CAPTAIN NOEL, MC, USA, DRESSER, CAPTAIN JOHN, MCS, USA, SPELLMAN, MAJOR SETH W., MCS, USA, und MURRAY, MAJOR THOMAS B., MC, USA: Incest. In: Archives of General Psychiatry 14 (Jan. 1966); KAUFMAN, IRVING, PECK, ALICE L., und TAGIURI, CONSUELO K.: The Family Constellation and Overt Incestuous Relations Between Father and Daughter. In: American Journal of Orthopsychiatry 24 (1954); CHANELES, SOL: Sexual Abuse of Children. Denver: The American Humane Association, Children's Division 1966; FRANCIS, VINCENTE DE: Protecting the Child Victim of Sex Crimes Committed by Adults. Denver: The American Humane Association, Children's Division 1965; BURTON, LINDY: Vulnerable Children. New York: Schokken Books 1968; TORMES, YVONNE: Child Victim of Incest. Denver: The American Humane Association, Children's Division 1966; GIL, DAVID.: Violence Against Children. Cambridge, Mass.: Harvard Univ. Press 1970; RUSH, FLORENCE: The Sexual Abuse of Children: A Feminist Point of View. New York Radical Feminists Conference on Rape, 17. April 1971; NELSON, HARRY: Incest: 1 Family out of 10. In: New York Post, Sept. 1971.

23 WAHL, CHARLES WILLIAM: The Psychodynamics of Consummated Maternal Incest: A Report of Two Cases. In: Archives of General Psychiatry 3 (1960)

24 GREENWALD, HAROLD: The Elegant Prostitute. New York: Ballantine Books 1958

25 FREUD, SIGMUND: Einige psychische Folgen des anatomischen Geschlechtsunterschiedes: In: FREUD, Werke aus den Jahren 1935–1931. London: Imago Publ. Co. Ltd. 1948. S. 24; S. 29f. (Gesammelte Werke. Bd. 14)

26 DERS: Die Weiblichkeit. In: FREUD, Neue Folgen der Vorlesungen zur Einführung in die Psychoanalyse. London: Imago Publ. Co. Ltd. 1940. S. 144f. (Gesammelte Werke. Bd. 15)

27 ERIKSON, ERIK H.: Inner and Outer Space: Reflections on Womanhood. In: Daedalus 3 (1965)

28 BETTELHEIM, BRUNO: The Commitment Required of a Woman Entering a Scientific Profession in Present Day American Society. In: Woman and the Scientific Professions, M.I.T. Symposium on American Women in Science and Engineering. Cambridge, Mass. 1965

29 RHEINGOLD, JOSEPH C.: The Fear of Being a Woman. New York: Grune & Stratton 1964

30 JUNG, CARL G.: Die Frau in Europa. 3. Aufl. Zürich: Rascher 1948. S. 12f.; 22

31 HARDING, ESTHER: Der Weg der Frau. Eine psychologische Deutung. Mit einer Einl. von C. G. Jung. Zürich: Rhein-Verlag 1935. S. 107; 163; 165

32 FREUD, SIGMUND: Bruchstück einer Hysterie-Analyse. In: FREUD, Werke

aus den Jahren 1904–1905. London: Imago Publ. Co. Ltd. 1942. S. 237 (Gesammelte Werke. Bd. 5)

33 SIMON, LEONHARD: The Political Unconscious of Psychology: Clinical Psychology and Social Change. Unveröffentlichtes Manuskript 1970

34 DEUTSCH, FELIX: A Footnote to Freud's *Fragment of an Analysis of a Case of Hysteria*. In: The Psychoanalytic Quarterly 25 (1957)

35 SZASZ, THOMAS S.: Geisteskrankheit – ein moderner Mythos? Olten u. Freiburg i. Br.: Walter 1972. S. 260f.

36 HORNEY, KAREN: Flucht aus der Weiblichkeit. In: Internat. Zs. f. Psychoanalyse 12 (1926), S. 363

37 FREUD, SIGMUND: Über die weibliche Sexualität. In: FREUD, Werke aus den Jahren 1925–1931. London: Imago Publ. Ltd. 1948. S. 523, Anm. 1 (Gesammelte Werke. Bd. 14)

38 REICH, ILSE O.: Wilhelm Reich: A Personal Biography, a. a. O.

39 REICH, WILHELM: Die Funktion des Orgasmus. Köln, Berlin: Kiepenheuer & Witsch 1969. (REICH: Die Entdeckung des Orgons. Bd. 1.)

40 DERS., a. a. O., S. 76

41 DERS., a. a. O., S. 94

42 DERS., a. a. O., S. 165

43 DERS., a. a. O., S. 155

44 LAING, RONALD D., und ESTERSON, A.: Sanity, Madness and the Family. New York: Pelican Books 1970

45 COOPER, DAVID G.: Der Tod der Familie. Reinbek b. Hamburg: Rowohlt 1972 (das neue buch. 6.), S. 11

46 DERS., a. a. O.

47 DERS., a. a. O., S. 57

48 SZASZ, THOMAS S.: Die Fabrikation des Wahnsinns. Olten u. Freiburg i. Br.: Walter 1974. S. 108; 130; 176; 25

49 DERS.: Geisteskrankheit – ein moderner Mythos? Olten und Freiburg i. Br.: Walter 1972

50 DERS.: Die Fabrikation des Wahnsinns, a. a. O.

51 MICHELET, JULES: Satanism and Witchcraft: A Study in Medieval Superstition. New York: Walden Publ. 1939

52 SZASZ, THOMAS S.: Die Fabrikation des Wahnsinns, a. a. O., S. 137

53 STANNARD, UNA: The Male Maternal Instinct. In: Trans-action, Dez. 1970

54 SZASZ, THOMAS S.: Die Fabrikation des Wahnsinns, a. a. O., S. 62

55 Ebd. S. 62f.

56 FREUD, SIGMUND: Zur Geschichte der Psychoanalytischen Bewegung. In: FREUD, Werke aus den Jahren 1913–1917. London: Imago Publ. Co. Ltd. 1946. S. 93 (Gesammelte Werke. Bd. 10)

57 SZASZ, THOMAS S.: Geisteskrankheit, a. a. O.

58 SCHOFIELD, SCHOFIELD, WILLIAM: Psychotherapy, a. a. O.

Kapitel 4

Die Karriere der Frau als psychiatrische Patientin

1 BARDWICK, JUDITH M.: The Psychology of Woman: A Bio-cultural Conflict. New York: Harper & Row 1971

2 LEIGHTON, DOROTHEA, HARDING, JOHN S., MACHLIN, DAVID B., MAMMILLAN, ALLISTER M., und LEIGHTON, ALEXANDER H.: The Character of Danger: Psychiatric Symptoms in Selected Communities. The Stirling County Study of Psychiatric Disorder and Socio-cultural Environment. Vol. 3. New York: Basic Books 1963

3 Selected Symptoms of Psychological Distress. U.S. Department of Health, Education and Welfare, Public Health Services and Mental Health Administration, 1970. Diese Studie basiert auf Daten einer Stichprobe bei 7710 Personen aus den Jahren 1960–1962, die für die 111 Millionen außerhalb von psychiatrischen Institutionen lebenden Amerikaner im Alter von 18 bis 79 repräsentativ sind.

4 GURIN, GERALD, VEROFF, J., und FELD, S.: Americans View Their Mental Health. New York: Basic Books 1960

5 SROLE, LEO, LANGNER, THOMAS S., MICHAEL, STANLEY T., OPLER, MERVIN K., und RENNIE, THOMAS A. C.: Mental Health in the Metropolis: Midtown Manhattan Study. New York: McGraw-Hill 1962

6 HAGNELL, OLLE: A Prospective Study of the Incidence of Mental Disorder: The Lundby Project. Stockholm: Svenska bokforlaget (Norstedt) 1966

7 LEIGHTON u. a., a. a. O.

8 HAGNELL a. a. O.

9 NIMH Annual Reports on Patients in Metal Health Facilities, U.S. Department of Health, Education and Welfare, 1950–1969

10 CHESLER, PHYLLIS: Patient and Patriarch: Women in the Psychotherapeutic Relationship. In: GORNICK, VIVIAN, und MORAN, BARBARA K. (Eds.): Woman in Sexist Society: Studies in Power and Powerlessness. New York: Basic Books 1971; HAGNELL a. a. O., LEIGHTON u. a., a. a. O.; ZOLIK, EDWIN, LANTZ, EDNA, und SOMMERS, RICHARD: Hospital Return Rates and Prerelease Referrals. In: Archives of General Psychiatry 18 (Juni 1968); Chronic Illness in a Large City. In: The Baltimore Study 1957; BAHN, ANITA K., CONWELL, MARGARET, und HURLEY, PETER: Survey of Psychiatric Practice: Report on a Field Test. In: Archives of General Psychiatry 12 (1965); RYAN, WILLIAM: Distress in the City Essay on the Design and Administration of Mental Health Services. Cleveland: The Press of Case Western Reserve University 1969; THRALL, CHARLES: Presenting Problems of Psychiatric Out-Patients: Out-Patient Studies Section. Biometrics Branch, NIMH 1963; REDICK, RICHARD: Age-Sex Diagnostic Distribution of Additions to Community Mental Health Centers 1968. Statistical Note 13, NIMH Survey and Reports Section, Januar 1970; SCHOFIELD, WILLIAM: Psychotherapy: The Purchase of Friendship. Eng-

lewood Cliffs, N. J.: Prentice Hall 1964; KRAFT, ALAN M., BINNER, PAUL R., und DICKLEY, BRENDA: The Community Mental Health Program and the Longer-Stay Patient. In: Archives of General Psychiatry 16 (Jan. 1967); LANDSBERG, GERALD, COLE, DAVID, SABBAGH, ELEANOR, und DEUTSCH, RACHEL: Characteristics of Enrolled Patients as of September 1969. Maimonides Medical Center, Community Mental Health Center, December 1969; DEUTSCH, RACHEL, LANDSBERG, GERALD, und COLE, DAVID: Report of a Survey of Patients: January 17, 1970 – June 16, 1970. Maimonides Medical Center, Community Mental Health Center, June 1970; CHESLER, PHYLLIS, LASECKI, JANICE, und DIPAOLA, LUCY. Manuskript Manuskrift 1971

11 KRAFT u. a., a. a. O.; THRALL, CHARLES: Presenting Problems of Psychiatric Out-Patients. Out-Patients Studies Section, Biometrics Branch, NIMH 1963; GURWITZ, KURT, BAHN, ANITA, KLEE, GERALD, und SOLOMON, MURRAY: Release and Return of Patients in State Mental Hospitals of Maryland. In: Public Health Reports 1 (1966)

12 KRAFT u. a., a. a. O.: Provisional Data on Length of Stay of Admissions to State and County Mental Hospitals U.S., 1971, NIMH

13 CANNON, MILDRED S.: Age-Sex Diagnostic Distribution of Additions to Community Mental Health Centers 1969. Statistical Note 59, NIMH Survey and Reports Section, Dezember 1970

14 KADUSHIN, CHARLES: Why Go to Psychiatrists. New York: Atherton Press 1969

Kapitel 5
Sexuelle Beziehungen zwischen Patientin und Therapeut

1 SOUTHERN, TERRY, und HOFFENBERG, MASON: Candy oder Die sexte der Welten.

2 Aus einem Zeitungsinterview in der New York *Post*

3 HENRIQUES, FERNANDO: Prostitution and Society: Primitive, Classical and Oriental. New York: Grove Press 1962; GOLDMAN, EMMA: The Traffic in Women. Repr. in: GOLDMAN: Anarchism and Other Essays. New York: Dover 1969; GREENWALD, HAROLD: The Elegant Prostitute: A Social and Psychoanalytic Study. New York: Ballantine Books 1958: MARCUS, STEVEN: The Other Victorians. New York: Basic Books 1966; MILLETT, KATE: Sexus und Herrschaft, München: Desch 1971; SANGER, WILLIAM W.: The History of Prostitution. New York: Eugenics Publishing Company 1937; WINICK, CHARLES, und KINSIE, PAUL M.: The Lively Commerce. Chicago: Quadrangle Books 1971; PACE, ERIC: Feminists Halt Session on Prostitution, Demanding To Be Heard. In: New York Times, 15. Sept. 1971; PROSSER, ROBERT: The Speedy Call Girls in Formosa. In: San Francisco Chronicle, 23. Dez. 1970; Russia's Bedroom Blackmail. In: San Francisco Chronicle, 28. Dez. 1970; BREWER, JIM: San

Francisco Child Prostitutes. In: San Francisco Chronicle, 9. Mai 1970; SANFORD, DAVID: A Brothel in Curaçao. In: Village Voice, 13. März 1969; LENN, ERNEST: State Crackdown on B-Girls, Vice. In: San Francisco Examiner and Chronicle, 13. Juli 1969; Aimed at Prostitutes, the Loitering Law Is Voided. In: New York Post, 14. September 1970; New Orleans, A.P.: Shaw Judge Is Ordered Ousted Over His Arrest in a Vice Raid. In: New York Times, 24. Nov. 1970; Prostitutes – Some New Tricks für the Oldest Profession. In: New York Times, 28. März 1971

4 Uniform Crime Reports 1960–1970; LACKS, ROSALYN: The Politics of Rape – A Selective History. In: Village Voice, 4. Febr. 1971; New York Radical Feminist Conference on Rape, 17. Apr. 1971; Female Liberation Newsletter No. 8, 16. Apr. 1971; Women Who Are Tired of Being Harassed. In: New York Times, 7. Sept. 1971; The Civilized Rapist. In: Village Voice, 9. Sept. 1971; Cops Use TV to Trap Rape Suspect. In: New York Daily News, 19. März 1971; EMERSON, GLORIA: Vietnamese Voice Hostility to G. I.'s. In: New York Times, 2. Mai 1971; Bronx School Posts 2 Guards after Attacks on Teachers. In: New York Post, 6. Mai 1971

5 LUSTIG, CAPTAIN NOEL, MC, USA, DRESSER, CAPTAIN JOHN, MCS, USA, SPELLMAN, MAJOR SETH W., MCS, USA, und MURRAY, MAJOR THOMAS B., MC, USA: Incest. In: Archives of General Psychiatry 14 (Jan. 1966); KAUFMAN IRVING, PECK, ALICE L., und TAGIURI, CONSUELO K.: The Family Constellation and Overt Incestuous Relations Between Father and Daughter. In: American Journal of Orthopsychiatry 24 (1954); CHANELES, SOL: Sexual Abuse of Children. Denver: The American Humane Association, Children's Division 1966; FRANCIS, VINCENT DE: Protecting the Child Victim of Sex Crimes Committed by Adults. Denver: The American Humane Association, Children's Division 1965; BURTON, LINDY: Vulnerable Children. New York: Schokken Books 1968; TORMES, YVONNE: Child Victim of Incest. Denver: The American Humane Association, Children's Division 1966; GIL, DAVID: Violence Against Children. Cambridge, Mass.: Harvard Univ. Press 1970; RUSH, FLORENCE: The Sexual Abuse of Children: A Feminist Point of View. New York Radical Feminist Conference on Rape, 17. April 1971; NELSON, HARRY: Incest: 1 Family Out of 10. In: New York Post, Sept. 1971; CARPOZI, GEORGE, jr.: Seize Dad, Daughter in Nudie Case. in: New York Post, 6. Mai 1971

6 CONRAD VAN EMDE BOAS schreibt in seinem Artikel «The Doctor-Patient Relationship» (Journal of Sex Research 2, Nov. 1966): «In meiner eigenen, vorwiegend psychotherapeutischen und sexologischen Praxis habe ich die Erfahrung gemacht, daß diese Art von offiziell verpönter Beziehung in den einzelnen medizinischen Fachrichtungen mit unterschiedlicher Häufigkeit vorkommt. Am häufigsten werden die Gynäkologen solcher Beziehungen beschuldigt. An zweiter Stelle rangieren Zahnärzte und Hausärzte. Ich muß jedoch sofort hinzufügen, daß gleich danach die Psychotherapeuten kommen – nach den freilich begrenzten und unvollständigen ‹Statistiken›, die ich nach eigenen

Beobachtungen zusammenstellte.»

7 Boas a. a. O.; Dahlberg, Charles C.: Sexual Contact Between Patient and Therapist. In: Contemporary Psychoanalysis, Frühjahr 1970; Marmor, Judd: The Seductive Therapist. In: Psychiatry Digest, Oktober 1970; Masters, William H., und Johnson, Virginia: Die Sexuelle Reaktion. Frankfurt a. M.: Akad. Verl. Ges. 1967; Dies.: Human Sexual Inadequacy. Boston: Little, Brown 1970; McCartney, James L.: Overt Transference. In: Journal of Sex Research 2 (Nov. 1966); Saul, Leon J.: The Erotic Transference. In: Psychoanalytic Quarterly 31 (1962); Shepard, Martin: The Love Treatment: Sexual Intimacy Between Patients and Psychotherapists. New York: Peter H. Wyden 1971; Snider, Arthur J.: One Analyst's Touching Tale. In: New York Post, 17. Nov. 1969

8 Lewis, Louis: Psychotherapeutic Malpractice. Unveröffentlichtes Manuskript 1971; Greaves, William, und Standore, Leo: Secretary Sues Analyst for Sexual Malpractice. In: New York Post, April 1971

9 Roazen, Paul: Brother Animal. New York: Knopf 1969

10 Marmor a. a. O.

11 McCartney a. a. O.

12 Marmor a. a. O.

13 Saul a. a. O.

14 Dahlberg a. a. O.; Marmor a. a. O.; McCartney a. a. O.

15 Dahlberg a. a. O.; Fromm-Reichman, Frieda: Intensive Psychotherapie. Stuttgart: Hippokrates Verl. 1959; Thompson, Clara M.: A critical incident in psychotherapy. In: Thompson: Interpersonal Psychoanalysis. New York, London: Basic Books 1964

16 Dahlberg a. a. O.

17 McCartney a. a. O.

18 Dahlberg a. a. O.

19 Roazen a. a. O.

Kapitel 6
Frauen in psychiatrischen Anstalten

1 Psychiater zu 40000 Dollar Schadenersatz verurteilt. Stowers gegen Wolodzko. Supreme Court of Michigan, 9. Nov. 1971. In: The Mental Health Court Digest 15 (Febr. 1972)

2 Dershowitz, Allan M.: Preventive Detention and the Prediction of Dangerousness. Some Fictions About Prediction. In: Journal of Legal Education 23 (1969)

Kapitel 7
Lesbierinnen

1 JOHNSTON, JOHNSTON, JILL, in: The Village Voice, 25. März 1971, und 6. Mai 1971

2 BACHOFEN, JOHANN J.: Mutterrecht und Urreligion. Stuttgart: Kröner 1954, S. 248f.

3 BARTELL, GILBERT D.: Gruppensex-Report. Frankfurt a. M.: Fischer 1972, S. 158

4 WOLFF, CHARLOTTE: Psychologie der Lesbischen Liebe: Eine empirische Studie der weiblichen Homosexualität. Reinbek: Rowohlt 1973 (rororo sexologie 8040)

5 WOLFF a. a. O., S. 61; 156

6 KINSEY, ALFRED C., u. a.: Das sexuelle Verhalten der Frau. Berlin, Frankfurt a. M.: S. Fischer 1966

7 SELBY, HUBERT: Eine Großfürstin stirbt. In: SELBY, Letzte Ausfahrt Brooklyn. Reinbek: Rowohlt 1968. S. 21–82

8 SAGHIR, MARCEL, ROBINS, ELI, WALBRAN, BONNIE, und GENTRY, KATHY: Homosexuality IV: Psychiatric Disorders and Disability in the Female Homosexual. In: American Journal of Psychiatry 27 (1970)

9 WOLFF a. a. O., S. 72f.

10 WOLFF a. a. O., S. 53

11 WOLFF a. a. O., S. 54

Kapitel 8
Farbige Frauen

1 HENLEY, NANCY: On Sexism and Racism: A resource paper published as part of the Report of the Sub-Committee on Women of the Committee on Equal Opportunity in Psychology, Febr. 1971

2 MORRISON, TONI: What the Black Women Think About Women's Lib. In: New York Times Magazine, 22. Aug. 1971

3 BEALE, FRANCES: Double Jeopardy: To Be Black and Female. In: CADE, TONI (Ed.): The Black Woman: An Anthology. New York: New American Library 1970

4 CLARK, JOANNA: Motherhood. In: CADE, TONI (Ed.): The Black Woman: An Anthology, a. a. O.

5 BURRIS, BARBARA, in Zusammenarbeit mit KATHY BARRA, TERRY MOON, JOANN DELOR, JOANN PARENTI, CATE STADELMAN: The Fourth World Manifesto: An angry esponse to an imperialist venture against the women's liberation movement. New Haven: Advocate Press, 13. Jan. 1971

6 FANON, FRANTZ: L'An Cing de la Révolution Algérienne. Paris: Maspero 1959

7 BURRIS u. a., a. a. O.

8 KARDINER, ABRAM, M. D., und OVESEY, LIONEL, M. D.: The Mark of Oppression. Cleveland: World Publishing Co. 1962

9 MOYNIHAN, DANIEL P.: Moynihan Report and the Politics of Controversy. A Trans-action social science and Public Policy Report. Cambridge, Mass.: M.I.T. Press 1967

10 GRIER, WILLIAM H., und COBBS, PRICE M.: Black Rage. New York: Basic Books 1968

11 HENLEY a. a. O.

12 GROSS, HERBERT; HERBERT, MYRA, KNATTERUD, GENELL, und DONNER, LAWRENCE: The Effect of Race and Sex on the Variation of Diagnosis in a Psychiatric Emergency Room. In: Journal of Nervous and Mental Disease 148 (1969); TAUBE, CARL A.: Differential Utilization of Out-Patient Psychiatric Services by Whites and Nonwhites, 1969. Statistical Note 36, NIMH Survey and Reports Section, Dezember 1970; DERS.: Admission Rates to State and County Mental Hospitals by Age, Sex and Color, 1969. Statistical Note 41, NIMH Survey and Reports Section, Februar 1971; POLLACK, EARL S., REDICK, RICHARD, und TAUBE, CARL A.: The Application of Census Socioeconomic and Familial Data to the Study of Morbidity from Mental Disorders. In: American Journal of Public Health 58 (1968)

13 Selected Symptoms of Psychological Distress. U.S. Department of Health, Education and Welfare, Public Health Services and Mental Health Administration, 1970

14 LEAR, MARTHA WEINMAN: Q: If Rape a Woman and Steal Her TV, What Can They Get You for in NY? A: Stealing Her TV. In: New York Times Magazine, 30. Jan. 1972

Kapitel 9
Feministinnen

1 FULLER, MARGARET: The Great Lawsuit – Man versus Men; Woman versus Women. In: The Dial (Juli 1843). Wiederabdruck in: FULLER, American Romantic. A Selection from Her Writings and Correspondence. Hg. von PERRY MILLER. Ithaca, N.Y.: Cornell University Press 1963

2 Ebd.

3 GOLDMAN, EMMA: The Traffic in Women. In: GOLDMAN, Anarchism and Other Essays. Vorwort von Richard Prinnon. New York: Dover Publ. 1970. Ebenfalls nachgedruckt in: GOLDMAN, Red Emma Speaks: Selected Writings and Speeches. Zusammengestellt und hg. (und mit einer schönen Einleitung versehen) von ALIX KATES SHULMAN. New York: Vintage Books, Random House 1972

4 DIES.: Woman Suffrage. In: GOLDMAN, Anarchism and Other Essays, a. a. O.

Kapitel 10

Psychologie der Frau: Vergangenheit, Gegenwart und Zukunft

1 WITTIG, MONIQUE: Les Guérillères. Paris: Edition de Minuit 1969

2 Ebd.

3 JUNG CARL G. und KERÉNYI, KARL: Einführung in das Wesen der Mythologie. Amsterdam, Leizpig: Pantheon 1941; FRAZER., JAMES G.: The Golden Bough. New York: Macmillan 1958; KERÉNYI, KARL: Die Mysterien von Eleusis. Zürich: Rhein-Verlag 1962

4 APULEIUS MADAURENSIS: Amor und Psyche. Mit einem Komm. von ERICH NEUMANN. Zürich: Rascher 1952

5 ADAMS, MARGARET: The Compassion Trap. In: Psychology Today 5 (Nov. 1971)

6 GOLDMAN, EMMA: Minorities versus Majorities. Reprinted in: GOLDMAN, Anarchism and Other Essays. Introduction by RICHARD DRINNON. New York: Dover Publ. 1970

7 GOODMAN, PAUL: On Society, the Young, and Sex. In: Psychology Today 5 (Nov. 1971)

8 DELL' OLIO, ANSELMA, unveröffentlichtes Manuskript

9 MITCHELL, JULIET: Woman's Estate. New York: Pantheon, Random House 1972

10 Ebd.

11 WITTIG a. a. O.

12 DINER, HELEN: Mütter und Amazonen. Berlin: Non stop-Bücherei 1962, S. 290; 293

13 Ebd., S. 299f.

14 Ebd., S. 81

15 Ebd., S. 296; 308f.

16 Ebd., S. 297

17 Ebd., S. 307f.; 308

18 FRAZER a. a. O.; FREUD, SIGMUND: Beiträge zur Psychologie des Liebeslebens. III. Das Tabu der Virginität. In: FREUD, Werke aus den Jahren 1917–1920. 3. Aufl. Frankfurt a. M.: S. Fischer 1966. (Gesammelte Werke. Bd. 12)

19 SOLANAS, VALERIE: Manifest der Gesellschaft zur Vernichtung der Männer SCUM. Darmstadt: März Verlag 1969. S. 86

20 BRIFFAULT, ROBERT: The Mothers. New York: MacMillan Comp. 1927; BACHOFEN, JOHANN J.: Das Mutterrecht, zitiert in DINER a. a. O.; FRAZER a. a. O. LAFITAU, J. F.: Moeurs de Sauvages Américains Comparés aux Moeurs des Premiers Temps. Paris 1724; PARIS, MATTHEW: Chronica Magna (Chronilles and Memorials of Great Britain and Ireland), hg. von S. HENRY RICHARDS LUARD, 7 Bde. London 1872–73; REEVES, NANCY: Womankind. Chicago: Aldine-Atherton 1971; Jesco von Putkamer und Altair Sales haben kürzlich in Brasilien Höhlen entdeckt, die – wie sie glauben – von Amazonenkriegerinnen

bewohnt waren (Time Magazine, 27. Dez. 1971)

21 PLATH, SYLVIA: Medusa. In: PLATH, Ariel. New York: Harper & Row 1965

22 FANON, FRANTZ: L'An Cinq de la Révolution Algérienne. Paris: Maspero 1959

23 FISCHER, GEORGE: The Soviet System and Modern Society. New York: Atherton Press 1968

24 FARBEROW, NORMAN N., und SCHNEIDMAN, EDWIN F. (Eds.): The Cry for Help. New York: McGraw-Hill 1961

25 WITTIG a. a. O.

Anhang

Die Karriere der Frau als psychiatrische Patientin

1 POLLACK, EARL S., REDICK, RICHARD, und TAUBE, CARL A.: The Application of Census Socioeconomic and Familial Data to the Study of Morbidity from Mental Disorders. In: American Journal of Public Health 58 (1968)

2 TAUBE, CARL A.: Changes in the Distribution of Patient Care Episodes 1955–68 by Type of Facility. Statistical Note 23, NIMH Survey and Reports Section, April 1970

3 DERS.: Distribution of Psychiatric Beds by Geographic Division – 1970. Statistical Note 45, NIMH Survey and Reports Section, April 1971

4 CONLEY, RONALD, CONWELL, MARGARET, und WILLNER, SHIRLEY G.: The Cost of Mental Illness 1968. Statistical Note 30. NIMH Survey and Reports Section, Oktober 1970

5 ANGRIST, SHIRLEY S., LEFTON, MARK, DINITZ, SIMON, und PASAMANICK, BENJAMIN: Women After Treatment. New York: Appleton 1968; TAUBE, Changes . . ., a. a. O.

6 DERSHOWITZ, ALLAN M.: Two Models of Commitment: The Medical and the Legal. In: The Humanist, Juli/August 1971

7 Inmates of Institutions, 1960 Bureau of the Census, U.S. Department of Commerce

8 SZASZ, THOMAS S.: Die Fabrikation des Wahnsinns. Olten u. Freiburg i. Br. Walter 1974

9 TAUBE, CARL A.: Admission Rates by Marital Status, Outpatient Psychiatric Services. Statistical Note 35, NIMH Survey and Reports Section, Dezember 1970

10 GREENBLATT, M., MOORE, R. G., AIBERT, R. F., und SOLOMON, N. H.: The Prevention of Hospitalization: Treatment Without Admission for Psychiatric Patients. New York: Grune & Stratton 1963

11 KRAFT, ALAN K., BINNER, PAUL R., und DICKEY, BRENDA: The Community Mental Health Program and the Longer-Stay Patient. In: Archives of General Psychiatry 16 (Jan. 1967)

12 THRALL, CHARLES: Presenting Problems of Psychiatric Out-Patients. Out-Patient Studies Section, Biometrics Branch, NIMH, 1963

13 KADUSHIN, CHARLES: Why People Go to Psychiatrists. New York: Atherton Press 1969

14 LANDSBERG, GERALD, COLE, DAVID, SABBAGH, ELEANOR, und DEUTSCH, RACHEL: September 1969. Maimonides Medical Center, Community Mental Health Center, Dezember 1969; DEUTSCH, RACHEL, LANDSBERG, GERALD, und COLE, DAVID: Reports of a Survey of Patients: January 17, 1970 – June 16, 1970. Maimonides Medical Center, Community Mental Health Center, Juni 1970; CHESLER, PHYLLIS, LASECKI, JANICE, und DIPAOLA, LUCY: unveröffentlichte Studie 1971

15 REDICK, RICHARD: Age-Sex Diagnostic Distribution of Additions to Community Mental Health Centers 1968. Statistical Note 13, NIMH Survey and Reports Section, Januar 1970

16 RYAN, WILLIAM: Distress in the City: Essays on the Design and Administration of Mental Health Services. Cleveland: The Press of Case Western Reserve University 1969

17 BAHN, ANITA K., CONWELL, MARGARET, und HURLEY, PETER: Survey of Psychiatric Practice: Report on a Field Test. In: Archives of General Psychiatry 12 (1965)

18 SCHOFIELD, WILLIAM: Psychotherapy: The Purchase of Friendship. Englewood Cliffs, N. J.: Prentice Hall 1964

19 KADUSHIN a. a. O.

20 HAGNELL, OLLE: A Prospective Study of the Incidence of Mental Disorders: The Lundby Project. Stockholm: Svenska Bokforlaget (Norstedt) 1966

21 TAUBE, CARL A.: Differential Utilization of Out-Patient Psychiatric Services by Whites and Nonwhites 1969. Statistical Note 36, NIMH Survey and Reports Section, Dezember 1970

22 DERS: Admission Rates to State and County Mental Hospitals by Age, Sex and Color. Statistical Note 41, NIMH Surrey and Reports Section, Februar 1971

23 GROSS, HERBERT, HERBERT, MYRA, KNATTERUD, GENELL, und DONNER, LAWRENCE: The Effect of Race and Sex on the Variation of Diagnosis in a Psychiatric Emergency Room. In: Journal of Nervous and Mental Disease 148 (1969)

24 SROLE, LEO, LANGNER, THOMAS S., MICHAEL, STANLEY T., OPLER, MERVIN K., und RENNIE, THOMAS A. C.: Mental Health in the Metropolis: Midtown Manhattan Study. New York: McGraw-Hill 1962

25 TAUBE: Admission Rates by Marital Status, a. a. O.

26 ANGRIST a. a. O.

27 TAUBE: Admission Rates by Martial Status, a. a. O.

28 BERNARD, JESSIE: The Paradox of the Happy Marriage. In: GORNICK, VIVIAN, und MORAN, BARBARA K. (Eds.): Woman in Sexist Society: Studies in

Power and Powerlessness. New York: Basic Books 1971

29 FARBEROW, NORMAN L., SCHNEIDMAN, EDWIN F.: Statistical Comparisons between Attempted and Committed Suicides. In: FARBEROW und SCHNEIDMAN (Eds.): The Cry for Help. New York: McGraw-Hill 1961

30 POLLACK u. a., a. a. O.

31 HAGNELL a. a. O.

32 BART, PAULINE: Depression in Middleaged Women. In: GORNICK, VIVIAN, und MORAN, BARBARA K. (Eds.): Woman in Sexist Society: Studies in Power and Powerlessness. New York: Basic Books 1971

33 SROLE u. a., a. a. O.

34 REDICK, RICHARD: Admission Rates by Highest Grade of School Completed: Qut-Patient Psychiatric Services 1969. Statistical Note 45, NIMH Survey and Reports Section, 1970

35 TAUBE: Admission Rates to State and County Mental Hospitals by Age, Sex and Color a. a. O.

36 POLLACK u. a., a. a. O.

37 MCCLELLAND, DAVID C., und WATT, NORMAN F.: Sex Role Alienation in Schizophrenia. In: Journal of Abnormal Psychology 73 (1968)

38 DUNBAR, ROXANNE: Caste and Class. In No More Fun and Games: A Journal of Female Liberation, Heft 3 (Nov. 1969); BURRIS, BARBARA, in Zusammenarbeit mit KATHY BARRY, TERRY MOON, JOANN DELOR, JOANN PARENTI, CATE STADELMAN: The Fourth World Manifesto: An angry response to an imperialist venture against women's liberation movement. New Haven: Advocate Press, 13. Januar 1971

39 HOLLINGSHEAD, AUGUST, und REDLICH, FREDERICK C.: Social Class and Mental Illness. New York: Wiley 1958; DOHRENWEND, BRUCE, und DOHRENWEND, BARBARA: Social Status and Psychological Disorders. New York: Wiley 1969; SROLE u. a., a. a. O.

40 SROLE u. a., a. a. O.

41 LEIGHTON, DOROTHEA C., u. a.: The Character of Danger: Psychiatric Symptoms in Selected Communities. The Stirling County Study of Psychiatric Disorder and Sociocultural Environment. Vol. 3. New York, London: Basic Books 1963

42 HOLLINGSHEAD und REDLICH a. a. O.

Personenregister

Sachwortregister

Bildquellenverzeichnis

Quellenverzeichnis
Abbildung 1: Britisches Museum, London; 2: Galleria Borghese, Rom; 3: aus: Régine Pernoud, *Joan of Arc.* Übers. von Edward Hymans. London: MacDonald & Company (Publishers) Ltd. 1965; 4: Galleria Palatine, Palazzo Pitti; 5: Tate Gallery, London; 6: Andrew Mellon Collection, National Gallery of Art, Washington, D.C.; 7 und 8: Bettmann Archiv; 9: Authenticated New International; 10: Ny Carlsberg Glyptotek, Kopenhagen; 11: Britisches Museum, London; 12 und 13: Authenticated New International; 14: Gilda Kuhlman, aus: *Up from Under*; 15: Metropolitan Museum of Art, New York, Rogers Fund, 1907; 16: Metropolitan Museum of Art, New York, Fletscher Fund, 1944; 17 und 18: Metropolitan Museum of Art, New York, Leihgabe von John D. Rockefeller, jr., 1932.

Urheberrechtliche Hinweise
Die Themen von Kapitel 2, 3 und 4 sind teilweise in anderer Form bereits behandelt worden in:

Women and Psychotherapy. In: The Radical Therapist, September 1970; *Patient and Patriarch: Women in the Psychotherapeutic Relationship.* In: Women in Sexist Society: Studies in Power and Powerlessness. Hg. von Vivian Gornick und Barbara K. Moran. New York: Basic Books 1971; *Stimulus/Response: Men Drive Women Crazy.* In: Psychology Today, Juli 1971; *Women as Psychotherapeutic Patients.* In: Women's Studies, Sommer 1972.

Exzerpte aus: Frances Beale, *Double Jeopardy: To Be Black and Female.* In: *The Black Woman: An Anthology.* Hg. von Toni Cade. New York: New American Library 1970.

Exzerpte aus: Dr. Charlotte Wolff, *Love Between Women.* New York: St. Martin's Press, Inc., Macmillan & Co., Ltd., und Gerald Duckworth & Co., Ltd. 1971. In dieser Ausgabe zitiert nach: Charlotte Wolff, *Psychologie der Lesbischen Liebe: Eine empirische Studie der weiblichen Homosexualität.* Reinbek b. Hamburg: Rowohlt 1973 (rororo sexologie 8040)